트라우마

트라우마
가정 폭력에서 정치적 테러까지

주디스 루이스 허먼 지음   최현정 옮김

사람의집

사람의집은 열린책들의 브랜드입니다.
시대의 가치는 변해도 사람의 가치는 변하지 않습니다.
사람의집은 우리가 집중해야 할 사람의 가치를 담습니다.

일러두기
옮긴이의 주는 각주로, 원주는 미주로 처리하였다.

처음 시작할 무렵에는 내가 짊어진 것이 지나치게 남성적이라 할 수 있는 이야기로, 성적인 경쟁, 야망, 권력, 관직, 배신, 죽음, 복수 등이 얽힌 이야기가 될 거라고 생각했다. 그러나 여성이 이긴 것 같다. 그들은 이야기의 주변부에서부터 행진해 들어와 그들의 비극, 그들의 역사, 그리고 그들의 희극을 포함시키라고 명령했다. 내 이야기의 뒤얽힌 복잡성이 펼쳐지도록 내 〈남성〉 플롯이 반대편에 놓인 〈여성〉의 프리즘을 통해서 굽이치도록. 여성은 무엇을 하고자 하는지 정확히 알고 있었다. 그들의 이야기는 남성의 이야기를 설명하고, 심지어 포괄한다. 억압은 솔기가 없는 옷과 같다. 권위주의적인 사회 규준과 성적 규율이 지배하는 사회는, 명예와 교양이라는 참을 수 없는 무거운 짐으로 여성들을 진압하는 사회는, 또한 다른 종류의 억압을 낳는다. 심술궂게도 독재자들은 항상, 금욕적이다. 적어도 대중 앞에서는 그렇다. 그들은 타인의 모범이 되기 위해

서라고 말한다. 그러니 나의 〈남성〉 플롯과 〈여성〉 플롯은 결국
똑같은 이야기인 것이다.

— 살만 루슈디, 『수치』 중에서

차례

2부 회복 단계

머리말

사람들이 잔학 행위에 대응하는 대개의 방식은 의식에서 이를 몰아내는 것이다. 사회 계약을 침해하는 어떤 행위들은 입 밖으로 내기에 너무나 지독할 정도다. 이것이 바로 〈말할 수 없는unspeakable〉이라는 말의 뜻이다.

그러나 잔학 행위는 묻히기를 거부한다. 잔학 행위를 부정하고 싶은 소망만큼이나 강력한 것이 바로 부정은 통하지 않는다는 깨달음이다. 오래된 지혜는 유령들로 가득 차 있다. 자신들의 이야기가 전해지기 전에는 무덤에서 안식하기를 거부하는 유령들로 말이다. 하지만 이야기는 밝혀질 것이다. 끔찍한 사건을 기억하고 진실을 이야기하는 것은 사회 질서의 회복과 개별 피해자의 치유를 위한 필수 조건이다.

무시무시한 사건을 부정하고자 하는 의지와 그것을 큰 소리로 외치고자 하는 의지 간의 충돌은 심리적 외상*에서 중심적

---

* 정신 건강 영역에서 〈외상trauma〉이란 과도한 위험과 공포, 스트레스 상황에

인 변증법을 구성한다. 잔학 행위를 겪은 사람들이 전하는 이야기는 매우 정서적이고 모순적이며, 조각조각 파편화되어 있다. 그래서 그들의 이야기는 신빙성을 상실하고, 그들은 진실을 말하는 것과 은폐 사이에서 주저한다. 마침내 진실이 인정된다면, 생존자들은 회복을 시작할 수 있다. 그러나 진실은 은폐될 때가 더 많다. 그렇기에 외상 사건은 언어화된 이야기가 아닌 〈증상〉으로 떠오른다.

외상을 경험한 사람의 심리적 고통은 말할 수 없는 비밀이 존재한다는 사실에 주목하게 하는 동시에 그 존재를 외면하게 만든다. 마치 외상을 경험한 사람이 사건에 대한 재경험*과 감각의 마비 상태 사이에서 동요하는 증상을 보이듯이 말이다. 외상의 변증법은 복잡하고 기묘한 의식의 변형을 불러일으키는데, 우리 시대에서 진실을 발언하는 일에 전념하는 이들 중 한 명인 조지 오웰은 이를 이중 사고doublethink라고 일컬었으며, 정신 건강 전문가들은 학술적으로 명확한 용어를 찾은 결과 이것을 해리dissociation라고 불렀다. 이는 변화무쌍하고,

대한 심각한 심리적 충격을 일컫는다.『정신 장애의 진단 및 통계 편람』(제4판)에 따르면, 외상이란 심각한 죽음이나 상해를 입을 위험을 실제로 겪었거나 그러한 위협에 직면했을 때, 혹은 타인이 죽음이나 상해의 위험에 놓이는 사건을 목격하였을 때, 이에 대하여 강렬한 두려움, 무력감, 공포를 경험한 경우를 의미한다.

  * 사건과 관련된 고통스러운 회상, 이미지, 생각, 지각, 꿈, 플래시백이 반복적으로 나타날 수 있으며, 외상 사건과 유사하거나 외상 사건을 상징하는 여러 단서에 노출되었을 때 심각한 심리적 고통과 생리적 반응이 일어나게 된다.

극적이며, 종종 기괴한 양상을 띠는, 100년 전에 프로이트가 아동기 성 학대 경험의 위장된 표현이라고 했던 히스테리아 증상으로 이어진다.

목격자 또한 피해자와 마찬가지로 외상 변증법의 지배를 받는다. 관찰자가 말끔한 생각과 차분함을 유지하여, 그림의 파편 한 조각에 머무르지 않고 그 모든 조각을 다 모아 하나로 맞추기는 어려운 일이다. 본 것을 온전히 전달하고, 이를 다른 이들을 설득할 만한 언어로 전달하는 일은 더욱 어렵다. 목격했던 잔학 행위를 기술하려고 시도하는 사람들도 신임이 위협당한다. 잔학 행위에 대해 알고 있는 것들을 발언하는 일은 피해자를 따라다니는 낙인을 스스로에게 불러들이는 것과 같다.

대중들은 무시무시한 사건들이 발생했다는 사실을 주기적으로 알게 되지만 그 앎이 오래가는 일은 드물다. 부정,* 억압,** 해리***는 개인의 내적 수준에서뿐만 아니라 사회적인

---

* 원본능, 자아, 초자아 사이에서 갈등이 생기면 불안이 나타난다. 자아는 원본능의 표출이나 초자아의 강제에서 발생하는 불안에 대처하기 위해 무의식 수준에서 방어 기제를 사용한다. 방어 기제가 지나치거나 방어에 실패할 경우 정신 병리가 나타난다. 부정이란 부인하여 왜곡하거나 인식하지 못하게 되는 방어 기제다.

** 방어 기제가 작동하는 원리이자 방어 기제 중 하나로 고통스러운 경험이나 원치 않는 기억, 사고, 정서, 욕망, 소망, 공상 등을 의식에서 제외시키는 자아의 활동.

*** 일반적인 경우에 통합되어 있는 의식, 기억, 정체성, 환경을 지각하는 기능이 손상된 것으로 타인과 물리적 환경으로부터의 분리, 지각 변형, 기억 손상으로 설명할 수 있다.

수준에서도 작동한다. 심리적 외상에 대한 연구에는 〈숨은〉 역사가 있다. 외상을 경험한 사람들처럼 우리는 과거의 역사와 단절되어 있다. 외상을 경험한 사람들처럼 우리는 현재와 미래를 회복하기 위하여 과거를 알아야 한다. 그러므로 심리적 외상을 이해하는 일은 역사를 재발견하는 일에서부터 시작한다.

임상의들은 억압된 생각, 느낌, 기억 등이 의식의 표면 위로 떠 오르는 소중한 통찰의 순간에 대해 알고 있다. 이러한 순간은 개인의 역사에서뿐만 아니라 사회의 역사에서도 일어난다. 1970년대 여성 운동의 외침은 여성에 대한 폭력 범죄가 만연해 있다는 사실을 대중들에게 자각시켰다. 침묵을 강요당했던 피해자들은 천천히 비밀을 밝혀 가기 시작했다. 나는 정신과 전공의 시절에 환자들에게서 성폭력과 가정 폭력에 관한 무수한 이야기들을 들었다. 여성 운동에 참여하면서 나는 여성들이 실제 경험을 부정당하는 현실에 대항하여 말할 수 있었고, 내가 목격했던 바를 증언할 수 있었다. 1976년 정신과 의사 리사 히르쉬만과 함께 쓴 근친 강간에 관한 나의 첫 논문은 출판되기 한 해 전부터 〈비밀리에〉 돌아다녔다. 우리는 그동안 자신의 이야기를 전혀 할 수 없었던 전 세계의 여성들로부터 편지를 받았다. 이들을 통하여 우리는 말할 수 없는 것을 말하는 것에서 오는 힘을 깨달았고, 부정과 억압의 장벽이 들추어지는 순간 해방되는 창조적인 에너지를 목격하였다.

『트라우마』는 성폭력, 그리고 가정 폭력 피해자와 20여 년 동안 함께해 온 연구와 임상 작업의 결과이다. 또한 다른 여러 외상을 경험한 사람들, 특히 참전 군인과 정치 폭력 피해자들과 함께한 경험을 담고 있다. 이 책은 공적이고 사적인 세계 사이, 개인과 공동체 사이, 그리고 남성과 여성 사이의 연결을 회복하는 것에 관한 책이다. 이 책은 공통성에 관한 책이다. 강간 생존자와 참전 군인 사이, 가정 폭력 피해 여성과 양심수 사이, 그리고 국가를 지배하는 폭군이 만들어 낸 거대한 강제 수용소의 생존자와 가정을 지배하는 폭군이 만들어 낸 숨겨진 강제 수용소의 생존자 사이의 공통성들이다.

끔찍한 사건을 견뎌 왔던 사람들은 피할 수 없는 심리적 손상 속에서 고통을 겪는다. 외상 장애는 압도적인 단일한 사건에서 온 심리적 결과와 만성적이고 반복적인 학대로 인한 복잡한 심리적 결과를 아우른다. 현재 확립된 진단 개념들, 특히 여성이 일반적으로 진단받게 되는 심각한 성격 장애와 관련된 진단 개념은 외상 피해의 영향력을 인정하지 않고 있다. 이 책의 1부는 외상 사건에 대한 사람들의 적응 양상을 설명하고, 만성적이고 반복적인 학대 속에서 생존한 이들이 보이는 심리 장애에 새로운 진단명을 제안한다.

외상 증후군에는 공통된 기본 양상이 있기 때문에 회복의 과정 또한 공통 경로를 따른다. 회복의 기본은 안전의 확립, 외상 이야기의 재구성, 그리고 생존자와 공동체 사이의 연결 복구에 있다. 2부에서는 치유 과정의 윤곽을 살피고, 외상을 경험한 사람들을 위한 심리 치료에 새로운 개념적 틀을 제안한다. 외상 장애의 특성과 치료 원칙 모두 생존자들의 증언과 다양한 문헌의 사례를 예로 들어 설명하고 있다.

이 책을 뒷받침하는 연구 자료들은 근친 강간 생존자에 관한 나의 과거 연구들과 경계선 성격 장애에 관련된 아동기 외상 결과에 관한 나의 최근 연구를 포함하고 있다. 여성주의 정신 건강 클리닉에서 보낸 20년의 세월과 대학 병원에서 교수와 지도자로 지낸 10년 동안의 경험이 책을 쓰게 한 임상적 원천이다.

외상 생존자들의 증언은 이 책의 심장과도 같다. 두 가지 경우만 제외하고 이야기를 들려준 모든 사람의 이름은 비밀 보장을 위하여 익명으로 하였다. 치료 작업과 관련된 대화를 나눈 치료자와 임상가들, 그리고 이미 그 이름이 알려진 생존자들의 경우는 실명으로 하였다. 사례 속의 이야기들은 다양한 환자들의 이야기를 바탕으로 재구성한 것이며, 개별 환자의 것은 아니다.

파편 조각들을 다시 연결하고, 역사를 재건하며, 과거의 사건을 바탕으로 현재 증상의 의미를 알아내는 일은 도전과도 같다. 나는 개인 경험의 복잡성이나 정치적 맥락의 너비를 희생하지 않으면서도 외상의 임상적 측면과 사회적 측면을 통합하려고 시도하였다. 나는 흩어져 있는 지식의 실체를 통합하고, 가정과 성이라는 전통적인 삶의 영역에서 여성의 경험, 그리고 전쟁과 정치라는 전통적인 삶의 영역에서 남성의 경험에 동등하게 적용할 수 있는 개념을 발전시키려 했다.

이 책은 여성 운동을 통하여 성생활과 가정생활의 잔학함에 관한 대중적 담론이 가능해지고, 인권 운동을 통하여 정치적 생활의 잔혹함에 관한 대중적 담론이 가능해진 시기에 등장하였다. 나는 이 책이 논쟁 대상이 될 것으로 생각한다. 첫째, 이 책은 여성주의적인 입장에서 쓰였고 둘째, 이미 확립된 진단 개념에 도전하고 있으며 셋째, 그 누구도 듣고 싶어 하지 않는 끔찍한 사건들에 관하여 말하기 때문이다. 아마도 세 번째가 가장 큰 이유일 것이다. 나는 감정이 묻어나지 않는 전문 영역의 이성적 전통은 물론, 폭력을 경험하고 침범을 당한 사람들의 감정에 찬 외침 양쪽 모두에 충실한 언어로 내 생각을 소통하려 했다. 서로를 연결 지으려 하면서 피할 수 없는 이중 사고에 저항하고, 우리가 조금 더 가까운 위치에서 말할 수 없는 것에 대면할 수 있게 해주는 언어를 찾으려 했다.

1부
외상 장애

1
망각된 역사

심리적 외상 연구의 역사에는 흥미로운 점이 있다. 바로 잦은 기억 상실이다. 연구가 활발한 발견의 시기는 망각의 시기와 번갈아 나타났다. 지난 한 세기 동안 비슷한 성격의 연구가 진행되다가 돌연히 중단되는 일이 반복적으로 일어났다. 연구 결과는 한참이 지나서야 재발견되곤 했다. 50년, 또는 100년 전의 고전적인 업적은 종종 우리 시대의 작업인 것처럼 읽히기도 한다. 사실 풍부하고 비옥한 전통을 가지고 있음에도 이 분야의 역사는 주기적으로 잊혔고, 그리하여 주기적으로 회복되어야만 했다.

이 간헐적인 기억 상실은 지적 연구에 영향을 미치는 유행의 흔한 변화 때문은 아니다. 심리적 외상 연구에 대한 관심은 부족하지 않다. 오히려 논쟁이 너무 격렬한 나머지 주기적으로 저주를 받았을 뿐이다. 심리적 외상 연구는 사고가 금지된 곳으로 반복하여 추방되었으며, 그 신뢰성을 근본적으로 의심받았다.

심리적 외상을 연구한다는 것은 세계 안에 놓인 인간의 취약성과 인간 본성 안에 놓인 악(惡)의 가능성을 직면하는 것이다. 심리적 외상을 연구한다는 것은 끔찍한 사건에 관해 증언한다는 것을 의미한다. 외상 사건이 자연재해에서 비롯되었거나 〈신의 뜻〉이었다면 증언하는 이는 피해자를 동정할 수 있을 것이다. 그러나 인간이 의도한 결과였을 때, 증언하는 이들은 피해자와 가해자의 충돌 사이에 사로잡히고 만다. 이러한 충돌 속에서 중립적인 입장을 유지하는 일은 도덕적으로 불가능하다. 국외자는 어느 한편을 선택하도록 강요받는다.

가해자를 편들기는 너무나 쉽다. 가해자는 국외자에게 아무것도 하지 않아도 된다고 말한다. 가해자는 악을 보고 싶어 하지 않고, 듣고 싶어 하지 않고, 말하고 싶어 하지 않는 보편적인 바람을 악용한다. 반대로 피해자는 국외자가 고통을 덜어주기를 원한다. 피해자는 행동하고 관여하고 기억하기를 요구한다. 나치 수용소의 생존자들을 연구한 정신의학자 레오 에이팅게르는 피해자와 국외자가 가진 관심 사이의 잔혹한 충돌을 설명한다. 〈전쟁과 피해자는 공동체가 잊고자 하는 무엇이다. 망각의 베일은 고통이 담긴 불쾌한 모든 것에 드리워져 있다. 우리는 얼굴을 맞댄 두 측면을 발견한다. 한편은 잊고자 소망하지만 잊지 못하는 피해자이고, 다른 편은 잊기를 원하고 또한 그러는 데 성공하는 강하고 종종 무의식적인 동기를 지닌 다른 모두이다. 그 대립은…… 늘 양편 모두에게 너무 고통스럽다. 가장 약한 편이…… 이렇게 불평등한 침묵의 대화 속에서 패배자의 자리에 남겨진다.〉[1]

범죄에 대한 책임에서 벗어나기 위해 가해자는 망각을 조장한다. 가해자는 할 수 있는 것이란 다 한다. 은폐와 침묵이야말로 가해자의 첫 번째 방어책이다. 은폐에 성공하지 못하면 가해자는 피해자의 신뢰성을 공격한다. 그녀를 완전히 침묵시킬 수 없다면 그는 아무도 그녀의 말을 들을 수 없도록 만든다. 이 목적을 위하여, 그는 가장 뻔한 부정에서부터 가장 정교하고 고상한 종류의 합리화까지 일련의 인상적인 논쟁을 늘어놓는다. 잔학 행위 이후 우리는 비슷하고 뻔한 사과를 들을 수 있다. 피해자가 말하는 그런 일은 일어나지 않았다, 피해자가 거짓말을 한다, 피해자가 과장한다, 피해자가 초래한 일이다, 그리고 어떤 사건이든 이제 과거는 잊고 앞으로 나아가야 할 때가 되었다고 말한다. 가해자의 권력이 크면 클수록, 현실을 명명하고 정의하는 그의 특권은 더욱 커지고, 그의 논쟁은 더 완전해지고 강해진다.

국외자가 고립된 상황에서 가해자의 주장을 접하게 되면, 이에 저항하기란 어렵다. 사회적 환경의 뒷받침이 없을 때, 국외자는 다른 편을 바라보라는 꼬임에 굴복하고 만다.[2] 피해자가 사회의 존중받는 구성원일 경우에도 마찬가지다. 참전 군인들은 ― 영웅이라고 칭송받는 이들조차 ― 아무도 전쟁의 진실을 알고 싶어 하지 않았노라고 쓰라리게 호소한다. 피해자가 애초에 존중받지 못하는 이들(여성, 어린아이)인 경우, 그들은 생의 가장 치명적인 사건이 사회적으로 인정되는 현실의 영역 바깥에 자리 잡고 있다는 것을 깨닫는다. 이들의 경험은 말하기가 금지된 무엇이 된다.

심리적 외상에 대한 연구는 피해자를 믿지 못하거나 투명 인간으로 만들어 버리려는 이러한 경향과 지속해서 싸워 나가야 한다. 이 분야의 역사에는 온갖 논쟁이 계속되어 왔다. 외상 후 증상을 가진 환자들은 보살핌을 받고 존중받을 권리가 있는가, 혹은 경멸받아 마땅한가. 이들은 진심으로 고통받고 있는가, 혹은 꾀병일 뿐인가. 이들의 병력은 진실인가, 혹은 거짓인가. 만약 거짓이라면, 그것은 상상된 것인가, 악의적인 속임수인가. 심리적 외상 현상을 기술하는 문헌은 넘쳐 나고 있지만, 외상 후 현상이 믿을 만하고 실재하는지에 관한 기본적인 의심이 여전히 논쟁의 중심을 차지하고 있다.

단지 환자들만 의심의 대상이 되는 것은 아니다. 외상 후 상태를 연구하는 이들 또한 반복적으로 연구의 신뢰성을 의심받고 있다. 외상 환자의 이야기를 지나치게 오래, 그리고 너무 주의 깊게 경청하는 임상의는 동료들 사이에서도 의심받게 될 때가 있다. 증상이 전염이라도 된다는 듯이 말이다. 관습적인 믿음의 한계를 넘어 지나치게 깊게 파고드는 연구자들은 종종 직업적으로 고립되기 쉽다.

외상의 실재를 의식에 붙들어 놓기 위해서는 피해자를 인정하고 보호하며, 피해자와 목격자가 동맹을 맺을 수 있는 사회적 바탕이 필요하다. 피해자 개인을 위한 사회적 바탕은 친구, 사랑하는 사람, 그리고 가족과의 관계를 통하여 다져진다. 더욱 큰 사회를 위한 사회적 바탕은 힘없는 사람들에게 목소리를 부여하는 정치적 운동을 통하여 다져진다.

그러므로 심리적 외상을 체계적으로 연구하기 위해서는 정치적 운동의 지지가 필요하다. 물론 그러한 연구를 진행할 수 있거나 공론화시킬 수 있다는 자체가 하나의 정치적 문제다. 전쟁 외상에 관한 연구는 전쟁으로 인한 젊은이들의 희생에 반대하는 정치적 맥락에서 정당하다. 성폭력과 가정 폭력으로 인한 외상 연구는 여성과 아이들의 종속에 반대하는 맥락에서 정당할 수 있다. 정치적 운동의 지지를 통해서 이 분야의 진보가일어날 수 있다. 정치적 운동은 연구자와 환자의 동맹을 정당화하고, 침묵을 강요하고 그러한 현상 자체를 부정하기 일쑤인사회적 흐름에 반대할 수 있을 정도로 힘이 있다. 인권 운동이강력하게 뒷받침해 주지 못할 경우, 적극적인 증언은 이루어지지 않을 것이고 또다시 망각의 역사가 되풀이될 것이다. 억압과 해리, 부정은 한 사람의 의식 안에서만 일어나는 현상은 아니다. 그것은 사회적 현상이기도 하다.

지난 세기에 특정한 심리적 외상이 공공 의식 위로 세 번 표면화되었다. 매번, 외상 연구는 정치적 운동과의 연대를 통하여 활성화되었다. 첫 번째로 등장한 외상은 여성의 전형적인 심리 장애인 히스테리아였다. 이 연구는 19세기 후반 프랑스의 공화주의자들과 교권 반대자들의 정치적 운동에서부터 싹텄다. 두 번째는 탄환 충격shell shock, 혹은 전쟁 신경증 combat neurosis이었다. 이에 대한 연구는 제1차 세계 대전 이후 영국과 미국에서 시작되었고, 베트남 전쟁 이후 정점에 달하였다. 전쟁 외상 연구의 정치적 바탕은 전쟁 숭배의 붕괴와 반전 운동의 성장에 있었다. 최근 공공 의식에 떠오른 마지막 외상은 성폭력과 가정 폭력이다. 서유럽과 북아메리카의 여성 운동이 정치적 밑바탕으로 깔려 있었다. 우리 시대의 심리적 외상에 대한 이해는 이 세 가지 외상 연구의 통합을 기반으로 세워진 것이다.

히스테리아의 영웅시대

19세기 후반 20년 동안 히스테리아라 불리는 장애는 연구의 주요 대상이 되었다. 〈히스테리아〉라는 용어가 그 당시 매우 일반적으로 쓰였기 때문에, 누구도 그것을 체계적으로 정의하기 위해 애쓰지 않았다. 한 역사가의 말을 빌리면 이러하다. 〈25세기 동안 히스테리아는 일관성 없는 증상을 드러내는 이해하기 힘든 기이한 질병으로 여겨졌다. 의학자 대부분은 이

질병이 여성에게만 나타나고, 그래서 이 질병이 자궁에서부터 유래하는 것이라고 믿었다.)³ 그 이름이 바로 히스테리아였다. 다른 역사가는 히스테리아를 일컬어, 〈남성이 그 반대의 성에게서 찾은 불가사의하고 감당할 수 없는 모든 것에 대한 극적인 의학적 은유〉라고 설명하였다.⁴

히스테리아 연구의 아버지는 위대한 프랑스의 신경학자 장마르탱 샤르코였다. 살페트리에르는 그의 왕국이었다. 유서 깊은 거대한 정신 병원 살페트리에르는 오래전부터 파리의 프롤레타리아 중 가장 불행한 이들이었던 걸인, 성매매 여성, 광인 등을 수용했다. 샤르코는 방치된 이 시설을 근대 과학의 사원으로 전환했다. 신경학과 정신의학이라는 새로운 학계의 뛰어나고 야망에 찬 남성들은 샤르코와 함께 연구하기 위해 파리로 모여들었다. 살페트리에르로 순례를 떠난 저명한 학자 중에는 피에르 자네, 윌리엄 제임스, 지크문트 프로이트 등이 포함되어 있었다.⁵

히스테리아 연구는 미지의 세계로 떠나는 위대한 모험처럼 대중의 상상을 사로잡았다. 샤르코의 연구는 의학 세계에서뿐만 아니라, 문학과 정치학이라는 더 넓은 세계에서도 명성을 떨쳤다. 그의 화요 강의는 〈병적인 호기심으로 가득 찬 채 파리의 구석구석에서 모여든 작가, 의사, 배우, 화류계 인사 등〉이 참여하는 연극 무대였다. 이 강의에서 샤르코는 생생한 시범을 통하여 히스테리아에 관한 연구 결과를 설명하였다. 그가 전시한 환자들은 끊임없는 폭력과 착취, 강간으로 유린당한 삶에서 벗어나 살페트리에르에서 보금자리를 찾은 젊은 여성들이었다. 정신 병원은 이들이 전에 전혀 알지 못했던 안전과 보호를 제공하였다. 샤르코를 위한 최고의 연기자로 선택된 여성들은 병원 안에서 명성과 비슷한 무엇을 얻기도 하였다.

샤르코는 히스테리아를 연구한다는 사실 자체만으로도 위대한 용기를 지닌 자라는 평판을 얻었다. 그의 명성은 진지한 과학 연구의 경계 너머에 놓인 영역에 신빙성을 부여하였다. 샤르코 이전 시대에는 히스테리아 여성들이 꾀병을 부린다고 여겼고, 이들의 치료는 최면술사와 마술적 치유자들이 맡았다. 샤르코가 죽자, 프로이트는 그가 괴로운 이들을 자유롭게 한 수호자였다고 칭송하였다. 〈히스테리아의 그 무엇에도 하등의 신임조차 주어지지 않았다. 샤르코가 이룬 첫 번째 성과는 이 주제의 위엄을 회복시켰다는 데 있다. 조금씩 사람들은 더 이상 환자들에게 경멸조의 비웃음을 짓지 않게 되었다. 그들은 더 이상 꾀병 환자가 아니었다. 이는 모두 샤르코가 히스테리아 현상의 객관성과 진실성에 그가 지닌 모든 권위의 무게를 실어 준 덕이다.〉6

샤르코는 히스테리아를 〈위대한 신경증〉이라고 불렀다. 그는 분류학자와 유사한 방식으로 히스테리아에 접근하였다. 그는 신중한 관찰과 기술, 분류를 강조하였다. 그는 히스테리아의 특징적 증상을 글은 물론이고 그림과 사진을 통해서 남김없이 기록하였다. 샤르코는 운동 마비, 감각 상실, 경련, 기억 상실 등 신경학적 손상을 닮은 히스테리아의 증상에 주목하였다. 1880년대에 이르러 그는 증상이 최면을 통하여 인위적으로 유발될 수도 있고, 경감될 수도 있다는 사실을 발견하였다. 이를 통하여 이러한 신경학적 증상에 심리적인 원인이 있음을 밝히려고 하였다.

샤르코가 잠시 히스테리아 환자들의 증상에 주의를 기울였지만, 그는 환자의 내적 삶에 관해서는 전혀 관심이 없었다. 그는 환자의 정서를 목록화할 증상으로만 보았다. 그는 환자의 발언을 〈발성〉이라고 기술하였다. 환자를 대하는 샤르코의 태도는 화요 강의의 축어록 중 하나에서 잘 드러난다. 여기서 최면 상태의 한 젊은 여성은 경련성 히스테리아 발작을 시연하기 위하여 이용되었다.

샤르코: 다시 한번 히스테리아의 근원 지점을 눌러 봅시다. (남성 인턴이 환자의 난소 부근을 만진다.) 또 해봅시다. 대개 이들은 혀를 깨물 수도 있지만, 그리 흔한 일은 아닙니다. 이 활 모양의 등을 보세요. 교과서에서도 잘 나오는 현상이지요.

환자: 엄마, 무서워요.

샤르코: 이 정서적 폭발에 주목하십시오. 우리가 내버려

둔다면 다시 발작 행동으로 돌아오게 됩니다.

환자: (다시 소리 지른다) 엄마!

샤르코: 다시 이 비명에 주목하세요. 아무것도 아닌 일에 대해서 지나친 소음이라고 할 수 있죠.[7]

샤르코를 추종하는 이들은 그의 작업을 뛰어넘으려는 야심으로 가득했다. 이들은 히스테리아의 원인을 찾아내려 했다. 특히 자네와 프로이트가 치열하게 경쟁했다. 이들 모두 위대한 발견의 일인자가 되고 싶었다.[8] 목표를 추구하면서 연구자들은 히스테리아를 관찰하고 분류하는 것만으로는 충분하지 않다는 점을 깨달았다. 환자들과 이야기하는 것이 필요했다. 길지 않은 시간인 10년 동안 처음으로 과학 영역의 남성이 헌신적으로 여성의 말에 귀 기울이게 되었다. 매일 종종 몇 시간이나 지속되기도 했던 히스테리아 환자들과의 만남은 이상한 일이 아니었다. 이 시기의 사례 연구들은 의사와 환자 간의 합작처럼 보이기도 한다.

이러한 연구는 결실을 맺었다. 1890년대 중반 프랑스에 있던 자네, 그리고 빈에서 요제프 브로이어와 함께 일하던 프로이트는 각각 놀랍도록 유사한 결론을 들고 나타났다. 히스테리아 상태의 원인에는 심리적 외상이 있었다. 외상 사건에 대한 견딜 수 없는 정서적 반응은 의식의 변형을 일으키고, 이것이 히스테리아 증상을 유발한다는 것이다. 자네는 이러한 의식의 변형을 〈해리〉[9]라고 하였고,* 프로이트는 이를 〈이중 의식 double consciousness〉[10]이라고 하였다.

자네와 프로이트 모두 심리적 외상으로 인한 의식의 변형 상태와 최면**으로 유발된 의식의 변형 상태의 핵심적 유사성을 알고 있었다. 자네는 최면과 해리의 가능성이 심리적 나약함과 피암시성의 신호라고 보았다. 그러나 브로이어와 프로이트는 이와 반대로, 의식의 변형과 관련된 히스테리아는 〈명쾌한 지성과 강한 의지, 훌륭한 성격, 그리고 최상의 비판 능력을 지닌 사람들〉[11]에게서도 나타날 수 있다고 주장하였다.

자네와 프로이트 모두 히스테리아의 신체화 증상***을 설명하면서, 이것을 기억으로부터 추방당한 매우 고통스러운 사건

* 외상에 대한 기억은 사고에 고착되어 지속되며, 이로써 의식 상태를 변형시킨다. 자네는 정체성, 기억, 의식의 요소들이 통합되지 못하여 일어난 의식의 변형을 해리라고 설명하였다. 자네는 특별한 상황에서는 정신 기능을 관장하는 신경 에너지가 낮아져서 일부 기능이 중앙 집행 자아의 통제와 감시로부터 벗어난다고 보았으며, 이를 해리의 원리로 보았다.

** 최면은 심상을 떠올리거나, 깊이 이완되어 있을 때 의식이 변형된 상태라고 볼 수 있다. 최면은 시간 감각, 자기, 수의적 움직임, 외부 세계에 대한 의식이 다양하게 변화된 것으로 경험된다. 그러나 최면에서 비롯되는 다양한 효과가 최면 그 자체의 효과인지, 아니면 다른 요소에서 비롯된 것인지에 관한 의견은 일치를 보지 못하고 있다.

*** 신체적인 원인이 분명하게 드러나지 않는데도 몸이 아프다고 느끼는 것으로, 심리적인 고통이 다양한 신체적 증상으로 표현된 것이라고 이해할 수 있다. 신체화 증상은 의도적인 꾀병과는 구분되며, 사회적, 직업적 생활에 지장을 줄 수 있을 만큼 개인에게 고통스럽게 느껴진다.

이 위장되어 표현된 것이라고 하였다. 자네는 히스테리아 환자들이 외상 사건에 대한 기억, 즉 〈잠재 의식의 고착된 사고〉에 지배받고 있다고 설명했다.[12] 브로이어와 프로이트는 불후의 결론으로 남게 될 말을 하였다. 〈히스테리아 환자들은 기억으로 인하여 고통받는다.〉[13]

또한 이 연구자들은 1890년대 중반에 이르러, 외상 기억에 수반되는 강렬한 느낌이 회복되고 언어화될 경우 히스테리아 증상이 경감될 수 있다는 것을 밝혔다. 이러한 치료 방법은 현대 심리 치료의 근간이 되었다. 자네는 자신의 기법을 〈심리 분석psychological analysis〉이라 하였고, 브로이어와 프로이트는 〈해제abreaction〉* 혹은 〈카타르시스catharsis〉라고 하였다. 훗날 프로이트는 이를 〈정신분석psycho-analysis〉이라고 불렀다. 그러나 가장 명료하고, 어쩌면 가장 좋은 이름은 브로이어의 환자였던 안나 오라는 가명의 젊은 여성에 의해 고안되었다. 영리하고 지적인 그녀는 브로이어와 자신의 친밀한 대화를 〈대화 치료talking cure〉라고 불렀다.[14]

히스테리아의 불가사의함에 대한 해결책은 고통을 견디며 환자의 과거를 재구성하는 데 숨어 있었다. 치료자와 환자의 협력은 이 재구성의 과제에 의존하였다. 자네는 환자와의 작업을 설명하면서, 치료가 진전하게 되자 최근의 외상이 드러나면서 과거의 외상을 탐색하는 길이 열렸다고 말했다. 〈망상의 표

* 외상에 동반되는 감정에 대한 억압을 푸는 것.

면을 제거하자, 그녀의 정신 밑바닥에 여전히 머물러 있는 오래되고 집요하게 고착된 생각들이 보였다. 이들이 차례로 사라지면서 훌륭한 개선이 일어났다.〉[15] 안나 오와의 작업을 설명하면서 브로이어는 〈기억의 실타래를 거슬러 올라가는 것〉에 관하여 언급하였다.[16]

실타래를 가장 멀리 따라간 사람은 프로이트였고, 이는 어김없이 그를 여성의 성적 삶에 대한 탐색으로 이끌었다. 여성의 성sexuality과 히스테리아 증상의 관련성에 대한 오래된 임상 전통에도 불구하고, 샤르코와 브로이어 같은 프로이트의 선생들은 히스테리아의 근원에 놓인 성의 역할에 대해 매우 회의적이었다. 프로이트 자신도 처음에는 저항하였다. 〈두 번째 환자에 대한 분석을 시작했을 때…… 성적인 신경증이 히스테리아의 근간에 존재한다는 예상은 내 생각과는 아주 동떨어진 것이었다. 나는 샤르코 학파에서 막 나왔고, 히스테리아를 성이라는 주제와 연결하는 것은 일종의 모욕이라고 보았다. 여성 환자들이 그렇게 느끼듯이.〉[17]

이처럼 환자들의 반응에 감정적으로 공감하는 태도는 히스테리아에 대한 프로이트의 초기 저술에서 두드러지게 나타난다. 그의 사례 연구들은 기꺼이 방어적인 태도를 극복하려 하고, 기꺼이 경청하려는 열정적인 호기심을 가진 한 남자를 보여 준다. 프로이트는 지독한 이야기를 듣게 되었다. 환자들은 반복적으로 그에게 성폭력, 학대, 근친 강간에 관해 이야기했다. 기억의 실타래를 따라가면서 프로이트와 그의 환자들은 히스테리아 증상을 촉발한 가장 근래의 상대적으로 작은 경험들 아래 숨겨져 있던 아동기의 주요한 외상 사건들을 들추어내었다. 1896년에 이르러 프로이트는 자신이 히스테리아의 원천을 찾아냈다고 믿었다. 18개의 사례 연구로 이루어진 〈히스테리아의 원인론The Aetiology of Hysteria〉이라는 제목의 보고에서, 그는 극적인 주장을 하였다. 〈그러므로 나는 히스테리아에 관한 모든 사례의 밑바탕에서 《하나, 혹은 그 이상의 지나치게 이른 성적 경험》이 발생했을 것이라고 본다. 그 발생은 아동기 초기에 일어난 것이고, 수십 년이라는 시간의 흐름이 방해하고 있지만, 정신분석을 통하여 밝혀질 수 있다. 나는 이것이 신경병리학에서의 카푸트 닐리Caput Nili를 발견한 것이라고 할 수 있을 만큼 중요한 발견이라고 믿는다.〉[18]

한 세기가 지난 지금에도 이 논문은 아동기 성 학대의 결과에 대한 최근의 임상적 설명에 필적할 만하다. 빛나고, 자비로우며, 설득력 있고, 심사숙고한 기록이다. 의기양양한 제목과 당당한 어조는 프로이트가 자신의 기여를 이 분야 최고의 성과로 여겼음을 보여 준다.

그러나 「히스테리아의 원인론」의 출판은 이 연구에 끝을 맺게 하고 말았다. 1년이 채 지나지도 않아서, 프로이트는 히스테리아의 기원에 놓인 외상 이론을 비공식적으로 거부하였다. 프로이트의 대응은 그의 가설이 담고 있는 급진적인 사회적 함

의에 스스로 계속 불편해하고 있었음을 보여 준다. 히스테리아
는 여성에게 너무 흔한 것이었고, 만약 그의 환자들의 이야기
가 사실이라면, 그리고 그의 이론이 정확하다면, 〈아동에 대한
도착 행위〉라고 말한 것은 만연해 있는 무엇이 되어 버린다. 그
가 처음 히스테리아 연구를 시작한 파리의 프롤레타리아 사이
에서뿐만 아니라 자신이 개업의로 일하고 있는 빈의 존경받는
부르주아 가족들 사이에서도 아동 학대가 빈발한다고 결론지
어야 했을 것이다. 이러한 생각은 절대로 받아들여질 수 없었
다. 도저히 믿을 수 없는 것이었다.[19]

딜레마에 빠진 프로이트는 여성 환자에게 귀 기울이기를 그
만두었다. 이 전환점은 그 유명한 〈도라〉의 사례에서 목격할
수 있다. 히스테리아에 관한 프로이트의 마지막 연구이기도 한
이 사례는 치료자와 환자의 협력을 통한 도전이라기보다는 기
지(機智)의 경쟁처럼 읽힌다. 프로이트와 도라 사이의 상호 작
용은 〈정서적 전투〉로 묘사되었다.[20] 이 사례에서 프로이트는
환자가 경험한 것의 현실성을 인정하기는 하였다. 10대인 도
라는 아버지의 정교한 성적 술책의 볼모로 이용되고 있었다.
그녀의 아버지는 실제적으로 도라를 성적 장난감으로 친구들
에게 제공하였다. 그러나 프로이트는 도라의 분노와 모욕감을
수용하지 않았다. 대신 그는 그러한 착취 상황이 그녀의 욕망
의 충족인 것처럼, 그녀의 에로틱한 흥분을 탐색하려고 하였
다. 프로이트가 어떤 행위를 복수로 해석하자, 도라는 치료를

그만두었다.

그들의 동맹 결렬은 야심 찬 연구자들과 히스테리아 환자들의 협력에 씁쓸한 뒷맛을 남겼다. 100년에 가까운 시간 동안 이 환자들은 또다시 비웃음을 사거나 침묵을 강요받게 된다. 프로이트를 따르는 이들은 반항적인 태도를 보이는 도라에게 특히 불평이 많았는데, 훗날 제자들은 도라를 보고 〈프로이트가 만난 히스테리아 환자 중에서 가장 심하게 반발한 사람〉이라고 표현하였다.[21]

히스테리아의 외상 이론이라는 잔해 위에서 프로이트는 정신분석을 창설하였다. 다음 세기를 지배하게 된 심리학 이론은 여성의 현실에 대한 부정을 기반으로 세워졌다. 성은 연구의 주요 중심점으로 남아 있다. 그러나 성적 관계가 실제로 발생하는 착취적인 사회적 맥락은 완전히 감추어졌다. 정신분석은 환상과 욕망의 내적 순환에 관한 연구가 되었고, 경험의 실제성과 단절되었다. 1910년에 이르러 프로이트는 히스테리아 환자들이 겪은 아동기 성 학대가 사실이 아니라고 결론지었지만 환자들의 호소가 거짓이라는 어떠한 임상적 기록도 제공하지 않았다. 〈이러한 유혹의 장면은 전혀 일어난 바가 없으며, 그것은 내 환자들이 만들어 낸 환상일 뿐임을 마침내 확인하게 되었다.〉[22]

프로이트의 철회는 히스테리아의 영웅시대가 끝났음을 알렸다. 샤르코에서 시작하여 그를 따르는 이들이 지속하였던 연구의 흐름은 한 세기 만에 무시되었다. 최면과 의식의 변형은 또다시 마술적 영역에 속하게 되었다. 심리적 외상에 관한 연구는 멈추었다. 그 이후로 한동안 히스테리아라는 질환 자체가 사실상 사라진 셈이었다.

이러한 극적인 전환은 단순히 한 사람의 작업으로 인한 것만은 아니다. 히스테리아 연구가 어떻게 그렇게 완전하게 무너졌는가를 이해하고 위대한 발견이 어떻게 그렇게 빠르게 잊힐 수 있는가를 이해하려면, 애초에 히스테리아 연구에 영향을 미쳤던 지적, 정치적 풍토를 이해할 필요가 있다.

19세기 프랑스의 주된 정치적 갈등은 종교적 군주제를 옹호하는 이들과 세속적인 정부 형태의 공화정을 옹호하는 이들 사이의 싸움에 놓여 있었다. 1789년 혁명 이후로 이 갈등은 일곱 차례에 걸친 정부의 타도를 이끌었다. 1870년 제3공화정을 설립한 이후로 여전히 힘이 미약했던 민주 정치의 설립자들은 권력의 근간을 공고히 하고 주요 반대 세력이었던 가톨릭 교회의 권력을 약화시키기 위해 공격적인 군사 행동을 취했다.

공화정 지도자들은 신흥 부르주아들로 구성된 자생 세력이었다. 이들은 스스로를 계몽주의 전통의 대표라 여기며 귀족과 성직자 등 반동 세력과 치열한 싸움을 벌였다. 이들의 주요한 정치적 전투는 교육의 통제에 있었다. 이들의 이데올로기 전투는 남성의 충절과 여성의 주권에 관한 것이었다. 제3공화정의 설립자인 쥘 페리는 이렇게 말했다. 〈여성은 과학에 종속되어

있어야 한다. 그렇지 않으면 교회에 종속되고 말 것이다.)[23]

부와 명성을 얻은 상인의 아들로 태어난 샤르코는 새로운 엘리트 부르주아의 저명 인사였다. 그의 살롱은 정부 장관들과 제3공화정의 저명 인사들이 모이는 장소였다. 그는 세속적이고 과학적인 생각을 확장하기 위한 열의를 그의 동료들과 나누었다. 1870년대 살페트리에르는 세속적 가르침과 병원 관리의 가치가 우월하다는 점을 보여 주기 위해서 근대화되었다. 또한 그의 히스테리아 연구는 세속적인 개념 틀이 종교적인 개념 틀보다 우월하다는 점을 보여 주기 위한 것이었다. 그의 화요 강의는 정치적 연극이었다. 그의 임무는 히스테리아 여성들에게 과학을 부과하는 것이었다.

악령에 홀린 상태, 주술, 귀신을 물리치는 의식, 종교적인 황홀경 같은 현상은 히스테리아에 대한 샤르코의 개념화를 통해 과학적으로 설명되었다. 그의 가장 소중한 업적은 예술 작품 속에 투영된 히스테리아를 진단한 것이었다. 그는 제자 파울 리케와 함께 예술에서 묘사된 종교적인 경험이 실은 히스테리아로 설명될 수 있다는 이론이 담긴 중세 예술 작품 소장집을 출간했다.[24] 샤르코와 그를 따르는 이들은 성흔 발현, 환영, 초자연적 치료 등과 같은 동시대의 신비적인 현상에 관해 신랄한 논쟁을 벌이기도 하였다. 샤르코는 특히 루르드에 새로이 세워진 성지에서 일어나는 기적 치료에 관심을 보였다. 자네는 기독 과학의 미국적 현상에 몰두하였다. 샤르코의 제자였던 데지

레 부르느비유는 당시 성흔으로 유명했던 신앙 깊은 젊은 여성인 루이즈 라토가 실은 히스테리아를 가지고 있었다는 점을 증명하기 위하여 새로이 확립한 진단 체계를 활용하였다. 이들은 이 모든 현상이 병리학의 영역에 속한다고 주장하였다.

요컨대 히스테리아에 대한 열정적인 관심을 불러일으키고, 19세기 샤르코와 그의 추종자들의 연구에 추진력을 가한 데는 더욱 거대한 정치적 원인이 있었다고 볼 수 있다. 히스테리아의 신비를 해결한다는 것은 반동적인 미신에 대한 세속적 계몽운동의 승리는 물론 세속적 세계관의 도덕적 우월성에 대한 증명과 같았다. 남성 과학자들은 히스테리아에 관한 자신들의 호의를 종교 재판의 난폭함과 비교하였다. 1880년, 샤르코의 제자인 찰스 리케는 다음과 같이 논하였다. 〈살페트리에 안에 감금된 환자들 중에는 이전 시대였다면 범죄로 여겨져 화형을 당했을 사람들이 많다.〉[25] 10년 뒤 윌리엄 제임스도 이와 비슷한 생각을 밝혔다. 〈권위주의에 파묻힌 의학계의 무관심 때문에 많은 피해를 입은 사람들 중에서 불쌍한 히스테리아 환자들이 최악의 대우를 받았다. 그들이 점차 회복되고 구조된다면 이는 우리 세대 박애주의의 성과 중 하나에 포함될 것이다.〉[26]

남성 과학자들은 자신들이 여성의 격하된 위치를 상승시키는 호의적인 구조자라고 생각했다. 그러나 이 와중에도 이들은 한순간도 여성과 남성의 사회적 평등을 상상하지 않았다. 여성은 연구의 대상이자 자비로운 보살핌의 수혜자였지, 권리를 가진 주체가 아니었다. 히스테리아에 대한 계몽적인 시각을 옹호한 남성들 또한 여성이 고등 교육을 받거나 직업을 가지는 것에 반대하였고, 여성의 참정권을 완강하게 거부하였다.

제3공화정 초기에는 여성주의 운동이 상대적으로 약했다. 1870년대 후반에 여성주의 조직은 공적인 모임을 갖지 못했고, 출판권 또한 갖지 못했다. 1878년 파리에서 처음 열린 여성 권리를 위한 국제회의International Congress for the Rights of Women에서 투표권을 옹호하는 이들은 너무 급진적이라는 이유로 발언권이 허용되지 않았다. 여성의 권리를 옹호한 자들은 깨지기 쉬운 신생 민주 정치의 생존에 자신들의 미래가 달려 있다는 사실을 알고, 공화정 연합과의 합의를 유지하기 위하여 자신들의 권익을 하위에 두려고 하였다.

그러나 한 세대 뒤에, 공화정을 건설한 자들의 정권은 탄탄하게 확립되었다. 세속적 공화정은 프랑스에서 살아남아 번영하였다. 19세기 후반에 이르러서는 교권(教權)에 반대하는 세력이 결정적인 승리를 거두었다. 한편 여성의 옹호자를 자처하는 계몽적인 남성들은 점점 더 의구심의 대상이 되었다. 드디어 여성들이 자기 자신을 위해 발언하기 시작했다. 영국과 미국에서 확립된 민주주의 내부의 여성주의 운동은 대륙을 따라 전해졌고, 프랑스의 여성주의자들은 여성 인권을 위해 목소리를 더욱 높였다. 어떤 이들은 공화정 설립자들을 직접적으로 비판하였으며, 보호를 주장하는 남성 과학자들의 호의에 도전하였다. 1888년 한 여성주의 작가는 샤르코가 〈질환을 연구한다는 구실로 여성들을 생체 해부〉하며, 의학계에 입문하는 여성에게 적대감을 가지고 있다고 그를 조롱하였다.[27]

세기가 바뀌자 히스테리아의 영웅시대를 탄생시켰던 정치적 욕구는 흐트러졌다. 이제 남성 과학자들에게는 애초에 가고자 했던 곳에서 멀리 떨어진 곳으로 이끌린 연구를 계속해야 할 명분이 더 이상 남아 있지 않았다. 히스테리아 연구는 남성 과학자들을 황홀경, 감정, 그리고 성(性)의 사후 세계로 유인했다. 남성 과학자들은 애초에 듣고자 했던 것 이상으로 여성에게 귀를 기울였고, 애초에 여성의 삶에 대하여 알고자 했던 것 이상으로 더 많은 것을 알게 되었다. 히스테리아 연구가 이데올로기적인 개혁의 역할을 맡는 한, 이 영역의 발견은 널리 칭송받고 과학자들은 인간애와 용기를 갖춘 자로 존경받게 될 테지만, 정치적인 자극은 희미해져 버리고 말았다. 그러자 곧 과학자들은 자신들이 발견한 것의 본질 때문에, 그리고 여성 환자들에게 가까이 다가선 것 때문에 오히려 위태롭게 되었다는 사실을 깨달았다.

반격은 1893년 샤르코가 죽기 훨씬 전부터 시작되었다. 샤르코는 점점 더 파리의 사회를 사로잡았던 대중적인 히스테리아 시연이 얼마나 믿을 만한 것인지 밝히라는 요구를 받게 되었다. 피암시성이 높은 여성들을 데리고 최면 상태에서 대본에 따르도록 명령하고서는 이들을 무대 위로 올린 것이라는 소문

이 떠돌았다. 샤르코는 말년에 이 분야의 연구를 시작한 것에 대해 후회하는 듯했다.[28]

샤르코가 최면과 히스테리아의 세계에서 물러선 것처럼, 브로이어는 여성의 정서적 애착의 세계에서 물러섰다. 최초의 〈대화 치료〉는 브로이어가 안나 오로부터 급하게 떠나면서 끝장났다. 매혹적인 젊은 여성의 문제에 깊이 관여하는 그에게 그의 아내가 분개했기 때문에 관계를 정리했을지도 모른다. 브로이어는 2년 넘게 거의 매일 이루어진 긴 치료 과정을 돌연 그만두었다. 갑작스러운 종결은 환자에게 위기가 되어 그녀는 입원을 해야만 했다. 그러나 자신의 환자가 너무나 열정적으로 애착된 것을 알아채고 섬뜩해진 의사에게도 역시 위기였다. 브로이어는 안나 오와의 마지막 회기를 〈식은땀〉으로 마무리하였다.[29]

브로이어가 자신의 특별한 사례를 프로이트와 함께 출판하기는 했지만, 그는 꺼리는 것이 많고 의심이 많은 탐구자였다. 특히 브로이어는 히스테리아 증상의 원천에서 성적 경험이 반복적으로 발견되자 몹시 불편해하였다. 프로이트가 친구 빌헬름 플리스에게 이렇게 불평했다. 「브로이어는 얼마 전에 의학자들에게 나에 관한 중대한 발언을 한 적이 있네, 성적 원인론으로 믿음을 바꿨다고. 이에 대하여 내가 사적으로 감사를 표한 적이 있는데, 그는 〈처음부터 지금까지 여전히 나는 믿을 수 없습니다〉라고 말하면서 내 즐거움을 망가뜨렸다네.」[30]

프로이트의 연구는 알려지지 않은 여성의 현실로 가장 멀리 나아갔다. 히스테리아의 근원에 있는 아동기 성 착취에 관한 프로이트의 발견은 사회적 신념의 한계를 넘어서는 것이었고, 따라서 그는 전문성에서부터의 완전한 추방이라는 처지에 놓이게 되었다. 자신에게 영광을 가져다 줄 것이라고 기대했던 「히스테리아의 원인론」의 출판으로, 그는 원로와 동료들의 냉담하고 완전한 침묵에 직면해야 했다. 얼마 되지 않아 프로이트는 플리스에게 편지를 썼다. 〈나는 자네가 생각할 수 있는 것만큼 고립되었네. 그 말을 내뱉자마자 버림받았고, 내 주변에는 텅 빈 공간이 형성되고 있네.〉[31]

심리적 외상 연구에 대한 프로이트의 퇴각은 논란거리가 되었다. 그의 철회는 비겁한 행동으로 비방을 당해 왔다. 지식의 진보가 고독한 천재 남성의 프로메테우스적 행동으로 여겨지던 당시에 프로이트가 이러한 종류의 인신 공격을 받은 것은 기이한 잔재처럼 보인다. 그러나 아무리 힘 있는 논쟁이며 타당한 관찰이었어도, 어찌됐든 간에 히스테리아 연구를 지지할 만한 정치적, 사회적 밑바탕이 없는 상태에서 프로이트의 발견은 용납될 수 없었다. 빈에서 그러한 바탕은 존재한 적이 없었고, 프랑스에서는 빠르게 사라져 가고 있었다. 프로이트의 경쟁자로서 히스테리아의 외상 이론을 지켜 내고 자신의 히스테리아 환자들로부터 떠나지 않았던 자네는 자신의 작업이 잊히고 자신의 생각이 무시당하는 것을 지켜봐야만 했다.

시간이 흐르면서 히스테리아의 외상 이론에 대한 프로이트의 거부는 특히 독단성을 띠게 되었다. 가장 멀리 뻗어 나간 연구를 통하여 가장 완전하게 그 함의를 붙잡았던 프로이트는 가장 경직된 부정으로 돌아섰다. 이 과정에서 그는 여성 환자들을 거부하였다. 물론 여전히 환자들의 성생활에 초점을 두었지만, 여성이 실제 경험한 착취는 더 이상 인정하지 않았다. 프로이트는 완강하게 버티면서 더 커다란 이론의 소용돌이로 자신을 몰아갔다. 그는 여성이 호소하던 학대적인 성적 대면을 실은 여성들이 상상하고 바라던 것이라고 주장하였다.

프로이트가 마주했어야 할 극심한 도전을 생각한다면 그의 전면적인 철회는 이해할 만하다. 자신의 이론을 단단히 고수하는 것은 여성과 아동에 대한 성적 억압의 깊이를 확인하는 일이 되었을 테니까. 이러한 입장을 지적으로 타당화하고 지지할 유일한 잠재적 원천은 막 시작하는 여성 운동에 있었지만, 여성 운동은 프로이트의 소중한 남성 중심적 가치들을 위협했다. 프로이트처럼 정치적 신념과 직업적 야망을 지닌 사람이 그러한 운동과 함께한다는 것은 생각할 수 없는 일이었다. 과장하여 표현하자면, 그는 심리적 외상에 대한 연구와 여성으로부터 일순간에 그 자신을 해리시켰다. 프로이트는 여성의 열등함과 거짓스러움을 학설의 기본 관점으로 삼는 인간 발달 이론을 확립해 갔다.[32] 반여성주의적인 정치적 풍토 속에서 이 이론은 지속되었고 무성해졌다.

히스테리아의 탐색을 논리적인 결론으로 이끌고 갔던 초기 연구자 중에서 유일하게 남은 이는 브로이어의 환자였던 안나 오였다. 브로이어가 그녀를 버린 뒤, 그녀는 몇 해 동안 아픈 채로 남아 있었다. 그리고 그녀는 회복하였다. 〈대화 치료〉를 발명한 무언의 히스테리아 환자 안나 오는 여성 운동 속에서 자신의 목소리와 건강함을 되찾았다. 그녀는 파울 베르톨트라는 가명으로 메리 울스턴크래프트의 고전적 작품인 『여성의 권리 옹호』를 독일어로 번역하였고, 「여성의 권리Women's Rights」라는 연극을 창작하였다. 그녀는 베르타 파펜하임이라는 자신의 진짜 이름으로 탁월한 여성주의 사회 복지사가 되었다. 그녀는 지적이었고 훌륭한 조직화 능력을 갖추고 있었다. 풍요로운 오랜 시간 동안 그녀는 소녀들을 위한 고아원을 짓고, 유대인 여성을 위한 여성주의 조직을 세웠으며, 여성과 아이들의 성적 착취에 반대하는 투쟁을 유럽과 중동 지역에 전파하였다. 그녀의 헌신적인 태도와 에너지, 현실 참여에 대한 의지는 전설적이었다. 그녀 동료의 말에 의하면, 〈한 여성 안에 활화산이 살아있었다. …… 그녀는 마치 자신이 신체적인 고통을 느끼는 것처럼 여성과 아동에 대한 학대에 맞서 투쟁하였다〉.[33] 그녀의 죽음 앞에 철학자 마르틴 부버는 다음과 같은 찬사를 남겼다. 〈그녀를 동경한 것만이 아니라 사랑하였고, 또 내가 죽는 날까지 그녀를 사랑할 것이다. 영혼의 인간이 있고 열정의 인간이 있는데, 이들은 생각하는 것만큼 흔한 사람들이 아니다. 그런데 더욱 드문 이들은 영혼도 있고 열정도 있는 사람들이다. 하지만 그중에 가장 드문 것은 《열정적인 영혼》이다. 베르타 파펜하임은 그러한 영혼을 지닌 여성이었다. 그녀의 기억을 전파하고, 그것이 계속해서 실재한다는 것을 직시하라.〉[34] 그녀는 찾아온 이들이 자신의 무덤 앞에 작은 돌을 남기고 갔으면 좋겠다는 뜻을 전했다. 〈서지 않고 용감하게, 여성의 의무와 즐거움을 위해 사명을 다하겠다는…… 낮은 목소리의 약속처럼.〉[35]

전쟁 외상 신경증

제1차 세계 대전의 재앙으로 심리적 외상의 실재는 또다시 공공의 의식 위로 떠올라야만 했다. 4년 동안 지속된 소모전에서 800만 이상의 사람들이 죽어야 했다. 이 학살이 끝나자 네 개의 유럽 왕국이 파괴되었고, 서구 문명을 지탱하던 소중한 신념들이 무너져 내렸다.

전투 속에서의 남성적 명예와 영광에 대한 환상은 전쟁이 남긴 여러 폐해 중 하나였다. 참호 안에서 지속적인 공포에 시달린 남성들은 수없이 무너지기 시작했다. 무력감에 사로잡히고, 전멸될지도 모른다는 끊임없는 위협에 억눌렸으며, 집행 유예도 없이 동료들이 죽고 다치는 것을 지켜보면서 많은 군인은 히스테리아 여성처럼 되어 갔다. 그들은 걷잡을 수 없이 울면서 비명을 질러 댔다. 그들은 얼어붙어 움직일 수가 없었다. 말이 없어졌고, 자극에 어떠한 반응도 보이지 않았다. 그들은 기억을 잃었으며 감정을 느끼지 못했다. 정신적 피해가 너무 커서 병원들은 서둘러 이들을 수용해야만 했다. 한 추정에 의하면, 정신 장애의 발병은 영국에서 전투 피해의 40퍼센트를 차지하였다. 군 당국은 대중의 사기에 영향을 미칠 것을 우려하여 정신적 피해에 대한 보고를 막으려 했다.[36]

정신적 증상의 발병은 처음 신체적 원인에 의한 것으로 이해되었다. 최초의 몇몇 사례들을 진찰한 영국의 심리학자 찰스 마이어스는 이러한 증상이 탄환 폭발의 충격적인 영향에서 기인하는 것으로 보고, 이러한 신경 장애에 〈탄환 충격shell shock〉이라는 이름을 붙였다.[37] 이후 신체적인 외상에 노출되지 않은 군사들에게서도 그러한 증후군이 발견된다는 점이 확인되었다. 그러나 탄환 충격이라는 이름은 그대로 사용되었다. 점차적으로 군사 정신의학자들은 탄환 충격의 증상이 심리적 외상에서 발생한다는 것을 알게 되었다. 폭력적인 죽음에 지속적으로 노출될 경우에 받게 되는 정서적 스트레스는 남성에게 히스테리아와 유사한 신경증적 증후군을 유발하기에 충분했다.

전투 신경증이 실재한다는 사실을 더 이상 부정할 수 없게 되었을 때, 과거 히스테리아를 다룰 때와 마찬가지로 의학적 논쟁은 환자의 도덕성을 중심으로 이루어졌다. 전통주의자의 시각에서, 정상적인 군인이라면 전쟁에서 영광을 누려야 하지,

정서적인 증세를 드러내서는 안 되었다. 군인은 절대로 공포에 굴복해서는 안 된다. 외상 신경증을 보이는 군인은 좋게 말하자면 체질적으로 열등한 인간이었고, 나쁘게 말하자면 꾀병을 부리는 겁쟁이였다. 이 시기의 의학자들은 이 환자들을 〈도덕적 박약자〉라고 기술하였다.[38] 군 당국은 이러한 남성들은 환자가 될 자격도 없다는 입장을 취했고, 의학적 치료를 제공하기보다는 군사 법원에 회부하거나 불명예스럽게 제대시켜야 한다고 말했다.

전통주의적 시각을 가장 두드러지게 드러낸 사람은 영국의 정신의학자인 루이스 일랜드였다. 1918년 「전쟁 히스테리아 장애Hysterical Disorders of Warfare」에서 그는 모욕과 위협, 처벌을 중심으로 하는 치료를 옹호하였다. 그는 무언증, 감각 상실, 운동성 마비와 같은 히스테리아 증상들을 전기 충격으로 치료하였다. 환자들은 게으르고 비겁하다고 비난받았다. 〈부정이라는 고약한 적〉을 표출하는 사람들은 군사 법원에 회부할 것이라고 위협당했다. 한 사례에서 일랜드는 말 못하는 환자를 의자에 묶어 목구멍 안으로 전기 충격을 주는 치료를 보고하였다. 환자가 끝내 말을 할 때까지 몇 시간 동안 치료는 중지 없이 이루어졌다. 충격 치료를 하는 동안 일랜드는 환자에게 이렇게 타일렀다. 「당신은 제가 기대하는 영웅처럼 행동해야 합니다. 그걸 기억하세요. 그렇게 많은 전투를 겪은 남자라면 자기 자신을 좀더 잘 통제해야죠.」[39]

반면 의학계의 진보적인 권위자들은 전투 신경증은 실질적인 정신 과적 상태로서 도덕성이 높은 군인에게도 나타날 수 있다고 주장하였다. 이들은 정신분석 원칙에 입각한 인도적인 치료를 옹호하였다. 이렇게 편견이 없는 관점을 지닌 사람 중 대표적인 이는 W. H. R. 리버스였다. 그는 신경 생리학, 심리학, 그리고 인류학을 강의하는 교수로 폭넓은 지성을 지닌 의학자였다. 그의 가장 유명한 환자는 젊은 장교였던 시그프리드 서순이었는데, 그는 전투에서의 용맹과 전쟁 시(詩)로 유명한 인물이었다. 서순은 군 복무 중에 공개적으로 평화주의 운동과 손을 잡고 전쟁을 비난하면서 악평을 얻었다. 1917년에 그가 쓴 「군인 선언Soldier's Declaration」은 우리 시대의 반전 성명서와 유사하다.

나는 군사 권력에 도전하겠다는 의지를 가지고 이 선언서를 작성한다. 전쟁은 그것을 끝맺을 수 있는 권력이 있는 이들에 의해서 고의적으로 지속되고 있다고 믿기 때문이다.

나는 군인이며, 군인들을 대신하여 행동하고 있다고 확신한다. 방어와 자유를 위한 전쟁이라고 믿었던 이 전쟁이 이제는 공격과 정복을 위한 전쟁이 되었다고 생각한다. 나는 부대 안의 고통을 목격하고 견뎠다. 이제는 사악하고 부당한 목적으로 이러한 고통을 지속시키는 당사자가 더 이상

되고 싶지 않다.[40]

　장교이자 시인이며 서순의 동료였던 로버트 그레이브스는 그가 군사 법정에 서는 것을 두려워한 나머지, 그를 리버스의 환자로 입원하도록 조치했다. 당시 서순의 반전 진술은 심리적 발병에 의한 것이라고 무마되었다. 하지만 서순이 완전한 정서적 발병을 보이지 않았다 해도, 그는 그레이브스가 〈신경이 곤두선 상태〉라고 말한 무엇을 가지고 있었다. 그는 불안해하였고, 화를 잘 내었으며, 악몽으로 고통스러워하였다. 충동적이고 무모하게 위험에 노출되는 모습을 보이면서 〈미치광이 잭〉이라는 별명을 얻었다. 오늘날이라면 이러한 증상은 별다른 의심 없이 외상 후 스트레스 장애로 진단되었을 것이다.

　리버스는 치료를 통해 처벌을 중시하는 전통적 접근보다 인도적이고 이성적인 치료가 우월하다는 점을 밝히려 했다. 모든 군사 의학이 그러했듯이, 치료의 목표는 환자를 전쟁터로 되돌려 보내는 데 있었다. 리버스는 이 목표에 의문을 두지는 않았다. 그러나 그는 대화 치료 형식의 효과에 대하여 주장하였다. 수치심 대신, 서순은 존엄과 존경의 대우를 받았다. 침묵을 강요당하는 대신, 전쟁의 공포에 대하여 자유롭게 말하고 쓸 수 있도록 격려받았다. 서순은 감사로 응답하였다. 〈리버스는 즉시 내가 안전을 느끼도록 해주었고, 나에 관한 모든 것을 알고 있는 것처럼 보였다. …… 나는 리버스와 대화를 나눌 수 있다면 모든 것을 베풀 수 있다. 내게 우정을 베풀고 모범을 보여 준 이 위대하고 선한 사람을 잊지 않는 것이 중요하다.〉[41]

리버스의 그 유명한 환자에 대한 심리 치료는 성공이라고 평가되었다. 서순은 공개적으로 자신의 평화주의적 진술을 부정하고 전투로 돌아갔다. 그는 자신의 정치적 신념을 바꾸지 않았으면서도 그렇게 하였다. 여전히 싸우고 있는 동료들에 대한 연대 의식, 그들의 고통을 나누지 못하는 데 대한 죄책감, 그리고 자신의 고립된 저항이 아무런 결과도 낳지 못한다는 데서 오는 절망감이 그를 전장으로 되돌아가도록 했다. 인도적인 치료를 추구했던 리버스는 이어진 또 다른 전쟁에서 미국의 군사 의학자들을 이끌었던 두 가지 원칙을 확립하였다. 첫째, 용맹함에 의문을 던지지 않았던 남성은 압도적인 두려움에 굴복하게 된다. 둘째, 그러한 두려움을 극복할 수 있는 가장 효과적인 동기는 애국심이나 추상적 원칙, 적에 대한 증오보다 더 강한 무엇이다. 그것은 서로에 대한 군인들의 사랑이다.

서순은 전쟁에서 살아남았다. 그러나 전투 신경증이 있는 다른 많은 생존자들과 마찬가지로 남은 생애 동안 그것을 다시 체험해야 할 운명이었다. 그는 전쟁에 관한 기억을 쓰고 또 쓰고, 전사한 이들의 기억을 보존하고, 평화주의라는 대의를 진전시키는 데 헌신하였다. 생산적인 삶을 누리기에 충분할 정도로 〈곤두선 신경〉에서 회복되었지만, 회복할 행운을 가지지 못했던 이들에 대한 기억은 그의 머릿속에서 떠나질 않았다.

탄환 충격. 단시간의 폭격이 이 생존자들의 정신에 얼마나 오랫동안 후유증을 남겼는지. 지옥이 이들을 파괴하려고 애쓰는 동안 생존자들은 동료들에게 웃어 보였다. 사악한 시간은 그때가 아니라 지금이다. 지금, 진땀 나는 악몽의 숨막힘, 사지의 마비, 혼란스러운 말더듬 안에서. 최악인 것은 너무나 용감하고 사심 없는 인내의 가치들이 통합되지 않는다는 것이다 — 이것이 바로 선한 사람 안의, 탄환 충격의 말할 수 없는 비극이었다. 문명이라는 이름 아래 이 병사들이 희생되었고, 문명은 그들의 희생이 더러운 기만이 아니었다는 것을 증명하고자 그들의 희생을 지속시켰다.[42]

전쟁이 끝나고 몇 년 되지 않아, 심리적 외상이라는 주제에 관한 의학적 관심은 다시 희미해졌다. 계속되는 정신과적 어려움을 지닌 많은 사람이 참전 군인 병원 구석의 병실을 가득 채웠지만, 그들의 존재는 문명 사회가 잊으려 애쓰는 수치심이 되었다.

1922년 미국의 젊은 정신의학자인 에이브럼 카디너는 빈에서의 긴 순례를 마치고 뉴욕으로 돌아왔다. 카디너는 위대한 발견에 관한 꿈에 젖어 있었다. 그는 〈정신이라는 새로운 과학 분야의 콜럼버스가 된다는 것보다 더 큰 모험이 어디 있을까〉라고 생각했다.[43] 카디너는 뉴욕에 정신분석가가 겨우 10명 정도였던 당시에 개인 정신분석 치료소를 세웠다. 그는 퇴역 군인 사무실의 정신과에서 일하면서 전투 신경증을 지닌 많은 남성을 보았다. 카디너는 환자가 지닌 고통의 심각성과 환자를 치유하지 못하는 자신의 무능력 때문에 괴로워했다. 특히 1년 동안의 치료에도 불구하고 나아질 기미를 보이지 않던 한 환자를 기억하였다. 나중에 그 환자가 감사를 표했을 때, 카디너는 〈하지만 저는 당신을 위해서 아무것도 하지 못했습니다. 나는 당신의 증상을 치료하지 못했어요〉라고 말했다. 그러자 환자가 대답했다. 「선생님은 노력하셨습니다. 나는 재향 군인회에 오랫동안 있었습니다만, 그들은 시도조차 하지 않아요. 그들은 전혀 신경도 쓰지 않습니다. 그러나 선생님은 달랐습니다.」[44]

훗날 카디너는 가난, 배고픔, 방임, 가정 폭력, 어머니의 갑작스러운 죽음 등으로 얼룩진 자신의 어린 시절에 대한 〈끊임없는 악몽〉이 자신의 지적 추구 향방에 영향을 미쳤고, 외상 피해를 입은 군사들을 알아볼 수 있도록 했다는 것을 깨달았다. 카디너는 정신분석의 이론적 틀 내에서 전쟁 외상 이론을 발전시키기 위해 오랫동안 애썼지만, 결과적으로는 그것이 불가능하다고 여겨서 그만두었다. 그 대신 먼저 정신분석을, 그 후에는 전임자 리버스처럼 인류학을 독자적으로 연구했다. 1939년 인류학자인 코라 뒤 부아와 함께 그는 인류학의 기본 교과서인 『개인과 사회 The Individual and his Society』를 쓰게 되었다.

카디너는 책을 쓰고 나서야 전쟁 외상이라는 주제로 다시 돌아올 수 있었다. 이번에는 사회적 현실의 영향력을 인식하고 인류학을 개념 틀로 활용하여 심리적 외상을 이해하려 했다. 1941년 카디너는 『전쟁 외상 신경증*The Traumatic Neuroses of War*』이라는 폭넓은 임상적, 이론적 연구물을 출판하였다. 이는 반복적인 혼란을 불러일으켰던 이 분야의 일시적인 기억 상실에 대하여 다루고 있다.

전쟁으로 인한 신경증적 고통이라는 주제는 지난 25년 동안 대중과 정신의학계의 변덕스러운 영향 아래 놓여 있었다. 대중은 제1차 세계 대전 이후 엄청났던 관심을 지속시키지 않았으며, 이는 정신의학계에서도 마찬가지였다. 이러한 상황을 연구하는 책임을 진 각각의 연구자들이 그 전에는 마치 아무도 이런 일을 하지 않았던 것처럼, 이 일의 밑바닥부터 시작하는 것을 자신의 신성한 의무처럼 여기는 것은 유감스러운 일이다.[45]

카디너는 외상 증후군에 대한 오늘날의 이해와 유사한 임상적 틀을 계속하여 발전시켜 나갔다. 그의 이론적 개념화는 19세기 히스테리아에 관한 자네의 개념화를 닮았다. 카디너는 전쟁 신경증이 히스테리아의 한 유형이라고 생각하면서도, 히스테리아라는 용어가 담고 있는 경멸적인 의미 때문에, 이 용어를 사용한다는 사실만으로도 환자들에게 낙인이 찍힌다는 사실을 깨달았다. 〈히스테리컬이라는 단어를 사용하면, 마치 그 사람이 공짜로 무언가를 얻으려는 듯 탐욕스럽다는 사회적 의미를 갖게 된다. 이러한 신경증을 지닌 피해자는 그리하여 법정에서 동정을 얻지 못하고…… 히스테리컬한 사람은 본인의 나약함, 괴팍함, 의지박약 때문에 고통받고 있다고 생각하는 의사들에게서 동정을 얻을 수가 없다.〉[46]

　제2차 세계 대전이 일어나자 전투 신경증에 관한 의학적 관심이 부활했다. 빠르고 효과적인 치료 방법을 찾으려는 희망을 가지고 군사 정신의학자들은 전투 후에 나타나는 스트레스 반응에 놓인 낙인을 제거하려고 노력하였다. 누구나 전투 도중에 발병할 수 있었다. 전쟁에 얼마나 노출되었는지에 비례하여 정신과적 후유증을 예측할 수 있다는 점이 처음으로 확인되었다. 당시에는 심리적인 붕괴를 가져오게 되는 외상 노출의 정확한 수준을 파악하는 데 상당한 노력을 쏟았다. 전쟁이 끝나고 1년 뒤, 미국의 정신의학자인 J. W. 아펠과 G. W. 비비는 전쟁터에서 200일에서 240일을 지내게 되면 아무리 강한 군인이라도 발병할 수 있다고 결론지었다. 〈전투에 익숙해 진다는 일은 일어날 수 없다. …… 노출 강도와 지속 시간이 발병과 직접적인 관계가 있을 정도로, 전투의 매 순간은 긴장의 연속이다. 그러므로 정신과적 후유증은 전쟁에서 총알과 파편에 상처를 입는 것만큼이나 불가피한 일이다.〉[47]

　미국의 정신의학자들은 급성 발병을 막고, 회복을 촉진하기 위한 요소들을 찾는 데 힘을 쏟았다. 그들은 리버스가 서순의 치료에서 보여 주었던 것을 또다시 발견하게 되었다. 그것은 바로 전투 속 남성들 사이의 정서적 애착이었다. 1947년 카디너는 전방의 남성들을 치료하고 막 돌아온 정신의학자인 허버트 스피걸과의 작업을 통하여 자신의 이론을 발전시켰다. 카디너와 스피걸은 자신의 동료와 상관과 맺은 관계가 압도적인 공포 안에서 가장 강력한 보호 요인이 된다고 하였다. 정신의학자인 로이 그링커와 존 스피걸 또한 같은 결과를 보고하였다. 군인들은 지속적인 위험 상황 속에서 동료와 상관에 대한 극단적인 정서적 의존을 발달시킬 수 있었고, 심리적 발병으로부터 보호해 주는 가장 강력한 요인은 전투 부대의 사기와 리더십이었다.[48]

  제2차 세계 대전 동안 발달한 치료 전략은 괴로워하는 군인과 동료들 간의 분리를 최소화하는 방법을 중심으로 계획되었다. 따라서 최전선에서의 단기(短期) 치료적 개입이 선호되었고, 목표는 군인을 그의 부대로 빠르게 돌려보내는 데 있었다.[49] 즉각적이고 효과적인 치료 방법을 찾아야 하는 과제를 탐구하면서, 군사 정신의학자들은 심리적 외상을 매개하는 의식의 변형 상태를 발견하였다. 또한 그들은 외상 기억에 접근하기 위하여 의식의 변형 상태를 인위적으로 유발시켜 활용할 수 있다는 점을 알게 되었다. 카디너와 스피걸은 최면을 통하여 변형된 상태를 이끌었고, 그링커와 스피걸은〈정신 마취 요법narcosynthesis〉이라 불렸던 기법으로 소듐 아미탈을 사용하였다. 초기 히스테리아에 대한 연구와 마찬가지로 전투 신경증의 〈대화 치료〉는 공포, 분노, 비탄의 정서를 수반한 외상 기억의 회복과 카타르시스적인 재체험을 중심에 두고 있었다.

이러한 기법들을 개척한 정신의학자들은 외상 기억을 덜어내는 것만으로 완치될 수는 없다는 점을 이해하게 되었다. 카디너와 스피걸은 최면을 통하여 외상 기억을 끌어낼 수는 있지만, 기억의 인출과 같은 단순한 카타르시스 경험만으로는 소용이 없음을 경고하였다. 그들은 〈충분한 탐색이 없는〉 최면은 실패한 것이라고 설명하였다.[50] 그링커와 스피걸은 소듐 아미탈의 영향하에 기억을 이끌고 드러내더라도 이러한 기억이 의식으로 통합되지 않는다면 치료는 성공하지 못할 것이라고 하였다. 전투의 영향력은 〈지우면 원상태로 돌아갈 수 있는 칠판에 적힌 무엇이 아니다. 전투는 인간의 정신에 영구적인 흔적을 남기고, 살아가면서 겪게 되는 결정적인 경험이 그러하듯이 사람을 급진적으로 변화시킬 수 있다〉고 그들은 주장하였다.[51]

그러나 이러한 현명한 경고는 무시되었다. 정신과적 후유증을 다루는 새롭고 신속한 치료는 그 당시에 성공적이라는 평가를 받았다. 한 보고에 따르면 제2차 세계 대전이 벌어지는 동안 급성 스트레스로 쓰러져 갔던 참전 미국인의 80퍼센트는 일주일 이내에 업무에 복귀할 수 있게 되었다. 30퍼센트는 전투 부대로 돌아갈 수 있었다.[52] 그러나 이들이 복귀한 이후, 아무도 이들의 운명에 주목하지 않았으며, 이들이 집으로 돌아갈 때도 무관심은 여전했다. 최소한의 수준으로라도 기능할 수 있다면 회복된 것이나 마찬가지라고 여겨졌다. 전쟁이 끝나자, 기억 상실이라는 낯익은 과정이 또다시 시작되었다. 귀환한 군인의 심리 상태에 관한 의학계의 관심도, 대중의 관심도 전혀 없었다. 전쟁 외상의 영속적인 영향력은 또다시 잊혀지고 말았다.

전투의 장기적인 심리적 영향력에 관한 체계적인 대규모 연구는 베트남 전쟁 이후에야 시작되었다. 당시 연구 동기는 군사적 기반이나 의학적 기반에 근거를 두지 않았다. 이는 전쟁 피해의 당사자였던 군인들의 조직적인 노력에서부터 시작되었다.

1970년 베트남 전쟁이 한창일 때, 로버트 제이 리프턴과 카임 샤탄이라는 두 명의 정신의학자는 전쟁에 반대하는 베트남 참전 군인회Vietnam Veterans Against the War라는 새로운 조직의 대표들과 만나게 되었다. 전쟁이 지속되는 와중에 전쟁에 반대하는 참전 군인 집단이 꾸려진 것은 처음 있는 일이었다. 눈에 띄게 용맹했던 이 작은 집단의 군인들은 훈장을 반납하였고, 전쟁은 범죄임을 대중 앞에서 증언하였다. 이들의 등장은 확대되고 있던 반전 운동의 도덕성에 이바지하였다. 리프턴은 이렇게 말했다. 「이들은 문제 제기를 하였다. 사회화된 전사(戰士)와 전쟁 체계를 둘러싼 모든 이의 각색에 대해서 말이다. 또

한 이들은 정당한 전쟁이라고 외쳤던 모국의 거짓됨을 들추어
내었다.」[53]

전쟁에 반대하는 참전 군인들은 〈토론 집단rap group〉을 조
직하였다. 베트남 참전 군인들은 동료들과의 친밀한 모임을
통하여 전쟁의 외상 경험을 전파하고, 다시 체험하였다. 그들
은 전문적인 조언을 제공하고, 그들을 공감할 수 있는 정신의
학자를 초청하였다. 이들이 왜 전통적인 정신의학적 배경의
외부에서 도움을 구하려 했는지를 샤탄은 이렇게 설명하였다.
「참전 군인들에 의하면, 전통적인 정신의학자들은 〈상처를 준
다〉. 그렇다고 재향 군인회에 가고 싶어 하지도 않았다. 그들은
자신들이 책임지는 자신들의 영역에서 일어나는 일을 원했
다.」[54]

토론 집단의 목적은 두 가지였다. 하나는 심리적 외상으로
고통받는 개별 참전 군인에게 위안을 주는 것이었고, 다른 하
나는 전쟁의 파괴력에 대한 인식을 높이는 것이었다. 이곳에서
의 증언은 전투가 초래하는 지속적인 심리적 손상에 대한 대중
의 관심을 불러일으켰다. 참전 군인들은 망각을 거부하였다.
더 나아가 낙인도 거부하였다. 그들은 올바름을, 자신의 고통
속에 담긴 존엄성을 주장하였다. 참전 해군이었던 마이클 노먼
은 다음의 말을 남겼다.

가족과 친구들은 우리가 왜 그토록 화가 나 있는지 의아해

했다. 그들은 우리가 무엇을 부르짖고 있는지 묻곤 했다. 우리가 왜 그토록 신경질적이고 불만스러운지 물었다. 우리의 아버지와 할아버지들은 전쟁에 나갔고, 의무를 다했으며, 집으로 돌아와 그대로 살아갔다. 그러나 우리 세대가 이들과 이토록 다른 이유는 과연 무엇인가. 하지만 알고 보면 그렇지 않다. 달라진 것은 아무것도 없다. 과거 〈선한〉 전쟁의 병사들이 신화와 감상의 커튼 뒤에서 끌려 나와 밝은 조명 아래 서게 된다면 그들 또한 성마름과 소외감으로 끓어오를 것이다. 그래서 우리는 분노했다. 우리의 분노는 격세 유전되어 온 오래된 것이다. 문명화된 인간이 명분 때문에 살인을 저질러야 했을 때 분노했던 것처럼, 우리 또한 분노했다.[55]

1970년대 중반까지 100여 개의 비공식적인 토론 집단이 만들어졌다. 1970년대가 끝나 갈 무렵 참전 군인 모임의 정치적인 압력을 통하여 오퍼레이션 아웃리치Operation Outreach라는 심리 치료 프로그램을 위한 법적인 계약이 재향 군인회 내에서 이루어졌다. 참전 군인들이 활동하고 자조 모임*과 또래 상담 모델**이 중심이 되는 100개 이상의 구제 활동이 구성되

* 지도자가 없는 집단으로 구성원들이 특정 문제를 대처하기 위해 서로를 도와주는 집단.
** 같은 경험을 공유하는 동료가 상담자의 역할을 맡는 것으로, 전문적인 도움을 필요로 하는 동료들이 도움을 받을 수 있도록 도와주는 역할을 한다.

었다. 참전 군인들의 지속적인 조직화는 체계적인 정신과 연구에 자극을 주었다. 베트남 전쟁 이후 재향 군인회는 귀향한 참전 군인들의 삶에 끼친 전쟁의 영향을 추적하는 포괄적인 연구를 의뢰하였다. 베트남 전쟁의 유산에 관한 다섯 권 분량의 연구는 외상 후 스트레스 증후군을 묘사하였고, 증후군과 전투 노출의 관계에 관한 그 어떤 논리적인 의심도 반박할 수 있는 설명을 제공하였다.[56]

의혹투성이인 전쟁에서 패배했다는 국가적 경험과 반전 운동의 도덕적 정당성은 심리적 외상이 전쟁의 피할 수 없는 영속적 결과임을 확인시켜 주었다. 1980년, 심리적 외상의 주요 증후군은 최초로 〈실제〉 진단이 되었다. 그해 미국 정신의학회는 『정신 장애의 진단 및 통계 편람』에 〈외상 후 스트레스 장애〉라고 불리는 새로운 진단 범주를 포함하였다.[57] 이 장애의 임상적 특징은 40년 전 카디너가 기틀을 마련하였던 외상 신경증의 특징과 일치하였다. 그리하여 지난 100년 동안 주기적으로 망각되었다가 재발견되었던 심리적 외상 증후군은 마침내 진단 규준을 통하여 정식으로 인정받게 되었다.

성 전쟁의 전투 신경증

19세기 후반 히스테리아 연구는 성적 외상의 실재가 의문에 휘말리면서 흔들리기 시작했다. 이러한 연구가 진행되던 당시에는 폭력이 여성의 성생활과 가정생활에서 일상적인 부분임을 자각하지 못하였다. 프로이트는 진실을 어렴풋이 알고 있었지만 두려움 때문에 이를 거부하였다. 20세기에 이루어진 외상 장애에 대한 지식 체계의 발전은 대부분 참전 군인에 관한 연구를 통해서였다. 외상 후 스트레스 장애가 전쟁을 수행 중인 남성이 아닌 일상적 삶을 살아가는 여성에게 더 일반적으로 나타난다는 점은 1970년대 여성 해방 운동이 이루어지고 나서야 알려지기 시작했다.

여성의 현실은 개인적이고 사적인 삶의 영역 안에 숨겨져 있었다. 〈사생활〉이라고 칭송받는 가치들은 의식에 강력한 장벽을 형성하였고, 따라서 여성의 현실은 사실상 보이지 않게 되어 버렸다. 성생활과 가정생활의 경험에 대하여 말하는 것은 사람들의 모욕과 비웃음, 불신을 불러오는 일이었다. 여성들은 두려움과 수치심 때문에 침묵하게 되었고, 여성의 침묵은 성과 가정 내의 어떠한 착취도 합법적인 것으로 둔갑시켰다.

여성에게는 사적인 삶의 포악성에 붙일 만한 이름이 없었다. 공적 영역에서 이미 잘 마련되어 있는 민주주의가 가정에서의 원시적인 폭정이나 교묘한 독재와 공존할 수 있다는 사실을 사람들은 생각하지 못했다. 부활하는 미국 여성 운동의 초기 선언서에서 베티 프리던이 여성의 문제를 〈이름이 없는 문제 problem without a name〉[58]라고 부른 것은 우연한 일이 아니다. 또한 초기 여성 운동의 방식을 〈의식 향상consciousness raising〉[59]이라고 부른 것도 우연한 일은 아닌 듯하다.

토론 집단의 특성과 심리 치료의 여러 속성을 공유하고 있는 집단을 통해서 의식 향상이 수행되었다. 이들은 동일한 육체적 침해를 겪었고, 동일한 비밀을 간직하고 있었으며, 진실을 말해야 한다는 동일한 과제를 지니고 있었다. 이 특별한 공간이 생성되면서, 여성들은 자신들의 상처에 이름짓는 것을 막았던 부인과 은폐, 수치심이라는 장벽을 넘어설 수 있게 되었다. 상담실의 보호된 환경 속에서 여성들은 용기를 내어 강간에 대하여 이야기하려 했지만, 소위 배웠다는 과학계의 남성들은 이들을 믿지 않았다. 의식 향상 집단*의 보호된 환경 속에서 여성들은 강간에 대하여 말하였고 다른 여성은 이를 믿어 주었다. 이곳에서 쓰인 다음의 시는 큰 소리로 말하는 것, 그리고 그 말을 다른 사람이 듣는 것 속에서 여성이 느낀 기쁨을 포착하고 있다.

오늘
나의 작은 몸뚱아리 안에

* 여성주의 운동의 하나로 여성들이 삶의 이야기를 나누기 위해서 정기적으로 만나는 집단이 꾸려졌다. 초기에는 지도자가 없는 개방된 형태로 진행했으나 점차 전문적인 지도자를 참여시켜 여성들의 다양한 어려움을 돕기 위한 치료 집단이 되었다.

가만히 앉아 배운다

나의 여성의 몸

길 위에서 잃어버린

열두 살의 나이에 내게서 멀어져 버린…….

나는 도전하는 여성을 보고

나는 여성을 보는 것에 도전한다.

우리는 우리의 목소리를 높이기에 도전한다.[60]

　의식 향상 기법은 심리 치료와 닮은 점이 많았지만, 그 목적은 개인의 변화보다는 사회적인 변화의 촉발에 있었다. 성 학대에 관한 여성주의적 이해는 피해자가 사적인 삶의 장벽을 깨뜨리고, 서로를 지지하며, 집단적인 행동을 취할 수 있는 힘을 주었다. 의식 향상은 경험적인 기법의 연구 방식이기도 하였다. 의식 향상의 창시자 중 한 명인 캐시 사라차일드는 의식 향상은 곧 주류의 지적인 정설에 대한 도전이라고 설명하였다. 〈여성으로서 겪은 우리의 느낌과 경험을 강조하고, 모든 일반화와 연구를 우리의 경험에 입각하여 검토하기로 한 결정은 실제로 과학적인 방법론에 따른 것이었다. 우리는 사실상 스콜라 학풍에 대한 17세기 과학의 도전을 반복하고 있다. 우리는 책이 아니라 자연 상태를 연구하였고, 살아 있는 실천과 행동을 시도하기 위하여 모든 이론을 동원하였다.〉[61]

　의식 향상을 시작으로, 공공의 지각을 향상시키기 위한 과정이 이어졌다. 강간에 관한 최초의 발언은 1971년 뉴욕 급진주의 페미니스트New York Radical Feminist를 통해 형성되었다. 1976년 브뤼셀에서는 최초로 여성에 대한 범죄 국제 재판소International Tribunal on Crimes Against Women가 열렸다. 1970년대 중반, 전미 여성 연맹National Organization for Women에 의하여 강간법 개정 운동이 시작되었다. 10년이 안 되어 50개 주 전부에서 개혁안이 법제화되었고, 침묵을 강요당하던 성범죄 피해자들은 앞으로 나설 수 있도록 격려받았다. 1970년대 중반, 미국의 여성 운동을 통하여 이전에는 경시되었던 성 학대 연구가 촉발되었다. 여성주의 운동의 결과 1975년 국립 정신 보건 연구소National Institute of Mental Health 내에 강간 외상 관련 연구소가 설립되었다. 여성들은 연구 대상자가 아니라 연구 주체로서 연구소의 문에 들어섰다. 기존의 관습과는 반대로 연구소가 후원하는 〈주요 연구자〉는 여성들로 구성되었다. 여성주의 연구자들은 연구에 참여한 피해 여성들과 가까이 있었다. 그들은 참여자와 정서적 거리를 두는 것이 과학적인 방식이라는 생각을 거부하였고, 솔직한 태도로 참여자들과의 정서적 연결을 존중하였다. 히스테리아의 영웅시대와 마찬가지로 오랜 시간의 친밀한 개인적 면담은 지식의 원천이 되었다.

100년 전에 프로이트가 환상이라고 평가 절하했던 여성 경험의 현실성은 이러한 연구 결과를 통하여 확인되었다. 여성과 아동에 대한 성적인 학대는 우리 문화 안에 지속적이고 뿌리 깊게 박혀 있었다. 1980년대 초기에 사회학자이자 인권 운동가인 다이애나 러셀은 가장 정교한 역학 조사를 진행하였다. 무선 표집으로 선별된 900명 이상의 여성들이 참여하였고, 가정 폭력과 성적 착취에 대한 심층 면접이 진행되었다. 결과는 무시무시했다. 여성들은 4명 중 1명의 비율로 강간을 경험하였다. 아동기 성 학대는 3명 중 1명의 비율로 경험한 것으로 나타났다.[62]

지속적인 성적 폭력을 기록하는 것 외에, 여성 운동은 성 학대의 영향력에 대한 이해를 얻을 수 있는 새로운 언어를 제공하였다. 최초로 강간에 관한 대중적 토론의 장이 열리면서, 명백한 한 가지를 확립하는 일이 꼭 필요하다는 것을 알게 되었다. 〈강간은 잔혹한 것이다.〉 여성주의자들은 강간이 성행위가 아니라 성범죄라고 다시 정의하였다.[63]

이 개념화는 단순하지만, 강간이 여성의 깊은 욕망을 충족시켜 준다는 관점에 반박하기 위해 필요한 것이었다. 이러한 관점은 당시 유명한 포르노에서부터 학계의 교재까지 문헌 대부분에서 우세했기 때문이었다.

여성주의자들은 강간이란 〈공포를 통하여 여성의 종속을 강화하는 정치적 통제 기법〉이라고 정의하였다. 수전 브라운밀러는 강간에 관한 획기적인 논문을 통하여 이 문제를 공공의 논점으로 확립시켰고, 강간을 남성이 자신의 권력을 유지하기 위한 수단이라고 보았다. 〈자신의 성기가 공포를 유발하는 무기가 될 수 있다는 남성의 발견은 최초의 불의 사용이나 돌도끼의 사용과 함께 선사 시대의 가장 중요한 발견으로 보아야 할 것이다. 선사 시대부터 지금까지, 나는 강간이 중요한 기능을 했다고 믿는다. 그것은 《모든》 남성이 《모든》 여성을 공포 속에 가둬 놓기 위한 의식적인 위협의 과정, 그 이상도 그 이하도 아니다.〉[64]

여성 운동은 강간에 대한 공공의 자각을 높였을 뿐만 아니라, 피해자를 위한 새로운 사회적 대응의 발전을 주도하였다. 1971년 최초의 강간 위기 센터가 문을 열었다. 10년 뒤 미국 전역에 걸쳐 100여 개의 센터가 설립되었다. 의학과 정신 건강 체계 밖에서 조직된 이러한 풀뿌리 기관들은 강간 피해자들에게 실제적인 도움과 법적 지원, 정서적인 지지를 제공하였다. 강간 위기 센터의 활동가들은 그동안 눈에 띄게 결여되어 온 정중하고 사려 깊은 배려가 필요하다는 점을 분명히 하기 위해 피해자들과 함께 병원, 경찰서, 법정에 갔다. 활동가들의 노력은 빈번하게 적대감과 저항에 부딪치기도 했지만, 이들의 노력은 기관의 정신 건강 전문가 여성들에게 영감의 원천이 되기도 하였다.

1972년 정신과 간호사였던 앤 버지스와 사회학자였던 린다 홈스트롬은 강간의 심리적 영향력에 관한 연구를 시작하였다. 그들은 보스턴 시립 병원의 응급실에서 강간 피해자를 면담하고 상담하기 위하여 밤낮으로 일했다. 한 해 동안 이들은 92명의 여성과 37명의 아동을 만났다. 버지스와 홈스트롬은 〈강간 외상 증후군〉이라고 불렀던 심리적 반응 양상을 관찰할 수 있었다. 여성이 학대 도중의 모욕과 죽음을 두려워하고, 강간을 생명을 위협하는 사건으로 경험한다는 사실이 확인되었다. 그들은 피해자들이 강간 후유증으로 불면증, 메스꺼움, 놀람 반응과 악몽은 물론, 해리와 둔감화 증상을 호소하는 데 주목하였다. 그리고 증상 중 일부는 참전 군인이 보이는 증상과 비슷하다는 점을 밝혔다.[65]

강간은 여성의 사적인 삶의 영역에 숨겨진 폭력에 대한 여성주의 운동의 초기 패러다임이었다. 이해가 깊어지면서, 성적 착취에 관한 연구는 폭력과 친밀감이 복잡하게 뒤섞인 인간관계 내의 착취로 확장될 만큼 진전되었다. 낯선 이로부터 행해진 길거리 강간에 관한 초기의 관심은 지인에 의한 강간, 데이트 강간, 부부 강간에 대한 관심으로 한 걸음씩 이어졌다. 여성에 대한 폭력의 한 형태로서 강간에 대한 연구는 가정 폭력과 같은 다른 형태의 사적인 강압에 대한 탐색으로 그 관심이 이어져 갔다. 또한 성인 강간에 대한 초기의 관심은 어김없이 아동 성 학대의 재발견으로 이어졌다.

강간의 경우와 마찬가지로, 가정 폭력과 아동 성 학대의 초기 작업 또한 여성주의 운동에서 시작되었다. 피해자를 위한 서비스는 전통적인 정신 건강 체계 바깥에서 조직되었고, 여성 운동에서 영감을 얻은 전문가 여성이 돕는 경우도 있었다.[66] 피해의 심리적 결과물에 관한 선구적 연구는 스스로를 운동의 적극적 참여자로 인식하는 여성들에 의해 진행되었다. 강간의 경우와 마찬가지로, 가정 폭력과 아동 성 학대에 대한 심리학적 연구는 심리적 외상 증후군의 재발견으로 연결되었다. 심리학자인 레노어 워커는 쉼터로 도망쳐 온 여성들을 설명하면서, 자신이 〈매 맞는 여성 증후군Battered women syndrome〉[67]* 이라고 불렀던 증후군을 정의하였다. 근친 강간 생존자의 심리에 관한 나의 초기 기술 또한 19세기 후반 히스테리아의 연구를 중점적으로 부활시킨 것이었다.[68]

참전 군인들의 노력으로 외상 후 스트레스 장애라는 개념이 확립되었던 1980년이 지나갔다. 그 후 강간, 가정 폭력, 근친 강간 생존자들에게서 나타나는 심리적 증후군이 전쟁 생존자들에게서 나타나는 증후군과 같다는 점이 명료해졌다. 이러한 통찰이 담고 있는 함의는 100년 전에도 그랬듯이 지금도 여전히 무시무시하다. 남성의 숨겨진 폭력에 의하여 여성의 종속은 유지되며 작동되고 있다. 성별 간에 전쟁이 있다. 강간 피해자, 가정 폭력 피해 여성, 성적으로 학대당한 아동은 그 희생자이다. 히스테리아는 성 전쟁의 전투 신경증이다.

---

* 워커는 1980년대 초반부터 가정 폭력 피해 여성과 함께한 연구 프로그램을 통하여 학대 여성들이 보이는 다양한 심리적인 고통을 개념화하고, 학대 환경의 속성과 양상을 정의하여 이에 〈매 맞는 여성 증후군〉이라는 이름을 붙였다.

50년 전, 버지니아 울프는 〈공적인 세계와 사적인 세계는 밀접하게 연결되어 있다. …… 한편의 포악과 예속은 다른 편의 포악과 예속과 같다〉고 썼다.[69]

한쪽에서의 외상이 다른 쪽에서의 외상과 같다는 점은 이제 너무나 명백하다. 여성의 히스테리아와 남성의 전투 신경증은 같은 것이다. 전통적인 남성의 세계인 전쟁과 정치라는 공적인 영역과 전통적인 여성의 세계인 가정생활이라는 사적인 영역을 갈라놓는 광대한 심연을 뛰어넘는 것은 고통의 공통성을 확인해야만 가능할 것이다.

통찰이 또다시 잊힐 것인가? 이제 심리적 외상 연구는 제도권으로 확고히 들어선 것처럼 보인다. 억압된 사고의 회귀를 동반하는 창조적 에너지 덕에 이 영역은 극적으로 확대되었다. 20년 전만 해도 도서관 한구석에서 무관심하게 썩어 가던 몇몇 오래된 책들만이 이를 담고 있었다. 이제는 새로운 책, 새로운 연구 결과, 대중 매체의 새로운 논의들이 매달 우리에게 전해지고 있다.

그러나 이러한 지식 또한 사라질 수 있음을 역사는 우리에게 가르쳐 준다. 정치적 운동의 밑바탕 없이, 심리적 외상 연구가 홀로 진전할 수 있었던 적은 없었다. 이 지적 영역의 운명은 지난 세기 동안 영감을 불어넣고 연구를 유지시켰던 정치적 운동의 운명에 의존하고 있다. 19세기 후반 이 운동의 목표는 현실 민주주의의 설립에 있었다. 20세기 초반 목표는 전쟁의 종식에 있었다. 20세기 후반 그 목표는 여성 해방에 있었다. 이 모든 목표는 아직 완결되지 않았다. 결국에 모든 것은 밀접하게 연결되어 있다.

2
공포

심리적 외상은 무력한 이들의 고통이다. 외상 사건이 일어나는 순간, 피해자는 압도적인 세력에 의해 무기력해지고 만다. 그 세력이 자연에 의한 것일 때, 우리는 재해라고 말한다. 그 세력이 다른 인간에 의한 것일 때, 우리는 그것을 잔학 행위라고 말한다. 외상 사건은 사람들에게 통제감, 연결감, 그리고 의미를 제공해 주는 일상적인 보살핌의 체계를 압도한다.

그러한 사건은 드물게 일어난다고 믿어질 때가 있었다. 1980년, 진단 편람에 처음 외상 후 스트레스 장애가 등재되었을 때, 미국 정신의학회는 외상 사건을 〈일반적인 인간 경험의 범주를 넘어서는 것〉[1]이라고 기술하였다. 애석하게도 이러한 정의는 부정확하다는 것이 밝혀졌다. 강간과 구타를 비롯한 여러 형태의 성폭력과 가정 폭력은 여성의 삶에서 너무나 일상적이기 때문에, 일반적인 경험의 범주 바깥에 있다고 기술할 수 없다. 또한 지난 세기 동안 전쟁에서 죽임을 당한 수많은 사람을 보자면, 군인들의 외상 역시 일반적인 인간 경험으로 여겨야 한다. 오로지 운 좋은 자들에게만 일반적이지 않을 뿐이다.

외상 사건은 특별하다. 사건이 드물게 발생하기 때문이 아니라 일반적인 인간 삶의 적응 능력을 압도한다는 점에서 특별하다. 외상 사건은 평범한 불운과는 다르다. 외상은 대개 생명과 신체적 안녕을 위협하거나 폭력이나 죽음과 직접 맞닥뜨리는 경우와 관련되어 있다. 인간을 무력감과 공포의 극단에 직면시키고, 파국적 반응들을 유발한다. 『정신의학 교본*Comprehensive Textbook of Psychiatry*』에 따르면, 〈강렬한 두려움, 무력감, 통제 상실, 붕괴의 위협〉[2]에 관한 느낌은 심리적 외상의 공통분모이다.

외상 사건의 심각성은 일차원적으로 측정될 수 없다. 외상을 양적으로 측정하려는 순진한 노력은 공포를 비교시키는 무의미함에 이를 뿐이다. 그렇지만 몇몇 특정 경험들은 해를 입힐 가능성을 높인다. 충격을 받거나, 감금되거나, 극도로 소모된 지점까지 노출되는 경우가 그러하다.[3] 또한 외상 사건이 신체적 폭력이나 상해, 극단적인 폭력에의 노출, 기괴한 죽음의 목격 등을 동반할 때도 해로울 가능성은 증가한다.[4] 어떤 사례에서나 외상 사건에는 무력감과 공포를 불러일으키는 힘이 있다.

일반적으로 인간은 위험 앞에서 신체와 정신 모두를 둘러싸고 있는 정교하고 통합된 반응 체계에 따라 반응한다. 첫째, 위협은 교감 신경 체계를 자극하는데, 위험 속에 놓인 사람은 아드레날린의 분출을 느끼면서 각성 상태로 들어선다. 위협은 당장의 급박한 상황에 주의를 집중하도록 만든다. 둘째, 위협은 지각 작용을 변화시킬 수 있다. 위험에 놓인 사람은 허기, 피로, 통증을 무시할 수 있게 된다. 셋째, 위협은 두려움과 분노라는 강렬한 감정을 불러일으킨다. 이러한 각성, 주의, 지각, 정서의 변화 등은 적응력을 드러내는 정상적 반응이다. 이러한 반응들은 위협당한 사람이 전투 중에서나 도망 중에서나 맹렬히 행동할 수 있도록 힘을 모아 준다.

외상 반응은 행동이 더 이상 효과적이지 못할 때 발생한다. 저항이나 탈출이 불가능해질 때 인간의 자기 방어 체계는 압도당하고 와해된다. 위험 속에서 인간이 일반적으로 보이는 반응 요소들은 그 유용성을 잃게 되고, 실제 위험이 끝나고 오랜 시간이 지나도 변형되고 과장된 상태로 지속되는 경향이 있다. 외상 사건은 생리적 각성, 정서, 인지, 그리고 기억 속에 뿌리 깊고 지속적인 변화를 발생시킨다. 더 나아가, 외상 사건은 건강하게 통합됐던 기능들을 뿔뿔이 잘라낼 수 있다. 외상을 경험한 사람은 사건에 대한 명확한 기억 없이 강렬한 정서를 경험할 수도 있고, 강렬한 정서 없이 사건을 세밀하게 기억할 수도 있다. 자신이 왜 그러는지조차 모른 채, 과도한 각성과 과민한 기분이 지속된다. 외상 증상은 그 원천의 사건으로부터 단절되어 제 스스로 살아남으려고 한다.

통합된 상태에서 건강하게 기능하는 정교한 자기 보호 체계는 외상에 의해 찢겨진다. 이러한 파편화는 과거 외상 후 스트레스 장애에 관한 설명의 핵심이었다. 한 세기 전, 자네는 히스테리아의 핵심적 병리가 〈해리〉임을 정확히 지적하였다. 히스테리아가 있는 사람들은 압도적인 생활 사건의 기억을 통합시키는 능력을 잃은 것이다. 최면을 포함하여 신중한 연구 방법을 통해서 자네는 외상 기억이 일상적인 의식으로부터 분리된 채 건강하지 못한 상태로 지속된다는 것을 보여 주었다. 그는 기억, 지식, 정서가 건강하게 연결되지 못하고 절단된 것은 외상 사건에 대한 강렬한 정서적 반응에서 비롯된 것이라고 믿었다. 그는 정신의 〈통합〉 기능을 무능력하게 만드는 강렬한 정서의 〈용해〉 효과에 관하여 기술하였다.[5]

50년 후 에이브럼 카디너는 전투 신경증의 핵심적인 병리에 관하여 이와 유사한 용어로 기술하였다. 사람이 공포와 무력감에 압도될 때, 〈조화를 이루고, 조율되었으며, 목적이 있는 활동을 위한 모든 장치는 파괴된다. 지각은 부정확해지고, 공포가 침투하며, 판단과 분별이라는 조정 기능은 실패한다. 심지어 감각 기관이 기능을 멈추기도 한다. 공격적인 충동은 와해되어 상황을 분별하지 못한다. ······ 자율 신경계의 기능은 나머지 기관과 조응하지 못하게 될 수 있다.〉[6]

외상을 경험한 사람들은 마치 신경 체계가 현재로부터 단절된 것처럼 느끼고 행동한다. 시인인 로버트 그레이브스는 일상

속에서 살면서도 계속 제1차 세계 대전의 참호 속으로 되돌아간 것처럼 행동했다는 이야기를 하였다. 〈나의 정신과 신경은 여전히 그 전쟁을 위하여 조직되어 있었다. 낸시가 나와 함께 있어 주었음에도 불구하고, 자정이 되면 내 침대 위에서 폭탄이 터지곤 했다. 대낮에 마주치는 낯선 이들의 얼굴에 죽임을 당했던 동료의 얼굴이 떠올랐다. 힘이 생기는 날이면 할레크성 뒤의 언덕을 올라 내가 제일 좋아하는 곳을 찾아가곤 했는데, 그때마다 그곳은 미래의 전쟁터로 바뀌었다.〉7

외상 후 스트레스 장애의 여러 가지 증상은 세 개의 주요 범주로 구분된다. 이것은 과각성hyperarousal과 침투intrusion,* 그리고 억제constriction**로 불린다. 과각성은 위험이 닥칠 것이라는 지속적인 예상을 반영하고, 침투는 외상 순간의 지워지지 않는 흔적을 반영하며, 억제는 굴복되었던 둔감화 반응을 반영한다.

---

* 과각성은 외상 전에는 없었던 각성 반응으로, 수면에 문제가 나타나며 과민한 반응이 늘어나고 폭발적으로 화를 낼 수도 있다. 침투는 외상을 재경험하는 증상이다.

** 광범위한 회피 증상으로서 외상과 연관되는 생각, 느낌, 상황을 지속적으로 회피하며, 외상의 중요한 부분을 회상할 수 없는 것도 이에 해당된다. 사건 이전에는 중요하게 참여했던 활동에 대한 흥미가 저하될 수 있다. 감정의 범위가 제한되어 친밀감, 부드러움 등의 감정을 느끼지 못하고, 타인과의 관계에서 소원함을 느끼며, 앞날을 기대하지 않는다.

과각성

　외상을 경험한 뒤, 인간의 자기 보호 체계는 영속적인 경계 태세로 들어가는 것 같다. 마치 위험이 어느 순간에라도 되돌아올 것처럼 말이다. 생리적 각성은 줄어들지 않는다. 외상 후 스트레스 장애의 주요 증상인 이러한 과각성의 상태에서, 외상을 경험한 사람은 쉽게 놀라고, 작은 유발에도 과민하게 반응하며, 잠을 잘 자지 못한다. 카디너는 외상 신경증의 핵심은 〈생리 신경증physioneurosis〉이라고 제안하였다.[8] 그는 제1차 세계 대전의 참전 군인에게서 관찰된 증상의 대부분 — 놀람 반응, 과경계, 위험이 돌아오는 것에 대한 경계, 악몽, 그리고 신체 증상의 호소 — 이 자율 신경계의 만성적 각성에서 오는 것으로 이해할 수 있다고 믿었다. 또한 카디너는 외상을 경험한 남성의 과민성과 극단적인 공격적 행동은 압도적인 위험에 대해 〈싸우기 혹은 도망치기〉 반응 체계가 손상되어 와해된 파편이라고 해석하였다.

　마찬가지로, 로이 그링커와 존 스피걸은 제2차 세계 대전에서 외상을 경험한 군인에 대해 논하였다. 〈군인들은 교감 신경계의 만성적인 활성화 때문에 고통스러운 것으로 보인다. 불안이라는 위급한 심리적 반응과 생리적 대비 상태는…… 한꺼번에 일어나고, 일회적이 아니라 거의 끊임없이 계속된다. 마침내 군인들은 스트레스 환경에서 벗어나고 시간이 지나게 되면 주관적인 불안은 줄어들 수 있다. 하지만 생리적 현상은 지속되고, 안전하고 무사한 생활 속에서 이러한 생리적 현상이 나타난다는 것은 부적응적이다.)[9]

베트남 전쟁 이후 연구자들은 이 가설을 확인할 수 있게 되었고, 외상을 경험한 남성에게서 일어나는 교감 신경계의 생리적 변화에 대하여 기술하였다. 예를 들어 정신의학자인 로렌스 콜브는 베트남 참전 군인에게 전투 소리가 담긴 테이프를 들려주었다. 외상 후 스트레스 장애를 지니고 있던 남성들은 테이프를 듣는 동안 심장 박동과 혈압이 증가하였다. 많은 사람이 너무나 혼란스러운 나머지 실험 중지를 요구하기도 했다. 장애가 없는 참전 군인과 전투를 경험하지 않은 사람들은 정서적 고통이나 특별한 생리적 반응을 보이지 않고 전투 테이프를 들을 수 있었다.[10]

유사한 일련의 연구들은 외상 후 스트레스 장애의 심리 생리적 변화들이 광범위하고 지속적임을 보여 주었다. 환자들은 범불안 증상과 특정 공포증이 복합되어 고통스러워한다.[11] 주의에 있어서, 그들은 깨어 있으면서도 안정되어 있는 보통의 〈기저〉 수준을 갖추고 있지 않다. 그들은 일반적인 상황에서도 높은 수준으로 각성되어 있다. 그들의 신체는 항상 위험에 대해 경계하고 있다. 그들은 외상 사건과 관련된 특정 자극에 강렬한 반응을 보이고, 예상치 못한 자극에 대해서도 극도의 놀람 반응을 보인다.[12] 다른 사람이라면 성가셔 할 만큼의 반복적인 자극에도, 외상을 경험한 사람은 그것을 〈무시하지〉 못하는 것처럼 보인다. 매번 반복되더라도 마치 매번 새롭고, 위험하고, 놀라운 것인 듯 반응한다. 각성의 상승은 깨어 있을 때뿐만 아니라 잠자는 도중에도 지속되어 다양한 유형의 수면 장해가 나타난다. 외상 후 스트레스 장애가 있는 사람은 보통 사람들보다 잠드는 데 오랜 시간이 걸리고, 소리에 민감하며, 밤중에 더 자주 깬다. 이리하여 외상 사건은 인간의 신경 체계를 재조정하는 것으로 보인다.

침투

외상을 경험한 사람은 위험이 지나고 오랜 후에도 마치 현재에 계속해서 위험이 일어나고 있는 것처럼 사건을 반복적으로 체험한다. 외상이 반복적으로 훼방을 놓으면서, 이들은 삶의 건강한 경로에 다시 서지 못한다. 마치 외상의 순간 시간이 멈추어 버린 것처럼. 외상의 순간은 이상(異狀) 형태의 기억으로 입력되어, 깨어 있는 동안은 플래시백*으로, 잠자는 동안은 외상성 악몽으로, 거침없이 의식 안으로 침입한다. 대수롭지 않아 보이는 작은 단서 또한 이러한 기억을 유발시킬 수 있다.

* 마치 외상 사건이 현재 다시 일어나는 것처럼 생생한 지각, 착각, 환각, 해리성 환각이 재현된다.

기억은 본래 사건의 생생함과 정서적 강렬함을 동반하여 돌아온다. 생존자는 외상이 떠오르게 하는 단서들과 마주치지 않으리라고 결코 확신할 수 없기 때문에, 아무리 일상적이고 안전한 환경이라도 위험하다고 느낄 수 있다.

외상은 생존자의 삶에 반복적으로 침투하여 건강한 발달 과정을 저해한다. 자네는 〈강박 관념idée fixe〉이 히스테리아 환자들을 지배한다고 설명하였다. 제1차 세계 대전 이후 전투 신경증에 관한 광범위한 증거를 붙잡고자 애쓰던 프로이트에 의하면, 〈말하자면 환자는 외상에 고착되어 있다. 이는 그리 놀라운 일도 아닐 것이다〉.[13] 카디너는 〈외상에의 고착fixation on the trauma〉이 전투 신경증의 핵심이라고 설명하였다. 외상성 악몽이 수년 동안이나 계속 발생할 수도 있다는 점을 언급하면서, 카디너는 〈우리가 이 질환에서 마주치게 되는 가장 특징적인 동시에 가장 수수께끼 같은 현상 중 하나〉가 바로 끊임없이 반복되는 꿈이라고 기술하였다.[14]

외상 기억은 여러 가지 독특한 특징을 지니고 있다. 성인의 통상적인 기억은 계속 전개되는 인생의 이야기 안에 일련의 언어적인 이야기로 흡수되기 마련인데, 외상 기억은 그렇게 되지 못한다. 자네는 그 차이를 설명하였다.

보통의 기억은 모든 심리적 현상과 마찬가지로 하나의 행위이다. 본질적으로 이야기를 말하는 행위이다. 어떤 상황이 만족스럽게 청산되려면 단지 우리의 행동을 통한 외적 반응뿐만 아니라, 내적 반응까지 달성되어야 한다. 우리가 스스로 지정한 어휘를 이용하여, 그 사건을 다른 사람과 우리 자신에게 상세히 설명할 수 있도록 구성하고, 그리하여 이 상세한 설명이 개인사(史)의 한 장으로 자리매김될 수 있을 때 비로소 달성된다. 엄밀히 말하자면, 일어났던 사건에 대해 고착된 사고를 유지하는 것을 〈기억〉이라고 할 수는 없다. 우리는 단지 편의를 위해서 〈외상 기억〉이라고 부른다.[15]

얼어붙은 비언어적인 외상 기억의 특성은 아버지에 대한 도리스 레싱의 묘사에 포착되었다. 그녀의 아버지는 제1차 세계 대전에 참전했던 군인으로, 파스캉달의 참호 속에서 다리 한쪽만을 잃은 자신은 운이 좋다고 생각했다. 나머지 중대원 전원은 그들의 목숨을 잃었기 때문이다. 〈아버지의 어린 시절과 젊은 시절에 대한 기억은 살아 있는 기억이라면 으레 그러하듯이 유동적이었고, 보태어졌으며, 차차 자라났다. 그러나 전쟁에 관한 기억은 똑같은 어휘와 똑같은 몸짓과 판에 박힌 문구로 아버지가 말하고 또 말했던 이야기 속에 얼어붙어 있었다. …… 아버지 안의 어두운 영역은 숙명의 지배를 받고 있었다. 공포를 제외하면 진실이라곤 아무것도 없었던 그 영역은 분노, 불신, 배신감이라는 쓰디쓴 외침으로 불명료하게 표현되었다.〉[16]

외상 기억은 언어적인 이야기체와 맥락이 결여되어 있고,

생생한 감각과 심상의 형태로만 입력되어 있다. 히로시마와 민간 재난, 전투 생존자를 연구했던 로버트 제이 리프턴은 외상 기억을 〈지워지지 않는 심상〉 혹은 〈죽음의 흔적〉이라고 묘사한다. 경험은 특정한 심상의 결정체로서 구성될 수 있으며, 리프턴은 이를 절대 공포ultimate horror라고 불렀다. 파편화된 감각과 맥락 없는 심상에 강렬하게 집중되면서 외상 기억은 현실성을 획득한다. 베트남 참전 군인이었던 팀 오브라이언은 외상 기억을 다음과 같이 묘사한다. 〈나는 팔 속의 하얀 뼈가 기억난다. 나는 피부 조각이, 창자였을 것이 틀림없는 축축하고 누런 무엇이 기억난다. 끔찍하게 엉겨 붙은 핏자국은 아직도 내게 남아 있다. 그러나 20년이 지난 지금도 나를 깨우는 것은 우리가 시체 조각들을 내던질 때 「레몬 나무」라는 노래를 불렀던 데이브 젠슨의 목소리이다.〉[17]

심상과 신체 감각에 의해 지배된다는 점과 언어적 이야기가 부재한다는 점에서, 외상 기억은 어린 아이의 기억과 닮아 있다. 아동에 관한 연구는 외상 기억에 관한 가장 명료한 예시를 제공한다. 정신의학자인 레노어 테어는 초기 어린 시절에 외상 과거력이 있는 스무 명의 아이들 중 어느 누구도 2세 반 이전에 일어났던 사건을 언어적으로 기술하지 못한다는 것을 발견했다. 그러나 이 경험은 기억 속에 지워지지 않은 채 분명히 입력되어 있었다. 스무 명 중 열여덟 명은 외상 기억이 남아 있다는 증거를 행동과 놀이를 통하여 보여 주었다. 그들은 외상 사건과 연관되어 있는 특정 공포를 가지고 있었고, 놀라울 정도로 정확하게 놀이로 외상 사건을 재연할 수 있었다. 예를 들어, 2세경에 베이비시터에게 성적으로 괴롭힘을 받았던 아이는 5세경에 그 베이비시터를 기억하지 못했고, 학대에 관한 어떠한 지식이나 기억도 부정하였다. 그러나 아이는 베이비시터가 만들었던 포르노 영화의 장면을 정확하게 반복하여 놀이로 나타냈다.[18] 이렇듯 아동에게 적합한, 시각적이고 행동적인 형태의 기억은 압도적인 공포 속의 성인에게 동원될 수 있는 것으로 보인다.

외상 기억의 독특한 특징들은 중추 신경계의 변화를 기반으로 하고 있을 가능성이 있다. 여러 동물 실험을 통하여, 아드레날린과 여타 스트레스 호르몬이 높은 수준으로 순환할 때 기억의 흔적이 깊숙하게 각인된다는 점이 나타났다. 이와 마찬가지로 인간에게도 똑같이 외상 기억은 깊이 새겨질 수 있다. 정신의학자인 베셀 반 데어 콜크는 교감 신경계의 각성이 높은 수준일 경우에 기억을 언어적으로 입력시키는 뇌의 영역은 활성화되지 않고, 중추 신경계는 생애 초기에 지배적이었던 감각적이고 도상적인 기억 영역의 활성화로 되돌아간다고 보았다.[19]

외상 기억이 일상적 기억과 다른 것처럼, 외상성 꿈 또한 일상적인 꿈과 다르다. 형태상으로 이러한 꿈은 깨어 있을 때 일어나는 외상 기억과 많은 부분 독특한 특징을 공유하고 있으며, 꿈은 상상을 거의 보태지 않은 채 외상 사건의 파편들을 정확한 형태로 포함하고 있다. 또한 마치 지금 발생하고 있는 것처럼 무시무시한 즉각성을 가진 꿈을 반복적으로 꿀 수 있다. 이러한 꿈을 꾸는 도중에 발생하는 작고 대수롭지 않은 주변 환경의 자극은 마치 적대적인 공격의 신호인 것처럼 지각되어 폭력적인 반응을 각성시킬 수 있다. 또한 외상성 악몽은 사람들이 대개 꿈을 꾸지 않는 수면 단계에서 발생하기도 한다. 따라서 깨어 있는 생활에서뿐만 아니라 잠자는 중에도, 외상 기억은 변형된 신경 생리학적 조직을 기반으로 하고 있는 것으로 보인다.

외상을 경험한 사람은 생각이나 꿈속에서뿐만 아니라 행위 중에서도 외상의 순간을 살아가게 된다. 외상 장면의 재연은 아이들의 반복적인 놀이에서 가장 잘 드러난다. 테어는 외상을 경험한 아동들의 〈금지된 장난〉과 일반적인 건강한 놀이를 구분한다. 〈아이들에게 일상의 놀이는 쉽고 자유롭다. 이것은 명랑하고 밝은 기운을 지니고 있다. 그러나 외상 이후의 놀이는 냉혹하고 단조롭다. 외상에 기인할 때, 놀이는 쉽게 중단되지 않는다. 또한 시간이 지나도 별로 변하지 않을 수 있다. 아동의 일상적인 놀이와 반대로, 외상 후 놀이는 강박적으로 반복된다. 외상 후 놀이는 너무나 있는 그대로여서 만약 당신이 그렇게 노는 아이를 발견한다면, 다른 몇 개의 단서만을 가지고도 아이가 외상을 경험했으리라 짐작할 수 있을 정도이다.〉[20]

성인들 또한 아이와 마찬가지로 공포의 순간을 재생해야 하는 압박을 느낄 때가 있다. 그 재생은 언어의 형태를 띨 수도 있고, 위장된 형태로 나타날 수도 있다. 때로 사람들은 위험에 직면해야 했던 상황의 결과를 바꾸고 싶은 환상을 품고 외상의 순간을 재연하기도 한다. 외상의 순간을 원상태로 되돌리려는 시도 때문에, 생존자들은 스스로를 더 큰 위험에 처하게 할 수도 있다. 일부 재연은 의식적으로 선택된다. 강간 생존자인 소하일라 압두알리는 외상 장면으로 되돌아가고자 했던 그녀의 결심을 이야기한다.

뭔가에 지고 있다는 느낌을 늘 싫어했다. 그 일이 일어났을 때, 나는 너무나 상처입기 쉬운 나이였고(열일곱 살이었다), 내가 결코 그들에게 굴복당하지 않을 거라고 입증해야 했다. 나를 강간했던 놈들은 이렇게 말했다. 〈또 여기 혼자 오면 가만 안 두겠어.〉나는 그 말을 고스란히 믿었기 때문에, 그 길로 가는 것이 늘 무시무시했다. 그들을 만나게 될까 봐 늘 두려웠다. 사실 그곳이 안전하지 않기 때문에 어느 누구도 밤에 그 길로 가지 않는다는 걸 안다. 그곳에서 사람들이 강도를 당하기도 했고, 따라서 위험한 곳이란 건 의심할 여지도 없었다. 그런데 내 안의 일부분은 내가 그곳에 가지 않는다면 그건 그들이 나를 이긴 셈이 되는 거라고 말하고 있다. 그래서 다른 사람보다 더욱더, 〈나는 그 길로 갈 것이다〉.[21]

일반적으로 외상을 경험한 사람은 자신이 무엇을 하고 있는지 깨닫지 못한 채, 외상 장면의 특정한 측면을 위장된 형태로 재연하기도 한다. 근친 강간 생존자인 샤론 시몬은 위험에 뛰어드는 자신의 행동과 아동기 학대의 과거력이 연관되어 있다는 사실을 어떻게 알게 되었는지 이야기하였다.

몇 달 동안 나는 남자들과 고속도로에서 추월 게임을 하곤 했다. 그러다 결국 자동차 사고에 말려들고 말았다. 남자 트럭 운전수는 나를 추월해서 앞을 가로막으려고 했고, 나는 속으로 가장 거칠게 말했다. 행여나 네 페니스를 내 차선으로 들이대는 X같은 짓은 못할 거다! 그리고 느닷없이, 쾅! 그렇게 되었다. 그건 정말 이상한 일이었다. 나는 근친 강간 문제에 대해서는 전혀 신경 쓰지 않아 왔다. 어렴풋이 무언가가 있다는 것을 알고는 있었고, 또 그것을 신경 써야 한다는 것도 알고 있었지만, 그러고 싶지 않았다. 단지 남자들에게 크게 화가 나 있을 뿐이었다. 그래서 나는 그 남자가 들이박도록 놔두었던 것이다. 정말 어이없는 일이었다. 차에서 내렸을 때 난 완전히 통제 불능이었고, 그저 그 남자를 향해서 분노를 쏟아 낼 뿐이었다. 심리 치료자에게는 이 일에 대하여 한 6주 동안 아무 말도 하지 않았다. 나는 그냥 이것을 밀쳐두었다. 벌어졌던 일들에 관해 말하고 나서야 그러한 행동이 매우 위험하다는 것을 느꼈다. 그래서 나는 남자에

대한 나의 문제를 다루겠다고 치료자와 약속하였다.[22]

모든 재연이 위험하지는 않다. 실제로 적응에 필요한 경우도 있다. 생존자들은 사회적으로 유용한 방식으로, 재경험을 침착하게 자신의 삶에 통합시키는 방법을 발견해 낼 수도 있다. 참전 군인 켄 스미스는 일부 전쟁 경험을 민간 생활에서 어떻게 재창조했는지 이야기한다.

나는 베트남에 8개월 11일 12시간 45분 동안 있었다. 세상에, 이런 것들을 기억하고 있다. 이런 것들을 정확하게 기억하고 있다. 나는 떠날 때와는 너무나 다른 사람이 되어 집으로 돌아왔다. 나는 병원 응급실에서 일하게 됐고, 그 일에 상당히 만족했다. 베트남에서 했던 일과 비슷했는데, 물론 그때에 비해서는 아주 수월한 일이었다. 총상도 없었고, 화상도 없었고, 지독한 흉부 부상이나 절단 수술이나 탄환 파편을 볼 일도 없었다. 나는 수많은 응급 상황을 보았고, 응급 당뇨를 보았고, 많은 노인을 보았다. 가끔 자동차 사고 환자가 왔는데 그게 제일 심한 경우였다. 나는 사이렌을 켜고, 출동하게 될 것이다. 그리고 내 몸을 질주할 아드레날린의 분출은 앞으로 100건의 응급 신고에서도 거뜬히 나를 북돋울 연료가 될 것이다.[23]

재연에는 무언가 기묘한 구석이 있다. 의식적으로 선택한 행동일지라도 의지와는 무관하다는 느낌이 들게 된다. 위험하지는 않을지라도 그렇게 하지 않고는 못 배기게 만드는 강제적 특성이 존재한다. 프로이트는 외상 경험의 이러한 반복적인 침투를 일컬어 〈반복 강박repetition compulsion〉*이라고 하였다. 처음 그는 이것이 외상 사건을 통제하려는 시도라고 개념화하였다. 그러나 그는 이러한 설명에 만족하지 않았다. 이런 식으로는 아무래도 그가 재연의 〈악마적〉 특징이라 부르던 무언가를 포착해 낼 수 없었다. 반복 강박은 의식적인 의도에 의한 것도 아니었고 쉽게 변하지도 않았기 때문에, 프로이트는 반복 강박을 적응적인 측면과 삶을 긍정하는 측면에서 설명하기를 단념하였다. 그 대신 반복 강박은 프로이트에게 〈죽음 본능death instinct〉이라는 개념이 떠오르게 했다.

이론가 대부분은 프로이트가 설명한 이러한 삶과 죽음의 이원론을 거부하고, 프로이트의 초기 개념화에 동의하였다. 그들은 외상 경험의 반복적인 재경험은 성공적이지는 않지만 자연스러운 치유의 시도를 나타내는 것이 틀림없다고 보았다. 자네

---

* 외상을 경험한 사람들은 본래의 외상을 암시하는 상황에 반복적으로 노출되고 이러한 상황을 재연하게 되는 경향을 보인다. 프로이트는 반복 강박이 통제감을 획득하기 위해서 나타난다고 보았지만, 최근의 이론가들은 외상으로 인한 정서 조절 능력의 파괴, 대인 관계 문제, 그리고 외상 후 스트레스 장애의 증상 자체가 반복적인 피해와 외상의 재현을 불러일으킨다고 본다.

는 외상 경험에 〈동화〉하고, 〈청산〉하려는 욕구가 존재하며 성공할 경우 〈승리〉의 감정이 생긴다고 주장했다. 무력감이 외상의 핵심적인 결과이며, 회복에는 효능감과 힘의 복구가 요구된다는 점을 자네가 암묵적으로 인식하고 있었음이 그의 표현에서 드러난다. 자네가 생각하기에 외상을 경험한 사람은 〈과거에는 만족스럽게 행동하지 못했던, 또한 완벽하게 적응하지 못했던 어려운 상황에 대면하게 된다. 그렇기 때문에 적응하기 위한 노력을 지속할 수 있게 되는 것으로 볼 수 있다〉.[24]

최근의 이론가들 역시 재연 등의 침투 현상은 외상 사건을 통합하려는 자연스러운 시도라고 개념화한다. 정신의학자인 마르디 호로위츠는 〈종결 원칙completion principle〉*을 가정하고, 이것은 〈자기와 세상에 관한 내적인 도식을 최신화하기 위해 새로운 정보를 처리하고자 하는 인간 정신의 고유한 능력이다〉라고 요약하였다. 외상은 〈내적인 도식〉을 말 그대로 산산이 부서뜨린다. 호로위츠는 동화되지 않은 외상 경험은 특수

---

* 호로위츠의 정보 처리 이론에 따르면, 외상 사건은 개인의 인지 체계에 의해 처리되지 못하고 활성화된 채로 남는다. 그러나 인간에게는 정보를 처리하여 인지 체계에 통합시키려는 경향성이 있으므로, 외상 사건이라는 정보는 완전히 처리되어 개인의 인지 체계에 통합될 때까지 증상의 형태로 남게 된다. 외상을 경험한 사람은 대개 과도한 스트레스를 겪는 충격 단계, 외상 사건을 부인하면서 마비가 나타나는 회피 단계, 외상 정보의 침투와 회피가 함께 나타나는 동요 단계, 정보 처리가 진행되는 전이 단계를 거쳐 마침내 완전한 정보 처리가 완성되는 통합 단계를 거치게 된다.

하게 〈활성화 기억〉으로 저장되고, 이는 〈그 내용의 표상을 반복하려는 내재적 경향〉을 가지고 있다고 제시하였다. 생존자가 자신에게 일어났던 일을 이해할 수 있는 새로운 정신적 〈도식〉을 발달시키고 나서야 외상은 해결될 수 있다.[25]

정신분석학자인 폴 러셀은 외상의 인지적 경험보다는 정서적 경험이 반복 강박의 추동력이라고 개념화한다. 외상의 재생은 〈상해에서 회복되기 위해서 개인이 반드시 느껴야만 하는 것〉이다. 그는 반복 강박이 외상 순간의 압도적인 느낌을 다시 체험하고 이를 지배하려는 시도라고 본다.[26] 해결되지 않은 두드러진 느낌은 공포일 수도 있고, 무용한 분노일 수도 있으며, 단순히 죽음의 위험에 대한 〈아드레날린의 분출〉이 분화되지 않은 것일 수도 있다.

외상의 재경험은 통제의 기회를 제공하기도 하지만, 생존자 대부분은 이 기회를 의식적으로 추구하지도 않으며 환영하지도 않는다. 오히려 그들은 끔찍해하고 두려워한다. 외상의 재경험은, 그 형태가 침투적 기억이든지, 꿈이든지, 행위이든지와 상관없이, 본래 사건을 경험했을 당시의 정서적인 강도를 동반한다. 생존자는 계속하여 분노와 공포에 시달린다. 이러한 정서는 일반적인 화나 두려움과는 질적으로 다르다. 그것은 일상적인 정서적 경험의 범주 바깥에 있고, 인간이 보통 감당할 수 있는 정도를 넘어선다.

외상의 재경험은 이렇듯 강렬한 정서적 고통을 유발하기 때문에, 외상을 경험한 사람들은 이를 피하기 위하여 무슨 일이든지 하게 된다. 침투 증상을 피하려는 노력은 자기를 보호하려는 의도를 가지고 있지만 결국에는 외상 후 증후군을 악화시킨다. 외상의 재경험을 피하려는 시도가 지나치게 잦을 경우, 삶은 의식의 공간을 좁히고 다른 사람과의 관계를 회피하게 만드는 메마름으로 귀결되기 때문이다.

억제

한 개인이 완전히 무력해지고 어떠한 형태의 저항도 소용이 없을 때, 그는 굴복 상태로 들어설 수 있다. 자기 방어 체계는 작동을 완전히 멈춘다. 무력한 사람은 현실 세계의 실제 행동을 통해서가 아니라, 의식의 상태를 변형시키는 방식을 통해서 상황을 탈출한다. 유사한 상태는 동물에게서도 관찰된다. 동물은 공격을 당할 때 가끔 〈얼어붙게〉 된다. 이는 포식자에게 포획된 먹이의 반응이고, 전투에서 패배한 자의 반응이다. 한 강간 생존자는 이러한 굴복 상태에 관한 경험을 다음과 같이 이야기한다. 「밤길에 차를 몰 때 전조등의 눈부신 빛에 꼼짝 못하고 멈춰 선 토끼를 본 적이 있나요? 못 박혀 버린 것처럼, 마치 자신이 어떻게 될지 알고 있는 것처럼. 그런 일이 내게 일어났던 거예요.」[27] 또 다른 강간 생존자는 이렇게 증언한다. 「소리를 지를 수 없어요. 전혀 움직이지도 못하고, 마비되어 버렸어요. 마치 헝겊 인형처럼.」[28]

이러한 의식의 변형은 회피와 둔감화의 핵심으로, 외상 후 스트레스 장애의 세 번째 주요 증상이다. 탈출이 불가능한 위험 상황은 공포와 분노를 일으키기도 하지만, 역설적이게도 공포, 분노, 고통과의 접촉이 사라진 일종의 평정심을 유발시키기도 한다. 사건은 계속하여 의식으로 등록되지만, 사건이 지닌 일반적인 의미와는 연결이 끊어져 버린 듯하다. 지각은 둔해지고 왜곡되며, 부분적인 마비나 특정 감각의 상실이 나타난다. 시간 감각이 변형되고, 슬로우 모션처럼 느껴지며, 경험하고 있는 것이 현실이 아닌 것 같은 느낌이 든다. 마치 그러한 일이 자신에게 일어나지 않는 것처럼, 마치 자신의 몸 바깥에서 관찰하고 있는 것처럼, 혹은 모든 경험이 곧 깨어나게 될 악몽인 것처럼 느껴진 다. 이러한 지각상의 변화는 냉담함, 정서와의 유리(遊離), 그리고 모든 주도권과 분투를 포기하는 심각한 수동성과 결합되어 있다. 이러한 의식의 변형 상태는 견딜 수 없는 고통으로부터 보호해 주는 자연의 작은 자비로움일지도 모른다. 한 강간 생존자는 유리된 상태를 이렇게 묘사한다. 「그때 나는 내 몸을 떠났다. 나는 침대 옆에 서서 이 일이 일어나는 것을 지켜보았다. …… 나는 내가 어찌할 수 없었던 일로부터 분리되었다. 나는 내 옆에 서 있었고, 침대 위에는 그냥 나의 껍데기가 있을 뿐이었다. 아무것도 느낄 수 없었다. 나는 그냥 거기에 있었다. 다시 그 방을 떠올려도, 침대에 누워서 보이는 시점으로 떠오르지 않는다. 침대 옆에 설 때 보이는 시점으로만 떠오른다. 그곳은 바로 내가 지켜보고 서 있던 자리이다.」[29] 제2차 세계 대전의 참전 군인도 비슷한 경험을 보고한다. 「해리 상태 속에서 나는 둔감했다. 우리가 〈2천 년의 응시〉라고 부르는 그런 상태가 있다. 이것은 마비된 것처럼 보이는, 더 이상 아무것도 상관하지 않는 사람의 풀려 있는 공허한 눈매를 말한다. 그러한 상태까지는 아니었지만, 나 또한 둔감함으로 가득 차 있었다. 내가 실제로는 전장에 있지 않았던 것처럼 느꼈다.」[30]

이러한 의식의 분리 상태는 최면 몰입 상태와 유사하다. 이두 가지 상태는 여러 가지 특징을 공유한다. 의지에 따라 행동하는 것이 굴복당하고, 주도적이고 비판적인 판단력이 정지된다. 유리된 느낌, 혹은 고요함을 느끼며, 심상 지각이 강화되고, 둔감화와 통각 상실을 포함하여 감각 지각이 변형된다. 그리고 이인증(離人症)*과 비현실감**이 나타나고, 시간 감각이 변화하는 등 현실 왜곡이 일어난다. 외상 사건 도중에 일어나는 지각의 첨예화가 최면성 몰입과 유사하다면, 외상 사건의 둔감화 증상은 최면성 해리의 보상 현상과 유사하다.[31]

자네는 최면성 몰입 상태로 들어설 수 있는 히스테리아 환

---

* 개인이 자신의 지각, 사고, 정서, 행동에서 분리되어 있는 느낌.
** 주변 환경이 진짜처럼 보이지 않고 비현실적으로 지각되는 경험.

자의 특성이 정신 병리의 근거라고 생각했다. 사람마다 최면 상태로 들어서는 정도에 차이가 나타나지만, 최근 연구에 의하면 몰입은 인간 의식의 일반적인 특성이다.[32] 외상 사건은 최면성 몰입을 강력하게 활성화시키는 요인으로 작용한다. 정신 의학자인 데이비드 스피걸이 지적한 것처럼, 〈만약 급성 외상 중에 고통을 줄이기 위해 자동적으로 이러한 능력이 발휘되지 않는다면, 그게 오히려 더 놀라운 일이다〉.[33] 그러나 대개 통제된 환경 속에서 선택에 의해 최면 상태에 들어서는 것과는 달리, 외상성 최면 상태는 통제되지 않은 방식으로, 대부분 의식적인 선택과 무관하게 발생한다.

이러한 변형된 상태의 기저에 놓인 생물학적 요인은 최면 상태와 외상성 해리 모두에 있어서 수수께끼로 남아 있다. 심리학자인 어니스트 힐가드는 최면이 〈모르핀과 유사한 방식으로 작동할 수 있다〉고 가정하였다. 통각 상실을 발생시키기 위하여 아편의 대체물로 최면을 사용하는 것은 오래전에 알려진 일이다. 최면과 모르핀 모두 통증에 대한 지각이나 일반적인 정서적 반응을 단절시키는 해리 상태를 일으킨다. 최면과 모르핀 모두 감각 자체를 파괴하지 않으면서 통제되지 않는 통증이 주는 괴로움을 감소시킨다. 정신의학자인 로저 피트먼과 반 데어 콜크는 외상 후 스트레스 장애가 있는 참전 군인에게 통증 지각이 지속적으로 변형된다는 점을 연구했다. 이들은 외상이 내인성 마취제의 조절에 오랫동안 지속되는 변형을 가져온다고 제안하였다. 내인성 마취제란 중추 신경계 내에서 마취제와 동일한 효과를 보이는 자연 물질이다.

　외상을 경험한 사람들 중에서 자동적으로 해리가 되지 않는 이들은 술이나 진정제를 통해 둔감해지려고 시도할 수 있다. 그링커와 스피걸이 전쟁 중에 군인들의 행동을 관찰한 결과, 전투 집단의 패배가 늘어날수록 무절제한 음주가 비례하여 증가한다는 점이 발견되었다. 군인들의 음주는 점점 커져만 가는 무력감과 공포를 제거하기 위한 시도로 보인다.[34] 외상을 경험한 사람들이 술이나 그 밖의 약물에 의존하는 경향이 강해지면서 자신이 처한 어려움을 오히려 증가시킬 위험을 높인다는 것은 명백하다. 심리학자인 조세피나 카드는 베트남 참전 군인과 비슷한 연령의 민간인을 비교하는 연구를 하면서, 외상 후 스트레스 장애를 발달시킨 남성들은 전쟁에서 돌아온 뒤로 진정제와 길거리 마약을 다량으로 소비했거나, 술이나 마약 남용의 문제로 치료를 받은 경험이 더 많다고 설명하였다.[35] 심각한 외상 후 스트레스 장애가 있는 100명의 참전 군인에 관한 연구에서, 허버트 헨딘과 앤 하스는 민간인 생활로 돌아온 이들 중 85퍼센트에서 심각한 마약과 알코올 문제가 발생했다는 점에 주목하였다. 전쟁에 나가기 이전에도 알코올을 심각하게 사용했던 사람의 비율은 단지 7퍼센트에 불과했다. 불면증, 악몽, 과민성, 분노 폭발과 같은 과각성과 침투 증상을 통제하기 위해서 남성들은 알코올과 진정제를 사용했다. 그러나 약물 남용은 결국 그들을 더 큰 곤경에 빠지게 했고, 더욱이 다른 사람으로부터 고립되게 만들었다. 가장 크고 포괄적인 연구인 「국립 베트남 참전 군인 재적응 연구National Vietnam Veterans Readjustment Study」는 거의 유사한 연구 결과를 보고하였다. 외상 후 스트레스 장애를 가진 남성의 75퍼센트에서 알코올 남용, 혹은 알코올 의존의 문제가 나타났다.[36]

완전히 무력한 순간에는 의식의 해리성 변형이나 중독은 적응에 필요할 수도 있지만 일단 위험이 지나간 뒤에는 적응에 해로운 것으로 변한다. 해리나 중독과 같은 변형 상태는 외상 경험을 일상적인 의식과 단절시키기 때문에, 치유에 필요한 통합 과정을 방해한다. 불행하게도 억제나 해리 상태는 외상 후 증후군의 다른 증상들처럼, 좀처럼 사라지지 않는 것으로 나타났다. 리프턴은 재난과 전쟁의 생존자들에게 보편적으로 나타나는 〈정신적 둔감화〉를 〈정신의 마비〉에 비유했다.

침투 증상과 마찬가지로, 억제 증상이 처음 기술된 것은 기억 분야와 관련해서였다. 자네는 고통스러운 기억을 일상적인 자각으로부터 단절시키는 〈의식 영역의 억제〉 때문에 외상 후 기억 상실이 발생한다는 점에 주목하였다. 히스테리아 환자들은 최면 상태에 들어서자 해리된 사건을 자세한 세부 사항까지 재생할 수 있었다. 예를 들어 자네의 환자 아이린은 어머니가 돌아가셨을 무렵 두 달 동안 겪은 짙은 기억 상실을 보고했다. 최면 상태에서 그녀는 어머니의 임종을 포함하여 과거 두 달간

있었던 괴로웠던 사건 모두를 마치 현재에 다시 일어나고 있는 것처럼 재생해 낼 수 있었다.[37]

카디너도 억제 과정이 외상 기억을 일상의 의식 밖으로 밀어낸다는 것을 인지했다. 때문에 밀쳐진 기억의 파편은 다시 침투 증상으로 솟아오르게 된다. 카디너는 하반신에 지속적인 둔감증과 통증, 한기를 호소하던 한 참전 해군의 사례를 인용하였다. 이 환자는 전쟁 도중에 어떠한 외상 경험도 겪지 않았다고 주장하였다. 최면을 사용하지 않고서도 계속된 질문만으로, 환자는 자신의 전함이 침몰했었다는 사실과 얼음처럼 찬 물속에서 구조를 기다리며 많은 시간을 보내야 했던 사실을 회상하게 되었지만, 그 사건에 대한 정서적인 반응이 있었다는 것만은 부정했다. 하지만 카디너가 질문을 계속하자 환자는 점점 초조해졌고, 분노하였으며, 겁에 질리게 되었다.

그가 호소하는 증상들과…… 하반신이 차가운 물속에 잠겨 있었다는 경험 사이의 유사성을 그에게 지적하였다. 그가 눈을 감고 현재의 감각에 대하여 〈생각하도록 스스로를 허용하였을 때〉, 그는 뗏목을 붙든 채 반쯤 바다에 잠긴 자신의 심상이 떠올랐음을 인정하였다. 그리고 잠겨 있는 동안 극도로 고통스러운 통증을 느꼈으며, 그 와중에 다른 생각은 할 수조차 없었다고 말했다. 그는 동료 중 몇 명이 의식을 잃고 익사했었다는 사실도 회상해 냈다. 크게 보자면, 환자는 분명 차가운 물로 인한 고통스러운 감각에 집중한 덕택에 살아남았던 것이다. 그러므로 현재의 증상은 물속에 잠겼을 당시의 원래 감각이 재생되어 표현된 것이었다.[38]

이 사례에서 억제 과정은 완전한 기억 상실뿐만 아니라, 정서와 의미가 결여되어 있는 절단된 기억의 형성으로 이어졌다. 환자는 증상이 의미하는 바를 〈생각하도록 스스로를 허용하지 않았는데〉, 만약 허용했다면 동료의 죽음을 목격하고 가까스로 죽음을 모면했다는 사실에 고통과 공포, 분노를 느꼈을 것이기 때문이다. 의식적이지 않은 형태의 해리와 마찬가지로, 외상 사건에 관한 이러한 자의적인 사고 억제는 외상을 경험한 사람들의 특징이다.

외상 신경증의 억제 증상은 사고, 기억, 의식 상태에만 적용되는 것이 아니다. 이것은 목적적이고 주도적인 행위의 전 영역에 해당된다. 약간의 안전감을 형성하고, 커져 가는 두려움을 통제하기 위해, 외상을 경험한 사람들은 자신의 삶을 제한하게 된다. 두 명의 강간 생존자는 외상 이후로 그들의 삶이 얼마나 협소해졌는지를 이렇게 이야기했다.

혼자서는 어디에도 가기가 무서웠다. 내게는 그 무엇을 막아 낼 힘이 전혀 없다고 느꼈다. 너무나 두려웠고, 그래서 아무것도 할 수가 없었다. 그냥 집에만 있었고, 그저 두렵기만 했다.

머리카락을 모두 잘라버렸다. 남자들에게 매혹적으로 보이고 싶지 않았다. 한동안은 중성적으로 보이고 싶었는데, 그렇게 해야 더 안전하다고 느꼈다.

참전 군인 켄 스미스는 전쟁 이후에 생활 속에서 발생한 억제를 스스로 어떻게 합리화하였는지 이야기하였다. 그는 자신이 얼마나 오랫동안 공포의 지배를 받고 있었는지 인지하지 못했다. 「자정부터 8시까지, 혹은 11시부터 7시까지, 오로지 일만 했다. 왜 그러는지 알 수 없었다. 내가 〈밤을 두려워한다는 것〉에는 뭔가가 있기 때문에, 밤에 깨어 있어야 한다는 것이 늘 근심거리였다. 이제 나는 알고 있고, 그래서 더 이상 그러지 않는다. 나는 그것을 합리화했다. 나는 지휘를 받지 않게 되었고, 전보다 훨씬 자유로워졌으며, 정치적인 신념과 충돌되는 거짓말을 더 이상 듣지 않아도 되었고, 아무도 나를 귀찮게 하지 않았으며, 나는 혼자가 되었다.」[39]

또한 억제 증상은 앞날을 예상하고 계획을 세우는 일을 간섭한다. 그링커와 스피걸은 전쟁 중에 사망자와 부상자가 생겼을 때 군인들이 어떻게 반응하는지 관찰하였다. 군인들은 계획을 세우고 이를 실현하는 데 필요한 자신감이 줄어들었고, 미신적이고 마술적인 방식으로 사고했으며, 행운의 부적이나 징조에 따라 행동하는 모습을 보였다.[40] 테어도 학령기에 유괴당한 아동에 관한 연구에서 이를 설명했는데, 사건 이후 만난 아이들은 자신에게 사건의 발생을 경고하는 징조가 있었다고 믿고 있었다. 유괴 이후 몇 년이 지난 뒤에도 이 아이들은 자신을 보호해 주고 행동을 안내해 줄 징조들을 계속해서 찾고 있었다. 게다가 몇 년이 더 지난 뒤에도 여전히 아이들은 앞날이 길게 남아 있지 않다는 느낌을 지니고 있었다. 커서 뭐가 되고 싶은지 물었을 때, 대다수 아이들은 젊은 나이에 죽을 것이라 믿기 때문에 미래를 상상하거나 계획을 세운 적이 없다고 대답하였다.[41]

과거의 외상이 연상되는 어떠한 상황도 회피하고, 미래를 계획하고 대비하는 것과 관련된 어떠한 주도성도 포기해 버리기 때문에, 외상을 경험한 사람들은 외상 경험의 영향력을 완화시켜 줄, 성공적으로 대처해 볼 새로운 기회에서 차단된다. 그러므로 억제 증상은 정서 상태에 압도되지 않도록 방어하려는 시도를 나타내지만, 그 방어의 대가는 크다. 이것은 삶의 질을 협소하게 만들고 고갈시키며, 결국 외상 사건의 영향력은 영속된다.

외상의 변증법

압도적인 위험을 경험한 사람은 침투와 억제라는 두 모순된 반응 사이에서 동요한다. 반대되는 심리적 상태의 이러한 변증법은 아마도 외상 후 증후군의 대표적인 특징일 것이다. 침투 증상과 둔감화 증상 모두 외상 사건이 통합되지 못하게 하므로, 두 극단적인 상태 사이의 전환은 곧 만족스러운 균형 상태를 찾으려는 시도로 이해할 수 있다. 그러나 외상을 경험한 사람에게 부족한 것이 바로 균형이다. 재경험과 기억 상실이라는 양 극단 사이에서 벗어나지 못하고, 강렬하고 압도적인 느낌의 홍수와 아무것도 느낄 수 없는 가뭄 사이에서 벗어나지 못하며, 과민하고 충동적인 행동과 완전하게 억제된 행동 사이에서 벗어나지 못한다. 이러한 주기적인 전환에서 파생된 불안정성 때문에 아무것도 예측할 수 없다는 느낌과 함께 무력감이 악화된다. 따라서 외상의 변증법은 잠재적으로 영속적이다.

시간이 흐르면서 이 변증법은 점진적인 변화를 겪는다. 초기에는 외상 사건의 침투적 재경험이 지배적이기 때문에, 피해자는 새로운 위협을 경계하면서 매우 초조한 상태에 놓인다. 침투 증상은 외상 사건 이후 처음 며칠, 혹은 몇 주 동안 가장 두드러지게 나타나고, 3개월에서 6개월이 지나면 어느 정도 완화되며, 시간이 더 지나가면서 서서히 경감된다. 예를 들어, 범죄 피해자에 관한 대규모 지역 사회 연구에서, 강간 생존자들은 대부분 심한 침투 증상이 3개월에서 6개월 이후에 감소하였지만, 그래도 1년까지는 여전히 두렵고 불안했다고 보고하였다.[42] 다른 연구는 강간 생존자의 대부분(80퍼센트)이 1년 뒤에도 여전히 침투적인 두려움을 호소했다고 밝혔다.[43] 또한, 병원 응급실에서 만났던 강간 생존자를 2, 3년 후 다시 만난 연구를 보면, 이들 중 대부분은 강간에서 기인한 증상들로 계속 고통스러워하고 있었다. 외상과 관련된 두려움, 성 문제, 일상 활동의 제한은 생존자들이 가장 흔하게 보고한 증상들이었다.[44]

외상의 상처는 더 오래 지속되기도 한다. 예를 들어, 병원 응급실을 찾아온 강간 피해자에 대한 연구에서 앤 버지스와 린다 홈스트롬은 4년에서 6년이 지난 후에 이 여성들을 다시 만났다. 여성들 중 4분의 3은 회복되었다고 생각하고 있었다. 회상을 통하여 3분의 1(37퍼센트)은 회복하는 데 1년보다 적게 걸렸다고 생각했고, 3분의 1(37퍼센트)은 1년 이상의 시간이 걸렸다고 생각하고 있었다. 그러나 4분의 1(26퍼센트)은 여전히 회복되지 못한 것 같다고 느끼고 있었다.

또한 인질 경험이 있는 사람들에 관한 네덜란드의 연구는 단일한 외상 사건의 지속적인 영향력을 기록하고 있다. 모든 인질은 사건 이후 한 달 동안 증상을 보였고, 75퍼센트는 6개월에서 1년 뒤에도 여전히 증상을 보였다. 감금이 오래 지속된 경우일수록 증상은 더 심했고, 회복은 더 더디었다. 장기적인 추후 연구에서, 사건이 일어나고 6년에서 9년이 지난 후 생존자의 거의 절반(46퍼센트)은 여전히 억제 증상을 보고하고 있었고, 3분의 1(32퍼센트)은 여전히 침투 증상을 가지고 있었다. 일반화된 불안 증상*은 시간이 지남에 따라 감소하는 경향을 보였지만, 신체화 증상은 사실상 악화되었다.[45]

　외상과 관련된 특징적인 증상은 시간이 지나면서 희미해지기도 하지만, 수년이 지나도 원래의 외상을 상기하는 단서에 의하여 되살아날 수 있다. 예를 들어, 카디너는 비행기 사고에서 살아남았던 참전 군인에 관하여 기술하였다. 비행기 사고가 일어난 지 8년이 흘렀지만, 사고가 일어났던 똑같은 날에 〈습격한〉 침투 증상으로 그는 고통받았다.[46] 더욱 최근의 사례에서, 제2차 세계 대전에 참전했던 한 군인에게 전쟁으로부터 30년이 지난 이후 악몽 등의 침투 증상이 갑자기 재발하기도 했다.[47] 침투 증상이 경감되면, 둔감화 같은 억제 증상이 지배하기 시작한다. 외상을 경험한 사람은 더 이상 무서워하는 것 같지 않고, 겉으로는 이전 생활을 시작할 수 있는 것처럼 보인다. 그러나 사건은 본래의 의미와 단절되고, 현실감의 왜곡은 지속된다. 그는 큰 거리를 두고 일상의 사건들을 관찰하고 있다는 듯, 단지 삶의 굴곡을 겪고 있을 뿐이라는 듯이 말할 수도 있다. 반복적인 공포의 재경험만이 둔감화와 단절의 감각을 깨뜨린다. 외상을 경험한 사람들의 전형적인 소외와 내적인 죽음

---

*　외상과 관련이 없는 상황에서도 인생 전반에 걸쳐 불안이 나타난다.

은 탄환 충격을 겪은 참전 군인에 대한 버지니아 울프의 묘사에 포착되어 있다.

「아름다워.」 그의 아내가 셉티무스를 찌르면서 속삭이곤 했다. 그러나 아름다움은 한 장의 유리막 뒤에 갇혀 있었다. 맛조차도(레지아는 얼음, 초콜릿, 달콤한 것들을 좋아했다) 셉티무스의 흥미를 당기지 않았다. 그는 잔을 작은 대리석 식탁 위에 내려놓고 창밖의 사람들을 보았다. 그들은 행복해 보였다. 길 가운데 모여서, 소리 지르고, 웃고, 아무것도 아닌 일에 말다툼하고 있다. 그러나 그는 맛을 보지 못했고, 느끼지 못했다. 찻집의 테이블과 시끄러운 웨이터들 사이에서 무시무시한 두려움이 그를 덮쳤다. 그는 느낄 수가 없었다.[48]

외상을 경험한 사람들의 내적인 삶과 외적인 활동 범위에 놓인 제한은 음성(陰性) 증상이라고 볼 수 있다. 이것은 극적인 성질을 결여하고 있다. 무엇이 빠져 있다는 속에 이 증상들의 의미가 놓여 있다. 그렇기 때문에 억제 증상은 잘 확인이 안 되고, 더욱이 외상 사건이라는 기원은 잊히기 쉽다. 시간이 지나면서 외상 후 스트레스 장애의 음성 증상이 더욱 두드러지면, 이 진단을 건너뛰어 버릴 위험이 더 커진다. 외상 후 스트레스 증상이 너무나 지속적이고 광범위하기 때문에, 음성 증상은 외상성 증상이 아니라 피해자의 지속적인 성격적 특징이라고 오해될 수 있다. 이 실수의 대가는 크다. 확인되지 않은 외상 후 스트레스 장애를 지닌 사람들은 축소된 삶을 선고받게 되고, 기억에 괴롭힘을 당하며, 무력감과 두려움에 에워싸인다. 여기 다시, 아버지에 대한 레싱의 묘사가 있다.

이렇게 적은 돈 때문에 너무나 오랜 시간 일해야 했던 이 젊은 은행원은, 춤추고 노래하고 놀고 시시덕거리던 이 자연 상태의 건장하고 감각적인 존재는, 1914년, 1915년, 1916년에 죽임을 당했다. 내가 좋아하는 나의 아버지는 그 전쟁 중에 죽어 버린 것 같다. 아버지의 영혼은 그 전쟁으로 불구가 되었다. 드높은 영혼, 힘, 삶의 즐거움에 관하여 말하던 젊은 아버지. 또한 아버지의 친절함과 동정심, 그리고 ― 자꾸 떠오르는 한 단어 ― 아버지의 지혜……. 내가 만난 사람들, 특히 여자들은 그런 아버지를 기억하고 있었다. 나는 이 사람들이 내가 알고 있는 이 병들고 과민한, 넋 잃은 건강 염려증 남자를 쉽게 알아볼 것이라는 생각이 들지 않는다.[49]

사건이 일어나고 오랜 시간이 지나도, 외상을 경험한 많은 사람은 그들 안의 한 부분이 마치 죽어 버린 듯한 느낌을 받는다. 차라리 죽었으면 하는 가장 뿌리 깊고 고통스러운 소망. 아마도 외상 사건의 장기적인 영향력에 관한 가장 불편한 정보는 강간을 당한 100명의 여성을 포함하는 범죄 피해자에 관한 지역 사회 연구에서부터 올지도 모른다. 강간이 일어나고 평균 9년이라는 시간이 흐른 뒤 시작한 이 연구는 대표적인 정신 건강 문제만을 기록하였고, 더 자세한 외상 후 증상에는 주의를 기울이지 않았다. 그러나 이렇게 거친 측정치를 통해서도, 외상의 영향력이 지속적이고 파괴적이라는 사실은 명백히 나타났다. 강간 생존자들은 다른 어떠한 사람들보다 더 많은 〈신경증적 발병〉, 더 많은 자살 사고(思考), 그리고 더 여러 번의 자살 시도를 보고하였다. 강간 이전에 그들은 자살을 시도할 만한 사람들이 아니었음에도, 대략 5명 중 1명(19.2퍼센트)의 비율로 강간에 뒤이어 자살을 시도하였다.[50]

심각한 외상에 뒤이어 자살하는 사람의 비율에 대한 실제 측정치는 풀리지 않는 논쟁 속에 있다. 한 유명한 언론은 예를 들어 베트남 참전 군인의 경우 전투 중에 죽은 사람보다 전쟁이 끝난 뒤 자살로 죽은 사람이 더 많다고 보고하였다. 이러한 기사는 심하게 과장된 것으로 보이지만, 죽음에 관한 연구들은 전투 외상이 실제로 자살의 위험을 높일 수 있다고 제시하였다.[51] 헨딘과 하스는 외상 후 스트레스 장애가 있는 참전 군인을 연구하면서, 자살을 시도하거나(19퍼센트) 지속적으로 자살에 집착했던 사람들(15퍼센트)의 수가 상당한 수준임을 발견하였다. 지속적으로 자살을 시도했던 남성 대부분은 심각한 전투에 노출됐던 사람들이었다. 그들은 전쟁 경험에 관한 해결되지 않은 죄책감, 심각하고 끊임없는 불안, 우울, 그리고 외상 후 증상으로 고통스러워하였다. 이 중 세 명의 남성은 연구가 진행되던 중에 자살하였다.[52] 위험이 지나가고 오랜 시간이 흘러도, 생존자는 외상을 결정지은 〈전멸될지도 모른다는 위협〉의 추격을 받는다. 프로이트가 외상 신경 증에서 〈작업에 착수한 악마적 힘〉을 발견한 것은 당연한 일이다. 외상 속의 공포, 분노, 혐오는 외상의 변증법 속에서 살아남는다.

3
단절

외상 사건은 기본적인 인간관계에 대해 의문을 제기한다. 가족, 우정, 사랑, 그리고 공동체에 대한 애착이 깨진다. 다른 사람과의 관계 안에서 형성되고 유지되는 자기 구성이 산산이 부서진다. 인간 경험에 의미를 부여하는 신념 체계의 토대가 침식당한다. 자연과 신성의 질서에 대한 피해자의 믿음이 배반당하고, 피해자는 존재의 위기 상태로 내던져진다.

사람들은 보통 관계적인 삶에 대한 손상은 외상의 부수적인 결과라고 생각하지만, 이는 사실이 아니다. 외상 사건은 자기라는 심리적 구조뿐만 아니라 개인과 공동체를 연결하는 애착과 의미의 체계에도 주요한 영향을 미친다. 마르디 호로위츠는 외상 사건을 일컬어, 세상과 관계하는 자기에 관한 피해자의 〈내적 도식〉에 동화될 수 없는 사건이라고 했다.[1] 외상 사건은 세상이 안전하고, 자기는 가치 있으며, 세계 질서에는 의미가 있다는, 피해자가 가지고 있었던 기본적인 가정들을 파괴한다.

강간 생존자인 앨리스 시볼드는 보증의 상실을 이렇게 증언한다. 「강간당했을 때 나는 나의 첫 경험을 잃었고, 목숨마저 잃을 뻔했다. 또한 세상이 어떻게 작동하는지, 내가 얼마나 안전한지에 대해 확신하였던 가정들을 버리게 되었다.」[2]

세상이 안전하다는 느낌, 즉 기본 신뢰basic trust는 생애 초기에 첫 양육자와의 관계 속에서 습득된다. 이러한 신뢰감은 삶과 함께 시작되어, 전 생애에 걸쳐 한 사람을 지탱해 준다. 이것은 관계나 신념과 관련된 모든 체계의 기본을 형성한다. 보살핌 받는 최초의 경험은 자신이 속한 세상이 인간의 삶에 대해 호의적이라는 것을 마음으로 그릴 수 있게 해주는 바탕이 된다. 기본 신뢰는 삶의 일관성, 자연의 질서, 신성의 초월적 질서에 대한 신념의 기반이 된다.

공포 상황에 놓인 사람들은 자연히 안심과 보호를 제공했던 최초의 원천을 찾게 된다. 부상당한 군인과 강간당한 여성은 어머니를 외치고, 신을 외친다. 이 외침이 응답받지 못했을 때, 기본 신뢰는 부서진다. 외상을 경험한 사람은 삶을 지탱하는 보살핌과 보호를 제공하던 인간과 신의 체계 바깥으로 내던져진 채, 완전히 버림받았으며 완전히 혼자라고 느낀다. 그 이후, 가족 간의 가장 친밀한 유대에서부터 공동체와 종교 안의 가장 관념적인 결합까지, 이 모든 관계 속으로 소외감과 단절감이 침투해 들어온다. 외상을 경험한 사람들은 신뢰를 상실하고서, 자신이 삶보다는 죽음에 더욱 소속되어 있음을 느긴다. 버지니아 울프는 탄환 충격을 겪은 참전 군인인 셉티무스 스미스에 대한 묘사에서 이러한 내적인 황폐함을 포착한다.

이제 셉티무스에게 드러났다. 언어의 아름다움이 감추고 있던 메시지가. 한 세대가 전하는 비밀스러운 신호, 위장된 신호는 다음 세대에게는 혐오와 미움과 절망이다. ⋯⋯ 이러한 세상 밖으로 아이들을 내보낼 수 없다. 감정을 오랫동안 간직하지 못하는, 오로지 변덕과 허영만 있는, 한때는 이런 식으로 이제는 저런 식으로 소용돌이치는 이 탐욕스러운 동물들의 혈통을 지속시킬 수 없으며, 고통을 영속시킬 수는 없다. ⋯⋯ 사실 인간은 순간의 쾌락에 봉사할 뿐이며, 이를 넘어서는 어떤 친절함도, 신뢰도, 자비심도 갖지 못하기 때문이다. 이들은 떼로 몰려다닌다. 그들의 떼는 사막을 헤매고 비명을 지르면서 야생 속으로 사라진다.[3]

손상된 자기

보살펴 주는 사람들과 안정적으로 연결되어 있다는 느낌은 성격 발달의 토대가 된다. 이 연결이 부서진다면, 외상을 경험한 사람은 기본적인 자기감sense of self을 잃게 된다. 이미 해결된 지 오래된 아동기와 청소년기의 발달적 갈등이 갑자기 다시 시작된다. 외상은 자율성, 주도성, 능력, 정체성, 친밀감과 관련된 과거의 모든 분투를 다시 경험하도록 생존자를 억누른다.

아동이 긍정적인 자기감을 발달시킬 수 있는지 없는지의 여부는 양육자가 권력을 얼마나 온화하게 사용했는가에 따라 달라진다. 아동보다 더 큰 권력을 가진 양육자가 아동의 개인성과 존엄성에 대해 작으나마 존중하는 태도를 보였다면, 아동은 스스로를 가치 있는 사람이라고 생각하며, 존중받고 있다고 느낀다. 아이는 자존감self-esteem을 발달시킨다. 아이는 또한 자율성을 발달시키는데, 자율성이란 관계 속에서 독립성을 지키는 것이다. 아이는 자신의 신체 기능을 통제하고 조절하며, 자기 자신의 관점을 표현하는 방법을 배운다.

외상 사건은 기본적인 신체적 안녕의 수준에서부터 사람의 자율성을 침범한다. 신체는 침해당하고 상처 입으며 더럽혀진다. 이들은 자신의 신체 기능을 통제할 수 없게 된다. 전투와 강간에 대한 증언에서 나타나는 이러한 통제 상실은 외상의 가장 모욕적인 측면으로 꼽힌다. 이에 더하여 외상이 일어나는 순간에 개인의 관점은 하찮은 것이 되어 버린다. 예를 들어, 강간에서 공격의 목적은 정확히 피해자의 자율성과 존엄을 모욕하는 데 있다. 따라서 외상 사건은 다른 사람과의 관계 속에서 〈자신을 잃지 않는다〉는 신념을 파괴한다.

자율성을 획득하기 위한 건강한 발달적 갈등이 성공적으로 해결되지 못하였을 때 사람은 수치심과 의심에 기울기 쉽다. 이와 같은 정서적 반응은 외상 사건의 여파 속에서 되살아난다. 수치심은 무력감, 신체적 안녕의 침해, 다른 사람으로부터 받은 모욕에 대한 반응이다. 의심은 다른 사람과 관계를 유지하는 동안 자신만의 독자적인 관점을 지탱하지 못한다는 사실을 드러낸다. 외상 사건의 후유증으로, 생존자들은 다른 사람들과 자기 자신 모두를 의심한다. 일이 더 이상 예전 같지가 않다. 참전 군인 팀 오브라이언은 이렇게 퍼져 가는 의심의 느낌을 묘사한다.

　평범한 군인은 전쟁 속에서 어떤 영적인 질감을 느낀다. 거대한 유령처럼 짙게 드리운 안개의 느낌. 명쾌한 것이란 없다. 모든 것은 소용돌이친다. 오래된 규칙은 더 이상 맞지 않고, 오래된 진실은 더 이상 진실이 아니다. 질서는 혼돈으로, 사랑은 미움으로, 추함은 아름다움으로, 법은 무법으로, 문명은 야만으로 뒤섞인다. 안개는 당신을 빨아들인다. 내가 어디에 있는지, 혹은 왜 그곳에 있는지 알 수 없고, 압도적인 모호함만이 오로지 명확할 뿐이다. 전쟁에서 당신은 명확함을 잃고, 따라서 진실 그 자체를 잃는다. 그러므로 진정한 전쟁 이야기에서 완전히 진정한 것은 아무것도 없다고 말할 수 있다.[4]

건강한 아이는 성장해 감에 따라 능력과 주도성의 역량을 키우면서 이를 긍정적인 자기상에 보태어 간다. 능력과 주도성을 키우기 위한 건강한 발달적 갈등이 성공적으로 해결되지 않는다면, 아이는 쉽게 죄책감과 열등감에 빠지게 된다. 외상 사건은 주도성에 훼방을 놓고, 개인의 능력을 제압한다. 피해자가 과거에 아무리 용감하고 자원이 풍부했던 사람이었을지라도, 그의 행동만으로 재난을 막을 수는 없었던 것이다. 외상이 끝난 뒤에 생존자들이 자신의 행동을 되돌아보고 비판하게 되면서 나타나는 죄책감과 열등감은 실제로 보편적으로 나타나는 외상 사건의 후유증이다. 로버트 제이 리프턴이 밝힌 바에 따르면, 〈생존자 죄책감survivor guilt〉은 전쟁, 자연재해, 원폭 피해를 겪은 사람들에게 일반적으로 나타나는 경험이다.[5] 강간 또한 동일한 영향력을 지닌다. 죄책감을 느끼는 것은 가해자가 아니라 피해자이다. 물론, 죄책감은 재난으로부터 유용한 교훈을 이끌어 내고, 힘과 통제감을 되찾기 위한 시도라고 이해할 수 있다. 더 잘할 수 있었을 거라고 상상하는 것은 완전히 무력하기만 한 현실에 직면하는 것보다는 견디기 쉬울지도 모른다.

죄책감은 생존자가 다른 사람의 고통이나 죽음을 목격했을 때 특히 더 심하다. 다른 이들은 모두 불운을 만났다는 앎 속에서 혼자 살아남아 있다면, 심각한 양심의 가책을 느끼게 된다. 재난과 전쟁의 생존자들은 죽어 가는 이들의 떠나지 않는 형상으로 괴롭힘을 당한다. 그들은 죽어 가는 이들을 구할 수 없었다. 그들은 다른 사람의 목숨을 구하기 위해 위험을 무릅쓰지 않았다. 그들은 죽어 가는 사람의 소망을 이루어 주지 못했다.[6] 전투에서 동료의 죽음을 목격한 경험은 특히 외상 후 스트레스 장애를 발달시키는 위험 수준을 높인다. 유사하게, 자연재해에서 가족 구성원의 죽음을 목격하는 것은 생존자를 씻을 수 없는 외상 증후군 속에 남겨 두게 되는 사건이다.

외상 후 스트레스 장애는 인간 사이의 연결을 침해당한 결과이다. 생존자가 단지 수동적인 목격자가 아니라, 폭력적인 살인이나 잔학 행위의 적극적인 참여자였다면 특히 더 위험하다. 전투 외상은 폭력적인 살인을 더욱 높은 가치나 의미로 더 이상 합리화시킬 수 없을 때 더 큰 위력을 떨친다. 베트남 전쟁에서 승리라는 목표가 이미 불가능해졌을 때, 시신의 수를 세는 등 죽이는 그 자체가 성공의 기준이 되고 말았을 때, 군인들은 뿌리 깊은 혼란에 빠졌다. 이러한 상황 속에서, 이들이 지속적인 심리적 손상 앞에 취약해진 이유는 단지 죽음에 노출되었기 때문만은 아니었다. 그것은 이들이 부당하고 의미 없는 파괴 행위에 가담했기 때문이었다. 베트남 참전 군인들에 대한 한 연구에서, 남성의 약 20퍼센트는 베트남에서 복무하는 동안 잔학 행위를 목격했고, 또 9퍼센트는 개인적으로 잔학 행위를 저질렀음을 인정하였다. 전쟁에서 돌아와 몇 년이 지난 후 가장 심각한 증상을 보이는 남성들은 학대적인 폭력을 목격하거나 이러한 폭력에 가담한 사람들이었다.[7] 이러한 발견을 확인한 베트남 참전 군인에 대한 다른 연구는 잔학 행위에 가담했음을 인정한 남성들 전부가 전쟁이 끝나고 10년이 넘은 이후에도 여전히 외상 후 스트레스 장애를 가지고 있음을 발견하였다.[8] 세상이 의미 있다는 신념은 다른 사람과의 관계를 토대로 생애 초기에서부터 시작된다. 기본 신뢰는 초기의 친밀한 관계에서 습득되어, 믿음의 기반이 된다. 이후에 법, 정의, 공정성에 관한 감각은 아동기에 양육자와 또래와의 관계 속에서 정교하게 발달한다. 세계 질서, 공동체에서 개인의 위치, 자연 속에서 인간의 위치에 관한 관념적인 물음에 몰두하는 것은 청소년기와 성인기의 건강한 발달 과정에서 나타난다. 이러한 물음에 해답을 얻기 위해서 개인은 더욱 넓은 공동체에 참여해야 한다.

외상 사건은 개인과 공동체 사이의 연결을 부수고, 신뢰를 위태롭게 한다. 리프턴은 공동체에 대한 불신이 만연해지고, 세상이 〈위조되어 있다〉는 느낌이 드는 것은 재난과 전쟁의 일반적인 후유증임을 발견하였다.[9] 한 베트남 참전 군인은 상실된 믿음에 대하여 이야기한다. 「왜 신은 선한 사람이 죽어 가도록 내버려 두는지 이해할 수 없었다. 나는 몇 명의 성직자들을 찾아갔다. 나는 한 명의 성직자와 이야기를 나누었다. 〈신부님, 나는 이해할 수 없습니다. 왜 신은 작은 아이들이 죽어 가는 것을 내버려 둡니까? 이게 무엇입니까, 이 전쟁, 이 빌어먹을 것이. 내 주변에 죽은 사람들이 너무도 많습니다.〉…… 그 성직자는 내 눈을 보며 말했다. 〈모르겠습니다, 나는 전장에 있어 본적이 한 번도 없습니다.〉 나는 말했다. 〈나는 전쟁에 대해 물은 것이 아닙니다. 나는 신에 관하여 물었습니다.〉」[10]

주요한 관계가 배신당한 것과 관련된 외상 사건이었다면, 공동체에 대한 믿음과 의미는 더욱 심각한 손상을 입을 수 있다. 사건에 관한 심상은 배신의 구체적인 순간을 중심으로 구성되고, 파괴된 믿음은 이 침투적 심상에 강렬한 정서적 힘을 부여한다. 예를 들어, 배가 침몰한 뒤 바다에서 구조된 참전 해군에 대한 에이브럼 카디너의 심리 치료에서, 이 참전 군인은 아군에게 실망했을 때를 드러내면서 가장 동요하였다. 〈환자는 흥분한 것처럼 보였고 심하게 욕을 하기 시작했다. 구조되었던 순간의 심상에 이르자 그의 분노는 명확하게 올라왔다. 바다에 빠지고 열두 시간이 지났을 무렵, 구축함이 그들을 구조하러 왔다. 예상되는 바대로 구명보트에 타고 있던 장교들이 먼저 구조되었다. 환자가 매달리고 있던 뗏목의 여덟아홉 명의 사람들은 구조대가 올 때까지 물속에서 예닐곱 시간이나 더 기다려야 했다.〉[11]

구조대는 뗏목에 매달린 군인들을 지나쳐 갔고, 구명보트 덕에 상대적으로 이미 안전했던 장교들이 먼저 구조되었다. 구조를 기다리는 와중에 몇몇 군인은 익사하였다. 비록 카디너는 이것을 군사 질서의 관례로 받아들였지만, 환자는 자신이 아군에게 희생당할 수 있다는 점을 인식하면서 경악하였다. 적의 습격, 차가운 물속의 신체적 고통, 죽음에 대한 공포, 그와 시련을 나누던 동료들을 잃었다는 사실보다 더 충격적이었던 것은 사람의 생명을 가벼이 여긴 구조대였다. 구조대의 무관심은 공동체를 향한 그의 믿음을 파괴하였다. 이 사건 이후, 환자에게는 전형적인 외상 후 스트레스 증상뿐만 아니라, 병리적 비탄과 혼란스러운 대인 관계, 그리고 만성적인 우울의 증거 또한 나타났다. 〈그는 사실 모든 종류의 폭력에 대해서 민감한 반응을 보였고, 다른 이들이 다치고 상처받거나, 위협받는 것을 가만두지 못했다. 그런데도 갑자기 사람들을 치고 싶어진다거나, 가족들에게 쉽게 싸움을 걸게 된다고 호소하였다. 그는 《내가 죽었으면 좋겠어요. 나는 주변의 모든 사람을 고통스럽게 해요》라고 말하였다.〉

이 남자가 보이는 이러한 대인 관계 속의 모순성은 외상을 경험한 사람들에게 일반적으로 나타나는 것이다. 강렬한 분노를 조절하지 못하는 어려움 때문에, 생존자들은 통제되지 않는 자신의 분노를 표출하는 것과 그 어떤 공격도 허용하지 못하는 양 극단 사이에서 갈팡질팡한다. 따라서 이 남자는 한편으로는 다른 사람에게 동정심을 느꼈고, 다른 이들을 보호하려고 했으며, 그 누구도 해를 입는다는 것을 참지 못했다. 반면에 가족을 향해서는 폭발적으로 분노를 표출하였으며 과민하였다. 이러한 불일치는 그의 고뇌의 원천 중 하나였다.

유사한 동요는 친밀감을 조절할 때에도 발생한다. 외상은 가까운 관계를 회피하게 만드는 동시에, 절박하게 관계를 추구하게도 만든다. 기본 신뢰의 깊은 혼란, 수치심, 죄책감, 잦은 열등감, 사회적 생활 속에서 마주치게 될지 모르는 외상 단서를 회피하려는 욕구, 이 모든 것은 사람을 가까운 관계로부터 도망치게 만든다. 동시에, 외상 사건에 대한 공포는 보호와 애착에 대한 욕구 또한 강화시킨다. 따라서 외상을 경험한 사람은 다른 사람에게서 고립되는 것과 다른 사람에게 불안하게 매달리는 것 사이에서 빈번하게 동요한다. 외상의 변증법은 생존자의 내적인 삶뿐만 아니라, 그의 가까운 관계 속에서도 작동하는 것이다. 이것은 극단 사이를 오르내리는 강렬하고 불안정한 대인 관계 양상으로 귀결된다. 한 강간 생존자는 외상으로 인해 다른 이들과의 연결감이 어떻게 파괴되었는지 이야기한다. 「내 안에서 무슨 일이 일어나는가를 도무지 설명해 낼 수가 없었다. 나는 통제를 잃어 가고 있었고, 평생 그토록 두렵고 무력했던 적이 없었다. 마치 내 모든 세계가 내쫓긴 것처럼, 어둠 속에서 홀로 표류하는 것처럼. 나는 무시무시한 악몽으로 강간을 다시 경험했다. …… 나는 사람들과 함께 있는 것이 무서웠고, 또한 혼자 있는 것이 무서웠다.」[12]

외상을 경험한 사람들은 자기의 기본 구성basic structures of the self에 손상을 입고 이로 인해 고통스러워한다. 그들은 자기 자신, 다른 사람, 그리고 신에 대한 신뢰를 잃어버린다.

모욕과 죄책감, 무력감을 경험함으로써 이들의 자존감이 공격 당한다. 욕구와 공포의 강렬하고 모순적인 느낌은 친밀한 관계를 맺는 능력을 위태롭게 한다. 외상 이전에 형성되었던 정체성이 되돌릴 수 없이 파괴된다. 강간 생존자인 낸시 지겐마이어는 이러한 자기 상실을 증언한다. 「1988년 11월 19일 아침, 나와 나의 가족은 나를 강탈당하였다. 남은 일생 동안 나는 절대 예전의 나로 돌아가지 못할 것이다.」

취약 요인과 보호 요인

외상이 가지고 있는 사건 자체의 특성은 심리적 해악의 결과를 결정하는 가장 강력한 요인이다. 개인의 성격적 특성은 압도적인 사건 앞에서 그다지 중요한 것이 아니다. 심리적인 결과는 외상으로 영향을 받은 사람들의 수, 해악의 강도, 혹은 지속 기간을 통하여 측정될 수 있다. 그러나 그 어떤 측정치와 무관하게, 외상의 심각도와 그 심리적 결과는 직접적으로 관련되어 있다. 전쟁과 자연재해 연구를 통하여, 외상 사건에 더 많이 노출될수록 외상 후 스트레스 장애 증상을 가진 사람의 비율이 더 커진다는 이른바 〈용량 평가 곡선dose-response curve〉이 관찰되었다.[13]

베트남 참전 군인들의 민간 생활 적응과 관련하여, 전쟁에 참여하지 않은 군인 및 민간인들과 베트남에서 복무한 군인들을 비교하는 국가적인 연구가 진행된 바 있다. 전쟁이 끝나고 15년 뒤, 강도 높은 전투에 노출되었던 베트남 참전 군인의 3분의 1 이상(36퍼센트)은 여전히 외상 후 스트레스 장애의 진단을 충족시키고 있었다. 이와 대조적으로, 중간보다 낮은 강도의 전투에 노출되었던 참전 군인의 단지 9퍼센트, 베트남으로 보내지지 않았던 참전 군인의 4퍼센트, 그리고 민간인의 1퍼센트만이 이 장애를 가지고 있었다.[14] 대략적으로, 연구 당시 증후군을 보이던 참전 군인의 두 배 정도가 과거 한 번 이상 증상을 보였던 것으로 나타났다. 심각한 전투에 노출된 남성들은 대략 4명 중 3명 수준으로 외상 후 증후군의 고통을 받았다.[15]

외상 노출이 매우 심각한 수준이라면, 그 누구라도 면역이 될 수 없을 것이다. 레노어 테어는 학령기에 유괴당하여 동굴 속에 버려졌던 아동들에 관하여 연구하였다. 그는 사건 직후의 연구와 사건 발생 4년 후의 추적 연구에서 모든 아이가 외상 후 증상을 보였다는 점을 밝혔다. 아이들은 신체적인 상해를 입지는 않았지만, 충격의 요인, 죽음의 위협, 그리고 유괴범들의 알 수 없는 계획적인 원한, 이 모든 것이 사건에 심각한 결과를 가져왔다.[16] 병원 응급실에서 강간 생존자들을 만났던 앤 버지스와 린다 홈스트롬은 학대가 일어난 직후에는 모든 여성이 외상 후 스트레스 증상을 보였다고 밝혔다.[17]

강간 생존자들이 다른 범죄의 생존자들보다 높은 수준의 지속적인 외상 후 스트레스 장애를 가지고 있다는 사실이 추후 연구를 통해서 밝혀졌다.[18] 강간의 해로운 결과는 강간이라는 외상의 특성을 고려하였을 때 그리 놀랄만한 일도 아니다. 강간의 핵심은 사람에 대한 신체적, 심리적, 그리고 도덕적 침해에 놓여 있다. 침해violation는 사실상 강간과 같은 말이다. 강간범의 목적은 피해자를 공포에 떨게 하고, 지배하고, 모욕하며, 완전히 무력하게 만드는 데 있다. 그러므로 강간은 그 특성상 심리적인 외상을 불러일으키려는 의도적인 계획이다.

외상 후 스트레스 장애가 발생하게 되는 일차적 가능성은 경험한 사건의 특징에 달려 있다 해도, 장애가 어떠한 형태로 나타날 것인가에는 개인적인 차이가 중요하다. 같은 사건을 경험했다고 하더라도, 다른 두 사람이 서로 똑같은 반응을 보이는 것은 아니다. 외상 증후군은 일관적인 특징을 가지고 있기는 하지만, 모든 이에게 똑같이 나타나지는 않는다. 예를 들어 외상 후 스트레스를 지닌 참전 군인에 대한 연구에서, 각각의 사람들에게 지배적으로 나타나는 증상의 양상은 개인의 아동기 과거력, 정서적 갈등, 그리고 적응 양식과 관련되어 있었다. 전쟁에 나가기 전에 반사회적 행동 양상을 보였던 사람들은 과민성과 분노가 지배적인 증상으로 나타나는 경향이 높은 반면, 자신에 대한 도덕적인 기대 수준이 높거나 다른 사람에게 강한 동정심을 가졌던 사람들은 우울이 지배적인 증상으로 나타나는 경향을 보였다.[19]

외상 사건의 결과는 개인이 어떠한 회복 요인을 가졌는가에 따라 달라진다. 제2차 세계 대전에 참전했던 군인들 중, 개별 남성들에게는 자신만의 〈발병 시점〉이 있었으며, 어떤 이들은 다른 이들보다 더 쉽게 〈발병〉했다.[20] 극단의 상황에서도 상대적으로 덜 취약한 사람들은 아주 소수의 예외적인 사람들뿐이다. 다양한 집단을 연구한 결과, 유사한 결론에 도달하게 되었다. 사회성이 매우 높고, 사려 깊고 적극적인 대처 양식을 지니며, 운명을 자기 스스로 통제할 수 있다고 강하게 지각하는 사람들은 스트레스에 대한 저항력이 높은 것으로 나타났다. 예를 들어 대규모 아동 집단을 출생에서부터 성인기까지 추적해 보았을 때, 열 명의 아동 중 대략 한 명은 역경의 초기 환경도 잘 견뎌 내는 비범한 능력을 보였다. 이러한 아이들의 특징은 기민함, 적극적인 기질, 높은 수준의 사회성, 우수한 대인 관계 소통 능력, 그리고 심리학자들이 〈내적 통제 소재internal locus of control〉*라고 부르는, 스스로 자신의 운명을 이끌 수 있다는 강한 느낌을 가졌다는 점에 있었다.[21] 일상의 생활 스트레스에 직면한 사람들 중 병에 대해 특별한 저항력과 인내력을

* 사람은 어떤 결과에 대한 원인을 생각하는 데 일관된 양상을 보인다. 이것을 통제 소재라고 하며, 이는 내적 통제 소재와 외적 통제 소재로 구분할 수 있다. 내적 통제 소재가 높은 사람들은 어떤 일에 성공하거나 실패하게 된 이유가 자신의 노력이나 능력에 달려 있다고 보며, 자신이 행동함으로써 결과를 바꿀 수 있다고 생각한다. 반대로 외적 통제 소재가 높은 사람들은 자신의 노력보다는 외부 요인, 즉 운이나 우연, 예측할 수 없는 환경의 힘에 의해 결과가 결정된다고 본다.

보인 사람들에게서도 유사한 능력이 발견되었다.[22]

고통스러운 사건이 일어나는 동안, 회복력이 높은 사람들은 다른 사람과 협력하여 목적이 있는 행동을 할 수 있는 기회를 잘 활용하는 반면, 사람들 대부분은 더 쉽게 공포로 마비되거나 고립된다. 극단에 직면한 와중에도 사회적인 연결과 적극적인 대처 기제를 유지할 수 있다면, 추후에 외상 후 증후군이 발병할 위험으로부터 어느 정도 보호받을 수 있는 것으로 보인다. 예를 들어, 해양 재해의 생존자 중에서 다른 사람들과 협동하면서 탈출할 수 있었던 이들은 그 후 상대적으로 외상 후 스트레스 장애의 근거가 되는 증상을 거의 보이지 않았다. 반대로, 〈얼어붙고〉 해리한 이들은 이후에 증상이 나타나는 경향이 높았다. 증상이 심했던 사람들 중에는 〈람보〉들도 있었는데, 이들은 다른 사람들과 함께하지 않고 충동적이고 고립된 행동에 뛰어든 사람들이었다.[23]

큰 전투에 노출되었음에도 불구하고 외상 후 스트레스 장애를 발달시키지 않은 열 명의 참전 군인에 관한 연구가 있다. 이들은 적극적이고 과제 지향적인 대처 기제, 강한 사회성, 그리고 내적 통제 소재라는 세 가지 특징을 보였다. 이 비상한 남성들은 가장 혼란스러운 전장의 조건 속에서도 침착성, 판단력, 다른 사람과의 연결, 도덕적 가치, 그리고 자존감에 의식적으로 주의를 두었다. 그들에게 전쟁은 남성성을 증명하려는 기회가 아니었으며, 무력한 피해 상황도 아니었다. 그 대신 전쟁은

〈살려고 노력하는 와중에 사실상 만난 위험한 도전〉이었다.[24] 이들은 행동하는 데 있어서 합리적인 목적을 구축하였고, 이러한 이해에 대해 다른 사람들과 소통하려고 노력하였다. 이들은 불필요한 위험을 피했고, 때에 따라 무분별한 지시에 반대하였으며, 자기 자신뿐만 아니라 다른 사람들을 보호하려는 높은 수준의 책임감을 보였다. 이들은 자기와 다른 사람 안의 두려움을 받아들였으나, 위험에 대비하는 방식을 통해 할 수 있는 한 두려움을 극복하려고 힘썼다. 또한 격분에 굴복하지 않으려고 하였으며, 격분이란 생존에 위험한 것이라고 보았다. 잔학 행위를 조장했던 타락한 군대 속에서 이들 중 어떤 이도 적에 대한 혐오나 복수심을 표현하지 않았고, 또한 누구도 강간, 고문, 민간인이나 포로의 살인, 혹은 시신의 훼손에 관여하지 않았다.

강간범을 맞닥뜨렸던 여성들의 경험은 이 군인들과 유사한 보호 및 회복 요인들을 제안한다. 침착을 유지하고, 여러 가지 적극적인 기제를 사용하고, 능력이 되는 대로 싸운 여성들은 강간에 맞설 수 있었다. 혹여 그 노력이 성공하지 못했더라도, 이후에 심각한 증상으로 고통스러워하는 경향이 더 적게 나타났다. 반대로, 공포에 꼼짝없이 저항하지 못하고 복종할 수밖에 없었던 여성들은 그 후 더욱 자기 비난적이었고 우울하였다. 여성들에게 높게 나타나는 사회성은 강간의 경우에 자원이기보다는 짐이었다. 많은 여성은 강간범의 인간성에 호소하려

고 노력하거나, 강간범에게 공감대를 형성시키려고 노력했지만, 이러한 노력의 거의 대부분은 무익했다.[25]

비록 회복력이 높은 사람들이 상대적으로 상처가 적게 남고 생존할 수 있는 최선의 기회를 가진다고 할지라도, 개인의 속성에 그 원인을 전가시키는 것은 보호 요인으로서 설득력을 지니지 못한다. 생존자들이 보편적으로 말하는 가장 중요한 요인은 행운이다. 외상 사건이 더 심했거나, 자신이 운명의 보살핌을 받지 못했다면, 〈파멸〉할 수도 있었다는 사실을 많은 사람은 예리하게 자각하고 있다. 극단 속에서도 살아남을 수 있었던 이유는, 연결이란 깨지기 쉬우며 쉽게 파괴될 수 있다는 것을 잘 알고 있었음에도 불구하고 연결되어 있다는 심상을 유지하고자 했기 때문이라고 생존자들은 말한다. 살해당할 위험에서 벗어난 한 젊은 남성은 이러한 연결의 역할을 이렇게 이야기한다.

나는 여러모로 행운아였다. 적어도 그들은 나를 강간하지 않았다. 만약 그랬다면 이겨 내지 못했을 것 같다. 그들이 나를 칼로 찌르고 죽어 가는 채로 남겨 두었을 때, 갑자기 아버지의 모습이 강하게 떠올랐다. 내가 죽으면 아버지에게 너무나 큰 슬픔을 안겨 줄 것이므로, 나는 절대로 죽을 수 없다고 느꼈다. 나는 아버지와의 관계를 회복시켜야 했다. 살기로 결심한 순간, 놀라운 일이 일어났다. 손이 등 뒤로 묶여 있었지만 실제로 내 팔목을 감고 있던 매듭을 시각화하였다. 혼자서 결박을 풀고 복도를 기어 나갔다. 이웃은 나를 제때 발견했다. 몇 분만 지났더라도 너무 늦었을 것이다. 나에게 삶의 두 번째 기회가 온 것 같았다.[26]

자원이 많은 소수의 개인들은 외상의 심리적 결과에 잘 저항하지만, 이들과 반대편에 놓인 개인들은 특히 취약할 수 있다. 예측되는 바대로 가장 위험한 사람들은 이미 힘을 빼앗겼거나 다른 이들로부터 단절된 이들이다. 예를 들어, 베트남으로 보내졌던 군인들 중 나이가 어리고 교육을 적게 받은 군인들은 극도의 전쟁 경험에 노출되는 경향이 다른 사람보다 높았다. 또한 이들은 집으로 돌아와서도 사회적 지지를 거의 받지 못했고, 결과적으로 친구나 가족들과 전쟁 경험을 이야기할 기회도 적었다. 예상대로, 이 남성들은 외상 후 스트레스 장애를 발달시킬 위험이 높았다. 베트남에 보내지기 전에 심리적 장애를 가지고 있었던 군인들은 귀환 이후 광범위한 정신과적 문제를 발달시키는 경향이 높았는데, 물론 여기에 외상 후 증후군만 해당되는 것은 아니다.[27] 유사하게, 강간 이전에 정신과적 장애를 가지고 있었던 여성들은 특히 심각하고 복잡한 외상 후 반응들로 고통받았다.[28] 다른 불운처럼, 외상 사건은 이미 어려움 속에 놓인 이들에게 특히나 자비롭지 못하다.

성인과 비교했을 때 상대적으로 힘이 없는 아동과 청소년들 또한 해로움에 특별히 민감하다. 학대받은 아동에 대한 연구는 학대가 발생한 나이가 어릴수록 정신 병리가 심각했다는 점을 보여 준다. 청소년 군인들은 더 성숙한 동료들에 비하여 전투에서 외상 후 스트레스를 발달시키는 경향이 높았다. 그리고 10대 소녀들은 강간 외상에 특별히 더 취약하다. 청소년기에 공포를 경험하고, 힘을 빼앗기는 경험을 하는 것은 청소년기라는 인생의 특별한 단계에서 달성해야 하는 세 가지 건강한 적응 과제를 위태롭게 한다. 정체성의 형성, 원가족과의 점진적인 분리, 그리고 더 넓은 사회적 세계의 탐색.

전투와 강간이라는, 공적이고 사적인 형태의 조직화된 사회적 폭력은 청소년기와 초기 성인기의 치명적인 경험이다. 미국의 군대는 열일곱 살의 젊은 남성들을 입대시켰다. 베트남 전쟁 군인들의 평균 연령은 19세였다. 다른 많은 국가에서 남성들은 겨우 청소년들인데도 병역에 징집된다. 유사하게, 강간 위험이 가장 높은 시기는 청소년기 후반이다. 강간 피해자들의 절반가량은 스무 살 이하이다. 4분의 3이 13세에서 26세 사이에 놓인다.[29] 젊은 남성과 젊은 여성 모두 심리적으로 가장 취약한 이 시기는 또한 현실적으로 가장 큰 외상에 노출되기 쉬운 시기이다. 따라서 강간과 전투는 성인 사회를 건설하는 데 앞서 강압적인 폭력이 시작되는 일종의 사회적 의례로 여겨야 할 정도이다. 이것은 여성과 남성 각각에게 전형적인 형태의 외상이다.

사회적 지지의 효과

외상 사건은 대인 관계에 손상을 입히므로, 생존자의 사회적 세계를 구성하는 사람들은 외상의 결과를 바꿀 수 있는 힘을 가지고 있다. 다른 사람들의 지지는 사건의 영향력을 완화하는 반면, 적대적이거나 부정적인 반응은 손상을 심화시키고 외상 증후군을 악화시킨다. 외상 사건이 일어난 이후 생존자는 매우 취약하다. 그들의 자기감은 산산이 부서졌다. 자기감이란 그것이 처음 세워졌던 방식대로, 다른 사람과의 연결 속에서 다시 세워질 수 있다.

외상을 경험한 사람들이 가족, 사랑하는 이, 그리고 가까운 친구들에게서 받고자 하는 정서적 지지는 다양한 형태를 띠며, 외상이 해결되는 동안 변화하기도 한다. 외상이 일어난 직후에는 최소한의 신뢰를 다시 세우는 것이 일차적인 과제가 된다. 안전과 보호를 확신하는 일은 가장 중요한 과제들 중 하나이다. 홀로 남겨지는 것에 공포를 느끼는 생존자는 동감해 주는 누군가의 존재 그 하나만을 갈망한다. 생존자는 완전한 고립감을 경험해 봤기 때문에, 위험에 대면한 모든 인간의 연결성이 얼마나 깨지기 쉬운가를 강렬하게 자각하고 있다. 그녀는 다시는 버림받지 않을 것이라는 명확하고 명시적인 확신을 필요로 한다.

전투 중의 남성은 작은 전투 대대에 모든 안전감을 맡긴다.

만성적인 위험 상황 아래 서로를 부여잡으면서, 전투 대대 안의 상호 충실과 헌신이 자신들을 해로움으로부터 보호할 수 있다는 믿음을 공유한다. 이들은 죽음을 두려워하는 것 이상으로 서로에게서 분리되는 상황을 두려워하게 된다. 제2차 세계 대전의 군사 정신의학자들은 군인들이 각자의 부대에서 분리될 경우, 전투 노출에 대한 외상이 악화된다는 점을 발견하였다. 정신의학자인 허버트 스피걸은 전선의 군인들이 애착을 유지하고 기본 안전감을 회복할 수 있는 전략을 기술하였다. 〈군인이 한번 부대에서 분리되면 길을 잃는다는 점을 우리는 잘 알고 있다. 그러므로 만약 누군가가 벌벌 떨고 있다면, 나는 그에게 부엌에서 밤을 보낼 수 있는 기회를 줄 것이다. 왜냐하면 그곳은 조금 더 안쪽에 있고 조금 더 보호되어 있으나 여전히 우리 부대에 속하기 때문이다. 그곳에는 취사병들이 있고, 나는 그들에게 쉬라고 말하고, 잠들기 위한 약을 주겠다. 그리하여 부엌은 재활 시설이 된다. 외상 신경증은 그 즉시 발병하지 않는다. 초기 단계에서 그것은 단지 혼란과 절망일 뿐이다. 그 즉각적인 시기에 환경이 사람을 격려하고 지지한다면, 최악의 결과는 피할 수 있다.〉[30]

귀환한 군인에게 안전과 보호의 문제는 그다지 급박하지 않다. 유사하게, 민간 재난과 일반 범죄에서 피해자의 가까운 가족과 친구들은 대부분 생존자에게 위안과 안전을 제공하기 위하여 힘을 모아 준다. 그러나 성폭력과 가정 폭력에서, 피해자의 안전은 공격 이후에도 위태로운 상태로 남겨질 수 있다. 예를 들어 강간의 경우, 대개 가해자는 피해자가 알고 있는 사람이다. 그는 안면이 있는 사람, 직장 동료, 가족의 친구, 남편, 혹은 애인일 수도 있다. 더 나아가, 공유된 공동체 안에서 가해자는 피해자보다 높은 지위에 있을 때가 많다. 가장 가까운 사람들이 항상 피해자 편이 되는 것은 아니다. 사실, 그녀의 공동체는 그녀보다는 가해자를 지지할 수 있다. 강간범에게서 도망치기 위해 피해자는 자신의 사회적 세계의 일정 영역을 회피하게 될 수 있다. 그녀는 학교, 직장, 또래 집단에서 내몰린다. 어느 10대 강간 생존자는 자신이 어떻게 고립되었는지 이야기하였다. 「그 이후로 내리막길이었다. 여자 친구들 중 어느 누구도 나를 집으로 초대할 수 없었고, 내가 학교에 갈 때 남자 아이들은 거리에서 나를 쳐다보곤 했다. 나는 고등학교 내내 나를 따라다니던 소문들과 더불어 혼자 남겨졌다.」[31]

도움을 청했지만 이해하지 못했던 사람들과 대놓고 적대하는 사람들로 인하여 생존자의 두려움, 불신, 고립감은 악화될 수 있다. 강간범이 남편이거나 애인일 때, 외상을 경험한 사람은 그 어느 누구보다 취약하다. 일반적으로 안전과 보호를 제공해 주어야 할 사람들이 바로 그 위험의 원천인 까닭이다.

반대로, 지지하는 가족, 사랑하는 사람, 혹은 친구를 가질 만큼 운이 좋다면, 이들의 보살핌과 보호 덕택에 강한 치유 효과를 볼 수 있다. 버지스와 홈스트롬은 강간 생존자들에 관한 추후 연구에서, 회복에 필요한 시간의 길이는 친밀 관계의 질과 관련되어 있다고 보고하였다. 파트너와 친밀 관계를 안정적으로 유지한 여성들은 그렇지 않은 이들에 비하여 더 빠르게 회복하는 경향을 보였다.[32] 또 다른 추적 연구에서, 가장 미약한 증상을 나타낸 강간 생존자들은 사랑하는 사람과 커다란 친밀감과 사랑을 경험했다고 보고한 이들이었다.[33]

우선 기본적인 안전감을 확립하고 나서, 생존자는 자기에 관한 긍정적인 관점을 다시 세우기 위하여 다른 이들의 도움을 필요로 한다. 외상으로 친밀감과 공격성을 조절하는 능력을 파괴당했기 때문에 이를 다시 복구해야 한다. 복구는 친밀감과 거리 두기 사이에서 기복을 보이는 생존자의 욕구를 인내하도록 요구하며, 자율성과 자기 통제를 다시 확립하려는 생존자의 시도를 존중할 것을 요구한다. 이것은 통제되지 않은 공격성의 표출을 무조건 인내하라는 말이 아니다. 그런 방식의 인내는 사실상 비생산적인데, 왜냐하면 이는 궁극적으로 생존자에게 죄책감과 수치심을 가중시키기 때문이다. 그런 방식은 자기 가치감을 회복시켜 주지 않는다. 생애 초기에 자존감을 발달시킬 때와 마찬 가지로, 자기 가치감을 회복시키기 위해서는 생존자의 자율성을 존중해야 한다.

귀환한 많은 군인은 친밀감과 공격성과 관련된 어려움을 이야기한다. 참전 군인인 마이클 노먼은 이 어려움을 이렇게 증언한다. 「불안정하고 과민하고, 행실도 좋지 않았다. 나는 고독을 추구했고, 그러면서도 내게서 멀어진다는 이유로 친구들을 욕했다. …… 나를 존중하던 아들에게 고함을 지르고, 가장 훌륭한 친구인 아내와 말다툼을 하였다.」[34] 이 증언은 연구를 통해서도 나타난다. 심리학자 조세피나 카드가 보고한 바에 따르면, 베트남 참전 군인들은 전쟁에 나가지 않았던 같은 연령대의 사람들과 비교했을 때, 아내나 애인, 혹은 정서적으로 가까운 어느 누구와도 잘 지내지 못했다.[35] 베트남 참전 군인의 재적응에 관한 다른 연구는 전투 외상의 뿌리 깊은 영향력을 기록하였다. 외상 후 스트레스 장애를 가진 남성들은 장애 없이 탈출했던 이들과 비교 했을 때 결혼하는 비율이 낮았고, 양육에 문제를 보이는 경향이 높았으며, 이혼하는 경향이 높았다. 많은 이가 극도로 고립되거나, 다른 이에게 폭력을 휘둘렀다. 같은 증후군이 있는 여성 참전 군인의 경우, 가까운 관계에서 손상을 보인다는 점에서는 같았지만 폭력에 의존하는 일은 드물었다.

가족의 지지를 받지 못한 참전 군인들은 외상 후 증상을 지속할 위험이 높으며, 이렇게 외상 후 스트레스 장애를 갖게 된 이들은 또다시 가족을 소외시킬 위험이 높아지는 악순환을 겪게 된다. 귀환한 군인의 사회적 지지망에 관한 연구에서, 심리학자 테런스 킨은 전쟁에 나가 있는 동안 모든 남성이 민간 생활과 중요한 연결 고리를 상실하게 된 점을 발견하였다. 외상 후 스트레스 장애가 없는 남성들은 전쟁에서 돌아온 이후 점진적으로 자신의 지지 체계를 건설해 갈 수 있었다. 그러나 지속적인 증후군으로 고통스러워했던 남성들은 사회적 연결망을 다시 세우지 못했다. 시간이 지날수록 그들의 사회적 지지 체계는 더욱더 악화되었다.[36]

보편적으로 이 사회는 남성들이 분노를 통제하지 않거나 감정에 거리를 두는 데 관대하기 때문에, 전쟁 피해는 사실상 악화될 수 있다. 외상을 경험한 참전 군인과 가까운 주변 사람들은 자신이 어떻게 행동하는지를 그가 자각하도록 만들지 못한다. 왜냐하면 분노를 폭발시키거나 감정을 피하는 그의 행동을 지나치게 허용해 주기 때문이다. 결국 이것은 그의 부적절감과 수치심을 악화시키며, 그와 가장 가까운 이들을 소외시킨다. 남성의 공격성을 둘러싼 사회적 규범은 평화롭고 애정 어린 가족 관계를 발달시키려 하는 참전 군인들에게 지속적인 혼란을 유발한다. 사회복지사 사라 헤일리는 결혼을 하고 가족을 가지려 했던 외상 후 스트레스 장애를 가진 한 참전 군인의 이야기를 전한다. 그 군인은 어린 아들이 전쟁놀이를 할 때 급성 증상이 재발하였다. 「해결할 수 있을 줄 알았지만, 나는 어느 크리스마스 날 아침 장난감 병정과 장난감 기관총 사이에서 허물어져 버렸나. …… 우리는 세 살배기와 어려운 시간을 보냈고, 난 도무지 어떻게 정리해야 할지 몰랐다. 아마 지나치게 낙관했었나 보다. 모든 아이가 그렇게 논다고 해도, 내가 베트남에서 그랬었기 때문에 너무나 혼란스러웠다. 마치 내가 아이를 그렇게 만든 것 같았고, 그래서 어떻게든 아이가 놀이를 멈추도록 해야 했다.」[37]

이 남성은 자신이 군 복무를 하는 동안 별다른 이유 없이 잔인한 행동을 저질렀고, 권위적인 지위에 있는 그 누구도 자신의 이러한 행동을 막지 않았다는 사실에 집착하고 있었다. 집안에서 나타난 과민성은 과거 베트남에서 나타났던 통제할 수 없는 공격성을 떠올리게 했다. 과거의 행동과 현재의 행동 모두를 수치스러워하면서, 그는 〈아버지로서 핑계 대는 것〉처럼 느꼈고, 과연 가족을 가질 자격이 있는지조차 의심스러워했다. 이 남성은 다른 참전 군인과 마찬가지로, 대개 사람들이 취학 전에 발달시키게 되는 공격성과 자기 통제라는 과제와 또다시 싸우고 있었다. 전투 외상으로 인해, 그가 생애 초기에 이미 해결했던 과제는 다시 미완으로 남겨지게 됐다.

성폭력과 가정 폭력의 외상 속에서, 여성은 유사한 자기 조절 문제와 싸운다. 그러나 남성과는 반대로, 가장 가까운 이들이 오히려 인내하지 않는 까닭에 이들의 어려움은 악화될 수 있다. 사회는 여성이 자신의 느낌을 회피하거나 표현하는 것 둘 다 허락하지 않는다. 가족, 사랑하는 이, 친구들은 보호하고자 하는 의도가 너무 앞선 나머지 자율성을 재확립하려는 생존자의 욕구에 소홀할 수 있다. 외상 사건 이후 가족들은 자기들만의 행동 방식을 결정하고 생존자의 소망을 무시하거나 무효화시키면서 또다시 그녀에게서 힘을 빼앗을지 모른다.[38] 그들은 생존자의 분노를 인내하지 못하고, 자신만의 복수를 뒤쫓다가 생존자의 분노를 삼켜 버릴 수 있다. 그렇기 때문에 생존자는 가족에게 이야기하는 것을 주저하기도 한다. 단지 이해받지 못할까 봐 두려운 것만은 아니다. 가족 구성원의 대응이 자기 자신의 반응을 가려 버리는 것이 두렵기 때문이다. 한 강간 생존자는 남편의 첫 반응으로 인하여 더욱 불안해졌고, 통제할 수 없을 것 같은 느낌을 받았다고 이야기하였다. 「남편에게 말했을 때, 그는 폭력적인 반응을 보였다. 그는 이 남자들을 찾아내고 싶어 했다. 그 당시에 나는 이미 너무나 무서웠고, 남편이 그들에게 노출되는 것을 원하지 않았다. 나는 명확하게 이야기했다. 다행스럽게도 남편은 내 말을 들었고 나의 소망을 기꺼이 존중하려 했다.」[39]

통제할 수 있다는 느낌을 다시 세우는 일은 성적인 관계에서 특별히 문제가 된다. 강간 이후 생존자 대부분은 과거에 맺었던 성적 관계의 방식이 파괴되었음을 보고한다. 많은 사람이 얼마 동안은 전적으로 성을 피하고자 한다. 친밀한 관계가 다시 시작된 이후에도, 성생활에 입은 손상을 치유시키는 데에는 오랜 시간이 필요하다.[40] 성관계에서 생존자들은 플래시백을 유발시키는 특정한 자극뿐만 아니라, 강압되거나 강요받는다는 더욱 전반적인 느낌과 다시 마주하게 된다. 한 강간 생존자는 남자 친구의 행동으로 마치 또다시 피해를 경험하는 느낌이 들었다고 말했다. 「한밤중에 깨보니, 그가 내 위에 있었다. 처음엔 강간범이 다시 돌아온 줄 알고 기겁했다. 남자 친구는 남은 일생 동안 내가 불감증을 보일까 봐 다시 〈예전처럼 익숙하게〉 해주기 위한 것이었다고 말했다. 싸우고 다투기에도 너무 지친 나머지 그를 내버려 두었다. 내내 완전히 멍해서 아무것도 느낄 수 없었다. 다음 날 나는 마지막 시험을 치루고, 짐을 싼 뒤 떠났다. 여름에 나는 남자 친구와 헤어졌다.」[41]

남성 중심적인 규범이 굳어진 까닭에, 많은 여성은 합의된 성관계 속에서도 파트너의 욕망에 순응하고 자신의 욕망을 부차적으로 여기는 데 익숙해져 있다. 그러나 강간 이후에, 많은 생존자가 이러한 조정을 더 이상 참아 낼 수 없다는 점을 깨닫는다. 섹슈얼리티를 되찾기 위하여, 강간 생존자는 자율성과 통제감을 확립해야 한다. 다시 믿을 수 있기 위하여, 그녀에겐 섹스를 강제로 요구하지 않는 협력적이고 섬세한 파트너가 필요하다.

자기에 대한 긍정적인 관점을 복구하기 위해서는 공동체와의 연결 속에서 새로운 자율성이 필요할 뿐 아니라, 새로운 자기 존중감 또한 필요하다. 수치심을 극복하고 자신의 행동을 온당하게 평가하기 위해 투쟁하면서, 생존자는 다른 사람의 도움이 필요하다. 이때 가장 가까운 이의 태도는 매우 중요하다. 가까운 누군가의 현실적인 판단은 생존자의 모욕감과 죄책감을 줄여 준다. 반대로, 가혹한 비난이나 무관심하고 맹목적인 수용은 자기 비난과 고립을 크게 악화시킨다. 현실적인 판단을 내린다는 것은 외상 사건의 긴박한 상황을 알고, 그러한 상황 속에서 피해자가 보통 어떤 반응을 보이는지를 이해하는 것이다. 그것은 선택이 심각하게 제한되어 있을 때 발생하는 도덕적 딜레마들을 인식하는 것이다. 그리고 심리적 손상의 기나긴 회복 과정을 수용하는 것이다. 반대로 가혹한 비난 속에는 사건의 본질이 무엇이고 어떻게 반응했어야 하는지와 관련된 선입견이 포함되어 있다. 또한 순진무구한 관점을 지닌 사람들은 선택이 제한된 상황에서 도덕적 판단은 중요하지 않다고 주장하면서, 그러한 물음을 멀리하려고 시도한다. 하지만 아무리 그러한 상황이라 해도 수치심과 죄책감이라는 도덕적 감정은 지워지지 않는다.

참전 군인이 가까운 사람들과 연결되어 있다는 느낌을 복구하는 데 판단의 문제는 매우 중요하다. 참전 군인은 자신이 목격하고 저질렀던 가공할 장면들뿐만 아니라, 전쟁에 대한 숭배를 전파한 특별한 입장 때문에 고립되어 있다. 그는 어떤 민간인도, 특히 여성이나 아이라면 더욱이 그가 직면했던 악과 죽음을 이해할 수 없을 것이라고 생각한다. 그는 이상화와 경멸이 섞인 감정으로 사람들을 바라본다. 민간인들은 결백하면서도 무지하다. 반대로, 자신은 우월하면서도 부정하다. 그는 살인이라는 금기를 침범하였다. 카인의 표식이 그에게 내려져 있다. 한 베트남 참전 군인은 악에 물든 느낌을 이렇게 묘사한다.

사람들은 말하지 못했고 들으려 하지 않았다. 〈전쟁에 관해 듣고 싶으신가요?〉 하고 묻는다면, 사람들이 할 줄 아는 것이라곤 눈을 껌뻑대거나 어깨를 들썩이는 것밖에 없었다. 그들은 기억이 없으므로, 따라서 죄책감 또한 없었다. 세금을 제때 냈고, 투표권을 행사했으며, 정부 기관은 활발하고 예의 바르게 제 할 일을 했다. 매우 활발하고 예의 바른 마을이었다. 그들은 빌어먹을 개뿔도 몰랐으며, 알려고 하지도 않았다. 등을 뒤로 기댄 채 자신이 전쟁에 관하여 뭐라고 말할 수 있을지 생각해 보았다. 빌어먹을, 그는 알고 있었다. 전쟁은 그의 전문이었다. 특별하게는 그 냄새, 그리고 수없이 다양한 질감과 맛까지도. 언젠가 그는 이 주제에 관한 강연을 할지도 모른다. 정장에 넥타이를 매고 키와니스 클럽* 앞에선 채 그 망할 것들에게 그가 알고 있는 망할 것들에 관해 말해 준다. 아마도 구체적인 예시들은 건너뛰면서.[42]

군 복무가 무엇을 남겼는지에 관해 구체적으로 알려고 하지도 않은 채 군 복무를 이상화하거나 얕보는 것에 만족하는 사람들은, 참전 군인이 한 명의 인간으로서 가지고 있는 관점을 할당받으려고만 한다. 전쟁이 실재하는 만큼 전쟁 이야기를 전하는 것에서 오는 사회적 지지는 대개 참전 군인들과 동떨어져 있다. 전쟁 이야기는 특정 분야에서 일하는 남성들만의 비밀로

* 미국, 캐나다 사업가들의 봉사 단체.

남겨지고, 두 개의 성과 여러 세대를 포함하는 더 넓은 사회와는 단절되어 있다. 따라서 외상에의 고착 — 시간 속에 얼어붙은 순간 — 은 전사(戰士)들과 나머지 사회 구성원들을 격리시키는 사회적인 관습에 의해 영속화될 수 있다.[43]

강간 생존자들은 다른 이유로 사회의 판단과 관련된 유사한 어려움에 맞닥뜨린다. 그들 또한 부정한 것으로 보일 수 있다. 경직되고 비판적인 태도는 만연해 있고, 생존자와 가장 가까운 사람들조차 이러한 태도 앞에서 면역력이 강하지 못하다. 배우자, 사랑하는 이, 친구, 가족은 과연 강간이란 무엇이고 피해자는 어떻게 반응해야 하는지에 관한 선입견을 가지고 있다. 강간과 관련된 일반적인 신념과 실제 경험 사이에 놓인 이 거대한 간격 때문에, 의심이란 많은 생존자에게 중요한 문제가 된다. 귀환한 참전 군인들은 전쟁에 관한 가족들의 순박하고 비현실적인 관점 때문에 혼란스러울 수 있지만, 최소한 전장에 있었다는 사실을 인정해 주는 사회가 나쁘지만은 않다. 그러나 강간 피해자의 상황은 전반적으로 그렇지 못하다. 여성은 이와 같은 일을 끔찍한 침해로 경험하지만, 이들과 가장 가까운 사람들조차 그렇게 생각하지 않을 수 있다. 따라서 생존자는 자기 자신의 관점을 표현하는 것과 다른 사람들과의 연결을 유지하는 것, 이 두 가지 중 하나를 선택해야 하는 상황에 처해 있다. 이러한 상황에서 자신의 경험에 이름을 붙이는 것조차 많은 여성에게는 어려운 일이다.[44] 그렇기 때문에 의식 향상의

첫 번째 과제는 강간을 단지 강간이라는 그 실제 이름으로 부르는 데 있다.[45]

　사회적 관습에 의하면 강간은 침해가 아니며, 피해자에게 책임이 있는 합의된 성관계이다. 따라서 여성은 경험한 현실과 사회적으로 구성된 현실 사이의 오싹한 괴리를 발견한다.[46] 여성들은 강간으로 침해받은 것만이 아니라, 치욕을 당한 것이라고 교육받는다. 이들은 패배한 군인들보다 더 크게 멸시당하는데, 왜냐하면 질 수밖에 없었던 것은 그 싸움이 불공평했기 때문이라고 인정받지 못하기 때문이다. 오히려 자기의 도덕적 기준을 위배하고, 패배를 조장했다는 점에서 비난을 받는다. 한 생존자는 비판을 받고 비난을 들어야 했던 경험을 이야기한다. 「나의 어머니가 내가 강간당했다는 것을 믿지 않으려 하다니 너무나 끔찍했다. 어머니는 내가 그것을 요구했다고 확신했다. 나의 부모님은 그것이 강간이 아니라고 나를 완전히 세뇌시켜서, 나조차 강간임을 의심하게 되었다. 어쩌면 나는 정말 원했는지도 모른다. 사람들은 말한다. 여자가 강간당하기를 원하지 않으면 당하지 않는다고.」[47]

　이와 반대로, 가까운 이들이 생존자를 지지해 준다면 수치심, 낙인, 부정의 느낌이 해독된다. 조금 더 운이 좋았던 한 강간 생존자는 그녀를 안심시켰던 친구에 대해 이야기한다. 「〈나는 열네 살인데 벌써 경험해 버렸어〉라고 내가 말하자, 그는 이렇게 말했다. 〈그건 아무런 상관이 없어. 언젠가는 사랑에 빠질 것이고, 그때 사랑을 만든다면, 그게 경험한 거지. 일어난 일 (그는 〈강간〉이라고 말하지 않았다)은 그게 아니야. 그건 이것과 아무런 상관이 없어.〉라고.」[48]

외상을 경험한 사람들은 수치심과 의심의 문제를 넘어서, 온당하고 합리적으로 자신의 행동을 판단하기 위해서 힘쓴다. 이들은 과도한 죄책감과 모든 도덕적 책임의 부정 사이에서 균형을 찾으려고 한다. 죄책감의 문제에 있어서, 생존자는 외상 사건이 발생했음을 기꺼이 인정해 주고, 선입견은 보류하며, 이야기를 들어주고자 하는 다른 이들의 도움을 필요로 한다. 다른 사람들이 비난하지 않고 이야기를 들어줄 때, 생존자는 극단적인 순간에 이상적인 기준에 따라 행동하지 못했던 것이 당연하다는 점을 받아들일 수 있게 된다. 그 결과 생존자는 자신의 행동에 대해 현실적으로 판단하고, 공정하게 책임을 물을 수 있는 지점에 도달하게 된다.

허버트 헨딘과 앤 하스는 외상 후 스트레스 장애를 가진 참전 군인에 대해 연구하면서, 죄책감을 해소하기 위해서는 일괄적인 면책보다는 자기 비난에 관한 개개인의 이유를 구체적으로 이해하는 것이 필요하다고 하였다. 예를 들어, 한 젊은 장교가 타고 있던 지프가 탄광을 들이받아 그 폭발로 여러 사람이 죽은 사례에서, 그 장교는 다른 사람들은 죽었는데도 자신만 살아남은 것에 대해 스스로를 비난하고 있었다. 장교는 자신이 지프를 운전해야 했다고 생각했다. 여기까지 봤을 때, 그가 자신을 비난하는 이유는 명쾌하게 드러나지 않았다. 그러나 사고가 일어나기까지의 상황을 주의 깊게 탐색한 결과, 이 장교가 책임을 회피하는 습관이 있었으며 자신의 군사들을 보호하기 위한 일들을 하지 않았다는 점이 밝혀졌다. 경험이 부족한 사령관의 명령으로 지프에 타야 했을 때, 이 장교는 그 명령이 지혜롭지 않다는 사실을 알면서도 반대하지 않았다. 그가 행동하지 않았기 때문에, 자기 자신과 부하들이 위험에 처하게 된 것이었다. 비유적이지만, 그는 〈운전석에 있지 않았다〉는 이유로 스스로를 비난했던 것이다.[49]

유사한 문제는 강간 생존자들의 치료에서도 표면화된다. 이들은 스스로를 위험에 빠뜨렸다거나, 제대로 저항하지 못했다면서 쓰디쓰게 자책한다. 그러나 이는 정확히 피해자를 비난하고 강간을 정당화하려는 강간범의 논박과 일치하는 것이다. 생존자는 자신이 무슨 행동을 했다고 해서 강간범의 범죄가 면죄되는 것은 아니라는 점을 명확히 이해해야 한다. 그래야만 생존자는 자신의 행동에 대한 온당한 평가에 도달할 수 있다.

현실 속에서 많은 사람이 때론 과도하게 위험을 감수하려 한다. 여성들은 위험을 인식하지 못하거나, 위험에 대한 도전과 저항으로 위험을 감수하려 하기도 한다. 여성 대부분은 자신을 향한 남성의 적대성이 어느 정도인지를 인식하지 못하고, 성별 간의 관계를 실제보다 더 호의적으로 보기도 한다. 유사하게, 현실적으로 가지고 있는 자유와 지위보다 더 크고 높은 것을 가지고 있다고 믿을 때도 있다. 자유로운 것처럼 행동하기만 해도 강간의 위험이 커진다. 즉 복장, 움직임, 사회적 주도성에 관한 관습적인 제한을 따르지 않을 때 말이다. 자유롭게 행동하는 여성들은 〈헤프고〉, 〈풀어져〉 있을 뿐만 아니라, 성적으로 도발적이라고 묘사된다.

여성 대부분은 위험한 상황에서 어떻게 저항하면 효과적인가에 관한 경험이 부족하다. 전통적인 사회화 과정 속에서 자란 여성은 위험에 대비하지 못하고, 공격에 놀라며, 스스로를 보호하기 위해 무장하는 방법을 모를 수밖에 없다. 사건 이후에 강간 상황을 되돌아볼 때, 많은 여성은 위험을 알리는 최초의 신호를 지나쳐 버리거나, 탈출의 기회를 놓쳤다고 보고한다.[50] 피해자는 사회적 갈등이나 창피함에 대한 두려움 때문에 때맞춰 행동을 취하지 못한다. 이후에, 자신의 〈내적 목소리〉를 간과했다고 생각하는 생존자들은 자신의 〈어리석음〉이나 〈순진함〉을 가혹하게 질책한다. 따라서 이러한 가혹한 자기 비난을 현실적인 판단으로 전환시켜야 회복이 증진될 수 있다. 강간 생존자들이 보고한 치유의 몇 가지 긍정적인 결과로는 자신을 더욱 믿어 주겠다고 결정한 점, 자신의 지각과 느낌을 보다 존중하게 된 점, 그리고 갈등과 위험에 더욱 잘 대비하게 된 점 등이 있었다.[51]

생존자의 수치심과 죄책감은 다른 이들의 가혹한 판단으로 증폭될 수 있다. 그렇다고 책임감에서 면제시켜 준다는 단순한 언급이 이를 완화시켜 주지는 않는다. 왜냐하면 단순한 언급은 아무리 좋은 말이라고 할지라도, 극단적인 상황에서 찢겨져 버린 복잡한 도덕적 문제 속에서 생존자와 함께 머물러 주기를 거부하겠다는 뜻을 포함하기 때문이다. 생존자는 목격을 견뎌 내는 사람들로부터 면제를 요구하지 않는다. 생존자는 이들에게서 공정함과 연민을, 그리고 극단의 상황에서 사람에게 어떤 일이 일어나는가에 관한 가책의 앎을 기꺼이 공유하고자 하는 의지를 찾으려고 한다.

마지막으로, 생존자는 상실감을 애도하기 위하여 다른 사람의 도움을 필요로 한다. 외상 사건을 해결하는 데 애도와 재구성이 필요하다는 점은 모든 고전 문헌에서 궁극적으로 확인할 수 있다. 건강한 애도 과정을 완성하지 못할 경우, 외상 반응은 영속된다. 리프턴은 〈해결되지 않은, 혹은 불완전한 애도로 인하여 외상 과정은 정체되고 막힌다〉고 논하였다. 카임 샤탄은 참전 군인을 관찰하면서, 〈가득찬 비탄〉에 대해 이야기한다. 일반적인 사별의 다양한 사회적 의례는 애도의 과정을 담고 있으며, 애도하는 이를 지지하기 위한 것이다. 그러나 외상 사건의 경우에는 애도를 인정하기 위한 어떠한 관습이나 의례도 보편화되어 있지 못하다. 이렇게 뒷받침이 없는 상태에서, 병리적인 비탄과 심각하고 지속적인 우울의 잠재성은 매우 높아진다.

공동체의 역할

외상 경험을 다른 이들과 나누는 것은 세계가 의미 있다는 느낌을 회복하기 위한 필수 조건이다. 이 과정에서 생존자는 가장 가까운 이들과 더 넓은 공동체에서 도움을 찾는다. 공동체의 반응은 외상의 궁극적인 해결에 강력한 영향력을 행사한다. 외상을 경험한 사람과 공동체 사이의 간격을 메우는 일은 외상 사건에 대한 사회적 인정과 특정 형태의 공동체 활동에 의존한다. 사람이 해를 입었다는 사실이 사회적으로 인정되면, 공동체는 반드시 해악에 대한 책임을 분담하고, 상처를 치료하기 위한 행동을 취해야 한다. 인정recognition과 배상 restitution이라는 이 두 가지 반응은 세계에는 질서가 있고 정의가 있다는 생존자의 느낌을 재건하는 데 꼭 필요하다.

귀환한 군인들은 가정에서 마주친 지원의 정도에 매우 민감했다. 군인들은 사회적으로 인정받고 있다는 명백한 증거를 찾는다. 매번의 전쟁 이후, 군인들은 대중의 인식과 관심, 주의가 부족한 점에 대하여 분개했다. 이들은 자신들의 희생이 빠르게 잊히는 것을 두려워했다.[52] 제1차 세계 대전 이후, 참전 군인들은 그들의 전쟁을 일컬어 〈위대한 함구(緘口)〉라고 하며 씁쓸해했다. 참전 군인들의 모임이 조직되었을 때, 이들은 첫 번째로 자신들의 시련이 대중의 기억에서 사라지지 않도록 노력하였다. 따라서 훈장, 기념비, 퍼레이드, 휴일, 공적인 추도 의식

뿐만 아니라 개인적인 보상도 요구하였다. 그러나 이러한 대중적 축전 역시 인정받기를 원하는 참전 군인들의 열망을 만족시켜 주지 못했다. 왜냐하면 이것들은 전쟁의 진실을 감상적으로 왜곡하고 있었기 때문이다. 한 참전 군인은 전쟁의 공포를 부정하려고 하는 이러한 보편적인 경향을 지적하였다. 〈만약 전쟁 이야기가 끝나고서 당신이 의기양양해진다면, 혹은 커다란 쓰레기더미로부터 아주 작은 정직이 구조되었다고 느낀다면, 당신은 아주 오래된 터무니없는 거짓말의 피해자가 된 것일 뿐이다.〉[53]

인정 너머로, 군인들은 시민 공동체의 도덕적 입장을 토대로 자신들이 죽이고 죽는 상황에 직면해야 했었다는 사실에 담긴 의미를 찾으려 한다. 그들은 자신의 행동이 영웅적이었는지 불명예스러웠는지, 용감했는지 비겁했는지, 필수적이고 명분이 있었는지, 혹은 아무런 의미가 없었는지를 알고 싶어 한다. 공동체의 견해를 현실적으로 수용하려는 분위기는 군인들이 건강한 사회생활을 영위할 수 있도록 도와준다. 견해를 거부하는 분위기는 그들의 고립을 악화시킨다.

최근의 역사에서 공동체의 입장을 거부했던 악명 높은 예로는 선전 포고되지 않았던 전쟁, 민주적인 의사 결정 과정에 의해 정식으로 승인되지 않은 채 싸워야 했던 전쟁이었던 베트남 전쟁이 있다. 전쟁에 대한 사회적 합의도, 현실적인 군사적 목표도 정의할 수 없었지만, 미 정부는 수백만 명의 젊은 남성들을 징집하였다. 사상자가 늘어나자, 대중들은 전쟁에 반대하기 시작했다. 반전(反戰) 정서를 유지하려는 시도는 군인과 민간인들을 구분시키는 정책 결정으로 이어졌다. 이들은 군인 자격으로 베트남에 급파되었으나 개인 자격으로 집에 돌아왔다. 정리된 작별의 기회도 없었고, 부대 내에서 결속할 기회도 없었으며, 귀환을 위한 공식적인 의식을 치를 기회도 없었다. 귀환하는 군인들은 자신의 생명이 위험에 처하기 전에 이미 해결되었어야 할 정치적인 충돌에 사로잡혔다. 군인들은 자신들이 싸우고 또 패배했던 전쟁에 대한 대중의 거부와 비판을 마주하게 되자, 마치 두 번째 외상을 경험하는 것처럼 느꼈다.[54]

이 참전 군인들의 치유에 가장 큰 의미를 담고 있는 공적 기부에는 워싱턴의 베트남 전쟁 기념 공원 건립이 있을 것이다. 공원은 죽은 자들의 명단을 남기고 있을 뿐이었지만, 인정의 수단이 되었고 애도의 터가 되었다. 그 상실감의 슬픔을 공동체가 인정할 때 비로소 군인들의 〈가득 찬 비탄〉은 해소될 수 있다. 전쟁의 영웅성을 경축하기 위한 것이 아니었던 이 기념 공원은 신성한 장소이자 순례지가 되었다. 사람들은 이름을 보고, 기념비를 어루만지기 위하여 온다. 그들은 헌납물을 가져오고, 죽은 이들을 위한 사죄와 감사의 글귀를 남겨 둔다. 베트남 참전 군인이었던 켄 스미스는 현재 다른 참전 군인들을 위한 서비스를 조직하는 일을 하고 있다. 그는 처음 기념 공원에 찾아갔던 날의 기억을 이렇게 되살린다. 「나는 몇몇 동지를 기억했고, 어떤 냄새를 기억했고, 특정한 시간들을 기억했고, 비를 기억했고, 크리스마스이브를 기억했고, 떠나온 것을 기억했다. 나는 나쁜 일들을 조금 했다. 나는 그 일들을 기억했다. 나는 얼굴들을 기억했다. 나는 기억했다. …… 누군가에게 이곳은 공동묘지와 같을 테지만, 나에게는 교회당과 같은 곳이다. 이것은 종교적 체험에 더 가깝다. 이것은 어떤 카타르시스와 비슷하다. 말로 설명하기 참 어려운 것이다. 나는 그것의 일부이고, 앞으로도 늘 그러할 것이다. 그리고 이로부터 평화를 되찾을 수 있었기 때문에, 내가 해야 하는 일을 하기 위하여 힘을 이끌어 낼 수 있었다.」[55]

민간 사회의 외상 속에서 사회적 인정과 정의의 문제는 생존자들이 핵심적으로 몰두하는 것 중 하나이다. 재판 체계는 인정과 배상의 공적인 장이다. 그러나 이는 성폭력과 가정 폭력의 피해자가 가까이하기에는 너무나 어려운 기관이다. 기본적인 인지 수준에서 여성은 법 앞에서 고립되고 투명인간이 되어 버린다. 여성의 현실과 그 현실에 대한 법적 개념 사이의 모순은 너무나 극단적이다. 그 결과 공적인 정의 체계에서 여성의 참여는 실제로 배제되고 만다.

여성들은 강간이 이론상으로만 범죄라는 점을 빠르게 학습한다. 실제로 강간 범죄를 구성하는 요소는 폭력에 대한 여성의 경험치를 기준으로 결정되는 것이 아니라, 남성이 봤을 때도 강압적일 만한 정도인지에 따라서 결정된다. 따라서 강압의 수준은 꽤나 높을 것이다. 법학자인 캐서린 매키넌에 의하면, 〈그렇다면 여성의 관점에서 볼 때, 강간은 금지된 것이 아니다. 그것은 조정되는 것이다〉.[56] 전통적인 법적 기준에 따르면 가해자가 극단적인 폭력을 사용했을 때에만 범죄로 인정된다. 즉 여성을 공포로 몰아넣기 위해 필요한 수준보다 한참 과도한 폭력을 사용했거나, 접근이 제한된 사회적 범주에 포함되는 여성을 공격했을 때, 가장 잘 알려진 예로 흑인 남성에 의해 공격을 당한 백인 여성의 경우에만 인정될 뿐이다. 가해자와 피해자가 이미 알고 있는 사이라면 더 높은 수준의 강압을 사용했더라도 법적으로 허용될 가능성이 높아진다. 따라서 낯선 이가 자행한 성적 행동의 강요는 강간으로 인정될 수 있는 반면, 아는 이가 자행한 행동은 그렇지 못할 수 있다. 강간 대부분이 사실상 아는 사람이나 친밀한 사람에 의해서 행해지므로, 법에 의해서 인정되지 않는 셈이다. 또한 주 대부분에서 결혼에 영속적이고 절대적인 성적 특권을 인정하기 때문에, 혼인 관계 내에서는 어떠한 강압이라도 법적으로 허용되고 있는 실정이다.[57]

정의를 추구하고 바로잡으려는 노력이 더 큰 외상을 불러올 때가 있다. 이는 법적 체계가 강간 피해자에게 공공연하게 적대적인 까닭이다. 법적 체계는 상호 적대성을 기반으로 하고 있으므로 적대적인 환경이 필요한 것은 당연한 일이다. 그곳은 공격적 논박과 심리적 공격이 신체적 폭력을 대치하는 조직화된 전장이다. 일반적으로 여성들은 신체적 전투보다는 이러한 방식의 싸움에 조금 더 준비되어 있기는 하다. 그러나 아무리 잘 준비된 이들이라 해도 체계적인 법적 편향과 기관의 차별 때문에 불리한 위치에 처해 있다. 법체계는 국가의 우월한 권력으로부터 남성을 보호하지만, 남성의 우월한 권력으로부터 여성과 아이들을 보호하기 위해 설계된 것은 아니다. 그러므로 가해자의 권리는 강하게 보증하지만, 피해자의 권리를 위해서는 사실상 어떠한 보증도 하지 않는다. 침투적인 외상 후 증상을 유발하기 위한 체계를 고안하고자 한다면, 법정보다 더한 것은 없다. 법체계에서 정의를 추구하던 여성들은 대개 이러한 경험을 두 번째 강간에 비유한다.[58]

강간 피해자 대부분은 정의를 다루는 사회적 기구가 자신들에게는 문을 열어 주지 않는다고 보고, 어떠한 신고나 호소도 하지 않는 쪽을 선택한다는 사실은 놀라운 일도 아니다. 강간에 관한 연구는 지속적으로 이 사실을 기록하고 있다. 경찰에 신고되는 강간 범죄는 열 건 중 한 건 이하이다. 강간 사건의 1퍼센트만이 가해자의 체포나 유죄 판결로 해결된다. 그러므로 여성에게 가장 흔하게 발생하는 외상은 사적인 삶의 영역에 갇힌 채로 남겨진다. 공동체의 공적인 인정이나 배상이란 없다. 강간 생존자들을 위한 사회적 기념비는 없는 것이다.

그러므로 치유의 과제 속에서, 각각의 생존자들은 너른 공동체와 연결되어 있다는 느낌을 복구하기 위한 자신만의 방법을 찾아야 한다. 얼마나 많은 이가 이 과제에서 성공할 수 있었는지 우리는 알지 못한다. 그러나 회복에 성공한 여성들은 자신의 경험 안에서 사적인 비극의 한계를 넘어선 어떤 의미를 발견한 이들이라는 점을 우리는 알고 있다. 여성 대부분은 다른 이들과의 사회적 활동을 통하여 이 의미를 발견한다. 강간 생존자에 관한 추후 연구에서, 버지스와 홈스트롬은 가장 훌륭하게 회복에 성공한 여성들은 강간 반대 운동에 적극적으로 참여했던 사람들이었음을 발견하였다. 그들은 강간 위기 센터에서는 자원 상담원이었고, 법정에서는 피해자의 옹호자였고, 재정 운동에 서는 로비스트들이었다. 한 여성은 강간에 대해 발언하고 강간 위기 센터를 조직하기 위해 다른 국가로 나아갔다. 숨거나 침묵에 대한 강요를 거부하고, 강간이 사회적 문제임을 주장하고, 사회적 변화를 요구하면서, 생존자들은 자신들만의 살아 있는 기념비를 창조한다. 강간 생존자이며 법학 교수인 수전 에스트리치는 이렇게 증언한다.

강간에 대한 글을 쓰는 것은 나의 삶에 관한 글을 쓰는 것이다. 강간에 대한 두려움 없이 살고 있는 여성을 나는 단 한 명도 만나지 못했다. 우리들 중 아주 소수는 ― 사실 소수보다는 더 많은 ― 우리들만의 역사를 가지고 살아간다. 어쩌다 한 번씩 ― 새벽 2시경에 학생이라는 누군가가 전화를 하여 나를 강간하겠다고 위협하면 ― 내가 말을 너무 많이 한다고 생각할 때도 있다. 그러나 대부분의 경우, 그렇게 나쁘지만은 않다. 나의 학생들이 강간을 당한다면(실제로 강간을 당해 왔다), 그들은 나에게 이야기할 수 있다는 것을 알고 있다. 나의 친구들이 강간을 당한다면, 그들은 내가 살아남았다는 것을 알게 된다.[59]

4
속박

단일한 외상 사건은 언제 어디에서나 일어날 수 있다. 반면에 만성적이고 반복적인 외상은 속박된 환경에서만 일어난다. 피해자가 탈출할 수 있을 정도로 자유롭다면, 두 번의 학대는 일어나지 않을지도 모른다. 그러나 피해자가 포로일 때, 도망칠 수 없을 때, 그리고 가해자의 통제 아래 있을 때, 외상은 반복된다. 이러한 상황은 교도소, 강제 수용소, 강제 노동 수용소 안에 분명히 존재한다. 또한 컬트 종교 집단, 성매매 집결지와 같은 조직화된 성적 착취 기관, 가정 안에도 존재한다.

정치적 속박은 대체로 잘 알려져 있지만, 가정 안에서 여성과 아동이 당하는 속박은 잘 보이지 않는다. 한 남성의 가정은 그의 성역이고, 그 가정이 여성이나 아이들에게는 감옥일 수 있다는 사실을 사람들은 이해하지 못한다. 가정의 속박으로부터 탈출하지 못하도록 막는 물리적 장벽이 있는 경우는 드물다. 가정 대부분은 그곳이 설사 가장 억압적인 곳이라도 창살도 없고 철조망 담도 없다. 대개의 경우 여성과 아이들은 묶여 있지도 않다. 물론 묶이는 일도 생각보다 훨씬 많이 일어나지만. 탈출을 가로막는 장벽은 보이지 않는다. 그런데도 장벽은 매우 강력하다. 아이들은 의존해야만 하는 상황에 의해 속박된다. 여성들은 물리적 강제뿐만 아니라 경제적, 사회적, 심리적, 법적 종속에 의해 속박된다.

속박 속에서 피해자는 가해자와 만성적으로 관여하게 된다. 속박 속에서는 강압적 속성이 있는 특정한 유형의 관계가 형성된다. 여기에는 포로나 인질일 때와 같이 피해자가 전적으로 강제에 의해 속박된 경우가 포함된다. 또한 컬트 종교 집단, 가정 폭력 피해 여성, 학대받는 아동처럼 권력, 협박, 유인의 복합적인 상황에 놓이는 경우도 마찬가지이다. 종속이 공적인 정치적 영역에서 일어나든, 성관계와 가족 관계라는 사적인 영역에서 일어나든 상관없다. 강압적인 통제에 종속되었던 경험은 공통적인 심리적 결과를 남긴다.

속박된 상황에 놓인 피해자의 일생에서 가장 강력한 사람은 가해자이며, 피해자의 심리 상태는 가해자의 행동과 신념에 따라 형성된다. 가해자의 정신세계에 대해서는 알려진 바가 거의 없다. 가해자는 자신을 이해하려는 사람들 앞에서 오만하기 때문에, 연구 대상이 되기를 자청하지 않는다. 가해자는 자신에게 아무런 문제가 없다고 지각하기 때문에, 법적인 문제가 없는 한에는 도움을 요청하지 않는다. 가장 일관적으로 나타나는 가해자의 특징이라면, 피해자의 증언과 심리학자의 관찰에서 드러난 바와 같이, 그가 외관상으로는 멀쩡하다는 점에 있다. 정신 병리학의 일반적인 개념은 가해자를 정의하고 파악하는 데 실패했다.[1]

이러한 생각은 많은 사람의 심기를 불편하게 한다. 가해자가 명백하게 이상하거나 정신적으로 장애가 있다는 사실을 알아보기 쉽다면 얼마나 안심이 되겠는가. 그러나 그렇지 않다. 인본을 어긴 이해할 수 없는 범죄를 저지른 아돌프 아이히만은 대여섯 명의 정신의학자들에 의해 〈정상〉으로 판정받았다. 법학자 해나 아렌트는 이를 보고하면서 논란을 일으켰다. 〈아이히만에 대한 문제는 정확히 그 같은 사람들이 너무나 많았고, 그 많은 사람이 도착증이나 가학증을 가지고 있지도 않았으며, 그들이 당시나 지금이나 지독히 무섭게도 정상적이라는 점에 있었다. 법 기관의 관점, 그리고 우리의 도덕적 판단 기준으로는 이러한 정상성이 모든 잔학함을 합쳐 놓은 것보다 더 무시무시한 것이었다.〉[2]

권위주의적이고, 은폐를 일삼으며, 때로 웅대한 자기상을 갖기도 하며, 심지어는 편집증적인데도, 가해자는 권력의 현실과 사회적 규범에 매우 민감하다. 따라서 그가 법적인 어려움에 빠지는 경우는 매우 드물다. 오히려 그는 자신의 폭군과도 같은 행동을 참아 내고, 묵과하며, 동경해 주는 상황을 물색한다. 그의 행실은 완벽한 위장술을 제공한다. 비일상적인 범죄가 그토록 평범한 겉모습을 한 사람에 의해 저질러진다는 것을 믿는 사람은 거의 없기 때문이다.

가해자의 첫 번째 목표는 피해자를 노예로 만드는 데 있다. 그는 피해자의 삶 구석구석에 독재적인 통제를 행사하면서 이러한 목표를 달성한다. 그러나 피해자가 단순히 동조한다고 해서 그가 만족하는 일은 거의 없다. 그에게는 자신의 범죄를 정당화하고자 하는 심리적인 욕구가 있으며, 이를 위해 필요한 것은 피해자의 승인이다. 따라서 그는 피해자에게 존경과 감사, 혹은 사랑의 표명을 집요하게 명한다. 그의 궁극적인 목표는 자발적인 피해자를 만드는 데 있는 것으로 보인다. 피해자에게 미묘한 심리적 의존을 보이는 가해자에 관해서라면 인질, 양심수, 가정 폭력 피해 여성, 그리고 노예 피해자 모두 한마디씩 한다. 조지 오웰은 소설 『1984』에서 전체주의 정신에게 목소리를 부여한다. 〈우리는 부정적인 복종에도, 가장 비굴한 복종에도 만족하지 않는다. 마침내 우리에게 항복하게 된다면, 그것은 당신의 자유 의지에 의한 것이어야만 한다. 우리가 반론자들을 파괴하지 않는 이유는 그들이 우리에게 저항하기 때문이다. 우리에게 저항하는 한 우리는 절대로 파괴시키지 않는다. 우리는 그들을 개종시키고, 그들의 내적 정신을 사로잡고, 그들을 새롭게 고친다. 우리는 그들 내부의 모든 악과 모든 착각을 불태워 버리고 그들을 우리 편으로 이끈다. 단지 외관만이 아니라, 진심으로, 마음과 영혼까지.〉[3] 다른 이를 완전하게 통제하려는 욕망은 모든 형태의 포악에 공통적으로 나타난다. 전체주의 정부는 피해자의 자백과 정치적 전향을 요구한다. 노예 가해자는 노예 피해자에게 감사를 요구한다. 컬트 종교의 지도자는 신성에 대한 복종의 표시로 의식(儀式)을 통한 희생을 요구한다. 가정 폭력 가해자는 피해자가 다른 모든 관계를 희생하고 자신에게 완전히 복종하고 충실하기를 요구한다. 성폭력 가해자는 피해자가 종속 아래에서 성적으로 만족하기를 요구한다. 포르노 영화의 중점적인 원동력은 다른 사람에 대한 완전한 통제에서 온다. 무섭도록 멀쩡한 수백만 명의 남성을 겨냥한 선정적인 환상이 지닌 호소력은 환상이 아닌 현실 속에서, 여성과 아이들을 학대하는 거대한 산업을 키워낸다.

심리적 지배

한 인간이 다른 인간을 노예로 만드는 갖가지 기법들은 놀랍게도 일관적이다. 전 세계 구석구석의 인질, 양심수, 강제 수용소 생존자들의 이야기는 기묘할 정도로 유사하다. 곳곳의 다양한 문화 속 양심수들의 증언을 바탕으로, 1973년에 국제 엠네스티는 이러한 기법을 구체적으로 기술하는 『강압의 목록 *Report on Torture*』을 출간하였다.[4] 폭압의 정치 체계에서라면,

비밀경찰 세력이나 테러리스트 집단 내에서 강압의 기법이 전달되는 과정을 실제로 추적할 수도 있다.

성매매, 포르노 영화, 그리고 가정 안에서 여성을 복종시키기 위하여 이와 동일한 기술이 사용된다. 조직화된 범죄 활동에서 포주와 포르노 제작자들은 때로 강압의 기법을 서로에게 가르쳐 주기도 한다. 여성을 성매매로 들이기 위한 체계적인 강압의 기법은 〈길들이기seasoning〉라고 알려져 있다.[5] 가정 안에서는 가해자가 거대한 조직의 일부도 아니거니와, 정식으로 이러한 기법을 지시받는 것도 아니다. 그런데도 이러한 기법들은 계속하여 고안되는 것 같다. 가정 폭력 피해 여성에 대한 연구에서, 심리학자 레노어 워커는 학대자의 강압적 기법들이 〈개인별로 독특하긴 하지만, 놀랍게도 유사하다〉는 점을 관찰하였다.[6]

다른 이를 압제하는 기법들은 심리적 외상이라는 체계적이고 반복적인 시련을 기반으로 확립된다. 이것이 바로 피해자의 힘을 빼앗고, 피해자를 단절시키는 조직적인 기법이다. 이러한 심리적 통제는 피해자에게 공포와 무력감을 주입시키고, 다른 사람과 관계를 맺고 있다는 피해자의 자기감을 파괴시킨다. 공포를 발생시키는 가장 일반적인 방법은 폭력을 사용하는 것이지만, 폭력은 최후의 수단일 뿐이다. 피해자를 지속적인 두려움 안에 가두기 위해서 가해자가 꼭 잦은 폭력을 휘두르는 것만은 아니다. 실제로 폭력이라는 수단보다는 죽인다거나 크게 해친다고 위협하는 일이 훨씬 더 빈번하다. 피해자의 주변 사람들을 위협하는 것은 피해자를 직접 위협하는 것만큼이나 파괴적이다. 가정 폭력의 경우, 피해자가 도망치려고 할 때마다 가해자가 그녀의 아이와 부모, 그녀를 숨겨 주는 친구 누구라도 죽이겠다고 협박하는 일은 자주 일어난다.

예측할 수 없는 비일관적인 폭력을 겪게 되고, 변덕스럽고 사소한 규칙을 강요당하면서 두려움은 고조된다. 가해자는 전지전능하고, 저항은 헛된 것이며, 피해자의 인생은 전적인 순종을 통하여 가해자의 너그러움을 획득하는 데 달려 있다고 알게 되는 것, 이것이 바로 이러한 기법의 궁극적인 귀결 지점이다. 가해자의 목표는 피해자에게 죽음에 대한 두려움뿐만 아니라 삶을 허용해 주었다는 감사를 주입시키는 데 있다. 가정과 정치적 속박의 생존자들은 가해자가 죽이겠다고 협박하고서 마지막 순간에 목숨만은 살려 주었던 상황에 대하여 말한다. 죽음에 대한 이러한 유예가 몇 번 반복되고 나면, 피해자는 역설적이게도 가해자를 마치 구세주처럼 여기게 되고 만다.

두려움을 유발시키는 데 더하여, 가해자는 피해자의 신체와 신체 기능을 감시하고 통제함으로써 피해자의 자율성을 파괴하려 한다. 가해자는 피해자가 무엇을 먹는지, 언제 잠을 자는지, 언제 화장실을 가는지, 무엇을 입는지를 감독한다. 이렇게 음식, 수면, 혹은 신체 활동을 박탈당하면서 피해자의 신체는 쇠약해진다. 그러나 기본적인 신체적 욕구가 적절히 충족된다고 하더라도, 신체적 자율성을 학대당한 경험은 수치심과 혼란스러움을 남긴다. 양심수인 이리나 라투신스카야는 가해자의 기법에 대하여 이야기한다.

요람에서부터 심어진 인간 행동의 모든 규범이 계획적이고 체계적인 파괴 아래 종속된다. 깨끗하고 싶은 것이 정상적이라고? 옴과 진균이 나고, 오물 속에서 살고, 음식 쓰레기의 악취를 들이마시게 되면 당신은 당신의 못된 짓을 후회하게 될 것이다! 여자들은 수줍어한다고? 이것이 검색 도중에 이들을 벌거벗길 이유의 전부이다. 정상적인 사람은 비속함과 거짓말을 불쾌하게 여긴다고? 당신은 상당한 정도의 비속함과 거짓을 만나게 되어 다른 현실이 있다는 것을 기억하기 위해 온 힘을 다해 당신의 모든 내적 자원을 긴장시켜야 한다. 의지를 최대한으로 분발시켜야만 과거 지녔던 정상적인 가치 척도를 간직할 수 있다.[7]

컬트 종교 집단 속에서, 사람들은 먹는 것과 입는 것에 엄격한 통제를 받는다. 이러한 규칙을 이탈할 경우 철저하게 심문당할 수 있다. 유사하게, 성폭력과 가정 폭력의 포로들은 가해자가 옷, 외모, 체중 혹은 식사를 감시하였고, 질투심으로 심문하면서 오랫동안 잠을 재우지도 않았다고 자주 이야기한다. 그리고 정치적 포로이든 가정의 포로이든, 여성 대부분에게 있어서 신체에 대한 통제는 성적인 위협과 폭력을 포함하고 있다. 가정 폭력 피해 여성은 부부 강간의 경험을 이야기한다. 「매우 잔인한 결혼이었다. 그는 너무나 가부장적이었다. 마치 자신이 나와 아이들의 주인이라도 되는 듯이 굴었다. 내가 그의 소유물인 것처럼. 결혼하고서 첫 3주 동안, 그는 자신을 하느님으로, 그리고 그의 말을 복음으로 여기라고 말했다. 내가 잠자리를 원하지 않아도 그가 원한다면, 나의 소망은 소용이 없었다. 한번은 내가 원하지 않아서 우리는 호되게 싸웠다. 내가 그를 거부하자 그는 미친 듯이 화를 냈다. 나는 항의하고 항변했지만, 그는 아내라면 거부할 권리가 없다고 하면서 화를 냈다. 그때는 잠자던 중이라 그는 나를 몸으로 억누를 수 있었다. 나보다 몸집이 컸던 그는 그저 나를 누른 채 강간했다.」[8]

가해자가 피해자의 신체에 대한 통제를 확립했다면, 가해자는 피해자에게 두려움과 모욕감의 원천이면서도 위안의 원천이 된다. 식사, 목욕, 따뜻한 말 한마디, 신체적 안락에 대한 소망을 박탈당한 만큼, 사람은 어쩔 수가 없게 된다. 가해자는 중독적인 약물이나 술을 제공하면서 피해자를 더욱 쇠약하게 만들 수도 있다. 끊임없는 박탈과 두려움보다 피해자의 심리적 저항력을 더욱 효과적으로 침식시키는 것은 바로 변덕스럽게 베풀어진 작은 너그러움이다. 테러리스트의 인질이었던 퍼트리셔 허스트는 순종에 대한 보상으로 감금 상황이 조금씩 개선될 수 있었다고 이야기한다. 「그들에게 동의함으로써, 나는 조금 더 자주 옷장 밖으로 나갈 수 있었다. 때에 따라 함께 식사도 할 수 있게 해주었고, 눈만 가린다면 회의나 스터디 모임에 밤늦게까지 앉아 있을 수 있었다. 밤중에 옷장 안에 감금될 때 눈가리개를 벗을 수 있게 된 것은 내게 축복과도 같았다.」[9]

강압적 통제 기법을 잘 아는 양심수들은 자율성을 유지하기 위하여 특별히 주의한다. 사소한 요구에도 응하지 않고, 보상을 거부하는 것은 하나의 저항법이다. 단식 투쟁은 이러한 저항의 궁극적인 표현이다. 가해자가 의도한 것보다 더 큰 박탈을 스스로 겪으려 하는 것이므로, 포로는 자신의 통합감과 자기 통제감을 긍정할 수 있다. 심리학자인 조엘 딤즈데일은 가해자가 자신을 굴복시키지 못했다는 것을 증명하기 위해서 속죄일에 금식을 했던 나치 강제 수용소의 한 여성에 대하여 언급했다.[10] 양심수인 나탄 샤란스키는 적극적인 저항이 불러일으키는 심리적인 효과를 이야기한다. 「내가 단식 투쟁을 공표하는 순간, 나는 절망감과 무력감, 그리고 KGB의 폭압을 감내하도록 강요받았던 것에 대한 수치심에서 벗어날 수 있었다. …… 지난 9개월 동안 쌓여 온 씁쓸함과 분노에 찬 결심은 기이한 안도감을 위하여 길을 터주었다. 마침내 나는 나 자신과 나의 세계를 〈그들〉로부터 적극적으로 지켜 내고 있었다.」[11]

가정 폭력의 경우에 피해자를 묶어 두기 위해서 간헐적인 보상을 제공하는 가해자의 시도는 정교함의 극단에 달한다. 탈출을 막는 것은 물리적 장벽이 아니므로, 폭력이 폭발한 이후 피해자는 도망가고자 하지만, 결국 가해자에게 돌아가도록 설득당하기 쉽다. 더 큰 위협 때문에 설득당하는 것이 아니다. 가해자는 사과, 사랑한다는 표현, 변화하겠다는 약속, 그리고 충실과 열정의 호소로 피해자를 설득시킨다. 잠시 동안은 가해자가 피해자의 마음을 돌리기 위해 모든 것을 다 하기 때문에, 관계 속의 권력은 역전된 것처럼 보인다. 가해자가 가진 소유욕의 강도는 변하지 않지만, 그 질은 극적으로 전환된다. 가해자는 지배하려는 자신의 행동은 단지 피해자를 필사적으로 필요로 하고, 사랑하는 증거일 뿐이라고 주장한다. 그 스스로도 이것이 사실이라고 믿는다. 더 나아가, 가해자는 자신의 운명이 피해자의 손안에 있으며, 자신을 사랑한다는 더 큰 증거를 보여 준다면 자신의 폭력을 막을 수 있다고, 힘은 당신에게 있다고 피해자에게 간청한다. 워커는 〈화해〉의 단계가 가정 폭력 피해 여성의 심리적 저항을 무너뜨리는 결정적인 한 걸음이 된다고 논하였다.[12] 폭력의 관계를 마침내 탈출하게 된 한 여성은 이러한 간헐적인 보상에 의해 가해자에게 속박되었던 바를 말한다. 「실제로 정말 주기적이었다. …… 정말 이상한 점은 좋은 시기에는 나빴던 시간들을 거의 기억하지 못한다는 것이다. 마치 내가 두 개의 다른 삶을 살고 있는 것 같았다.」[13]

그러나 완전하게 지배당하는 데에는 대개 추가적인 기법들이 관련되어 있다. 피해자가 다른 누군가와 연결을 유지하는 한, 가해자의 힘은 제한되기 마련이다. 이 때문에 일반적으로 가해자들은 정보나 물질적 지원, 혹은 정서적 지지의 원천으로부터 피해자를 고립시키려 한다. 양심수들은 가해자들의 이러한 시도에 관해 이야기한다. 가해자들은 피해자가 바깥세상과 소통하는 것을 막고, 가장 가까운 동료들이 피해자를 잊어버렸거나 배신했다고 속이려 한다. 가정 폭력에 관한 기록에도 질투심에 찬 감시 이야기가 담겨 있다. 스토킹, 도청, 편지 훔쳐보기, 전화 통화 엿듣기로 가정 폭력 피해 여성은 집 안에 홀로 감금된다. 가해자는 피해자의 부정에 대해 집요하게 비난하고, 피해자가 직업을 포기하도록 하여 독자적인 수입을 잃게 하며, 친구와 가족과의 매듭마저 포기하게 함으로써 자신에게 충실을 증명하기를 요구한다.

애착을 파괴당한 피해자는 다른 사람으로부터 고립되는 것은 물론, 다른 사람과 연결되어 있다는 내적 심상 또한 파괴당한다. 그렇기 때문에 가해자는 상징적인 중요성을 지니는 물건을 빼앗기 위해 무슨 짓이든 한다. 한 가정 폭력 피해 여성은 애착을 상징하는 물건을 희생하도록 강요하는 의식을 치러야 했다고 이야기한다. 「그는 때리지는 않았지만, 매우 화가 나 있었다. 처음에는 단지 그가 나를 좋아하고, 질투심이 많아서라고 생각했지만, 나중에는 이런 행동이 좋아하는 것과는 전혀 무관하다는 것을 깨달았다. 정말 아무런 상관이 없었다. 그는 내가 그를 알기 전에 어떤 사람들과 만났었는지 계속 물었고, 나의 편지와 사진들을 집에서 가져오게 만든 다음에, 내가 그것을 한 장 한 장씩 찢어서 길가에 있는 하수구에 집어넣는 동안 나를 지켜보고 있었다.」[14]

관계의 초반에 이 여성은 이것이 아주 작은 상징적인 양보일 뿐이라고 자신을 설득할 수 있었다. 가정 폭력 피해 여성의 이야기는 초반의 이러한 마지못한 희생에서부터 시작하여, 점차 보이지 않게 서서히 다른 이들과의 매듭을 파괴당하는 희생으로 차 있다. 많은 여성은 오랜 시간이 지나고 나서야, 자신도 모르는 사이에 덫으로 걸어 들어가고 있더라고 이야기한다. 강요받은 성매매 여성이자 포르노 영화 스타였던 린다 러블레이스는 점차적으로 포주의 덫에 걸려들어 갔던 이야기를 한다. 포주는 처음에 부모와의 매듭을 끊으라고 그녀를 설득했다. 「나는 그를 따라갔다. 이런 말을 하고 있으면, 그때 당시 내가 너무 지나치게 순종했었구나 싶다. …… 그때만 해도 내 팔을 비트는 이는 아무도 없었다. 모든 것이 온순했고 순차적이었고, 작은 한 걸음, 그리고 그다음 걸음……. 그건 너무나 작은 방식으로 시작되었고, 아주 나중이 되어서야 전체 모습이 보였던 것이다.」[15]

통제와 저항의 기제를 잘 알고 있는 양심수들은 다른 무엇보다도 우선적으로 피해야 할 것이 고립이며, 바깥세상과의 연결을 유지하는 일이라면 작은 양보도 있을 수 없다는 것을 잘 이해하고 있다. 가해자가 끈질기게 이들의 관계를 파괴하려는 동안, 포로들은 바깥세상과 소통을 유지하기 위해 끈질기게 노력한다. 그들은 연결감을 유지하기 위해 사랑하는 사람에 대한 정신적 심상을 신중하게 떠올린다. 또한 이들은 충실함을 담고 있는 물리적 상징물을 지키기 위해 분투한다. 결혼반지, 편지, 사진, 그리고 애착의 작은 기억들을 지켜 내기 위해 목숨을 위태롭게 할 수도 있다. 이러한 위험 감수는 바깥세상 사람들에게는 영웅, 혹은 바보처럼 보일 수 있지만, 포로들은 대단히 실용적인 이유로 이를 감수하는 것이다. 만성적인 고립 상황에서 포로들은 다른 사람과 연결감을 유지하기 위하여 〈전이 대상 transitional object〉*을 필요로 한다. 이러한 애착의 상징을 잃는 것은 곧 자신을 잃는 것임을 이들은 잘 알고 있다.

고립되어 가면서, 피해자는 생존이나 기본적인 신체적 욕구뿐만 아니라 정보, 심지어 정서적 지지를 위해서 가해자에게 점점 더 의존하게 된다. 두려움이 커질수록, 오직 하나의 허용된 관계에 더욱 매달리게 된다. 가해자와의 관계가 그것이다. 다른 사람과 연결될 수 없는 까닭에, 피해자는 가해자에게서 인간성을 찾으려고 애쓰게 된다. 다른 어떤 관점이 부재한 까닭에, 피해자는 어쩔 수 없이 가해자의 시선으로 세상을 보게

---

* 심리학자 도널드 위니콧의 개념이다. 아기는 자신이 세계의 중심이라는 느낌을 가지고 있다가, 점차 다른 이의 존재를 인식하게 된다. 이러한 전환 과정에서 곰인형이나 이불과 같은 물건은 전이 대상으로서 중요한 역할을 맡는다. 곰 인형과 애착을 맺은 아기는 완전하게 주관적인 세계의 중심에 있던 자기에서 다른 사람들 중하나라는 자기에게로 점진적으로 옮겨간다.

된다. 허스트는 자신이 꾀를 쓸 수 있다고 생각하고 가해자들과의 대화에 동참하였다. 그러나 얼마 지나지 않아 결국 꾐에 빠진 것은 허스트 자신이었다.

의식조차 못했지만 시간이 지나면서 이들은 완전히, 혹은 거의 완전히 나를 돌려세웠다. 기나긴 두 달 동안 전쟁 포로처럼 눈이 가려진 채 옷장 안에 있으면서, 삶, 정치, 경제, 사회적 상황, 그리고 최근의 사건들에 대한 SLA*의 해석이 끊임없이 퍼부어졌다. 옷장에서 풀려나면서 나는 그들의 진부하고 쓸데없는 말들을 따라했다. 실은 이 말들을 믿지 않으면서도 이렇게 그들을 놀릴 수 있다고 생각했다. 그러고 나서 둔탁한 충격 같은 것이 들어섰다. 새로운 환경에 매일매일 적응하고 나 자신의 온전함과 평정을 유지하기 위하여, 나는 기계적으로 시키는 대로 행동하고 불신을 보류하면서 좋은 군인처럼 행동하는 방법을 배우게 되었다. 그들의 현실은 내가 이전에 알고 있던 그 무엇과도 달랐고, 그들의 현

* 공생 해방군Symbionese Liberation Army. 1970년대에 활동한 미국의 극좌 단체. 이 단체는 1974년 미국의 전설적 신문 재벌 허스트가의 상속녀 퍼트리셔(당시 19세)를 납치함으로써 세상에 알려졌다. 이들은 몸값 대신 200만 달러 상당의 식량을 빈민에게 나눠 주라고 요구했다. 퍼트리셔 허스트는 납치된 후 테러리스트들과 함께 강도 행각을 하고 테러리스트의 아이를 임신해 더욱 충격을 주었다. 허스트는 1975년 체포된 뒤 당시 〈육체적, 정신적 고문으로 세뇌되어 한 일〉이라고 주장했지만 7년형을 언도받고 2년간 복역했다.

실은 이제 나의 현실이 되었다.[16]

양심수들은 가해자와의 일상적인 인간적 교류가 얼마나 위험한지 잘 알고 있다. 모든 포로 중에서도, 속박이 가져오는 심리적 부식에 가장 잘 저항하도록 준비된 자들은 바로 이들이다. 이들은 이러한 위험에 관한 완전한 지식을 지닌 채 삶의 경로를 선택했으며, 자신의 원칙을 명백하게 정의할 수 있고, 동료들에게 강한 신뢰를 가지고 있다. 그러나 이렇게 높은 의식과 강한 동기를 가진 사람들도 점차 가해자에게 정서적으로 의존해 갈 수 있다는 점을 알게 된다. 스스로를 보호할 수 있는 유일한 방법은 적과 가장 피상적인 사회적 관계를 맺는 것조차 단호히 거부하는 것뿐이다. 샤란스키는 가해자들에게 끌리게 되었던 순간을 말한다. 「나와 KGB 사람들이 인간으로서 가지고 있는 공통점을 점점 의식하고 있었다. 이것은 자연스러웠던 만큼이나 위험한 것이었는데, 보편적인 인간성에 대한 느낌이 자란다는 것은 쉬이 굴복의 첫걸음이 될 수 있기 때문이다. 만약 바깥세상과 연결을 유지할 수 있는 유일한 사람이 가해자뿐이었다면, 나는 그들에게 의존하고 그들에게 동의하게 되었을지도 모른다.」[17]

양심수들도 자신의 모든 자원을 끌어모아야만 가해자에 대한 정서적 의존을 피할 수 있었다. 그렇기 때문에 양심수만큼 준비나 정치적 의식, 도덕적 지지가 없는 사람들은 대개 어느 정도 의존적일 수밖에 없다. 인질과 가해자가 애착 관계를 맺게 되는 일은 예외적이라기보다는 원칙에 더 가깝다. 죽음에 대한 공포, 바깥세상과의 기나긴 고립은 가해자와 피해자 사이에 동일시의 연결 고리를 만들어 낸다. 풀려난 인질은 가해자를 방어해 주고, 교도소로 면회를 가며, 그를 위해 돈을 대는 것으로 알려져 있다.[18]

가정 폭력 피해 여성과 학대자 사이에서 발달하는 정서적 매듭은 인질과 가해자 사이의 매듭과 유사하다. 그러나 가정 폭력 피해자와 가해자의 관계는 특별한 애착을 기반으로 하는 독특한 속성을 지니고 있다. 인질은 갑자기 포로가 된 것이다. 그녀는 가해자에 대해서 아무것도 모르며, 그를 적으로 볼 수 있다. 인질은 속박 속에서 자신의 신념 체계를 점차 잃어 간다. 그녀는 점점 가해자와 공감하고 가해자의 시선으로 세상을 보기 시작한다. 반면에, 가정 폭력에서 피해자는 사랑이라는 이름으로 점차 포로가 되어 간다. 컬트 종교 집단에서 신자 획득을 목적으로 행하는 〈애정 공세〉 기법은 유사한 상황을 만들어 낸다.[19]

가해자와 정서적으로 연결된 여성은 처음에는 가해자의 열정적 소유욕을 열정적 사랑의 신호로 해석하게 된다. 피해자의 삶 구석구석을 향한 가해자의 강렬한 관심은 처음에는 피해자를 즐겁게 하고 안심시킨다. 가해자가 점차 지배해 가도, 피해자는 가해자를 두려워하기보다는 아끼는 마음으로 가해자의 행동을 축소하고 허용해 준다. 피해자가 정서적으로 의존하지 않고 저항할 수 있으려면 가해자의 신념 체계에 적극적으로 반대하고, 자신의 상황에 대해 새롭고 독립적인 관점을 가져야 한다. 가해자에 대한 공감을 피해야 하는 것은 물론, 이미 느껴 왔던 감정 또한 억누르도록 해야 한다. 한 번만 더 희생하면, 한 번만 더 사랑을 증명할 수 있다면 폭력을 멈추고 관계를 구원할 수 있다는 가해자의 설득에도 불구하고, 억눌러야만 한다. 여성 대부분은 관계를 지속시키는 능력을 발휘하면서 자부심과 자존감을 얻기 때문에, 가해자는 관계에 대한 피해자의 가장 소중한 가치에 호소하면서 그녀를 함정에 빠뜨릴 수 있다. 이것은 별로 놀라운 일이 아니다. 따라서 가정 폭력 피해 여성은 가해자로부터 도망친 이후에도 돌아와 달라는 설득에 이끌리는 것이다.

완전한 굴복

공포, 간헐적인 보상, 고립, 그리고 강요된 의존은 복종적이고 순종적인 포로를 완성시킨다. 그러나 피해자의 심리가 완전히 통제당하고 마는 최종 단계는 피해자 스스로가 자신의 도덕적 원칙을 위반하고 인간에 대한 기본 애착을 배신하게 될 때 완성된다. 굴복한 피해자가 스스로를 혐오하게 되므로, 이는 모든 강압 기법 중에서도 심리적으로 가장 파괴적이다. 속박 속에서 피해자가 또 다른 이를 희생시키는 데 동참하게 되는 바로 이때, 그는 참으로 〈파멸하게〉 된다.

가정 폭력에서 자신의 도덕적 원칙을 위배하게 되는 데는 성적인 모욕이 관련될 때가 많다. 많은 가정 폭력 피해 여성들은 비도덕적이고 구역질 나는 성행위를 하도록 강요받았다고 이야기한다. 또한 거짓말을 하고, 배우자의 부정을 가려 주고, 심지어 불법 행동에 관여하도록 강요받았다고 이야기한다.[20] 아이들이 희생당하는 것 또한 인간의 애착 관계를 침해한다. 배우자를 구타하는 남성들이 아이를 학대할 가능성은 높다.[21] 많은 여성이 스스로를 방어하지 못하더라도 아이들은 방어할 수 있지만, 또 어떤 이들은 너무나 완전하게 위협을 당한 나머지 아이가 학대당하는 것을 보고도 이를 말리지 못한다. 어떤 이들은 내면에서 솟아나는 의심과 반대를 억제할 뿐만 아니라, 아이들을 속이기도 하고, 항의하는 아이들에게 벌을 주기도 한다. 작은 순종에서 시작한 이러한 배신의 양상은 결과적으로, 침묵 속에서 아이들에게 가장 난폭한 신체적, 혹은 성적 학대가 자행되는 양상으로 진행된다. 이 지점에서, 가정 폭력 피해 여성의 도덕적 혼란이 완성된다.

정치적 투옥과 고문의 생존자들도 사랑하는 사람들에게 행해지는 잔학 행위를 목격하면서 무기력하게 이를 지켜보아야만 했던 이야기를 한다. 아우슈비츠-비르케나우의 나치 강제 수용소에서 살아남은 이야기 속에서, 엘리 위젤은 말 못할 시련 속에서 그와 그의 아버지를 지탱하였던 헌신과 충실을 기록한다. 함께 있기 위하여 위험에 맞선 수많은 시간들, 그리고 나눔과 다정함의 많은 순간을 이야기한다. 그러나 그는 아버지에 대한 신뢰를 저버렸던 순간의 심상으로 괴로워하고 있었다. 〈보초는 쇠막대로 아버지를 때리기 시작했다. 처음 아버지는 몸을 웅크렸으나, 곧 벼락 맞은 메마른 나무처럼 둘로 꺾여 무너졌다. 나는 움직이지 않고 그 모든 장면을 지켜보았다. 나는 조용히 있었다. 사실 나는 구타당하지 않기 위해 어떻게 멀리 도망갈 수 있을까 생각하고 있었다. 더구나 그때 내가 느꼈던 모든 분노는 보초가 아니라, 아버지에게로 향했다. 나는 이데크의 도발을 피할 줄 몰랐던 아버지에게 화가 나 있었다. 강제 수용소 생활이 나에게 저지른 일은 바로 그것이었다.〉[22]

아마 어떤 이들은 현실적으로, 만약 아들이 아버지를 도우러 갔더라도 헛되었을 것이며, 사실상 그의 아버지를 적극적으로 지지했다면 두 사람 모두가 위험했을지도 모른다고 주장할 것이다. 그러나 이러한 주장은 무력감으로 완전히 수치를 당한 피해자에게 조금의 위안도 주지 못한다. 분노의 감정마저 그의 존엄을 더 이상 보존하지 못한다. 그것은 적의 의지에 의해 꺾이고, 사랑하는 사람에게서 등을 돌렸다. 단순히 폭력을 막지 못했기 때문이 아니다. 수치심과 패배감은 가해자에게 내적 삶을 빼앗겼다는 점에서 찾아온다.

포로들은 만족스럽게 저항할 수 있었던 자들이라 해도 극단의 속박 속에서라면 누구나 〈파멸〉할 수 있다는 점을 잘 알고 있다. 이들은 파멸 과정을 보통 두 단계로 나눈다. 피해자가 생존을 위하여 내적 자율성과 세계관, 도덕 원칙, 혹은 다른 사람과의 연결을 포기할 때 첫 번째 단계에 도달하게 된다. 느낌, 생각, 주도성, 판단력 등이 폐쇄당한다. 나치 홀로코스트 생존자들과 일하는 정신의학자인 헨리 크리스탈은 이 단계를 〈기계화robotization〉라고 설명한다.[23] 포로들은 이러한 심리적 상태 속에서 살아가면서, 삶이 인간이 아닌 다른 무엇의 삶으로 격하되었다고 이야기한다. 러블레이스는 성매매와 포르노 영화 출연을 강요받으면서 이렇게 격하된 상태에 이르게 되었다고 증언한다. 「처음에는 신이 탈출을 도와줄 것이라고 확신했지만, 시간이 지나면서 나의 믿음이 흔들렸다. 나는 더욱더 두려워졌고, 모든 것이 무서웠다. 탈출을 시도한다는 생각 자체가 무시무시한 것이었다. 나는 모든 방면에서 전락되었고, 모든 존엄이 벗겨졌으며, 동물로, 그다음에는 식물로 강등되었다. 내가 가졌던 그 어떤 힘도 사라져 갔다. 오로지 생존하는 것만이 전부가 되었다. 내일을 살아내는 것이 곧 승리였다.」[24]

정치적 차이로 감금과 고문을 당한 출판업자이자 문학가인 자바코 티머만도 격하된 삶을 살았음을 이야기하였다. 「얼마나 고통스러웠는지, 그 크기를 전할 수는 없을 것이다. 그러나 앞으로 고문으로 고통받을 누군가를 위해 조언해 줄 수는 있다……. 투옥된 1년 반 동안, 고문을 당하고 독방에 감금되면서 내 태도에 대해 고심했다. 그러고는 본능적으로 깨달았다. 나는 완전하게 수동적인 태도를 발전시키고 있었다. 어떤 감정이나 감각도 곧 불필요한 에너지 소모를 뜻했기 때문에, 나는 모든 논리적인 감정과 감각(두려움, 미움, 앙갚음)을 제거해 버렸던 것이다. 나는 식물이 되어 가고 있었다.」[25]

심리적으로 격하된 이러한 상태는 충분히 돌이킬 수 있는 것이다. 피해자는 속박당하는 동안 복종하게 되는 시점과 더 적극적으로 저항하게 되는 시점 사이에서 빈번하게 동요했다고 이야기한다. 그러나 두 번째 단계, 즉 사람이 무너져 버리고 마는 돌이킬 수 없는 단계는 피해자가 살고자 하는 의지를 잃게 되었을 때 찾아온다. 이것은 자살과는 다르다. 속박 속의 사람들은 지속적으로 자살하는 환상 속에서 살아가고, 자살 시도는 때로는 생존에 대한 결심과 연속적인 것이다. 티머만은 사실상 이러한 극단의 상황 속에서 자살에 대한 소망은 저항과 자부심의 신호라고 말한다. 그에 의하면 자살은 〈주변의 폭력과 동등한 위치에서 일상생활을 이끌어나가는 것을 의미한다. 그것은 마치 교도관과 동등한 위치에 서는 것과 같다〉. 자살의 태도는 적극적인 것이다. 그것은 내적 통제감을 보존한다. 단식 투쟁의 경우와 마찬가지로, 속박당한 이는 삶을 끝마치려는 그의 의지를 통해 가장 완강하게 저항할 수 있다.

반대로, 살려는 의지를 잃었다는 것은 티머만의 말을 빌려
〈완전하게 수동적인 태도〉를 취하게 되는 최후의 단계를 나타
낸다. 나치 강제 수용소의 생존자들은 이렇게 틀림없이 치명적
인 상태에 놓인 사람을 〈무슬림musulman〉*이라고 부른다. 이
렇게 격하된 지점에 도달한 포로들은 음식을 찾거나 몸을 따뜻
하게 하려는 어떠한 시도조차 하지 않았고, 구타를 피하려는
어떠한 노력도 하지 않았다. 그들은 살아 있는 시체였다.[26] 극
단의 상황에서 생존한 이들은 이러한 마지막 상태에 들어서려
는 유혹을 느꼈으나, 삶을 위해 투쟁하겠다는 적극적인 선택을
내렸던 한 전환점을 기억한다. 허스트는 속박의 이 순간을 이
야기한다.

감금 때문에 내가 점점 더 약해져 가고 있음을 알고 있었
다. 그러나 이번에는 죽어 가고 있다는 명확한 감각이 나를
엄습했다. 돌이킬 수 없는 어떤 역치가 있다는 것을 감지했
고, 내가 그 직전에 서 있다는 것을 느꼈다. 몸은 지쳤고, 힘
은 빠져나갔다. 걸어 나갈 자유가 있다 하더라도 일어설 수
없을 정도였다. 너무나 지쳤다, 너무나. 그저 잠만 자고 싶었
다. 그러나 나는 그것이 위험하다는 것을 알고 있었다. 마치
달콤한 낮잠을 위해 머리를 뉘었으나 다시 깨어나지 못한
길 잃은 북극의 사람처럼 치명적이라는 것을. 순간적으로

* 나치 강제 수용소에서 힘을 잃은 불운한 사람들을 일컬었던 말이다.

정신이 번쩍 들어 이 모든 것을 경계하게 되었다. 마치 내가 나의 바깥에 있는 것처럼 나에게 일어나는 것을 볼 수 있게 되었다. 옷장 속에서 고요한 전투가 일어났고, 승리자는 나의 정신이었다. 섬세하고 명백하게, 나는 죽지 않기로 결심했고, 나 자신 때문에 죽지 않기로 결심했다. 나는 생존하기 위하여 힘껏 싸울 것이다.[27]

만성적 외상 증후군

지속적이고 반복적인 외상에 종속된 사람들은 성격을 침해하고 침식시키는 잠행적인 외상 후 스트레스 장애를 발전시킨다. 단일한 급성 외상의 피해자는 자신이 〈자신이 아닌 것〉처럼 느끼는 반면, 만성적인 외상의 피해자는 자신이 되부를 수 없을 정도로 변하거나, 마치 아예 자기가 없는 것처럼 감각을 잃게 될 수 있다.

외상을 경험한 이들이 갖고 있는 최악의 두려움은 공포의 순간이 다시 발생할지도 모른다는 점에서 온다. 이러한 두려움은 만성적으로 학대당한 피해자들에게 여실히 나타난다. 당연하게도, 반복적인 외상을 경험한 경우 외상 후 스트레스 장애의 모든 과각성 증상은 증폭된다. 만성적으로 외상을 경험한 사람들은 지속적으로 과도하게 경계하고, 불안해하고, 초조해한다. 정신의학자인 일레인 힐버만은 가정 폭력 피해 여성이 경험하는 지속적인 두려움의 상태를 이렇게 기술한다. 〈폭력과 상관이 먼 것, 그러니까 사이렌 소리, 천둥소리, 문을 쾅 닫는 소리도 강렬한 두려움을 촉발시켰다. 항상 끔찍한 무언가가 일어날 것이라는, 파멸이 닥쳐온다는 만성적인 걱정이 깔려 있었다. 잠재적인 위험에 대한 실제적 신호는 물론 상징적 신호라도 활동성, 초조함, 경계심을 높였고, 비명과 울음을 증폭시켰다. 그녀는 항상 경계하면서 쉬거나 잠들지 못했다. 폭력과 위험의 주제가 드러난 악몽은 흔하게 나타났다.〉[28]

만성적으로 외상을 경험한 사람들은 기본적으로 신체적인 평온이나 평안함의 상태를 더 이상 누리지 못한다. 시간이 지나게 되면, 마치 몸이 자신을 거역하는 것만 같다. 이들은 불면증과 초조함은 물론 수많은 신체화 증상을 호소하기 시작한다. 긴장성 두통, 위장 장애, 그리고 복부, 등, 골반의 통증은 매우 흔하다. 생존자들은 떨림, 목 졸림, 혹은 급격한 심장 박동을 호소할 수 있다. 연구에 따르면, 나치 홀로코스트 생존자에게 있어서 신체화 반응은 매우 흔하다.[29] 유사한 관찰은 동남아시아 강제 수용소의 난민에 관한 연구에서 보고되었다[30] 일부 생존자들에게 만성적인 속박으로 인한 손상은 신체적인 고통의 형태로 나타난다. 이들은 자신의 상태에 너무나 익숙해진 나머지 고통스러운 신체 증상과 이러한 증상을 형성시킨 공포의 기운이 연결되어 있다는 점을 인식조차 하지 못한다.

지속적이고 반복적인 외상의 생존자들에게도 외상 후 스트레스 장애의 침투 증상은 계속된다. 단일한 급성 외상의 경우 침투 증상이 몇 주, 혹은 몇 달 이내로 완화되는 경향을 보이지만, 지속적인 속박에서 풀려난 사람들에게 이러한 증상은 여러 해 동안 끊이지 않고 계속될 수 있다. 한 예로, 제2차 세계 대전 혹은 한국 전쟁 당시 포로였던 군인들에 대한 연구가 있다. 석방 이후 35년에서 40년이 지난 뒤에도 이들 중 대부분은 악몽과 지속적인 플래시백을 보였고, 전쟁 포로 경험을 상기시키는 단서에 대해 극단적인 반응을 보였다. 이들의 증상은 속박되거나 투옥되지 않았던 참전 군인들의 증상보다 더 심각했다. 나치 강제 수용소의 생존자들은 이와 유사하게 40년이 지난 이후에도 좀처럼 사라지지 않는 심각한 침투 증상을 보고하였다.[31]

그러나 만성적인 외상을 경험한 이들에게 가장 극대화된 방식으로 나타나는 외상 후 스트레스 장애의 속성은 바로 회피 혹은 억제이다. 살아남는 것만이 유일한 목표가 되는 수준으로 삶이 격하되었을 때, 심리적 억제는 적응하기 위한 중요한 방법이었다. 이러한 협소화는 인생의 다양한 측면인 관계, 활동, 생각, 기억, 정서, 감각에마저 적용된다. 속박 속에서 이러한 억제가 적응을 위한 것이었던 만큼, 억눌렸던 심리적 능력은 점차 쇠퇴하고, 내적인 삶은 지나치게 고립된다.

속박 속에서 살았던 사람들은 의식의 변형에 있어서 숙련가가 된다. 해리의 실행, 자의적인 사고 억제, 사고 축소, 그리고 때로는 완전한 부정을 통해 그들은 견딜 수 없는 현실을 변형시키는 방법을 학습하였다. 일반적인 심리학적 언어는 의식적이기도 하고 무의식적이기도 한 이러한 정신적 책략의 복잡한 배치를 위한 이름을 가지고 있지 않다. 아마도 이를 위한 가장 좋은 이름은 〈이중 사고〉일 것인데, 오웰의 정의에 따르면 《《이중 사고》는 두 가지 모순되는 신념을 하나의 정신에 동시에 담아 두고, 이 둘을 모두 받아들이는 힘을 의미한다. 그는 자신의 기억이 어느 방향으로 변형되어야 할지를 알고 있다. 따라서 자신이 현실에게 속임수를 쓰고 있다는 것을 안다. 그러나 《이중 사고》를 통하여 또한 현실이 침해되지 않는다고 스스로를 안심시킨다. 이 과정은 의식적이어야 하는데, 그렇지 않다면 만족스러울 만큼 정밀하게 수행되지 못할 것이다. 그러나 또한 무의식적이어야 하는데, 그렇지 않다면 허위의 느낌을 가져올 것이다. …… 심지어 《이중 사고》라는 단어를 사용하는 데도 《이중 사고》를 실행하는 것이 필요하다.》[32] 모순되는 신념들을 동시에 지니는 능력은 최면 몰입 상태의 특징이다. 지각을 변형시키는 능력도 한 가지 방법이다. 포로들은 찬가, 기도, 그리고 간단한 최면 기법을 통하여 이러한 상태로 들어서는 방법을 서로에게 가르친다. 이러한 기법들은 허기, 추위, 통증에 맞서기 위하여 의식적으로 적용시키는 것이다. 아르헨티나의 〈사라진〉 여성이었던 알리샤 파르토니는 최면 몰입 상태로 들어가기 위한 첫 시도가 실패했던 때를 이야기한다. 「아마도 배고픔 때문에 초감각적인 세계에 대한 호기심이 촉발되었던 것 같다. 나는 근육을 이완하면서 시작하였다. 무게를 덜어 낸 나의 정신이 내가 원하는 방향으로 움직일 것이라고 생각했다. 그러나 그 실험은 실패하였다. 천장으로 들려진 나의 영이 매트리스 위에 누운 채 분노와 불결함으로 벗겨진 나의 몸을 바라보게 되는 것을 기대했었다. 그러나 그와 같은 일은 일어나지 않았다. 아마도 나의 정신의 눈 또한 가려져 있었을지도 모른다.」[33]

그 후 다른 포로들로부터 명상 기법을 배운 뒤 그녀는 현실감을 변형시키는 방식을 통해 신체적 통증에 대한 지각을 줄이고, 공포와 모욕과 관련된 정서적 반응을 제한할 수 있게 되었다. 경험에서 해리하는 데 성공한 정도를 묘사하기 위해서, 그녀는 삼인칭으로 말한다.

「옷을 벗어라.」
그녀는 속옷을 입고 고개를 든 채 서서 기다렸다.
「전부 다, 말했잖아.」
그녀는 나머지 옷을 다 벗었다. 마치 감시인이 존재하지 않는 것 같다는 느낌이 들었다. 감시인들은 단지 즐거운 것을 떠올리면 마음속에서 지워낼 수 있는 혐오스러운 벌레일 뿐인 것 같았다.[34]

속박과 고립이 지속되는 동안, 어떤 포로들은 최면 가능성이 높은 사람들만 지니고 있는 최면 몰입 능력을 발달시킬 수 있다. 양성 환각, 혹은 음성 환각을 체험하거나 정체성을 해리시키는 능력도 여기에 포함된다. 남아프리카의 정치 포로였던 일레인 모하메드는 속박 속에서의 심리적 변형에 대해 이렇게 말한다.

아마도 외로움과 싸우기 위해 나는 감옥 속에서 환각을 경험하기 시작했다. 누군가 나에게 물었던 것을 기억한다. 「일레인, 뭐하는 거야?」 나는 계속 등 뒤로 돌린 손을 철썩거리며 그에게 말했다. 「내 꼬리를 쓰다듬는 거야.」 나는 나 자신을 다람쥐로 개념화했다. 내 환각의 많은 부분은 두려움에 관한 것이었다. 독방 속의 창은 들여다보이기에는 너무 높았으나, 나는 독방 안으로 들어오는 무언가에 대한 환각을 보곤 했다. 예를 들면 늑대 같은 것.

그리고 혼잣말을 하기 시작했다. 내 두 번째 이름은 로즈인데, 나는 늘 그 이름이 싫었다. 가끔 나는 일레인에게 말을 거는 로즈였고, 또 가끔은 로즈에게 말을 거는 일레인이었다. 내 안의 일레인은 강한 부분이었고, 로즈는 내가 경멸하는 사람인 것처럼 느꼈다. 로즈는 울고 흥분하길 잘 했고, 감금을 감당하지 못하고 무너지려는 약한 부분이었다. 일레인은 그것을 〈감당할 수 있었다〉.[35]

최면 몰입 상태를 이용하는 것에 더하여, 포로들은 자발적으로 사고를 제한하고 억제하는 능력을 발달시킨다. 미래를 생각할 때도 마찬가지이다. 미래에 대한 생각은 포로로서는 견디기 너무나 힘든 강렬한 그리움과 희망을 휘저어 내기 때문이다. 이러한 정서 때문에 실망 앞에서 약해지고, 그 실망은 절박함을 만든다는 사실을 그들은 빠르게 배운다. 따라서 이들은 의식적으로 주의를 좁히고, 극히 제한된 목표에 집중한다. 미래는 시간 단위, 혹은 하루 단위로 좁혀진다.

시간 감각의 변형은 미래를 삭제하는 것에서 시작하지만, 점진적으로 과거를 삭제하는 것으로 진행된다. 적극적으로 저항하고자 했던 포로들은 고립과 싸우기 위해 의식적으로 과거의 기억을 살려냈다. 그러나 강압이 더욱더 극심해지고 저항이 무너지면서, 포로들은 과거와 연결되었다는 느낌을 잃게 된다. 과거는 미래와 마찬가지로, 견디기에는 너무나 고통스러운 것일 뿐이다. 희망과 마찬가지로 기억조차 잃어버린 모든 것에 대한 그리움을 불러일으키기 때문이다. 결과적으로 포로들의 삶은 끝없이 현재만 계속되는 삶으로 격하된다. 나치 죽음의 수용소에서 살아남은 프리모 레비는 시간이 상실된 상태를 이야기한다. 〈1944년 8월이 되었다. 5개월 전에 수용소에 들어온 우리들은 이제 오래된 축에 속하게 되었다. 우리의 지혜는 《이해하려 노력하지 않는 것》, 미래를 상상하지 않는 것, 이 모든 것이 어떻게, 그리고 언제 끝나는지에 관해 스스로를 괴롭히지 않는 것에 놓여 있다. 다른 이들에게든 스스로에게든, 그 어떤 질문을 해서도 안 된다. …… 살아 있는 사람에게, 시간의 단위는 항상 가치를 지닌다. 그러나 우리에게 역사는 멈추어 있다.)[36]

풀려난 이후에도 과거와 현재 사이의 연결 고리는 지속적으로 빈번하게 파열된다. 포로는 일상이라는 시간 속으로 되돌아 간 것처럼 보일 수 있지만, 심리적으로는 투옥이라는 상실된 시간 속에 묶여 있다. 포로는 일상적인 삶에 들어서기 위해서, 습득했던 사고 통제의 모든 능력으로 버텨 가며 속박되었던 기억을 의식적으로 억제하거나 회피할 수 있다. 그 결과, 속박이라는 만성적인 외상은 지속되는 삶의 이야기로 통합되지 못한다. 전쟁 포로에 관한 어떤 연구에 참여했던 남성들의 경우, 놀랍게도 이들은 그 누구와도 자신의 경험을 나누지 않았다고 한다. 석방 이후 결혼한 이들 중 몇몇은 자신이 포로였다는 사실을 배우자나 아이들에게 말하지 않았다.[37] 유사하게, 강제 수용소 생존자들에 대한 연구에는 과거에 관하여 말하기를 거부하는 이들의 이야기가 지속적으로 언급되고 있다.[38] 속박의 시기가 부인될수록, 이 단절된 과거의 파편은 외상 기억의 즉각적이고 현재적인 속성을 띤 채 완전히 살아남는다.

따라서 석방 이후 몇 년이 지나도 포로들은 지속적으로 이중 사고를 실행하고, 두 개의 현실과 두 개의 시점 속에 동시에 존재하게 된다. 과거에 관한 침투적 기억은 강렬하고 명확한 반면, 현재의 경험은 몽롱하고 활기 없을 때가 많다. 강제 수용소 생존자에 관한 한 연구는 20년 전에 석방된 한 여성에게서 〈진행되는 이중 의식〉을 밝혔다. 그 여성은 창밖으로 이스라엘 군인이 지나가는 것을 보면서, 군인들이 싸우기 위해 전선으로 떠난다는 것을 알고 있었다고 보고하였다. 동시에, 그녀는 나치 사령관에 의해 이들이 죽음으로 끌려가는 것을 〈알았다〉.[39] 현재 현실과의 접촉을 잃은 것은 아니었지만 그 현실의 위압감은 과거로부터 온 것이었다.

시간 감각의 변형과 함께 오는 것이 주도성과 계획성의 속박이다. 전적으로 〈파멸〉되지 않은 포로들은 주변 환경에 적극적으로 참여하려는 노력을 포기하지 않는다. 그들은 특별한 결심과 정교함으로 매일의 작은 생존 과제에 다가선다. 그러나 주도성은 가해자의 지시 범위 안으로 점점 좁혀진다. 포로는 더 이상 탈출을 생각하지 않는다. 다만 어떻게 하면 살아남을지, 혹은 어떻게 하면 속박이 더 견딜 만할지를 생각할 뿐이다. 강제 수용소의 수용자는 신발 한 짝, 숟가락 하나, 담요 하나를 얻기 위하여 계획을 세운다. 양심수 집단은 채소를 조금 기르기 위하여 공모를 꾸민다. 성매매 여성은 포주로부터 돈을 숨기기 위하여 책략을 세운다. 가정 폭력 피해 여성은 공격이 급박할 때 숨는 방법을 아이들에게 가르친다.

속박이 지속될수록 협소화된 주도성은 곧 습관이 된다. 이러한 학습은 포로가 석방된 이후 반드시 제거되어야 한다. 정치적 반체제주의자인 마우리시오 로젠코프는 수년 동안 속박된 이후 자유로운 생활로 돌아가게 되면서 닥쳐 왔던 어려움을 이야기한다.

나오자마자, 우리는 갑자기 모든 문제에 직면하였다. 예를 들면 문고리 같은 우스운 문제들. 나는 손을 뻗어 문고리를 잡는 운동 반사가 없었다. 13년이 넘도록, 나는 문고리를 잡을 필요가 없었다. 그것은 〈허용〉되지 않았다. 닫힌 문 앞에 서면 나는 순간적으로 난처해졌다. 그다음에는 뭘 해야 할지 기억이 나질 않았다. 혹은 어두운 방을 밝히는 방법. 어떻게 일하고, 돈을 지불하고, 물건을 사고, 친구를 방문하고, 물음에 답하는지를. 내 딸이 이렇게 저렇게 하라고 말해 주면 하나의 문제는 다룰 수 있고, 두 개 정도는 다룰 수 있지만, 세 번째 과제가 닥쳐 오면 딸의 목소리는 들리지만 내 머리는 구름 속에서 길을 헤맨다.[40]

세계에 적극적으로 참여하는 능력을 속박당하는 것은 단일한 외상 경험에서도 일반적인 일이다. 그러나 만성적으로 외상을 경험했던 사람들에게, 수동적이고 무기력하다고 오해받기 쉬운 이들에게, 이러한 문제는 더욱 두드러진다. 어떤 이론가들은 실수로, 가정 폭력 같은 만성적인 외상을 경험한 이들의 상태에 〈학습된 무기력〉이라는 개념을 적용한 바 있다.[41] 사실상 더 생생하고 복잡한 내적 투쟁이 이들 안에 자리 잡고 있음에도, 이러한 개념은 단순히 피해자를 패배당한 사람으로, 혹은 무감각한 사람으로 묘사해 버리는 경향이 있다. 대부분의 상황에서 피해자는 포기하지 않는다. 다만 모든 행동이 감시당할 것이며, 모든 행동이 좌절될 것이고, 실패할 경우 끔찍한 대가가 있다는 것을 이미 학습했을 뿐이다. 가해자가 완전한 복종을 강요하는 데 성공한 만큼, 피해자는 자기 주도하의 어떤 실행도 저항이 된다고 지각할 것이다. 어떤 행동을 취하기 전에, 피해자는 항상 보복을 예상하면서 환경을 유심히 살필 것이다.

지속적으로 속박되는 경우, 시행착오에 대한 인내력이 침식되고 파괴된다. 시행착오를 인내할 수 있다면 주도성을 안전하게 발휘할 수 있는 여지를 제공받지만, 만성적으로 외상을 경험한 사람들이 보기에는 어떠한 행동 속에도 긴박한 결과가 잠재되어 있다. 실수를 위한 공간은 없다. 로젠코프는 처벌에 대한 그의 즉각적인 대비 상태에 대해 이야기한다. 〈나는 끊임없이 움찔댄다. 내 뒤에 누군가가 있다면 먼저 지나가게 하려고 계속 멈추게 된다. 나의 몸은 계속 구타당할 것에 대비하고 있다.〉[42]

자유를 얻은 이후에도 가해자가 여전히 현재하고 있다는 느낌이 든다면, 피해자가 세계와 맺는 관계에 중대한 변형이 일어났음을 뜻한다. 속박 동안의 강압적인 관계는 필연적으로 피해자의 주의를 독점하였다. 그러한 관계가 내적 삶의 일부에 자리를 잡으면서, 피해자는 풀려난 이후에도 지속적으로 이것에 몰두한다. 양심수의 경우 이러한 관계를 지속하는 양상은 가해자의 범죄력에 집착하거나 세계의 알려지지 않은 악에 관해 고심하는 형태로 나타난다. 풀려난 포로들은 가해자를 추적하기도 하고, 두려워하기도 한다. 성폭력, 가정 폭력, 컬트 종교의 포로들에게 나타나는 양상은 더욱 양가적인 모습이다. 피해자는 가해자를 계속 두려워하면서 끝까지 그에게 괴롭힘을 당할 것이라고 예상하는 동시에 가해자 없이는 자신이 공허하고, 혼란스럽고, 무가치한 존재라고 느낄 수 있다.

전적으로 고립되지 않았던 양심수들은 운명을 같이하는 사람들과 애착 관계를 맺으면서, 가해자와의 관계에서 오는 해로움을 줄일 수 있었다. 이렇게 다른 이들과 결속하는 행운을 가졌던 포로들은 사람들이 극단적인 상황에서도 관대함과 용기, 헌신적인 태도를 모아 갈 수 있다는 점을 잘 안다. 강한 애착을 형성하는 능력은 가장 극악무도한 상황 아래에서도 파괴되지 않는다. 포로들의 우정은 죽음의 나치 수용소에서도 넘쳐났다. 수용소의 포로 관계에 대한 연구에서, 서로 나누고 보호하는 충실한 동료 관계를 바탕으로 〈안정된 짝〉을 맺었던 대다수는 생존할 수 있었던 점이 밝혀졌다. 이 연구는 개인이 아닌 짝이 〈생존의 기본 단위〉였다고 결론지었다.[43]

그러나 동료와 유대를 맺을 기회가 없어 고립된 포로들은 가해자와 짝을 맺게 될 수 있다. 이러한 경우, 가해자와 맺은 짝이 〈생존의 기본 단위〉가 된다. 이것이 바로 가해자를 구세주로 여기는 반면, 구조자를 두려워하고 미워하게 되는 〈외상성 애착traumatic bonding〉이다. 정신분석가이자 경찰관인 마틴 사이먼스는 이것이 〈심리적 유아기〉로의 강요된 퇴행이며, 〈생을 위협하는 바로 그 당사자에게 매달리도록 피해자는 강요당한다〉고 설명한다.[44] 그는 업무 중 납치되어 인질이 되었던 경찰들에게서 이러한 과정을 자주 관찰할 수 있었다.

외상성 애착은 가정 폭력 피해 여성에게도 발생할 수 있다. 특히 애정 관계라는 고립된 환경 안에서 공포와 유예가 반복되다 보면, 피해자는 전지전능하고 신적인 권위를 지닌 것만 같은 가해자에게 거의 숭배한다 싶을 정도로 강렬하게 의존하게 될 수 있다. 피해자는 가해자의 분노에 대한 공포 속에서 살아가는 동시에, 가해자가 삶을 인도하는 원천이요 삶 그 자체라고 여기게 된다. 관계는 극단적으로 특이한 형태를 취할 수도 있다. 어떤 가정 폭력 피해 여성은 거의 망상 수준으로 배타적인 세계로 들어서게 되었다고 말한다. 그녀는 가해자의 웅대한 신념 체계를 받아들이고, 충실과 복종에 대한 증거로 자기 안의 의심을 자발적으로 억제하였다. 전체주의 컬트 종교 집단에 유입되었던 사람들 또한 유사한 경험을 보고할 때가 많다.[45]

피해자가 탈출한 이후에도, 속박 이전에 존재했던 관계의 유형을 재건하는 것은 쉬운 일이 아니다. 이제 모든 관계는 극단의 렌즈를 통해서만 보이기 때문이다. 주도성에 있어서 적절한 수준이 없어진 것처럼, 관계에 관여하는 데 있어서도 적절한 수준이란 없어졌다. 평범한 관계는 학대자와 맺었던 병리적인 애착만큼의 강렬함을 제공하지 않는다.

모든 만남에서 기본 신뢰가 문제가 된다. 풀려난 포로에게는 잔학 행위에 관한 단 하나의 이야기만 존재한다. 그리고 누군가는 가해자, 누군가는 수동적인 목격자, 동맹자, 혹은 구조자라는 매우 제한된 역할만이 존재한다. 새롭든 오래되었든, 모든 관계에 암묵적인 질문을 던진다. 〈당신은 어느 편이오?〉 피해자가 가장 경멸하는 사람은 가해자가 아니라, 수동적인 방관자일 때가 많다. 우리는 도와주지 않았던 이들을 거부하는 강요받은 성매매 여성 러블레이스의 목소리를 듣는다. 「내가 말을 하지 않으니까 그렇지, 사람들 대부분은 내가 얼마나 자기들을 가혹하게 비판하는지 모를 것이다. 나는 그냥 그들을 명단에서 지워 버린다. 영원히. 이 사람들은 나를 도울 기회가 있었지만 응답하지 않았다.」[46] 양심수인 티머만은 이와 같은 쓸쓸함과 버림받은 느낌을 표현한다. 「홀로코스트에 대한 침묵의 크기는 그 피해자의 수만큼이나 알려져 있지 않다. 그리고 나를 가장 괴롭히는 것은 바로 이 침묵이 반복되고 있다는 점이다.」[47]

지속된 속박은 모든 종류의 인간관계를 방해하며 외상의 변증법을 증폭시킨다. 생존자는 강렬한 애착과 겁에 질린 회피의

양 극단 사이에서 동요한다. 그녀에게 관계에 다가가는 것이란 마치 삶과 죽음의 문제와도 같다. 그녀는 구조자로 보이는 사람에게 절박하게 매달리고, 가해자나 공범자로 짐작되는 사람에게서는 갑작스럽게 도망치고, 동맹자로 보이는 이에게는 헌신적인 태도를 보이고, 무관심한 방관자로 보이는 이에게는 분노와 경멸을 드러낸다. 그녀 안에는 다른 이에 대한 어떠한 내적 표상*도 안정되어 있지 않으므로, 그녀는 다른 사람이 작은 실수를 저지르거나 조금만 실망스럽게 해도 그의 역할을 급작스럽게 바꾸어 버린다. 어찌할 수 없게도, 실수를 위한 공간은 없다. 시간이 지나면서 사람들 대부분이 신뢰를 측정하는 생존자의 가혹한 시험에 통과하지 못하게 되고, 따라서 생존자는 관계를 피하게 된다. 그녀의 고립은 자유로워진 이후에도 지속된다.

지속적인 속박은 피해자의 정체성을 심하게 변형시킨다. 신체에 대한 이미지, 다른 이에 대한 내적 심상, 개인에게 일관성과 목적성을 부여하는 가치와 이상 등, 자기와 관련된 모든 심리 구조는 침해되었고 하나씩 무너져 내렸다. 여러 전체주의체계 속에서 이러한 비인간화 과정은 피해자의 이름을 빼앗아버리는 수준까지 치닫는다. 티머만은 스스로를 〈이름이 없는

---

* 생애 초기에 중요한 타인들과 맺은 관계가 기억 흔적으로 남아 마음속에 표상으로 자리 잡은 것. 자기의 역할과 기능에 대한 기억 흔적은 자기 표상, 타인의 역할과 기능에 대한 기억 흔적은 대상 표상으로 무의식에 남는다.

포로〉라고 부른다. 강제 수용소에 속박된 이들의 이름을 대신
하는 것은 숫자이다. 그것은 인간의 이름이 아니다. 정치적, 종
교적 컬트 집단이나 조직화된 성 착취 집단 속에서, 피해자에
게는 새로운 이름이 주어진다. 새로운 이름이 주어졌다는 것은
과거의 정체성이 완전히 소멸되었다는 것, 그리고 새로운 규칙
에 복종해야 한다는 것을 의미한다. 따라서 퍼트리셔 허스트에
게 혁명당원 타냐라는 새로운 이름이 붙여졌다. 린다 보어만에
게는 창녀 린다 러블레이스라는 새로운 이름이 붙여졌다.

　속박에서 풀려났다고 해도, 속박되기 이전에 지녔던 정체성
을 되찾을 수는 없다. 자유 속에서 새로운 정체성을 발달시킬
수 있다 할지라도, 그 안에는 반드시 노예였던 기억이 포함되
어 있다. 신체에 대한 심상은 통제받고 침해받은 신체의 심상
을 포함하고 있다. 대인 관계에 속해 있는 자기에 관한 심상은
다른 이들을 잃고, 다른 이들에게서 버림받는 자기의 심상을
포함하고 있다. 도덕적 이상은 다른 이들과 자기 안에 사악한
능력이 존재한다는 앎과 공존하고 있다. 만약 속박되었던 동안
에 원칙을 배신하고 다른 이들을 희생시켰다면, 이제 공범자로
서의 자기, 〈파멸한〉 자기의 심상과 함께 살아가야 한다. 피해
자 대부분에게 그 결과는 더럽혀진 정체성으로 남는다. 피해자
들은 수치심, 자기혐오, 패배감에 휩싸인다.

　심각한 사례에서, 피해자는 기본적인 생존만을 영위하는 삶
을 살았던 전락한 포로였다는 정체성을 유지하게 된다. 더 이

상 인간이 아니다. 로봇이거나, 짐승이거나, 식물이다. 정신의 학자인 윌리엄 니덜랜드는 나치 홀로코스트 생존자들에 관한 연구에서, 정체성이 변형되는 것 은 〈생존자 증후군〉의 일관된 특징이라고 밝혔다. 환자들 중 대부분이 〈난 이제 다른 사람입니다〉라고 호소했던 반면 가장 심각하게 해를 입은 사람들은 〈나는 사람이 아닙니다〉라고 말할 뿐이었다.[48]

대인 관계와 정체성이 이렇게 깊숙하게 변형되면서, 생존자는 필연적으로 신념의 기본 원칙에 대해 의문을 던지게 된다. 물론 강하고 안정적인 신념 체계를 지닌 사람도 있다. 이들은 투옥의 시련을 감내할 수 있고, 신념을 손상당하지 않고서, 혹은 신념이 더 강해진 채로 살아남을 수 있다. 그러나 이런 사람들은 극소수일 뿐이다. 대다수의 사람들은 신에게서 버림받은 존재의 쓰라림을 경험한다. 홀로코스트 생존자인 위젤은 이 쓰라림에 음성을 부여한다. 「나의 신념을 영원히 불태워 버린 화염을 나는 절대 잊지 않을 것이다. 살고 싶다는, 한없는 염원을 내게서 빼앗아 간 어둠의 침묵을 절대 잊지 않을 것이다. 나의 신과 나의 영혼을 살해하고 나의 꿈을 한순간에 재로 뒤바꿔 버린 순간들을 절대 잊지 않을 것이다. 내가 신만큼이나 오래 살게 되는 형벌을 받을지라도, 이것들을 절대 잊지 않을 것이다. 절대로.」[49]

이러한 압도적인 심리적 상실감은 끊임없는 우울 상태로 귀결된다. 만성적인 외상을 경험한 사람들에 관한 대부분의 임상 연구에서 가장 일반적으로 발견되는 것이 만성 우울이다. 지속적인 외상 경험은 모든 측면에서 우울 증상을 악화시키는 데 작용한다. 외상 후 스트레스 장애의 만성적인 과각성과 침투 증상은 수면과 섭식과 관련된 우울의 신체 기능 문제와 혼합되어, 니덜랜드가 〈생존자 3요인survivor triad〉이라고 부르는 불면증, 악몽, 신체화 증상을 발생시킨다.[50] 외상 후 장애의 해리 증상은 우울의 주의 집중 문제와 융합한다. 만성적 외상의 주도성 마비는 우울의 무감각함과 무기력감과 혼합된다. 만성적 외상의 애착 파괴는 우울의 고립을 강화한다. 만성적 외상의 저하된 자기상은 우울의 꼬리에 꼬리를 무는 자책을 촉진시킨다. 만성적 외상의 고통스러운 신념 상실은 우울의 무망감 hopelessness과 융합한다.

투옥당한 이의 강렬한 분노는 우울의 무게를 가중시킨다. 속박당하는 동안 피해자는 생존을 위태롭게 해서는 안 되기 때문에, 가해자가 모욕하더라도 분노를 표현할 수 없었다. 그러나 풀려난 이후에도 포로는 계속하여 복수를 두려워할 수 있고, 가해자에 대한 분노를 표현하기까지 더 오랜 시간을 필요로 할 수 있다. 또한 포로에게는 자신의 운명에 무관심하였고, 자신을 돕지 않았던 모든 이에 대한 표현되지 않는 분노의 무게가 남아 있다. 간혹 생존자가 분노를 폭발시키기라도 한다면 다른 이들로부터 더욱 소외받게 되고, 이는 관계의 회복을 저해한다. 따라서 생존자는 분노를 통제하려는 노력의 일환으로 다른 사람을 더욱더 피하게 되고, 결과적으로 생존자의 고립은 영속된다.

결국 생존자는 분노와 혐오의 화살을 스스로에게 돌린다. 자살은 투옥 동안에 저항으로 기능했지만, 석방되고 오랜 시간이 지나 이미 적응이라는 목적이 사라진 뒤에도 지속될 수 있다. 전쟁 포로에 대한 연구는 살인, 자살, 의문의 사고로 인하여 이들의 사망률이 증가했다는 일관된 기록을 남겼다.[51] 마찬가지로 가정 폭력 피해 여성에 대한 연구 또한 이들의 높은 자살률을 보고한다. 100명의 가정 폭력 피해 여성 집단에서, 42퍼센트가 자살을 시도한 바 있었다.[52]

포로들은 풀려난 이후에도 자기 안에 가해자의 혐오를 담은 채, 때로는 자신의 손으로 직접 가해자의 파괴적인 목적을 실행한다. 강압적인 통제에 종속되었던 사람들은 오랜 시간이 흐른 뒤에도 속박이라는 심리적 흉터 속에서 버티고 있다. 그들은 전형적인 외상 후 증후군으로 고통스러울 뿐만 아니라, 신과 다른 이들과의, 그리고 자기 자신과의 관계가 깊숙하게 변형되어 고통스럽다. 홀로코스트 생존자인 레비의 말에 의하면, 〈우리는 우리의 인성이 깨지기 쉽다는 것을, 우리의 인성이 우리의 목숨보다 더 큰 위험에 놓였다는 점을 배웠다. 지혜로운 선인들은 《죽음은 필연적임을 기억하라》고 우리에게 경고하는 대신, 우리를 위협하는 이 크나큰 위험에 대해 알려 주었어야 했다. 수용소 안에서 인간을 자유롭게 하기 위한 메시지가 스며 나왔다면 이러하였을 것이다.《우리가 이곳에서 짊어져야 했던 것들 때문에 네 가정으로 돌아가 고통스럽지 않도록 주의하라》.[53]

5
아동 학대

성인기에 반복적인 외상을 경험하게 되면 이미 형성된 성격 구조가 파괴된다. 그러나 아동기에 반복적인 외상을 경험하게 되면 성격이 단지 파괴되는 것만이 아니다. 이것은 성격을 만들어 낸다. 학대적인 환경 속에 갇힌 아이는 끔찍한 적응 과제들에 직면하게 된다. 아이는 믿을 수 없는 사람들 속에서 신뢰감을, 안전하지 않은 상황 속에서 안전함을, 끔찍하게 예측할 수 없는 상황 속에서 통제감을, 그리고 무기력한 상황 속에서 힘을 지키는 방법을 찾아야만 한다. 아이는 어른이 제공하지 못한 보살핌과 보호를 자신의 힘으로 보상해야 한다. 그러나 아이는 스스로를 보살피거나 보호하지 못한다. 아이가 가진 유일한 대처 방편은 심리적 방어라는 미성숙한 체계뿐이다.

아동기 학대라는 병리적 환경 속에서 아이는 건설적이면서도 파괴적인, 아이답지 않은 능력을 발달시킬 것을 강요받는다. 아이는 신체와 정신, 현실과 상상, 지식과 기억의 일상적 관계가 더 이상 유지되지 않는 이상(異狀) 상태의 의식을 발달시키게 된다. 이러한 의식의 변형은 일련의 막대한 신체적인 증상과 심리적인 증상을 만들어 낸다. 증상은 기원을 감추는 동시에 드러낸다. 증상은 말로 하기에는 너무나 끔찍한 비밀을 위장된 언어로 전한다.

수백 년 동안, 연구자들은 경이로움과 공포를 느끼며 이 현상을 설명해 왔다. 과학의 언어에 의해 300년 동안 추방당했던 초자연의 언어는 만성적인 아동기 외상의 심리적 발현을 설명하기 위하여 여전히 가장 진지한 시도들을 가지고 침투한다. 프로이트는 종교적인 사람은 아니었지만, 히스테리아의 외상성 기원을 가장 깊이 탐색해 나간 지점에서 자신의 연구와 과거 종교의 취조 사이에 존재하는 유사성을 인식했다.

어쨌거나, 히스테리아의 일차적 기원에 대한 나의 새로운 이론 전부가 이미 낯익은 것이고, 몇 세기 전부터 수백 번 넘게 출판되었다는 제언에 대해서 할 말이 있는가? 교회 재판소에서 행해진 귀신 들림에 관한 중세의 이론이 이질적인 신체와 분리된 의식에 관한 우리의 이론과 동일하다고 내가 늘 말했던 것을 기억하나? 그러나 불쌍한 피해자들의 혼을 앗아간 악마는 왜 그렇게 무시무시한 방법으로 변함없이 그런 일을 저지르는가? 왜 고문으로 자행된 고백들이 심리 치료 동안 환자들이 나에게 말해 준 것과 그토록 유사한가?[1]

운이 좋았던 생존자들에게서 이 물음에 대한 대답을 얻을 수 있다. 그들은 회복을 장악할 수 있는 길을 찾았고, 취조의 대상이 되기보다는 진실을 추구하는 임무의 선도자가 되었다. 작가이자 근친 강간 생존자인 실비아 프레이저는 발견의 도정을 이야기한다. 〈나의 몸이 내 것이 아닌 이야기를 행할 때 발작이 더 많이 나타났다. 때로 이것이 악몽으로 솟아날 때는, 목구멍이 웅크러지고 배에서 구역질이 났다. 이 병은 너무나 강력해서 가끔은 가슴에 끈적끈적한 이끼가 달라붙어 숨을 쉬려면 발버둥을 쳐야 할 것 같았다. 이럴 때면 잠자는 여자를 강간하여 악마를 탄생시켰다는 중세 설화 속의 몽마(夢魔)에 대한 생각이 쳐들어왔다. ······ 미신이 강한 사회였다면, 나는 악마에게 홀린 아이로 진단받았을지도 모른다. 사실상 나는 아빠의 거짓된 기관 — 인간 안의 악마 — 에 의해 홀렸던 것이다.〉[2]

프레이저에 의하면, 과거 그녀는 아마도 마녀로 매도당했을 것이다. 프로이트의 시대라면 그녀는 전형적인 히스테리아 진단을 받았을 것이다. 오늘날 그녀는 다중 인격 장애라는 진단을 받을 것이다. 그녀는 히스테리아 발작과 어린 시절부터 시작된 심인성 기억 상실, 10대 시절의 거식증과 위험한 성행위, 성기능 장애, 친밀 관계의 장해, 우울, 그리고 성인기의 치명적인 자살 시도를 포함하는 무수한 정신과적 증상을 보고한다. 광범위한 증상, 파편화된 성격, 심각한 장해와 비범한 힘은 생존자들이 경험한 것의 전형이 된다. 놀랍도록 창의적인 재능으로, 프레이저는 피할 수 없었던 반복적인 학대의 고통 속에서 형성되었던 자기 이야기를 재구성할 수 있었다. 그리고 피해자에서 정신과 환자로, 환자에서 생존자로 그 진전의 경로를 명료하게 따라가게 되었다.

학대 환경

만성적인 아동기 학대는 공포가 만연한 가족 환경 속에서 발생한다. 이 안에서 건강한 양육 관계는 깊이 파괴되어 있다. 생존자들은 강압적인 전체주의적 통제의 특징을 설명한다. 이들은 폭력과 죽음에 대한 위협과 사소한 규칙에 대한 집요한 강요, 간헐적인 보상, 그리고 고립, 은폐, 배신을 통해 다른 모든 관계를 파괴시키는 수단에 의해 억압받는다. 이러한 통제된 환경에서 자란 아이들은 성인의 경우보다 더욱 심각하게 자신을 학대하고 방임하는 이들에게 병리적으로 애착하게 된다. 이들은 자신의 복지, 현실, 혹은 삶을 희생하고서라도 애착을 유지하려고 분투한다.

여러 생존자의 증언을 통해서, 만연해 있는 죽음의 두려움은 되살아난다. 때때로 아이는 폭력이나 죽음의 위협을 직접 받으면서 침묵을 강요당한다. 저항하거나 발설한다면 가족 중 다른 누군가를 죽이겠다고 빈번하게 위협받았다. 형제자매, 가해하지 않는 부모, 혹은 가해자 자신을. 폭력이나 살인의 위협은 반려동물에게도 향한다. 많은 생존자는 반려동물이 가학적으로 학대당하는 것을 목격해야만 했다. 두 명의 생존자는 그들이 감내해야 했던 폭력을 이렇게 이야기한다.

나는 아버지가 방을 가로지르면서 강아지를 발로 차는 것을 보았다. 그 강아지는 내 전부였다. 나는 달려가 강아지를 껴안았다. 아버지는 매우 화가 나 있었고, 마구 소리 질렀다. 그는 나를 끌고 다니면서 창녀라고 하였다. 그의 얼굴은 마치 낯선 사람의 얼굴처럼 악독하게 보였다. 그렇게 좋은 물건이라면 뭣에 쓰이면 좋은지 보여 주겠다고 했다. 그는 나를 벽으로 밀쳤다. 모든 것이 하얗게 변했다. 나는 움직일 수가 없었다. 나는 내가 박살 날까 봐 두려웠다. 그러고 나서 감각이 무뎌졌다. 나는 생각했다. 〈너는 정말 죽는구나. 네가 무슨 짓을 했든, 그게 네 최후다.〉[3]

아버지가 술에 취하면 우리를 죽일지도 모른다고 생각했다. 언젠가 아버지는 나와 어머니, 그리고 남동생에게 총구를 들이밀었다. 몇 시간이 흘렀을까. 나는 우리가 기대어 서 있던 벽을 기억한다. 나는 얌전하게 아버지가 시키는 대로 따르려고 노력했다.[4]

폭력의 두려움에 더하여, 생존자들은 일관되게 압도적인 무기력감을 보고한다. 학대적인 가족 환경 속에서, 부모가 실행하는 권력은 독단적이고, 집요하고, 절대적이다. 규칙은 변덕스럽고, 비일관적이며, 명백하게 부당하다. 생존자들이 말하기를, 가장 두려웠던 점은 폭력을 도무지 예측할 수 없었다는 데 있었다. 학대를 피할 수 있는 방법을 찾지 못한 채, 이들은 완전하게 굴복하는 법을 배운다. 두 명의 생존자들은 폭력에 적응하려고 애썼던 이야기를 한다.

내가 엄마에게 대응하는 방법을 만들려고 하는 매번, 규칙은 변하였다. 난 거의 매일 빗자루나 단단한 벨트로 맞았다. 엄마가 나를 때릴 때는 구석에 웅크려 있곤 했다. 나를 때리면서 엄마의 얼굴은 점점 변해 간다. 마치 엄마가 나를 때리는 게 아니라 다른 누군가를 때리는 것 같다. 엄마가 차분해지면 나는 엄마에게 보라색이 되어 버린 큰 채찍 자국을 보여 주곤 했다. 그러면 엄마는 〈어디서 그랬니?〉 하고 묻는다.[5]

아무런 규칙도 없었다. 규칙은 얼마 후면 사라지는 그런 식이었다. 나는 집에 가기를 죽도록 싫어했다. 무슨 일이 일어날지 알 수 없었다. 우린 아버지가 어머니에게 어떻게 했는지를 봤기 때문에, 맞는 것에 대한 위협은 무시무시했다.

군대에서는 〈굴려〉라고 말한다지. 아버지가 어머니한테 그렇게 하면, 어머니가 우리에게 그렇게 하곤 했다. 한번은 어머니가 나를 부지깽이로 때렸다. 시간이 흐르자 우리는 익숙해졌다. 우리는 공처럼 몸을 웅크렸다.[6]

아동기 학대 생존자들 중 대부분이 혼란스럽고 예측할 수 없었던 규칙을 강요당했다고 강조하는 반면, 어떤 이들은 매우 조직화된 처벌과 압제의 양상에 대해 이야기한다. 이 생존자들이 보고하는 처벌의 방식은 양심수의 경험과 유사할 때가 많다. 많은 이가 신체 기능에 강압적인 통제를 받았다고 말한다. 이들은 강제로 음식을 먹어야 했고, 때론 먹을 수 없었으며, 잠을 박탈당했고, 더위와 추위에 지속적으로 내던져졌다. 또 어떤 이들은 옷장이나 지하실에 갇히고 묶이는 등 구금당했던 경험을 이야기한다. 포르노 영화나 성매매, 혹은 비밀 컬트 종교에서, 가장 극단적인 경우에 학대는 의식에 따라 조직화되어 있기 때문에 예측이 가능해지기도 한다. 그 당시 규칙이 공정하다고 여겼는지를 생존자에게 묻자, 그녀는 대답하였다. 「우리는 규칙이 공정하다든지 부당하다든지에 대해서는 아예 생각조차 하지 않았다. 우리는 그저 따르려고 노력했다. 규칙은 너무 많아서 따르기 힘들 정도였다. 돌이켜보면 너무 꼬치꼬치 엄격했다. 어떤 것은 꽤 기괴하기도 했다. 능청스레 웃어도 비웃는다며 그렇게 얼굴의 표정만으로도 처벌받을 수 있었다.」[7]

지속적인 위험의 기후에 적응하기 위해서는 각성 상태가 지속되어야 한다. 학대 환경에 처한 아이들은 공격의 경고를 탐지하는 놀라운 능력을 발달시킨다. 아이들은 학대자의 내적 상태에 즉각적으로 조율되어 있다. 분노, 성적 흥분, 중독, 해리의 신호를 보내는 가해자의 얼굴 표정, 목소리, 그리고 몸짓의 미묘한 변화를 인식하는 방법을 배운다. 이러한 비언어적 의사소통은 몹시 자동화되어 대부분 의식의 자각 너머에서 발생한다. 아동 피해자는 각성을 유발한 위험 신호를 명명하거나 확인하지 않은 채 이것에 반응하는 것부터 배운다. 극단의 예에서, 정신의학자인 리처드 클루프트는 어머니가 폭력적으로 변해 가는 단서에 따라 해리하는 법을 학습한 세 명의 아이들을 관찰하였다.[8]

위험 신호를 감지할 때, 학대받은 아이들은 가해자를 피하거나 회유하면서 스스로를 보호하려고 시도한다. 가출 시도는 일반적으로 일고여덟 살 때 시작된다. 많은 생존자가 오랫동안 말 그대로 숨어 있을 수밖에 없었던 순간들을 기억한다. 이들에게 유일하게 안전감을 제공해 주었던 것은 사람이 아니라 특정한 공간이었다. 어떤 이들은 가능한 눈에 띄지 않도록, 주의를 끌지 않도록 애썼던 기억을 이야기한다. 이들은 쭈그려 앉아 몸을 공처럼 웅크린 채 한곳에 얼어붙어 있거나, 무표정한 얼굴을 유지해야 했다. 따라서 자동적인 과각성의 상태가 지속되더라도 동시에 조용하고 얌전한 채로 내적 동요를 신체적으로 나타내지 않도록 해야 했다. 그 결과 학대받은 아이들의 특징이라고 자주 언급되는 〈얼어붙은 경계〉라는 동요의 상태가 나타난다.[9]

피하는 데 실패할 경우, 아이들은 자동적으로 복종하는 태도를 보이면서 학대자를 진정시키려고 한다. 횡포한 규칙이 강요되는 가운데 크게 다치거나 죽는 것에 대한 두려움이 계속된다. 이 속에서 아이에게 두 가지 모순된 측면이 나타난다. 한 측면에서, 이것은 저항은 헛될 뿐이라는 완전한 무력감이 되어 아이들을 억누른다. 아이들은 학대자가 절대적인, 심지어는 초자연적인 힘을 가지고 있고, 자신의 생각을 읽어 내며, 자신의 삶을 전적으로 통제하고 있다는 믿음을 발달시킨다. 다른 측면에서, 이것은 충실함과 복종의 동기가 된다. 상황을 제어하기 위한 유일한 방식으로 아이들은 〈착하게 굴려고〉 두 배, 네 배로 노력한다.

폭력, 위협, 그리고 규칙의 집요한 강요로 공포가 주입되고 자동적으로 복종하는 습관이 발달할 때, 보호를 제공할 수 있는 관계들은 고립, 은폐, 배신으로 파괴당한다. 아동 학대가 발생하는 가정이 사회적으로 고립되어 있다는 점은 잘 알려져 있다. 그러나 사회적 고립이 결코 자연스레 일어날 수 없다는 점은 알려져 있지 않다. 이는 사실을 은폐하고 가족 구성원들을 통제하기 위한 목적으로 가해자가 강요한 결과이다. 생존자들은 모든 사회적 접촉에 대한 가해자의 질투 섞인 감시에 대해

자주 언급한다. 학대자는 아이가 일반적인 또래 활동에 참여하지 못하게 하고, 이렇게 활동을 방해할 권리가 자신에게 있다고 주장하기도 한다. 체면을 유지하고 사실을 감추라는 요구 때문에 학대받은 아이의 사회적 삶은 너무나 깊이 제한받는다. 따라서 사회적 삶의 외양을 발달시키려고 애쓰는 아이들 또한 이를 진정하지 못한 것으로 체험한다.

학대받은 아이는 넓은 바깥세상뿐만 아니라, 가족의 다른 구성원과도 고립되어 있다. 아이는 자기 안의 세계에서 가장 힘이 센 어른이 자신에게 위험하다는 것은 물론, 보살필 책임이 있는 다른 어른들마저 자신을 보호하지 않는다는 것을 매일매일 인식한다. 보호할 수 없었다는 핑계는 아동 피해자에게 이해되지 않는다. 아이의 입장에서 이것은 좋게 보자면 무관심이고, 나쁘게 보자면 완전한 배신이다. 아이의 관점에서, 비밀을 알아내지 못한 부모는 알아냈어야 했다. 충분히 관심을 기울였다면 알아냈을 것이다. 위협당한 부모는 끼어들었어야 했다. 충분히 관심을 기울였다면 싸워 냈을 것이다. 아이는 운명이 자신을 버렸다고 느끼며, 어쩌면 학대 자체보다 이 버림받았다는 사실이 뼛속 깊이 원망스러울 것이다. 한 근친 강간 생존자는 가족에 대한 분노를 이야기한다. 「너무나 깊은 분노가 쌓여 갔다. 집 안에서 일어났던 일 때문이 아니다. 아무도 내 얘기를 들어주지 않았기 때문이다. 엄마는 아직도, 그때 일이 얼마나 심각했었는지를 부정한다. 이제야 아주 가끔씩 〈엄만 너무나 죄책감이 든다. 내가 아무것도 하지 않았다는 사실을 믿을 수 없어〉라고 말하곤 한다. 당시에는 아무도 그것을 인정할 수 없었다. 그들은 그저 일어나도록 내버려 두었다. 그러니 나는 미쳐 갈 수밖에.」[10]

이중 사고

관계가 깊이 파괴된 환경 속에서 아이는 결코 만만하지 않은 발달 과제에 직면한다. 아이는 위험한 양육자, 방임하는 양육자와 일차적인 애착을 형성하는 방법을 찾아내야만 한다. 아이는 믿음직하지 못하고 안전하지 않은 양육자를 통해 기본 신뢰와 안전감을 발달시키는 방법을 찾아야만 한다. 아이는 무력하고, 방임하고, 잔혹한 이들을 통해 관계 속의 자기감을 발달시켜야 한다. 아이는 위안이 없는 환경 속에서 자기 위안의 능력을, 다른 사람의 욕구에 따라 자신의 몸이 처분되는 환경 속에서 스스로 신체를 조절하는 능력을 발달시켜야 한다. 아이는 학대자의 의지에 완전하게 따르도록 요구하는 환경 속에서 주도성의 능력을 발달시켜야 한다. 최종적으로, 모든 친밀한 관계가 훼손된 환경 속에서 친밀한 관계를 맺는 능력을, 그리고 자신을 창녀라고, 노예라고 정의하는 환경 속에서 정체성을 발달시켜야 한다.

이와 동등하게, 학대받은 아이의 실존적 과제 또한 만만하지 않다. 비록 자비롭지 않은 힘에 의해 버림받았을지라도, 아이는 희망과 의미를 지키는 방법을 찾아내야 한다. 그렇게 하지 못할 때 찾아오는 것은 완전한 절망이며, 어떠한 아이도 견딜 수 없는 무엇이다. 부모에게서 신뢰를 지켜 내려면, 아이는 부모에게 뭔가 무지막지한 잘못이 있다는 최초의 가장 명백한 결론을 거부해야만 한다. 모든 비난과 책임으로부터 부모를 용서해야 하는 자신의 운명을 설명해 내기 위하여, 아이는 무슨 일이든 하려 할 것이다.

매일같이 적의, 무기력, 무관심의 단서를 마주하면서, 학대받은 아이는 부모와의 초기 애착을 지킨다는 근본적인 목적 앞에 모든 심리적 적응 능력을 바친다. 이 목적을 달성하기 위하여 아이는 다양한 심리적 방어에 의존한다. 이러한 방어의 덕으로, 학대는 실제 일어나지 않았던 것처럼 의식적 자각과 기억에서 단절되거나, 어떤 일이 일어났던지 간에 그것이 실은 학대가 아니었다고 축소되고, 합리화되고, 면죄된다. 있는 그대로의 견딜 수 없는 현실에서 탈출할 수도, 현실을 변형 시킬 수도 없는 까닭에, 아이는 정신을 변형시킨다.

아동 피해자는 차라리 학대가 발생하지 않았다고 믿고 싶다. 이 소망 아래, 학대는 자기 자신으로부터도 은폐된다. 아이가 사용할 수 있는 방법은 솔직한 부정, 자의적인 사고의 억제, 그리고 무수한 해리 반응이다. 최면 몰입 상태나 해리 상태는 학령기 아동에게 일반적으로 높게 나타나며, 심각하게 처벌받거나 학대받은 아동에게 매우 발달되어 있다. 여러 연구는 아동기 학대의 심각도와 해리 수준과의 연결 고리를 기록하였다.[11] 아동기 학대 생존자 대부분은 최면 몰입 상태를 능숙하게 사용했다고 하며, 또 어떤 이들은 일종의 해리성 기제를 발달시켰다고 한다. 아이들은 심한 통증을 무시하고, 복합적인 기억 상실 속에 자신의 기억을 숨기고, 시간이나 장소나 사람에 대한 감각을 변형시키며, 환각이나 〈신들린 상태〉를 유발하는 법을 학습한다. 의식의 변형은 고의적인 것이기도 하지만, 때로는 자동적이며, 이질적이고 불수의적인 것으로 느껴질 때도 있다. 두 명의 생존자는 해리 상태에 대해 이렇게 이야기한다.

나는 눈의 초점을 놓치는 방식을 쓰곤 했다. 그것을 비현실이라고 불렀다. 처음에는 깊이 지각을 잃는다. 모든 것이 납작하게 보이고, 모든 것이 차갑게 느껴진다. 마치 작은 아기처럼 느껴진다. 그러면 내 몸은 마치 풍선처럼 공간 속을 떠다닌다.[12]

발작이 있곤 했다. 둔감해지고, 입이 움직이며, 목소리가 들리고, 마치 내 몸이 불타오르는 것처럼 느끼곤 했다. 나는 악마에게 홀린 것이라고 생각했다.[13]

초기 어린 시절의 심각하고 지속적인 학대라는 극단적 상황 아래, 아마도 강한 최면 몰입 상태를 타고났을 어떤 아이들은 개별적인 이름과 심리적 기능, 격리된 기억을 가지고 있는 분리된 성격 파편을 형성하기 시작한다. 이러한 해리는 단지 방어적 적응 기제일 뿐만 아니라, 성격을 조직하는 근본 원리가 된다. 성격의 파편화나 변형의 기원에 막대한 아동기 외상이 놓여 있다는 사실은 무수한 연구를 통하여 검증되어 왔다.[14] 아동 피해자는 학대의 경험을 일상적 자각 밖에 두는 이러한 변형을 통하여 책략적으로 학대에 대처하는 것이다. 프레이저 는 아버지가 자행한 구강 강간 동안 생겼던 변형된 성격을 이 야기한다.

나는 구역질한다. 나는 숨이 막힌다. 도와주세요! 나는 보지 않으려고 눈을 질끈 감는다. 마치 우리 엄마가 덧감 위에 구멍 난 양말을 씌우듯 우리 아빠는 내 몸을 자기 위로 당긴다. 추악, 추악, 내가 너에게 빠지지 않게 해줘. 수치, 수치, 추악. 아빠는 나를 사랑하지 않을 거야. 사랑해, 더러움, 추악. 그를 사랑해, 그를 증오해. 두려움, 절대로 내가 너에게 빠지지 않게 해줘. 더러움, 더러움, 사랑, 증오, 죄책감, 수치, 두려움, 두려움, 두려움, 두려움, 두려움, 두려움.
무력감에 너무나 바닥이 나서, 이것만 아니라면 다른 뭐라도 좋았을 그 순간을 나는 정확하게 기억한다. 이렇게 나는 피클병의 뚜껑처럼 나의 몸에서 머리를 끌러 낸다. 그때부터 나는 두 개의 자기를 가진다. 아빠에게 종속된 죄 있는 몸을 가진, 알고 있는 아이. 그리고 엄마에게 향한 죄 없는 머리를 가진, 감히 더 이상 알고자 하지 않는 아이.[15]

이중 자기

학대받은 모든 아이가 해리를 통하여 현실을 변형시키는 능력을 가지고 있는 것은 아니다. 그리고 해리 능력을 가진 아이라고 할지라도 항상 여기에 의지할 수 있는 것도 아니다. 학대의 현실을 피하는 것이 불가능할 때, 아이는 이를 정당화할 수 있는 의미 체계를 구축해야만 한다. 불가피하게도, 아이는 자신의 본성이 악하기 때문에 현실이 이렇게 되어 버렸다고 결론짓게 된다. 처음부터 아이는 이러한 설명을 집요하게 붙들면서, 의미와 희망과 힘을 지탱해 갈 수 있다. 악한 이가 나라면, 부모는 선하다. 악한 것이 나라면, 선해지기 위해서 나만 노력하면 된다. 이 운명을 이끈 것이 나라면, 어떻든 간에 이것을 변화시킬 힘은 내게 있다. 부모의 학대를 유발한 것이 나 자신이라면, 내가 충분히 노력한다면 언젠가는 부모의 용서를 구하고 그토록 절박하게 필요한 보호와 보살핌을 얻어 낼 수 있을 것이다.

자기 비난은 자기를 모든 사건의 참조점으로 삼는 초기 아동기의 일반적인 사고 방식과 일관된 것이다. 이는 외상을 경험한 어느 연령대의 사람이건 흔히 보이는 사고 과정과 일관된 것이기도 하다. 자신에게 일어난 일을 이해하기 위해서, 이들은 자신이 무엇을 잘못했는지 찾으려고 한다. 게다가 만성적인 학대 환경에서는 시간의 흐름이나 경험의 축적조차 이러한 자기 비난의 경향을 바로 잡아 주지 못한다. 자기 비난은 오히려 지속적으로 강화된다. 본성이 악하다는 아이의 느낌은 자녀를 희생양으로 만드는 양육자에 의해 직접적으로 승인받는다. 생존자들은 부모의 폭력이나 성적인 행동뿐만 아니라, 가족의 무수한 불행도 자기 탓인 것처럼 빈번하게 비난받았다고 한다. 가족의 일화는 아이가 태어나면서 초래한 해로움이나, 아이에게 운명 지워진 불명예에 관한 이야기를 포함할 수 있다. 한 생존자는 속죄양의 역할을 맡아야 했다고 이야기한다. 「내 이름은 어머니의 이름을 따랐다. 어머니는 나를 가졌기 때문에 결혼해야 했지만, 내가 두 살 때 도망갔다. 아버지의 부모들이 나를 길렀다. 어머니의 사진을 한 번도 본 적이 없지만, 그들은 내가 어머니와 똑같다고 하면서 아마도 내가 엄마처럼 음탕한 창녀가 될 거라고 말했다. 나를 강간하기 시작하면서 아빠는 〈넌 이걸 오랫동안 바래 왔고 이제 너는 이걸 갖게 될 거야〉라고 말했다.」[16]

분노와 살인적인 보복에 대한 환상은 학대에서 오는 일반적인 반응이다. 학대받은 성인과 마찬가지로, 학대받은 아동은 분노에 차 있으며 때로는 공격적이다. 이들은 갈등을 해결하는 언어적, 사회적 기술이 부족하고, 늘 적대적인 공격을 예상하면서 문제에 접근한다.[17] 학대받은 아동에게서 예상되는 이러한 분노 조절의 어려움은 자기 본성이 악하다는 아이의 확신을 더욱 강화시킨다. 매번의 적대적인 대면은 자신이 혐오받아 마땅한 사람이라는 점을 확신시킨다. 대개 그러하듯 만약 아이가 학대받았던 위험한 원천을 알지 못한 채 자신의 분노를 대치* 하려 하고 애꿎은 사람들에게 이를 부당하게 이행한다면 자기 비난은 더욱더 악화될 것이다.

금지된 성적 행동에 관여하는 것 역시 자기 본성이 악하다는 느낌을 확증하는 일이 된다. 만약 착취 상황 속에서 아이가 조금이라도 만족감을 가졌다면, 이는 자신이 학대를 조장했으며 자신에게 전적인 책임이 있다는 증거가 된다. 만약 한 번이라도 성적인 쾌감을 경험했거나, 학대자가 주는 특별한 관심을 즐기고, 특권을 기대하거나, 특권을 얻기 위해서 성적 관계를 사용했다면, 이러한 〈죄〉는 자기 본성이 악하다는 증거로 사용된다.

마지막으로, 다른 이를 향한 범죄에 가담하도록 강요받으면서 본성이 악하다는 아이의 느낌이 심화된다. 아이들은 공범자

* 방어 기제의 한 유형. 사람은 감정을 표현해도 안전한 대상에게 자신의 감정을 돌리게 된다.

가 되지 않기 위해서 저항한다. 이들은 다른 사람들을 보호하기 위하여 자신을 희생시키며 학대자와 애써 타협하려고도 한다. 불가피하게도 이러한 타협은 실패하는데, 왜냐하면 어떤 아이도 성인이 행해야 할 보호 역할을 수행할 능력이 없기 때문이다. 아이는 학대자가 곧 자기 아닌 다른 피해자를 찾아낼 것이라는 점을 알면서도, 어느 정도까지는 그에게서 벗어나는 방법을 고안해 낼 수 있다. 아이는 다른 아이의 학대를 목격하면서도 침묵을 지킬 수 있다. 혹은 다른 아이를 피해자로 만드는 데 가담하도록 끌려 다닐 수도 있다. 조직화된 성적 착취 속에서, 컬트 장면이나 성적 장면에 아이를 완전히 들여놓기 위해서는 다른 이에 대한 학대에 아이를 끌어들이는 일이 〈필요하다〉.[18] 한 생존자는 자기보다 더 어린아이를 학대하는 일에 가담하도록 강요받았던 이야기를 한다. 「나는 할아버지가 하는 일이 어떤 것인지 조금은 알고 있었다. 그는 나와 내 사촌들을 꽁꽁 묶고는, 우리더러 그의 그것을 ─ 알다시피 ─ 입에 넣기를 원했다. 최악의 순간은 우리가 패거리 지어서 내 남동생에게도 그렇게 하도록 시켰을 때였다.」[19]

이러한 종류의 공포에 빠진 아이는 스스로 학대자의 범죄에 어떤 식으로든 책임을 지고 있다는 믿음을 발달시키게 된다. 단지 자기가 지구상에 존재하는 것만으로도 세상에서 가장 힘이 센 사람들로 하여금 자신에게 끔찍한 일을 저지르게 만든 것이라고 믿는다. 그것이 사실이라면, 분명 아이의 본성은 순전히 악할 것이다. 자기의 언어는 혐오의 언어가 된다. 생존자들은 마치 자신이 초자연적인 생명체이거나 인간이 아닌 삶의 형태를 산다는 등, 일반적인 인간계의 범주 안에 속하지 않는다고 자주 이야기한다. 그들은 스스로를 마녀, 흡혈귀, 창녀, 개, 쥐, 혹은 뱀이라고 생각한다.[20] 어떤 이들은 배설물이나 오물을 상상하면서 내적 자기를 기술한다. 한 근친 강간 생존자는 이렇게 말한다. 「나는 시커먼 점액으로 가득 차 있다. 만약 내가 입을 열면 그것이 쏟아져 나올 것이다. 뱀이 번식하는 하수구의 진흙탕이 바로 나이다.」[21]

낙인찍히고 오염된 정체성이 들어서면서, 아동 피해자는 학대자의 사악함을 자기 안으로 가져간다. 그럼으로써 부모와 일차적 애착을 유지하는 것이다. 악한 것이 자기 본성이어야 관계를 지속시킬 수 있기 때문에, 학대가 멈춰지더라도 이 느낌을 내려놓기는 쉽지 않다. 오히려 이것은 아이의 성격 구조에서 변치 않는 일부분이 된다. 학대가 밝혀진 사례에서 아동 피해자를 보호하는 전문가들은 늘 아이에게 이렇게 강조한다. 〈학대는 네 잘못이 아니다.〉 그만큼 빈번하게, 아이들은 비난으로부터 면제받기를 거부한다. 유사하게, 학대 상황에서 탈출한 성인 생존자는 계속하여 자신을 경멸하며, 학대자의 수치심과 죄책감을 자신의 것으로 취하려 한다. 깊이 새겨진 악함의 느낌은 학대받은 아이의 정체성이 형성되는 핵심에 머무르며, 성인기의 삶까지 지속된다. 자기 본성이 악하다는 이 해로운 느낌은 착한 아이가 되고자 하는 아이의 지속적인 시도로 가려질 때가 있다. 학대자를 진정시키기 위한 노력으로, 아동 피해자는 뛰어난 성취자가 되기도 한다. 아이는 자신에게 요구된 어떤 것이든 하려고 한다. 아이는 부모를 공감적으로 보살피기도 하고, 훌륭한 살림꾼, 학업 성취자, 혹은 사회적 관습의 전형이 될 수도 있다. 절박하게 부모의 환심을 얻기 위해 노력하면서 아이는 이 모든 과제에 완벽주의적으로 열중한다. 성인기의 삶에서, 이렇게 조급하게 강요된 경쟁은 상당한 직업적 성공을 가져올 수 있다. 그러나 아이는 대개 수행하는 자기를 진짜 자기가 아닌 거짓 자기로 지각하기 때문에, 세상 속의 어떠한 성취도 아이 자신의 이득으로 돌아오지 않는다. 다른 사람의 인정은 오히려 아이의 확신을 확증할 뿐이다. 아무도 자신을 진실로 알지 못할 것이며, 자신의 비밀과 진짜 자기의 모습이 밝혀지면, 사람들은 자신을 피하고 멀리할 것임을.

학대받은 아동은 극단적으로 자신을 희생시키면서 더욱 긍정적인 자기 정체감을 구원받으려 한다. 학대받은 아이들은 가끔 자신의 피해를 설명하기 위해 그것이 신의 목적이었다는 종교적인 틀을 가져오기도 한다. 그들은 순교자로 선택된 성자의 정체성을 받아들이면서 자신의 가치감을 지키려 한다. 근친 강간 생존자인 일레노어 힐은 희생양으로 선택된 처녀의 전형적인 역할을 받아들였다. 이는 그녀의 정체성이었고, 그녀는 이로써 자신이 특별하다고 느낄 수 있었다. 「나는 가족 신화 속에서 〈동정을 받는 아름다운〉 역할을 맡았다. 나의 아버지를 붙들어 주었던 바로 그 역할 말이다. 원시 부족은 분노하는 남성신의 제물로 젊은 처녀를 바친다. 가족 안에서도 마찬가지이다.」[22]

저하된 자기와 고양된 자기라는 이러한 모순된 정체성은 통합되지 못한다. 학대받은 아이는 보통의 미덕과 봐줄 만한 결점을 동시에 가지고 있는 자기상을 결합시키지 못한다. 학대 환경 속에서, 〈보통〉과 〈봐줄 만함〉이란 불가능하다. 이렇게 피해자의 자기 표상은 경직되고, 과장되고, 분리된 상태로 남아 있게 된다. 가장 극단적인 상황에서는 본질적으로 다른 여러 가지 자기 표상들로 구성되어 있는 해리된 성격의 근원이 형성된다.

이러한 통합의 실패는 타인에 대한 내적 표상에서도 발생한다. 부모에 대한 믿음을 지켜 내려는 절박한 시도 속에서, 아동 피해자는 적어도 한 부모에 대해 과도하게 이상화된 인상을 발달시킨다. 때때로 아이는 가해하지 않는 부모와 애착을 유지하려고 시도한다. 아이는 부모가 자신을 보호하지 못한 이유는 자신이 무가치하기 때문이라고 생각하면서 이 실패를 허용하거나 합리화한다. 더 일반적인 경우에, 아이는 학대하는 부모를 이상화하고 가해하지 않는 부모에게 자신의 모든 분노를 대치시킨다. 학대하지 않는 부모는 무관심해 보인다. 차라리 비뚤어진 관심을 표현하는 학대자에게 더욱 강하게 애착을 느끼게 되는 것도 사실이다. 학대자는 자신의 편집증적이거나 웅대한 신념 체계를 아동 피해자나 다른 가족 구성원에게 주입하면서 이러한 이상화를 촉진시킬 수 있다. 힐은 모든 가족이 학대하는 아버지를 신처럼 받들었다고 말한다. 「아버지, 우리의 영웅, 재능과 지적 능력, 카리스마를 가진 사람. 우리의 천재. 그는 이곳에 있는 그 누구와도 다르다. 아무도 감히 그를 거스르지 못한다. 그의 탄생은 곧 규율의 성립이다. 아무것도 이를 변화시킬 수 없다. 그가 무엇을 하던지, 그는 선택받은 이로서 군림한다.」[23]

그러나 이러한 찬양의 이미지는 믿을 만한 것으로 지속되지 못한다. 이 이미지가 간과하고 있는 정보는 너무나 많다. 학대하거나 방임하는 부모와의 실제 경험은 이러한 이상화된 파편과 통합될 수 없다. 따라서 일차적 양육자에 대한 아동 피해자의 내적 표상은 자신에 대한 심상과 마찬가지로, 모순되고 분리된 채로 남는다. 학대받은 아이는 안전하고 일관된 양육자의 내적 표상을 만들어 내지 못한다. 결과적으로 아이는 건강한 정서 조절 능력을 발달시키지 못한다. 아이의 파편화된 내적 표상은 정서를 달래는 과제를 만족스럽게 수행해 내지 못한다. 이것들은 너무나 빈약하고, 너무나 불완전하며, 경고도 없이 공포의 이미지로 전환되기가 너무나 쉽다.

건강한 발달 경로에서 아이는 의존할 만큼 믿음직한 양육자의 내적 표상을 형성하게 된다. 고통스러운 순간에 양육자에 대한 정신적인 표상을 떠올리면서, 확고한 자율성이 확립되는 것이다. 성인 포로들은 독립성을 지키기 위하여 이러한 내적 심상에 크게 의존한다. 그러나 만성적인 아동기 학대의 기후 속에서, 이러한 내적 표상은 애초에 형성조차 되지 못한다. 그 것은 외상 경험에 의하여 반복적으로, 폭력적으로, 산산이 부 서졌다. 학대받은 아이는 내적인 안전감을 키우지 못했기 때문 에 위안과 위로를 찾기 위해 외적인 자원에 의존하는 면이 다 른 아이들에 비해 커진다. 학대받은 아이는 확고한 독립성을 발달시키지 못하면서 절박하고 무분별하게, 의존할 만한 누군 가를 계속 찾으려 한다. 낯선 사람에 대한 빠른 애착 형성은 학 대받은 아이들에게서 반복적으로 나타나는 현상이다. 그리하 여 역설적이게도 아이는 자신을 학대하는 바로 그 부모에게 집 요하게 매달린다.

따라서 만성적인 아동기 학대 아래, 파편화는 성격 조직의 주요 원리가 된다. 의식의 파편화는 지식, 기억, 정서 상태, 그 리고 신체 경험의 건강한 통합을 방해한다. 자신에 대한 내적 표상이 파편화되면서, 정체성이 통합되지 못한다. 다른 이에 대한 내적 표상이 파편화되면서, 타인과의 연결 속에서 든든한 독립성을 발달시키지 못한다.

이러한 복잡한 정신 병리는 프로이트와 자네의 시대에서부 터 관찰되어 왔다. 1933년 산도르 페렌치는 학대받은 아동의 성격이 〈원자화atomization〉된다고 설명하면서, 이것이 아이가 희망을 지키고 관계를 유지할 수 있게 해주는 기능을 수행한다고 보았다. 〈외상의 혼수 상태 속에서 아이는 다정했던 과거를 성공적으로 지켜 갈 수 있다.〉[24] 반세기 이후 또 다른 정신분석학자인 레오나르드 셴골드는 〈선한 부모라는 망상〉을 유지하기 위하여 학대받은 아이들이 애써 만드는 〈정신 파편화 작동mind fragmenting operation〉을 설명했다. 그는 〈수직적 분리vertical splitting〉의 과정 속에서 〈선한 자기 심상과 악한 자기 심상, 그리고 선한 부모 심상과 악한 부모 심상이라는 모순이 절대로 통합되지 않는, 정신의 고립된 분할이 구축된다〉고 언급하였다.[25] 사회학자인 퍼트리셔 리커와 정신의학자인 일레인 카르멘은 피해받은 아이들이 보이는 중심 병리는 〈다른 이의 판단에 순응하면서 비롯된 분열되고 파편화된 정체성〉이라고 기술했다.[26]

몸에 대한 공격

의식, 개별화, 그리고 정체성에서 나타나는 이러한 변형은 희망과 관계를 지켜 내기 위해서일 테다. 그러나 이는 여러 가지 주요한 적응 과제를 해결하지 못한 채 남겨 두고, 과제의 어려움을 가중시킨다. 아이가 학대를 합리화하거나 정신 안에서 이를 추방시켰다고 하더라도, 학대의 영향력은 몸을 통하여 계속 나타난다. 만성적인 과각성은 신체의 건강한 조절을 방해한다. 아이의 몸은 학대자의 처분에 달려 있기 때문에, 학대 환경 속에서 신체 기능을 조절하는 것은 매우 복잡한 일이 된다. 수면, 기상, 섭식, 배설의 건강한 생리적 순환은 혼란스럽게 방해받거나 끊임없이 과잉 통제받는다. 수면 시간은 안락과 애정의 시간이기보다는 공포가 상승하는 시간이 될 수 있으며, 수면 시간의 의례는 아이를 안심시키는 것이 아닌 성인의 성적 쾌락을 위하여 왜곡될 수 있다. 식사 시간 또한 마찬가지로 안락과 즐거움의 시간이기보다는 극단으로 긴장되는 시간일 수 있다. 식사 시간에 관한 생존자들의 기억은 공포스러울 정도의 침묵과 강요된 섭식 및 토하기, 음식을 집어 던지는 사건과 폭력의 폭발로 가득 차 있다. 안전하고 일관되며 안락한 방식으로 기본적인 생리적 기능을 조절할 수 없게 되면서, 생존자들은 만성적인 수면 장해, 섭식 장애, 위장 장애를 비롯하여 수많은 고통스러운 신체적 증상을 호소한다.[27]

정서 상태의 건강한 조절은 또한 유사하게, 반복적으로 공포, 분노, 비탄을 유발하는 외상 경험에 의해 침해받는다. 이러한 정서는 궁극적으로 학자들이 〈침울dysphoria〉이라고 부르는, 어떤 지독한 느낌으로 수렴된다. 환자들이 이 느낌을 설명하는 것이 거의 불가능할 정도인데, 이것은 혼란, 초조, 공허감, 그리고 완전한 외로움의 상태 그 전부이다. 한 생존자는 이것을 이렇게 표현한다. 「가끔 나는 혼란의 암흑 덩어리인 것 같다. 그러나 한 걸음이라도 나아갔을 때 그러하다. 어떠한 때에는 이조차 알 수 없는 경우가 있다.」[28]

만성적으로 학대받은 아이의 정서 상태는 기저의 불쾌한 상태에서, 불안과 침울의 간헐적인 상태를 거쳐 극단의 공황, 격분, 절망의 상태를 아우른다. 놀라울 것 없이, 수많은 생존자에게 성인기까지 이어지는 만성적인 불안과 우울이 발생한다.[29] 해리성 방어에 광범위하게 의지하는 것은 학대받은 아동의 침울한 정서 상태를 악화시킬 수 있다. 해리 과정은 분리되고 보호받는다는 느낌을 생성하기도 하지만, 이것이 지나칠 경우 아이들은 다른 이로부터 완전히 단절되었다는 느낌을 갖게 되고, 자기 통합에 실패하게 된다. 정신분석학자인 제럴드 아들러는 이러한 견딜 수 없는 느낌을 일컬어 〈전멸에의 공황annihilation panic〉이라고 한다.[30] 힐은 이 상태를 이러한 언어로 기술한다. 〈안은 얼음처럼 차갑고, 표면에는 껍데기가 없다. 그래서 마치 내가 흐르고 넘쳐 더 이상 단단히 묶일 수 없는 것처럼. 두려움이 나를 사로잡고, 내가 존재하고 있다는 감각을 잃는다. 나는 사라진다.〉[31]

버림받을 것이라는 위협에 대한 반응으로 나타나는 이러한 정서 상태는 일반적인 자기 달래기self soothing의 방법으로 끝나지 않는다. 어느 지점에 이르게 되면, 학대받은 아이들은 신체에 충격을 가하는 방식으로 이러한 느낌을 가장 효과적으로 끝낼 수 있다는 것을 발견하게 된다. 이러한 결과를 얻는 가장 극적인 방법은 신체에 계획적인 상해를 가하는 것이다. 아동기 학대와 자해와의 연결 고리는 현재까지 매우 잘 기록되어 있다. 반복적으로 자해하거나, 충동적으로 신체에 갖가지 공격을 가하는 것은 아동기 초기에 학대가 시작됐던 피해자들에게 가장 흔하게 발생하는 것으로 보인다.[32]

자해하는 생존자들은 자해하기에 앞서 나타나는 심한 해리 상태에 관하여 이야기한다. 이인증, 비현실감, 마비는 견딜 수 없는 초조함과 신체 공격에 대한 강박을 동반한다. 처음 자신을 해치게 될 때에는 고통이 전혀 발생하지 않기도 한다. 자해는 마음이 진정되고 안도감이 느껴질 때까지 계속된다. 신체적 고통은 정신적 고통을 대치한다. 그 편이 때론 훨씬 낫기 때문이다. 한 생존자는 〈내가 존재한다는 것을 증명하기 위하여 그리하는 것〉이라고 설명한다.[33]

일반적인 선입견과는 달리, 아동기 학대 피해자가 다른 이들을 〈조작〉하거나 고통을 호소하기 위한 방편으로 자해를 하는 일은 흔치 않다. 많은 생존자가 상당히 일찍부터, 때론 사춘기 이전에 자해 강박을 발달시켰으며, 여러 해 동안 아무도 모르게 그렇게 해왔다고 보고한다. 그들은 자신의 행동을 수치스러워하고 혐오하며, 숨기기 위하여 무엇이든 하려고 한다.

자해는 자살 시도로 빈번히 오해받기도 한다. 많은 아동기 학대의 생존자들이 실제로 자살을 시도하기도 한다. 그러나 반복적인 자해는 자살 시도와 명백하게 구분된다. 자해는 죽음에 대한 의도라기보다는 견디기 힘든 정서적 고통을 완화하려는 시도이며, 역설적이게도 많은 생존자에게 일종의 자기 보존 방식으로 작동한다.

자해는 자기 달래기의 여러 가지 방식들 중에서 극단적으로 병리적인 축에 속하지만, 이것은 단지 일부일 뿐이다. 학대받은 아이들은 일반적으로 발달의 어느 한 시점에서, 자의적으로 극단적인 자율 신경계의 반응을 일으켜 일시적이지만 주요한 정서 상태의 변형을 발생시킬 수 있다는 점을 발견한다. 학대받은 아이들은 이러한 방식으로 내적인 정서 상태를 조절한다. 그 수단에는 하제 사용과 토하기, 강박적인 성적 행동, 강박적인 위험 감행이나 위험에의 노출, 그리고 정신 활성 약물의 사용이 있다. 이러한 방책에 따라 학대받은 아이들은 자신의 만성적인 침울을 지워 버리고, 다른 방식으로는 달성할 수 없는 내적인 안녕과 평안을 촉발시키고자 시도한다. 학대받은 아이들이 보이는 이러한 자기 파괴적 증상은 청소년기 이전에 확립되고, 청소년기에 이르러서는 더욱더 현저하게 나타난다.

이 세 가지 주요 적응 방식 ― 정교한 해리성 방어, 파편화된 정체성의 발달, 그리고 병리적 정서 조절 ― 은 만성적인 학대 환경에서 아이가 살아남을 수 있도록 돕는다. 더 나아가 학대하는 가족이 그토록 중요시하는 아동 피해자의 정상적인 겉모습을 유지시킨다. 아이의 고통스러운 증상은 쉽게 숨겨진다. 의식 변형, 기억 상실, 그리고 해리 증상은 잘 확인되지 않는다.

악하고 부정적인 정체성은 사회적으로 수용되는 〈거짓 자기〉로 가려진다. 신체화 증상은 그 원천이 추적되는 일이 드물다. 비밀스럽게 진행되는 자기 파괴적 행동은 잘 발견되지 않는다. 일부 아동, 혹은 청소년 피해자가 공격적 행동과 비행 행동을 통하여 자신에게 주의를 집중시키는 반면, 대부분은 자신의 심리적인 어려움을 감쪽같이 감추어 버린다. 학대받은 아이들 대부분은 이 비밀을 숨긴 채 성인기에 도달한다.

어른이 된 아이

학대받은 아이들은 어른이 되면 이러한 상황에서 벗어나 자유를 맞이할 것이라는 희망에 매달린다. 그러나 강압적인 통제가 이루어지는 환경에서 형성된 성격으로 성인기 삶에 적응하는 것은 쉬운 일이 아니다. 생존자는 기본 신뢰, 자율성, 주도성의 근본적인 문제들을 지닌 채 홀로 남겨져 있다. 아이는 자기 보호, 인지와 기억, 정체성, 그리고 안정된 관계를 형성하는 능력에 손상을 입었다는 짐을 짊어진 채, 독립을 달성하고 친밀감을 확립해야 하는 초기 성인기의 주요 과제에 다가선다. 여전히 그는 어린 시절에 사로잡혀 있다. 새로운 삶을 창조하려는 시도에 앞서, 그는 또다시 외상과 마주한다. 심각한 아동기 학대의 생존자이며 작가인 리처드 로즈는 그의 작업에서 다시 나타난 외상을 이야기한다. 〈책 한 권 한 권을 쓸 때마다 그 느낌이 다르다. 모든 책은 모두 다른 이야기에 관한 것이다. ……그러나 이 모두는 여전히 무언가의 반복인 것만 같다. 이는 폭력에 대면하고, 저항하고, 비인간성 너머 가느다란 희망의 여백을 발견하는 주인공에게 늘 집중하고 있다. 반복이란 학대받은 아이가 표현하는 무언의 언어이다. 내 작업의 구조 속에서 이것을 발견한 것은 그다지 놀랍지 않다. 그것은 표현하기 너무나 힘든 기나긴 파장을 지니며, 들리기보다는 뻥 뚫린 심장 속으로 울리는 어느 사원의 북소리의 공명과도 같다.[34]

생존자의 친밀 관계는 보호와 보살핌에 허기져 끌려 다니고, 버림받고 착취당할지도 모른다는 두려움에 시달린다. 구원을 좇아, 생존자는 보살펴 주는 특별한 관계를 약속해 줄 것 같은 강력한 권위를 지닌 인물을 찾는다. 애착을 형성하게 된 새로운 사람을 이상화하면서 그는 지배받거나 배신당할 것이라는 지속적인 두려움을 저지하려고 시도한다.

그러나 불가피하게도, 선택된 구원자는 환상 속의 기대를 충족시켜 주지 못한다. 이 실패에 실망하면서, 그는 분노에 찬 채 자신이 그토록 찬미했던 바로 그 사람을 모욕한다. 대인 관계에서 일어나는 사소한 갈등에도 강렬한 불안, 우울, 분노가 유발된다. 경미한 냉대에도 과거의 무정한 방임이, 경미한 상처에도 과거의 계획적인 잔인함이 생존자의 마음 안에 되살아난다. 새로운 경험을 한다고 해도 이러한 왜곡은 쉽게 고쳐지지 않는다. 왜냐하면 갈등을 해결하기 위한 생존자의 언어적, 사회적 기술이 부족할 가능성이 크기 때문이다. 따라서 생존자는 반복적으로 구원, 불의, 배신의 드라마를 상연하는 강렬하고 불안정한 관계 양상을 발달시킨다.

생존자는 친밀한 관계의 맥락 속에서 자신을 지키는 데 큰 어려움을 겪는 것을 피할 수 없다. 양육과 보살핌에 대한 간절함은 다른 사람과 자기 사이에 안전하고 적절한 경계를 세우는 일을 어렵게 한다. 자신을 깎아 내린 채 애착을 형성한 상대를 이상화하면서 그의 판단력은 안개 속에 파묻힌다. 그는 다른 이들의 소망에 공감적으로 반응하고, 습관상 자동적이고 무의식적으로 복종하기 때문에 권력과 권위를 지닌 인물 앞에서 곧 취약해지고 만다. 해리성 방어 양식은 그가 위험 앞에서 의식적이고 정확한 판단을 내리지 못하게 막는다. 또 다른 위험 상황 속에서, 이번에는 제대로 대응해 보겠다는 그의 소망은 결국 학대의 재연으로 그를 몰아낸다.

이 모든 이유로 인하여, 생존자는 성인기 삶 속에서 반복적으로 피해를 입게 될 큰 위험 안에 놓여 있다. 이와 관련된 자료에는 위압이 느껴지는데, 특히 여성과 관련하여 그러하다. 강간, 성희롱, 신체적 폭력의 위험은 모든 여성에게 높지만, 아동기 성 학대의 생존자들에게 위험성은 대략 배가 된다. 아동기에 근친 학대를 경험한 여성에 관한 다이애나 러셀의 연구에서, 이들 중 3분의 2는 아동기 학대 이후 강간 경험도 가지고 있었다.[35] 어른이 된 아동 피해자에게는 마치 늘 외상 경험을 반복해야 하는 운명이 주어진 것만 같다. 단지 기억에서만 아니라 실제적인 삶에서도 말이다. 한 생존자는 삶 속에서 결코 수그러들지 않았던 폭력을 바라다본다. 「그것은 마치 자기 참조적 예언*처럼 되어 버린다. 어릴 때부터 폭력은 사랑과 동의어가 되었고, 그러면서 폭력은 계속된다. 나는 가출하여 낯선 차를 얻어 타고 술을 마시면서 여섯 차례 강간당했다. 그 모든 것이 다 뭉뚱그려져 나를 쉬운 표적으로 만들어 버렸다. 그것은 저항할 수 없는 것이다. 우스운 점은, 처음 나는 강간범이 나를 죽일 거라고 확신했다. 나를 살려 두면 도망치지 못하니까 결국 나를 죽일 거라고 믿었다. 그렇지만 나는 그들이 걱정할 필요가 전혀 없다는 것을 깨달았다. 그들은 어떠한 처벌도 받지 않을 것이다. 왜냐하면 내가 그것을 〈요구〉했기 때문이다.」[36]

피해가 반복되는 것은 명백한 사실이지만, 이것을 해석할 때에는 매우 주의해야 한다. 정신의학계는 너무나 오랫동안 생존자들이 학대를 〈요구〉했다는 노골적인 사회적 판단을 단순히 반영하기만 했다. 피학성이라는 과거의 개념과 외상 중독 addiction to trauma이라는 최근의 개념화는 피해자가 반복된 학대를 추구하고 이를 통하여 만족감을 얻는다고 암시하고 있

* 상황이나 상대방을 오해하여 그에 따른 행동을 하고, 그 행동으로 인하여 오해가 실제가 되어 버리는 경우.

다. 이것은 사실이 아니다. 물론 생존자들이 학대 상황에서 성적인 각성과 쾌락을 느꼈다고 보고할 때도 있다. 이러한 사례에서 학대의 초기 장면은 성애화되고 강박적으로 재연될 수도 있다. 하지만 한 생존자가 설명하는 것처럼, 원하는 경험과 원치 않는 경험 사이에는 명백한 구분이 존재한다. 「난 개인적으로 신체적 학대를 좋아한다. 만약 내가 누군가를 시켜서 한다면 황홀경을 맛볼지도 모른다. 그러나 내가 통제하는 것이 좋다. 술을 먹을 때는 술집에서 찾을 수 있는 한 가장 더럽고 꾀죄죄한 남자를 골라 성관계를 하곤 했다. 나는 스스로를 모욕하곤 했다. 그러나 이제 더이상 그리하지 않는다.」[37]

대부분의 경우, 피해자가 학대를 적극적으로 쫓아다니는 것이 아니다. 이것은 두렵지만 마치 숙명처럼 수동적으로 경험하게 되는 것이고, 피할 수 없는 관계의 대가로 받아들여지는 것이다. 많은 생존자가 이렇듯 자기 보호에 뿌리 깊은 결함을 가지고 있기 때문에, 자신이 권력이나 선택권을 가질 수 있다는 점을 상상하지 못한다. 부모, 배우자, 애인, 권위적인 인물의 정서적 요구에 〈아니요〉로 응한다는 것은 실제 생각조차 할 수 없는 일이 된다. 따라서 과거 가해자의 소망이나 요구를 계속 들어주거나, 관계 사이에 한계를 두지 않고 핵심적인 침범을 계속 허용해 주는 성인 생존자들을 흔히 볼 수 있다. 성인 생존자는 병에 걸린 학대자를 간호하고, 역경에 처한 학대자를 방어하며, 극단의 사례에서는 그들의 성적 요구에 계속 따르기도 한다. 한 근친 강간 생존자는 성인이 된 이후에도 학대자를 계속하여 돌보았다고 이야기한다. 「나중에 아버지는 잡혔다. 그는 자기 여자 친구의 딸을 강간했고, 그녀가 그를 고소했다. 아버지가 버림받아 갈 곳이 없었을 때, 나는 나와 함께 살자고 했다. 나는 아버지가 교도소에 가지 않게 해달라고 기도했다.」[38]

해리성 대처 양식이 고착되면서, 생존자들은 위험을 신호하는 사회적 단서를 무시하거나 축소하게 된다. 한 생존자는 피해 입기 쉬운 상황이 자신에게 반복되고 있음을 발견했다고 이야기한다. 「사실 잘 몰랐지만, 알아차릴 때도 있었다. 아버지뻘 되는 나이 많은 남자를 찾으면서 처음 깨달았다……. 한때는 성매매 여성과 알코올 의존자와 나, 이렇게 셋이서만 묵던 어느 여인숙에서 한 늙은 남자를 알게 되었다. 나는 그를 위해 청소를 해주고 그를 사랑하게 되었다. 그러던 어느 날 그가 침대에 누워 있었는데, 그는 의사가 성매매를 하지 말라고 충고했다고 말했다. 그러더니 나보고 손으로 해달라고 했다. 그가 보여 주기 전까지 도대체 무슨 말인지 몰랐다. 나는 그 짓을 했다. 그리고 죄책감이 들었다. 아주 훗날이 되어서야 화가 났다.」[39]

아동기 학대의 생존자들은 스스로 다른 사람을 가해하기보다는 또다시 피해자가 되거나 스스로를 해치게 될 가능성이 더 높다. 놀랍게도, 생존자들이 가해자로 성장하는 경우는 사실상 그리 흔하지 않다. 아마도 깊이 각인된 자기혐오로 인하여, 생존자들은 공격성을 자기 자신에게 되돌릴 경향이 높다. 자살 시도와 자해가 아동기 학대와 강하게 상관하는 반면, 아동기 학대와 성인기의 반사회적인 행동은 상대적으로 연관이 약하다.[40] 900명 이상의 정신과 환자에 관한 연구는 자살이 아동기 학대의 과거력과 강하게 관련된 반면, 살인은 그러하지 않다는 점을 발견하였다.[41]

　피해자 대부분이 가해자가 되는 것은 아니지만 그렇게 되는 소수는 명백히 있다. 외상은 일반적인 젠더gender의 전형성을 증폭시키는 것으로 보인다. 아동기 학대 과거력이 있는 남성은 다른 이들에게 자신의 공격성을 풀어내려는 경향성이 높은 반면에, 여성은 자해하게 되거나 다른 이의 피해자가 될 경향성이 높았다.[42] 200명의 젊은 남성에 대한 지역 사회 연구에서 아동기 때 신체적으로 학대받은 사람들과 그렇지 않은 사람들을 비교했을 때, 누군가를 해치려고 위협했거나, 싸움 중에서 누군가를 쳤거나, 불법 행동에 관여했다고 보고하는 경향성은 학대받은 이들에게서 더 높게 나타났다.[43] 생존자의 일부 소수는 ─ 이들은 대부분 남성이다 ─ 가해자의 역할을 받아들이고 문자 그대로 자신의 아동기 경험을 재연한다. 이러한 경로를 따르는 생존자의 비율은 알려져 있지 않지만, 성적으로 학대받은 아이의 추후 연구를 통한 거친 추정은 가능하다. 이러한 아이들 중 20퍼센트는 가해자를 방어하고, 착취를 축소하고 합리화하거나, 반사회적 태도를 체득하였다.[44] 심각한 아동기 학대의 한 생존자는 공격적으로 변해 갔던 이야기를 한다. 「열세 살이었던가, 열네 살이었던가. 이건 정말 너무 지나친 거라고 결론 내렸다. 나는 반격하기 시작했다. 정말 거칠어졌다. 한번은 어떤 여자 아이가 나를 놀려서, 그 애를 죽도록 팼다. 나는 총을 가지고 다니기 시작했다. 허가받지 않은 총이었다. 그래서 내가 붙잡혀서 이곳에 온 것이다. 어느 순간 아이가 반격하면서 비행 행동을 하면, 그때는 돌이킬 수 없는 지점에 다다랐다는 뜻이다. 사람들은 아이가 인생 전부를 망치기 전에 도대체 가족 내에서 무슨 일이 일어나고 있는지 알아내야 한다. 수사하라고! 애를 가두지 말고!」[45]

가장 극단적인 사례에서 아동기 학대의 생존자들은 자기 자녀를 보호하지 못하기도 하고, 공격하게 되기도 한다. 그러나 〈학대의 세대적 순환〉이라는 유명한 언급과는 반대로, 생존자들 대부분은 자신의 아이들을 학대하지도 방임하지도 않는다.[46] 생존자들은 아이가 자신과 비슷한 운명으로 고통스러워하지 않을까 무참히 두려워하고, 이를 방지하기 위하여 무엇이든 하고자 한다. 아이들을 위하여, 생존자는 스스로에게는 절대 베풀지 못했던 보살핌과 보호의 능력을 끌어모으기도 한다. 다중 인격 장애를 가진 어머니들에 대한 연구에서, 정신의학자인 필립 쿤스는 밝혔다. 〈나는 다중 인격 장애를 가진 많은 어머니가 자신의 아이들에게 가진 긍정적이고, 건설적이고, 또한 보살피는 태도에 늘 감명을 받았다. 그들은 아이였을 때 학대받았고, 이제는 유사한 불행에 맞서 자신의 아이를 보호하고자

애쓴다.)[47]

생존자가 성인으로 자라나 관계의 문제를 다루려고 시도하면서, 아동기에 형성되었던 심리적 방어는 점차 부적응적인 것이 되어 간다. 이중 사고와 이중 자기는 어린 시절에 가족의 강압적인 통제 안에서는 정교한 적응 기제였지만 자유와 책임이라는 환경이 형성된 성인기에서는 해로울 뿐이므로 정체성을 통합시키거나 다른 이들과 친밀한 관계를 형성하는 일에 방해가 된다. 생존자가 성인기 삶의 과제에 분투할 때, 아동기의 유산은 점차 무거운 짐이 된다. 결국 서른이나 마흔 즈음이 될 때 방어 구조가 무너지기 시작할 수 있다. 불행한 결혼, 아이의 탄생, 부모의 병이나 죽음처럼, 종종 갑작스러운 일들로 인해 가까운 관계의 평형에 변화가 일어나기도 한다. 이제껏 버텨 왔던 껍데기로는 더 이상 지탱하지 못한 채 근본적인 파편화가 두드러진다. 만약 발병한다면, 증상은 사실상 모든 범주의 정신과적 장애를 모방하는 형태를 띨 수 있다. 생존자는 미치거나, 죽게 될까 봐 두렵다. 프레이저는 어른이 되고 나서 아동기의 비밀과 대면하게 되었던 공포와 위험에 대하여 이야기한다.

내가 정말 아버지 침대 아래 숨겨진 판도라의 상자를 열어 보길 원했던 것일까? 단서를 추적하고 수수께끼를 풀어 갔던 지난 40년의 세월 이후 나에게 주어진 상이란 나의 아버지가 나를 성적으로 학대했다는 사실이었다. 이것을 발견하는 내 기분은 어떨까? 범죄를 은폐하기 위해서 내가 들여야 했던 내 인생의 에너지를 씁쓸함 없이 스스로에게 조화시킬 수 있을까?

한 사람이 인생의 한 국면을 마쳤을 때 예상치 못한 많은 죽음이 발생하며, 인생을 지속하기 위해서는 다른 종류의 사람이 되어야 한다고 믿는다. 불사조는 가장 높이 날기 위하여 불길로 뛰어들지만, 또다시 날아오르고자 할 때 망설인다. 방향을 전환하는 이 시점에서, 나와 또 다른 나는 가까스로 죽음을 면하였다.[48]

6
새로운 진단 기준

    사람들 대부분은 속박이 야기하는 심리적 변화에 대해 잘 알지도 못하고 이해하지도 못한다. 따라서 만성적인 외상을 경험한 사람들에 대한 사회적 판단은 극도로 가혹한 경향을 띤다. 만성적으로 학대받은 사람의 두드러진 무력감과 수동성, 과거의 모순, 다루기 힘든 우울과 신체 증상, 분노 표출 등은 그와 가장 가까운 사람들을 좌절시킬 때가 있다. 더 나아가, 만약 그가 강요로 인하여 대인 관계, 공동체에 대한 믿음, 혹은 도덕적 가치를 배신하게 되었다면, 그는 빈번하게 맹렬한 공격의 대상이 되고 만다.

    지속적인 공포를 경험해 본 적이 없고, 사람을 압제하는 기법에 대해 이해하지 못하는 관찰자들은 만약 자신이 유사한 상황 속에 있었다면 피해자보다 더 큰 용기를 내어 저항할 수 있었을 것이라고 생각한다. 따라서 대부분 피해자의 성격이나 도덕성을 힐난하면서 그를 탓한다. 〈세뇌〉에 굴복한 전쟁 포로들은 반역자 취급을 받기도 한다.[1] 학대자에게 복종했던 인질은 공개적으로 심한 비난을 받는다. 어떤 생존자는 학대한 이보다 더 가혹한 대우를 받기도 한다. 잘 알려져 있는 퍼트리셔 허스트의 사례에서, 강압적인 상황에서 범죄를 저지르게 되었던 이 인질은 재판에 회부되어 자신을 속박했던 이들보다 더 긴 징역형을 선고받았다.[2] 이와 마찬가지로, 학대 관계에서 탈출하지 못한 여성이나, 강압 속에서 성매매를 했거나 자녀를 배신했던 이들 역시 가혹한 비난 아래 놓이게 된다.

정치적으로 조직화된 대규모 살인 범죄의 경우에서도 피해자를 탓하는 경향이 나타난다. 홀로코스트의 후유증 속에서, 유대인들이 〈수동적〉이라거나, 이들에게 〈공범자〉로서의 운명이 있다는 지난한 논쟁이 목격되었다. 그러나 역사가 루시 다비도비츠는 〈공범〉과 〈협력〉이란 자유로운 선택의 기회가 주어진 상황에서만 쓸 수 있는 단어라고 지적한다. 속박이라는 상황 속에서 이것은 다른 의미를 지닌다.[3]

진단적 실수

피해자를 비난하는 경향은 심리학의 연구 방향에 강력한 영향을 끼쳤다. 연구자와 임상가들은 가해자의 범죄를 설명하기 위한 방법으로 피해자의 성격을 연구하게 되었다. 그들은 인질과 전쟁 포로들이 〈세뇌〉당하기 전에 가지고 있었을 것으로 예상되는 성격적 결함을 찾으려고 무수히 시도했으나, 일관된 결론을 찾을 수는 없었다. 심리적으로 건강했던 여느 사람이라도 이러한 상황에서는 비인간적인 강압을 견디지 못한다는 것은 피할 수 없는 결론이었다.[4] 가정 폭력의 상황에서, 피해자는 구금에 의해서보다는 설득에 의하여 속박될 수 있다. 그러나 이 분야는 학대적인 관계에 관여하게 되는 여성에게 어떠한 성격 특질이 있는가에 연구의 초점을 모았다. 물론 일관적인 프로파일로 도출되는 〈성격 특질〉은 발견되지 않았다. 어떤 가정 폭력 피해 여성은 자신을 취약하게 만드는 주요한 심리적 어려움을 애초에 가지고 있었을지도 모른다. 그러나 대다수가 착취 관계에 들어서기 전부터 심각한 정신 병리를 지녔을 것이라는 증거는 보이지 않는다. 대부분은 일시적인 삶의 위기나 상실의 시기에 불행하고, 고립되고, 외롭다고 느낄 때 학대자와 관여하게 된다. 가정 폭력 피해 여성에 관한 연구의 결과는 이러하다. 〈여성을 피해자로 만드는 데 기여한다는 여성의 성격을 탐색하는 것은 헛된 일이다. 남성의 폭력은 남성에 의한 행동이라는 사실은 자주 잊혀지곤 한다. 그만큼, 이들의 행동을 가장 생산적으로 설명해 준 연구는 남성의 성격에 초점을 둔 연구였다는 사실은 당연한 것이다. 여성의 성격을 통해서 남성의 행동을 설명하고자 했던 어마어마한 노력에 어처구니가 없을 뿐이다.〉[5]

건강한 사람들이라도 지속적인 학대의 함정에 빠질 수 있다는 점이 명백한 것처럼, 학대에서 벗어난 이후에 그들이 더 이상 건강하지 못할 수 있다는 점 역시 명백하다. 만성적인 학대는 심각한 심리적 폐해의 원인이다. 그러나 외상 후 증후군에 대한 심리학적 이해와 진단은 피해자를 비난하는 의도로 질척댔다. 피해자의 정신 병리가 학대 환경의 결과라고 개념화하는 대신, 정신 건강 전문가들은 피해자가 애초에 가지고 있었던 기저의 정신 병리가 학대의 원인이라고 빈번하게 주장하였다.

이러한 종류의 사고방식에 관한 지독한 예로는 가정 폭력 피해 여성에 관한 1964년의 「아내 구타자의 아내The Wife Beater's Wife」라는 연구가 있다. 연구자들은 원래 가해자들을 연구하고자 했지만, 가해자들이 자신들과 이야기하려 하지 않는다는 사실을 알게 되었다. 따라서 그들은 좀 더 협조적인 피해 여성으로 주의를 돌렸는데, 그들에 의하면 이 여성들은 〈무력하고〉〈쌀쌀맞고〉〈공격적이고〉〈우유부단하고〉〈수동적〉이었다. 그들은 결혼 관계의 폭력이 이러한 여성들의 〈피학적인 욕구〉를 충족시킨다고 결론지었다. 이 임상의들은 폭력을 유발시키는 요인으로 여성들이 지닌 성격 장애를 지목하면서, 〈치료할〉 채비를 하였다. 가정 폭력 피해 여성의 한 사례에서 이들은 폭력을 유발하는 것은 당신이라며 이 여성을 설득시키려 했고, 상황을 어떻게 고쳐야 하는지를 그녀에게 보여 주었다. 그녀는 그동안 폭력에서 벗어나기 위해 10대였던 아들에게 도움을 청했지만, 결국 그마저 하지 않게 되었다. 그리고 남편이 술에 취해 공격적일 때에도 성적인 요구를 거부하지 않게 되었다. 그러자 치료는 성공적이라고 평가되었다.[6]

태연자약한 이러한 성차별은 오늘날의 정신의학 문헌에서는 거의 발견되지 않는다. 그러나 이와 유사한 개념적 오류는 암묵적인 편향과 경멸을 담은 채 아직도 우세하다. 이들은 기본적인 생존에만 몰두해야 하는 삶을 살았던 피해자의 임상적 상(像)이 사건 이전에 피해자가 가지고 있었던 기저의 성격을 묘사하는 것이라고 여전히 오해하고 있다. 공포가 지속하는 상황에서 발생하는 성격의 부식(腐蝕)에 대한 어떠한 이해도 없이, 보통의 상황에 적용될 만한 성격 조직의 개념이 피해자에게 적용된다. 따라서 만성적인 외상의 복잡한 후유증을 성격 장애라고 잘못 진단할 위험이 농후하다. 그들은 마치 피해자들이 본래부터 〈의존적〉, 〈피학적〉 혹은 〈자기 패배적〉이었던 것처럼 설명하기도 한다. 큰 도시의 한 병원 응급실에서 수행된 연구에서 가정 폭력 피해 여성들은 관례적으로 〈히스테리아〉, 〈피학적 여자들〉, 〈건강 염려증 환자들〉 혹은 더 단순하게는 〈폐인〉으로 기술되고 있었다.[7]

1980년대 중반 미국 정신의학회에서 진단 기준을 개정하는 과정에서, 피해자에 대한 진단의 실수는 논쟁의 중심으로 떠올랐다. 남성 정신분석학자들로 구성된 한 집단은 〈피학성 성격 장애〉가 진단 편람에 포함되어야 한다고 제안하였다. 이 가설적 진단은 〈상황을 변화시킬 기회가 있음에도 불구하고, 다른 이들로부터 착취당하고, 학대당하고, 이용당하는 관계 속에 남아 있는〉 여느 사람에게도 적용되는 것이었다. 상당수의 여성 집단이 격분하였고, 뒤이어 격한 공개 논쟁이 이어졌다. 진단 기준을 작성하는 것은 그동안 일부 남성 집단만의 전유물이었기 때문에, 여성들은 이 과정을 공개하라고 주장하였다. 그리하여 처음으로 여성들은 심리적 실체에 이름을 붙이는 이 작업을 맡게 되었다.

나는 이 과정의 참여자 중 한 사람이었다. 당시 가장 놀라웠던 점은 합리적인 논의가 얼마나 중요하지 않은가 하는 데 있었다. 여성 대표들은 주의 깊게 이치를 따지고, 폭넓게 기록한 의견서를 준비하여 논의에 들어섰다. 우리는 피학성 성격 장애라는 진단 개념이 과학적 근거를 갖추지 못하고 있고, 피해자의 심리학에 대한 최근의 진보적 이해를 무시했으며, 힘없는 이들을 낙인찍는 데 사용될 수 있는 까닭에 사회적으로 후퇴한 것이고 차별적이라고 주장하였다.[8] 정신의학 제도 속의 남성들은 냉담한 거부를 지속하였다. 그들은 심리적 외상에 대한 지난 10년간의 광대한 문헌에 대한 자신들의 무지를 자연스럽게 인정하였으나, 무지함이 왜 문제가 되는지는 보려 하지 않았다. 정신의학회의 이사 중 한 명은 가정 폭력 피해 여성에 관한 논의가 〈관계없는 일이다〉고 생각했고, 다른 한 명은 단순히 〈나는 피해자를 본 적이 없다〉고 말하였다.[9]

결국, 조직화된 여성 집단의 외침과 논쟁으로 널리 알려진 덕택에, 어느 정도의 타협이 가능해졌다.[10] 제안되었던 진단은 〈자기 패배적 성격 장애〉로 이름이 바뀌었다. 또한 진단 기준을 수정하여 신체적, 성적, 혹은 심리적 학대를 받은 것으로 알려진 사람에게는 적용하지 않도록 하였다. 가장 중요한 것은 이 장애가 편람의 주 진단이 아닌 부록에 포함되었다는 점이다. 이것은 기준 내에서 인정되지 않는 수준으로 격하되었으며, 오늘날까지 방치되고 있다.

새로운 개념의 필요성

피학성 성격 장애 개념을 적용하는 실수를 저지르는 것은 생존자들에게 심각한 낙인이 되었을 것이다. 하지만 이것이 결코 유일한 실수는 아니다. 일반적인 정신의학 진단 기준은 극단적인 상황의 생존자들을 위해 설계된 것이 아니며, 이들에게 잘 맞지 않는다. 생존자에게 지속적으로 나타나는 불안, 공포증, 공황은 보통의 불안 장애와 같은 것이 아니다. 생존자의 신체화 증상은 보통의 신체화 장애와 같은 것이 아니다. 이들의 우울은 보통의 우울과 같지 않다. 그리고 이들의 정체성과 관계적 삶에 나타난 강등은 보통의 성격 장애와 같지 않다.

정확하고 포괄적인 진단 개념이 부재한다면, 치료에 심각한 결과가 발생할 수 있다. 왜냐하면 환자의 현재 증상과 과거 외상 경험 사이의 연결 고리가 자주 상실되기 때문이다. 존재하는 진단 틀에 환자를 끼워 맞추려 한다면 아무리 최선의 결과가 발생한다 하더라도 결국 문제는 충분히 이해되지 못할 것이고, 치료는 통합되지 않는 수준에 그칠 것이다. 그러나 만성적인 외상을 경험한 이들이 침묵 속에서 고통을 겪는 일은 너무나 흔하다. 호소를 한다고 하더라도 이들의 호소는 이해받지 못한다. 이들이 약물 조제서를 수집한다는 것도 실제 있는 일이다. 하나는 두통용, 다른 하나는 불면증용, 또 하나는 불안용, 그리고 우울용. 잘 듣는 약이 있을 리가 없는데, 왜냐하면 기저의 외상 문제가 다루어지지 않았기 때문이다. 보호자들도 좀처럼 개선될 여지가 보이지 않는 이 만성적으로 불행한 사람들에게 질려 버렸다. 이럴 때 경멸조의 진단적 명명을 적용하고 싶은 마음은 무거운 짐이 되어 이들을 억누른다.

〈외상 후 스트레스 장애〉라는 현재의 진단조차 완전히 정확하게 들어맞지는 않는다. 이 장애의 진단 기준은 단일한 외상 사건의 생존자들이 보이는 증상을 근거로 하고 있다. 이것은 전형적인 전투, 재난, 강간 등을 기반으로 한다. 지속적이고 반복적인 외상의 생존자들에게 나타나는 증상의 모습은 훨씬 더 복잡하다. 지속적인 학대의 생존자에게는 관계와 정체성의 변화를 포함하는 특징적인 성격적 변형이 발생한다. 마찬가지로, 아동기 학대 생존자에게도 관계와 정체성에 유사한 문제들이 발생한다. 특히 스스로를 해치거나, 다른 이에게 반복적으로 해를 입게 될 가능성이 더 높아진다. 현재 외상 후 스트레스 장애라는 진단 기준은 지속적이고 반복적인 외상에서 비롯된 증상의 변화무쌍한 표현, 그리고 속박 속에서 발생하는 성격의 뿌리 깊은 변형을 포착하지 못한다.

지속적이고 반복적인 외상에 뒤따르는 증후군에는 그만의 이름이 필요하다. 나는 〈복합성 외상 후 스트레스 장애complex posttraumatic stress disorder〉라는 이름을 제안한다. 외상에 대한 반응은 단일 장애의 범주로 분류하기보다는 연속적인 상태로 이해하는 것이 더 정확하다. 이것은 진단을 충족시키지 않고 자연히 낮는 단기적인 스트레스 반응에서부터 전형적이거나 단일한 외상 후 스트레스 장애를 거쳐 지속적이고 반복적인 외상의 복합적 증후군까지 아우르는 차원을 지닌다.

복합적 외상 증후군에 관한 윤곽이 체계적으로 잡혔던 적은 없었지만, 많은 전문가가 외상 후 장애 스펙트럼spectrum of post-traumatic disorders의 개념을 언급했다. 로렌스 콜브는 외상 후 스트레스 장애의 〈이질성〉에 대해 언급하였다. 〈이는 의학에서의 매독과 같다. 시시때때로 이 장애는 모든 성격 장애를 모방하는 것처럼 보인다. 이것은 만성적이고 심각한 성격적 와해로 고통받는 이들을 오랫동안 위협하였다.〉[11] 다른 연구자들도 지속적이고 반복적인 외상에 뒤따르는 성격 변화에 주의를 기울여 왔다. 나치 홀로코스트 생존자와 함께 일하는 정신의학자인 에마뉘엘 타네이는 이렇게 논하였다. 〈정신 병리는 성격상의 변화 뒤에 숨겨져 있을 수 있다. 이것은 대상 관계 장해로, 그리고 직업, 세계, 인간, 신에 대한 태도의 문제로 나타난다.〉[12]

풍부한 경험을 가진 임상가들은 단일 외상 후 스트레스 장애의 진단을 뛰어넘는 진단 개념이 필요하다고 주장하였다. 윌리엄 니덜랜드는 〈외상성 신경증이라는 개념만으로〉 나치 홀로코스트 생존자들이 보이는 증후군의 〈심각하고 다중적인 임상적 표현 양상을 포괄할 수 없다〉는 점을 발견하였다. 동남아시아의 난민을 치료해 온 정신의학자들도 심각하고 지속적이며 막대한 심리적 외상을 다루기 위해서는 외상 후 스트레스 장애의 〈개념을 확장할〉 필요가 있다는 점을 인식하였다.[13] 한 권위자는 〈외상 후 성격 장애posttraumatic character disorder〉의 개념을 제안하였고,[14] 또 어떤 이는 〈복잡한complicated〉 외상 후 스트레스 장애에 관하여 말했다.[15]

아동기 학대 생존자들과 함께 일하는 임상가들도 확장된 진단 개념의 필요성을 직시하였다. 레노어 테어는 단일한 외상성 충격의 결과를 〈I형〉 외상으로 불렀고, 이것을 〈II형〉이라고 부르는 지속적이고 반복적인 외상의 결과와 구분하였다. II형 증후군에 관한 그녀의 기술에는 부정과 심리적 둔감화, 자기 최면과 해리, 그리고 수동성과 분노 표출의 양 극단을 오가는 증상들이 포함되어 있다.[16] 정신의학자인 진 굿윈은 단일 외상 후 스트레스 장애를 위한 약자로 FEAR라는 용어를, 그리고 아동기 학대 생존자들에게서 나타나는 심각한 외상 후 스트레스 장애를 위한 약자로 BAD FEARS라는 용어를 만들었다.[17]

연구자들은 복합적인 외상 후 증후군에 여러 가지 다른 이름을 붙였지만, 기저에 일치하는 개념이 놓여 있다는 사실을 감지하고 있었던 것이다. 이 장애에는 널리 알려질 공식적인 이름을 붙여야 한다. 미국 정신의학회는 진단 편람 4판의 개정에 앞서 일곱 개의 진단 기준에 근거한 복합성 외상 후 스트레스 진단을 포함시킬지 여부를 고려했다(표 참고). 또한 이러한 증후군 개념이 만성적인 외상을 경험한 사람들을 위한 신뢰할 만한 진단이 될 수 있는지를 결정하기 위해 경험적인 임상 연구를 시행했다. 이 과정의 과학적 수준과 지적 엄밀함은 〈피학성 성격 장애〉를 둘러쌌던 비루한 논박 수준보다 훨씬 높았다.

복합성 외상 후 스트레스 장애

1. 지속적인 기간(수개월에서 수년) 동안 전체주의적인 통제하에 종속된 과거력. 인질, 전쟁 포로, 강제 수용소 생존자, 컬트 종교의 생존자의 예를 포함함. 또한 성생활과 가정생활의 전체주의적인 체계에 종속된 이들의 예를 포함하며, 이는 가정 폭력, 아동기의 신체적 혹은 성적 학대, 그리고 조직화된 성적 착취 체계의 생존자를 포함함.

2. 정서 조절의 변화

- 지속적인 침울

- 만성적인 자살에의 몰두

- 자해

- 폭발적이거나 지나치게 억제된 분노(번갈아 나타날 수 있음)

- 강박적이거나 지나치게 억제된 섹슈얼리티(번갈아 나타날 수 있음)

3. 의식의 변화

- 외상 사건에 대한 기억 상실, 혹은 외상 기억의 회복

- 일시적 해리성 삽화

- 이인증/비현실감

- 재경험, 외상 후 스트레스 장애의 침투적 증상의 형태, 혹은 반추적 몰두의 형태

4. 자기 지각의 변화

- 무력감, 혹은 주도성의 마비

- 수치심, 죄책감, 자기 비난

- 오명과 낙인의 느낌

- 다른 이들과 완전히 다르다는 느낌(특별하다는 느낌, 완전한 고립감, 다른 사람은 이해할 수 없다는 믿음, 혹은 인간이라는 정체성의 상실을 포함할 수 있음)

5. 가해자 지각의 변화

- 가해자와의 관계에 대한 몰두(보복에 대한 몰두를 포함)

- 가해자의 전지전능함에 대한 비현실적 귀인(주의: 권력의 실체에 대한 피해자의 평가는 임상가의 평가보다 현실적일 수 있음)

- 이상화, 혹은 모순적인 감사
- 특별한 관계, 혹은 초월적인 관계에 대한 느낌
- 가해자의 신념 체계에 대한 수용, 또는 합리화

6. 다른 사람과의 관계 변화
- 고립과 회피
- 친밀 관계의 장해
- 반복적으로 구조자를 찾음(고립과 회피와 번갈아 나타날 수 있음)
- 지속적인 불신
- 자기 보호에 반복적으로 실패

7. 의미 체계의 변화
- 신념의 상실
- 무망감과 절망감

___

복합성 외상 증후군의 개념이 널리 인식되면서, 이 장애에 몇 가지 추가적인 이름이 생겼다. 미국 정신의학회 진단 편람 분과 위원회는 〈달리 구분되지 않는 극심한 스트레스 장애disorder of extreme stress not otherwise specified〉라는 이름을 선택하였다. 국제 질병 분류 안에는 〈파국적 경험으로 인한 성격 변화Personality change from catastrophic experience〉라는 이름의 유사 항목이 고려되고 있다. 이러한 이름들은 어색하기도 하고 쓰기도 힘들지만, 이 증후군을 인식하게 해준다면 이름조차 없는 것보다 실은 나은 것이다.

복합성 외상 후 스트레스 장애라는 이름을 붙이는 것에는 지속적인 착취를 감내해 낸 이들이 받아 마땅한 인정의 척도가 승인되었다는 중요한 진전의 뜻이 담겨 있다. 이것은 적확한 심리학적 연구의 전통을 따르면서도 외상을 경험한 사람들에 대한 도덕적 의무에 충실한 언어를 찾으려는 시도이다. 이것은 생존자로부터 배우고자 하는 시도이다. 생존자는 그 어떤 연구자보다도 속박의 영향력에 대하여 뼛속 깊이 이해하고 있다.

정신과 환자로서의 생존자들

정신 건강 체계에는 지속적이고 반복적인 아동기 외상의 수많은 생존자가 있다. 사실이다. 물론 아동기에 학대를 받았던 모든 사람이 정신의학 장면에 들어서지는 않는다. 그러니 이들이 회복하게 되는 것은 아마도 스스로 노력한 결과일 터이다.[18] 가장 심각한 학대의 과거력이 있는 극소수의 생존자들만이 정신과 환자가 된다고 하더라도, 어쩌면 정신과 환자들 대부분은 아동기 학대의 생존자이기도 할 것이다.[19] 이와 관련된 자료는 논쟁의 여지를 넘어선다. 조심스러운 이 질문에 대하여, 50~60퍼센트의 정신과 입원 환자와 40~60퍼센트의 외래 환자는 아동기에 신체적, 혹은 성적 학대, 혹은 그 두 가지를 모두 경험하였다고 대답하였다.[20] 정신과 응급실 환자에 관한 연구에서, 70퍼센트는 학대의 과거력을 가지고 있었다.[21] 따라서 아동기 학대는 한 사람으로 하여금 성인기에 정신과 치료를 받게 만드는 주요한 요인이 되는 것으로 볼 수 있다.

환자가 된 아동기 학대의 생존자들은 당황스러울 만큼 여러 증상을 가지고 나타난다. 이들이 일반적으로 가지고 있는 고통의 수준은 다른 환자들이 호소하는 수준보다 높다. 아동기 학대의 과거력이 있을 경우 호소하는 증상의 목록이 길어진다는 발견은 참으로 강한 인상을 남긴다. 심리학자인 제프리 브라이어와 그의 동료들은 신체적, 혹은 성적 학대의 과거력이 있는 여성들은 신체화, 우울, 범불안 증상, 공포증, 대인 관계 민감성, 편집증, 그리고 〈정신증〉(아마도 해리성 증상)을 측정하는 표준화된 검사에서 다른 환자들보다 유의미하게 높은 점수를 보였다고 보고하였다.[22] 심리학자인 존 브리어는 아동기 학대 생존자들은 다른 환자들과 비교했을 때 유의미하게 높은 불면증, 성기능 장해, 해리, 분노, 자살 경향, 자해, 약물 중독, 알코올 의존증을 보인다고 보고하였다.[23] 증상 목록은 거의 무제한으로 이어질 수 있다.

심리학자인 데니스 겔리나스에 따르자면, 병원을 방문한 아동기 학대의 생존자들에게 증상은 〈위장되어 발현된다〉. 이들은 여러 가지 증상이나 관계의 어려움 때문에 도움을 받으러 온다. 친밀감의 문제, 다른 사람의 요구를 과도하게 들어주는 문제, 그리고 반복되는 피해. 이렇게 발현된 어려움과 만성적인 외상의 과거력을 연결 짓지 못하는 것은 환자와 치료자에게 흔한 일이다.[24]

다른 외상을 경험한 사람들과 마찬가지로, 아동기 학대에서 비롯된 외상의 생존자들이 정신 건강 체계 안에서 잘못된 진단을 받고 잘못된 치료를 받는 일은 빈번하다. 이들에게 떠안겨진 증상이 다양하고 복잡한 까닭에, 치료는 잘 통합되지 못하고 불완전하다. 가까운 관계에서 보이는 특징적인 어려움으로 인하여, 이들은 보호자로부터 또다시 피해를 입을 가능성에 특히 더 취약하다. 이들은 지속적이고 파괴적인 상호 작용 속에 유입되기 쉽다. 의학계나 정신 건강 체계도 학대하는 가족의 역할을 맡을 수 있다.

아동기 학대 생존자들은 기저의 복합성 외상 후 스트레스 증후군이 밝혀지기 전까지 여러 가지 다른 진단들을 받게 된다. 이들은 강렬하고 부정적인 의미를 담고 있는 진단을 받게 될 가능성이 크다. 특히 아동기 학대 생존자들에게 적용될 때 문제가 되는 세 가지 진단이 있다. 신체화 장애, 경계선 성격 장애, 그리고 다중 인격 장애. 이 세 가지 진단은 한때 〈히스테리아〉라는 이름 아래 포함되어 있었다.[25] 이러한 진단을 받는 환자들은 대개 여성인데, 보호자들은 이들에 대해 유별나게 강한 반응을 보인다. 환자들은 쉽게 의심의 대상이 된다. 이들은 상대를 조종하려 한다거나 꾀병을 부린다고 비난받기 쉽다. 이들은 맹렬하고 맹목적인 논쟁의 이야깃거리가 된다. 가끔 이들은 대놓고 혐오받기도 한다.

이 세 가지 진단에는 경멸조의 뜻이 담겨 있다는 혐의가 있다. 가장 악명 높은 것은 경계선 성격 장애라는 진단이다. 이 용어는 정신 건강 전문가들에게 미묘하게 무례한 뜻으로 자주 쓰인다. 한 정신의학자가 솔직하게 고백하건데, 〈전공의 시절 내가 경계선 성격 장애를 지닌 환자들을 어떻게 치료해야 하는지 스승에게 물었을 때, 그는 냉소적으로 《다른 사람에게 의뢰해》라고 대답했다〉.[26] 정신의학자인 어빈 얄롬은 〈경계선〉이라는 용어는 〈안락을 추구하는 중년 정신의학자의 가슴에 공포의 일격을 가하는 단어〉라고 기술하였다.[27] 어떤 임상가들은 〈경계선〉이라는 용어는 지나친 편견을 갖게 하기 때문에 이전의 용어인 〈히스테리아〉를 버려야 했던 만큼, 모두 다 버려야 한다고 주장하였다.

이러한 세 가지 진단에는 몇 가지 공통적인 특징이 있다. 이러한 특징들은 서로 묶일 수도 있고 겹치기도 한다. 이 세 가지 중 어느 하나라도 진단받은 사람은 다른 여러 진단 기준을 충족시키기도 한다. 예를 들어, 신체화 장애를 가진 대다수 환자들은 수많은 신체화 호소와 더불어 주요 우울 장애, 광장 공포증, 공황 장애 등을 가지고 있다.[28] 반 이상은 〈연극성〉, 〈반사회성〉 혹은 〈경계선〉 성격 장애라는 추가적인 진단을 받게 된다. 유사하게, 경계선 성격 장애를 지닌 사람들은 주요 우울 장애, 물질 남용, 광장 공포증, 혹은 공황 장애, 신체화 장애 등으로 고통받는다. 다중 인격 장애를 지닌 대다수의 환자들은 심각한 우울을 경험한다. 다중 인격 장애의 증상 중 대부분은 경계선 성격 장애의 진단 기준에 충족되기도 한다. 대개 두통, 설명되지 않은 통증, 위장 장해, 히스테리아의 전환 증상* 등 수많은 신체형 장애가 포함되어 있다. 이러한 환자들은 다중 인격 장애가 마침내 확인되기 전까지 평균적으로 세 가지 정도의 다른 정신과적, 혹은 신경과적 진단을 받게 된다.[29]

이 세 가지 장애 전부는 높은 수준의 최면 가능성과 해리와 연관되어 있지만, 이러한 측면에서 다중 인격 장애는 더 이상 비할 데가 없다. 다중 인격 장애를 지닌 사람들은 어마어마한 해리 경향을 지니고 있다. 이들이 지닌 더욱 기괴한 증상은 조현병으로 오해받기도 한다. 예를 들어, 이들에게 다른 사람들로부터 조정당하듯이 〈수동적으로 영향을 받는〉 경험이 발생할 수 있고, 서로 다른 인격 간에 다투는 목소리가 들리는 환청이 생길 수도 있다. 경계선 성격 장애를 가진 환자들은 다중 인격 장애와 유사할 정도로 해리 기능을 보이는 일은 드물지만, 역시 일반적인 수준보다 높은 정도로 해리 증상을 보인다.[30] 그리고 신체화 장애가 있는 환자들은 높은 수준의 최면 가능성과 심인성 기억 상실을 보인다고 보고되었다.[31]

* 심리적 갈등이 의학적 원인으로 설명되지 않는 신체적 증상으로 전환되어 나타나는 증상으로 운동 기능이나 감각 기능과 같은 신경학적 기능에서 이상이 나타난다.

세 가지 장애 모두 친밀한 대인 관계에 어려움이 있다는 특징을 공유한다. 대인 관계의 어려움은 경계선 성격 장애를 지닌 환자들에게서 가장 광범위하게 기술되어 왔다. 강렬하고 불안정한 대인 관계 양상은 이 진단을 내릴 때 충족되어야 하는 가장 중요한 진단 기준 중 하나이기도 하다. 경계선 환자들은 혼자 있는 것을 너무나 어려워하지만, 동시에 다른 이들을 과도하게 경계하기도 한다. 한쪽에서는 버림받는 것에 대한 크나큰 두려움으로, 다른 쪽에서는 지배당하는 것에 대한 두려움으로, 이들은 매달림과 피함, 비굴한 굴복과 성난 배신의 극단 사이에서 동요한다.[32] 이들은 일반적인 경계를 세우지 못한 채, 이상화된 보호자와 〈특별한〉 관계를 맺으려는 경향을 보인다.[33] 정신분석학자들은 초기 아동기에 심리적 발달을 달성하지 못한 것이 이러한 불안정성의 원인이라고 말한다. 한 권위자는 경계선 성격 장애의 일차적인 결함을 〈대상 항상성* 달성의 실패〉라고 기술한다. 이것은 믿을 만한 사람에 대한 신뢰할 만한 내적 표상이 잘 통합되지 못했다는 것을 뜻한다.[34] 다른 이는 〈버텨 주고, 달래 주고, 안정시켜 주는 내사 기능이 상대적으로 잘 형성되지 못한 것〉이라고 말한다. 경계선 성격 장애를 가진 사람들은 보호자와의 안정적인 관계에 관한 정신적 심상을 불러일으키지 못하며, 따라서 스스로를 안심시키거나 위로하는 것을 어려워한다.[35]

* 상대방(양육자)에 대한 긍정적인 감정과 부정적인 감정이 통합되어 내면화됨으로써 내면에 안정적인 자아상과 타인상을 갖게 되는 것.

격렬하고 불안정한 대인 관계 양상은 다중 인격 장애를 지닌 환자들에게서도 발견된다. 이 장애를 보이는 사람들의 정신 기능은 극단적으로 구획화되어, 해리된 〈서로 다른〉 인격이 각기 수행하는 매우 모순적인 관계 양상이 나타날 수 있다. 또한 다중 인격 장애를 지닌 환자들은 매우 〈특별〉하고 강렬한 관계를 발달시킬 위험이 있다. 관계는 지켜야 할 경계를 위반하고, 충돌하며, 잠재적인 착취를 수반할 가능성이 크다.[36] 신체화 장애를 지닌 환자들은 성적 관계, 결혼 생활, 그리고 부모 자녀 문제 등 친밀 관계 형성에 어려움을 보인다.

정체성 형성의 장해는 경계선 성격 장애와 다중 인격 장애 환자들에게 특징적이다(이것은 신체화 장애에서는 체계적으로 연구된 바가 없다). 해리된 성격들로 파편화된 자기는 다중 인격 장애의 핵심적인 특징이다. 인격의 파편에는 사회적으로 적합하고, 순종적이고, 〈선한〉 인격과 최소한 한 가지 이상의 〈혐오스러운〉 혹은 〈악한〉 인격이 포함되어 있다.[37] 경계선 성격 장애를 지닌 환자들은 파편화된 인격을 형성할 정도로 해리되어 있지 않지만, 통합된 정체성을 발달시키는 데 유사한 어려움을 가지고 있다. 자기의 내적 심상은 선함과 악함의 극단으로 분리되어 있다. 불안정한 자기감은 경계선 성격 장애의 주요 진단 기준 중 하나이다. 어떤 이론가들은 자기와 타인의 내적 표상이 〈분리splitting〉*된 것이 이 장애의 기저에 놓여 있

* 오토 컨버그의 개념. 양립할 수 없는 반대되는 속성을 분리시키는 것으로 경계

는 핵심적인 병리라고 설명 한다.[38]

이 세 장애의 공통분모는 바로 아동기 외상의 과거력이라는 기원에 놓여 있다. 이 연결 고리를 뒷받침하는 근거로는 결정적인 것도 있고, 제안할 만한 정도인 것도 있다. 다중 인격 장애의 발생은 심각한 아동기 학대 때문이라는 원인론은 이 시점에서 거의 확고하게 확립되어 있다. 이 장애를 지닌 100명의 환자에 관한 정신의학자 프랭크 퍼트넘의 연구에서, 97명은 중요한 아동기 외상의 과거력이 있었으며, 성 학대와 신체 학대, 혹은 두 가지 모두를 경험한 경우가 대부분이었다. 이러한 치명적인 과거력 속에서 극도의 가학과 살인적인 폭력을 경험한 경우는 예외적인 것이 아니라 마치 원칙인 것처럼 흔했다. 환자들 중 거의 절반은 가까운 누군가의 폭력적인 죽음을 실제 목격했었다.

경계선 성격 장애에 관한 나의 연구는 사례 대부분에(81퍼센트) 놓인 심각한 아동기 외상의 과거력을 기록하였다. 학대는 대개 생애 초기부터 시작되었고, 다중 인격 장애 환자들이 겪었던 학대만큼 치명적인 극단에 이르는 경우는 드물었다고 해도 역시 심각하고 지속적이었다. 학대가 시작된 연령이 어리고 학대의 심각성이 클수록, 경계선 성격 장애가 발생할 가능

선 성격 구조의 핵심적인 방어 작동이다. 초기 발달 단계에서 발생했던 문제로 인하여 타인에 대한 내적 표상이 나쁘기만 하거나, 좋기만 한 존재로 양분되며, 이 극단 사이를 갑작스레 오가면서 특정인에 대한 감정과 생각이 급격하게 변화한다.

성은 더 높았다.[39] 경계선 성격 장애와 아동기 외상 과거력 간의 특별한 연관은 수많은 다른 연구에서도 확인되었다.[40]

신체화 장애와 아동기 외상을 연결 짓기에는 증거가 아직 부족하다. 신체화 장애는 19세기 샤르코보다 앞선 시대에 프랑스의 의학자였던 파울 브리케의 이름을 따라 브리케 증후군으로 불리기도 한다. 브리케는 이 장애를 지닌 환자들을 관찰하면서 이들의 일생이 가정 폭력, 아동기 외상, 그리고 학대의 일화로 가득 차 있는 것을 보았다. 브리케는 12세 이하의 아동 87명에 관한 연구에서 아이들 중 3분의 1이 〈습관적으로 학대받았거나, 지속적으로 두려움 속에 놓였거나, 부모에게 가혹한 통제를 받았다〉고 언급했다. 부모의 학대를 제외한 다른 형태의 외상 경험으로 증상을 보이는 아이들은 이들 중 10퍼센트를 차지했다.[41] 한 세기가 흐른 뒤 근래에 들어서, 신체화 장애와 아동기 학대를 연결 짓는 연구는 다시 시작되었다. 신체화 장애를 지닌 여성에 관한 최근의 연구는 이들 중 55퍼센트가 아동기 때 친척에게 성적으로 학대받았다는 사실을 발견하였다. 그러나 이 연구는 초기 어린 시절의 성적인 외상에 주목하였고, 신체적 학대 경험이나 가정 내의 일반적인 폭력의 기후에 대해서는 환자들에게 질문하지 않았다.[42] 이제 신체화 장애를 지닌 환자들의 아동기 과거력을 체계적으로 조사해야 할 때가 되었다.

이 세 가지 장애는 아마도 복합성 외상 후 스트레스 장애의 유형들로 이해하는 편이 가장 좋을 것이다. 과거에는 외상 환경에 적응하기 위한 방편들이었던 것이 이제는 증상이 되었다. 외상 후 스트레스 장애의 〈생리 신경증〉은 신체화 장애의 가장 두드러진 특징이고, 의식의 변형은 다중 인격 장애에서 가장 두드러지며, 정체성과 관계의 장해는 경계선 성격 장애에서 가장 두드러진다. 복합성 외상 후 증후군의 포괄적인 개념은 이 세 가지 장애의 특유성과 상호 연관성 모두를 아울러 설명한다. 이 개념화로 한때 파편적으로 히스테리아라는 상태로 기술되었던 개념들을 통합할 수 있고, 심리적 외상의 과거력 안에서 이들 장애의 공통 원천을 다시 확인할 수 있다.

아동기 외상의 과거력을 확인하면서, 세 가지 장애에서 가장 문제시되었던 특징들에 대한 이해가 더 높아졌다. 더욱 중요한 것은 생존자가 스스로를 이해할 수 있게 되었다는 점이다. 심리적 어려움의 기원을 학대적인 아동기 환경 속에서 찾을 수 있게 되면, 생존자는 심리적 어려움이 자신의 본질적인 결함 때문이라는 생각은 더 이상 하지 않아도 된다. 따라서 경험에 새로운 의미를 부여하고, 낙인찍히지 않은 새로운 정체성을 형성할 수 있는 길이 열리게 될 것이다.

이러한 심각한 장애의 발달에서 아동기 외상의 역할에 대한 이해는 치료의 모든 측면을 결정짓는다. 이러한 이해는 과거 사건에 대한 생존자의 정서적 반응이 현재에는 부적응적일 수 있음을 확인하면서도, 이러한 반응을 자연스러운 것으로 이해하고 수용하는 협력적인 치료 동맹의 근간을 제공한다. 더 나아가 대인 관계 속에서 보이는 특징적인 장해를 이해하고, 필연적으로 피해를 반복하게 되는 위험에 대한 이해를 공유하면서, 기원에 자리 잡은 외상이 치료 관계 내에서 뜻하지 않게 재연되는 것을 방지해 주는 가장 좋은 예방책을 세울 수 있다.

모든 회복의 과정에서 외상을 인식하는 것은 중요하다. 그러므로 환자의 증언은 설득력을 얻는다. 오랜 시간 동안 정신과 치료를 받았던 세 명의 생존자들은 다른 환자들을 위하여 이곳에서 이야기한다. 심각한 아동기 학대의 과거력 속에서 결국 심리적 문제의 원천을 발견하게 되기까지 여러 가지 잘못된 진단들이 축적되어 왔고, 실패했던 수많은 치료로 인하여 이들은 고통을 받아 왔다. 각각의 이야기는 우리로 하여금 그녀의 언어를 해독하고, 겹겹으로 둘러싸인 위장을 넘어 복합성 외상후 증후군을 확인하는 데 도전하게 한다.

첫 생존자인 바버라에게는 신체화 장애 증상이 두드러졌다.

나는 의사나 의학의 도움 없이 지옥 속에서 살아왔다. 숨을 쉴 수가 없었고, 음식을 삼키려 하면 발작을 일으켰으며, 가슴속에서 심장이 요동을 쳤고, 얼굴에서 표정이 사라졌으며, 잠을 자려 하면 무도병이 나타났다. 편두통이 있었고, 오른쪽 눈 위의 핏줄이 너무나 팽팽하게 당겨 눈을 감을 수조차 없었다.

나의 치료자와 나는 내가 해리 상태를 가지고 있다고 결정하였다. 성격과 비슷한 것이긴 한데, 나는 이것이 내 자신의 일부분이라는 것을 잘 알고 있다. 처음 두려움이 떠올랐을 때 나는 심리적인 죽음을 거쳐야만 했다. 수많은 사람이 타고 있던 하얀 구름 안에 들어섰던 것을 기억한다. 그들이 누구인지 도무지 알 수 없었다. 그러자 두 손이 나타나 나의 가슴을 압박하였고, 하나의 목소리가 〈들어가지 말라〉고 말했다.

발병할 당시 도움을 구했다면, 나는 정신병이 있는 사람으로 분류됐을 것 같다. 진단은 아마도 조울증에 조현병, 공황 장애, 그리고 광장 공포증을 가미한 것이겠지. 당시에는 〈복합성〉 외상 후 스트레스 장애 진단을 올릴 만한 진단적 틀을 가지고 있는 사람이 아무도 없었던 것이다.[43]

두 번째 생존자 타니는 경계선 성격 장애를 진단받았다.

경계선이 뭐니 하는 것과 관련된 것들이 점점 더 나아졌는가 보다. 그 진단을 갖게 되었을 때 나는 집에서 취급받았던 그대로 취급받게 되었다. 내가 그 진단을 받은 즉시 사람들은 치료를 멈추었다. 마치 내가 그렇게 행동하는 데는 다 이유가 있다는 듯이 말이다. 그 모든 정신과 치료는 예전에 내게 일어났던 일만큼이나 파괴적이었다.

내 경험의 실재를 부정하는 것, 그것이 가장 해로웠다. 아무도 믿을 수 없게 된 것이 가장 심각한 결과였다. 내가 정말 비열하게 행동했다는 것을 나도 안다. 하지만 나는 미치지 않았다. 어떤 사람들은 희망이 사라졌다고 느낀 나머지 내가 미쳤다는 듯이 군다. 마침내, 내게 심각한 문제가 있다고 하더라도 나를 괜찮게 생각해 주는 사람들을 몇몇 만나게 되었다. 좋은 치료자들은 진짜로 나의 경험을 수용해 준 이들이었다.[44]

다중 인격 장애 증상이 두드러졌던 세 번째 생존자는 호프였다.

오래전 사랑스러운 한 어린아이가 편집성 조현병이라는 용어의 낙인을 받았다. 그 이름은 무거운 멍에가 되었다. 강압적인 규격의 침대는 너무나 꼭 들어맞아, 나는 더 이상 자랄 수가 없었다. 나는 꽁꽁 둘러 싸매어지고 가려졌다. 안경을 쓴 심리학자가 나의 둔탁한 단조로움을 토대로 전문가적 자질을 훈련받았다. 〈안 돼.〉 착실한 임상가를 돌아보면서 〈당신이 틀렸어. 그냥 인생의 슬픈 시기일 뿐이야, 난 괜찮아〉라고 말하는 내게 편집성 조현병이라는 진단은 틀린 것이다.

어찌됐든 간에 그 무시무시한 단어는 나의 시리얼 위로

뿌려지고 내 옷 안으로 스며들었다. 나는 나를 바라보는 시선과 무심결에 짓누른 손에서 그것을 느꼈다. 나를 외면하는 고개, 묻지 않은 질문, 나의 이득을 위하여 만들어졌다는 더 작고, 더 단순한, 조심스러운, 반복되는 개념의 속박 속에서 이 단어를 보았다. 해는 지나간다. 그저 흘러간다. 나를 괴롭히는 이 반복이 살아가는 방법이 되었다. 기대는 잠잠하다. 진전은 향수에 어려 뒤편에 서 있다. 그리고 언제나 심장 속에는 뱀이 숨겨져 있다.

마침내 꿈들이 풀려나기 시작했다. 정적이고 작았던 목소리가 신선하고 바삭하게 커지면서 박차를 가한다. 말해지지 않은 고요한 단어들이 내게 보이기 시작한다. 나는 가면을 보았다. 그것은 나처럼 생겼다. 나는 그것을 벗어, 끔찍한 비밀을 숨기기 위하여 한데 움츠러들고 두려움에 뒤엉킨 사람들에게 보여 주었다.

〈편집성 조현병〉이라는 단어는 공간 속으로 흩어지기 시작했다. 한 문자 한 문자씩. 그러나 그것은 느낌과 생각과 행동으로, 아이들을 해치고, 거짓말을 했으며, 불명예를 뒤덮었고, 또한 공포였다. 나는 그 명명, 그 진단이 보조적인 것임을 깨달았다. 마치 『주홍 글씨』에서 헤스터 프린의 가슴에 새겨졌던 글자 〈A〉만큼이나. 그리고 그 모든 날들과 주어진 모든 시간 동안, 다른 단어들이 그 명찰, 그 이름, 그 진단을 밀어내었다. 〈아이들을 해치는 것〉, 〈부적절한〉, 〈여자와 여자〉, 〈남자와 남자〉, 〈부적절한 무엇을 하는 것〉.

나는 나의 편집성 조현병을 버리고, 나의 문젯거리들과 함께 한데 짐을 꾸려, 필라델피아로 보내 버렸다.[45]

2부
회복 단계

7
치유 관계

심리적 외상을 경험한 사람들은 힘을 빼앗겼고, 다른 사람과 단절되었다. 그러므로 생존자가 역량을 강화하고 다른 사람과 새로운 연결을 생성해 갈 때에 비로소 회복할 수 있는 토대가 생성된다. 회복은 관계를 밑바탕으로 할 때 이루어질 수 있으며, 고립 속에서는 일어나지 않는다. 다른 사람과 새로이 연결된 가운데, 생존자는 외상 경험으로 인해 손상되고 변형되었던 심리적 기능, 즉 신뢰, 자율성, 주도성, 능력, 정체성, 친밀감 등의 기본 역량을 되살려 낸다. 처음에 이러한 힘이 다른 사람과의 관계 속에서 형성되었던 것처럼, 되살아날 때에도 그러한 관계가 필요하다.

회복의 첫 번째 원칙은 생존자의 역량 강화에 있다. 생존자는 치유의 창조자이자 조정자가 되어야 한다. 다른 이들은 조언을 제공하고, 지지를 전하며, 도와주고, 애정과 보살핌을 쏟을 수는 있지만, 회복 그 자체를 마련해 주지는 못한다. 생존자에게 힘을 실어 준다는 이 기본 원칙을 지키지 않으면 아무리 선하고 자비로운 시도라고 해도 곧 무너지고 말 것이다. 그 아무리 유용한 이득을 즉각적으로 줄 것처럼 보인다 해도 생존자의 힘을 앗아 가는 개입이라면 절대로 회복의 받침대가 될 수 없다. 한 근친 강간 생존자의 말에 의하면 〈좋은 치료자는 나를 통제하려는 이들이 아니라, 나의 경험을 수용하고, 나의 행동을 스스로 통제할 수 있게 도와준 사람들이었다.〉[1]

의학적 치료 모델로 교육받은 치료자들은 이러한 기본적인 원칙을 지키고 실행하기를 어려워한다. 생존자가 스스로를 보호해야 할 책임을 완전히 포기하거나 자신이나 다른 사람에게 즉각적인 해를 끼치겠다고 위협하는 것과 같은 위기 상황이라면 생존자가 승인했든 말든 시급하게 개입해야 한다. 하지만 이러한 경우에도 일방적인 행동을 취할 필요는 없다. 치료자는 한결같은 태도로 생존자의 소망을 다룰 수 있어야 하고, 안전을 지킨다는 원칙에 모순되지 않는 한 생존자에게 가능한 모든 선택권을 제공해야 한다.

외상을 경험한 이들에게 통제력을 회복시켜 주어야 한다는 치료 원칙은 널리 인정되어 왔다. 에이브럼 카디너에 의하면 치료자는 환자의 조력자이다. 그는 〈환자가 자발적으로 달성하고자 하는 일을 완수할 수 있도록 환자를 돕는 것〉, 그리고 〈새로운 통제력을 줄 수 있는 요소들을 복귀시키는 것〉이 치료의 목표임을 분명히 하고 있다.[2] 인질 피해자와 함께 일했던 마

틴 사이먼스는 피해자에게 다가갈 때 피해자의 선택권은 최대
화하고, 지배의 역동은 최소화해야 한다고 하였다. 이로서 피
해자의 힘을 복구시키고, 고립감을 축소시키며, 무력감을 줄인
다는 치료 원칙이 달성된다.[3] 지역 사회 활동가인 에번 스타크
와 앤 플릿크래프트는 가정 폭력 피해 여성을 위한 치료 목표를
자율성의 회복과 역량 강화에 두었다. 이들은 자율성을 일컬어
〈자신의 권익을 분명히 내세울 수 있을 만큼 독립적이고 유연하
고 침착한 것, 그리고 중요한 선택을 내릴 수 있는 것〉이라고 하
였고, 역량 강화는 〈개인이 자율성을 지니면서도 서로 간에 지지
를 모으는 것〉이라고 정의하였다.[4] 이들의 관점에서 보자면 환자
가 전통적인 의학 체계나 정신 건강 클리닉 안에 있을 때에는 무
력하고 〈뒤떨어진〉 것처럼 보이겠지만, 경험이 수용되고 힘이
인정되는 지지적인 쉼터에 있다면 〈강한 생존자〉처럼 보일 것
이고, 또한 그처럼 행동할 것이다.

생존자와 치료자의 관계는 수많은 종류의 인간관계 중 하나
이다. 이것은 회복을 뒷받침하는 유일한 관계도 아니거니와,
가장 좋은 관계도 결코 아니다. 외상을 경험한 어떤 사람들은
도움 받기를 꺼려 하고 심리 치료를 거부하기도 하지만, 외상
후 스트레스 장애로 고통받는 사람들은 정신 건강 체계 내에서
도움을 찾기도 한다. 예를 들어, 베트남 전쟁 참전 군인들에 관
한 국가적 연구는 외상 후 증후군을 보이는 참전 군인 대부분
이 전쟁에서 돌아온 이후 최소한 한 번 정도는 정신 건강 문제

로 병원을 찾았다는 점을 밝혔다.[5]

　치료 관계에는 몇 가지 독특한 측면이 있다. 첫째, 이 관계는 환자의 회복을 증진시킨다는 유일한 목적을 가지고 있다. 치료자는 목적을 이루기 위해 환자의 동료가 되어 자신의 지식과 능력, 경험의 모든 원천을 쏟아붓는다. 둘째, 이 관계는 권력의 차이를 고려하여 서로 계약을 맺었다는 점에서 독특한 관계가 된다. 환자는 도움과 보살핌을 받기 위해서 치료에 들어선다. 그렇기 때문에 치료자가 권력을 가진 우월한 위치에 서게 되는 불평등한 관계가 자연스럽게 뒤따르게 된다. 불가피하게, 부모에게 의존했던 아동기 경험과 관련된 감정이 환자에게 떠오를 수 있다. 전이transference*라고 알려진 이러한 감정 상태는 치료 관계 내에서 권력의 불균형을 더욱 증폭시키고, 갖은 착취 앞에서 환자를 더욱 취약하게 만든다. 따라서 착취하고자 하는 유혹에 저항하고, 오로지 환자의 회복을 뒷받침하기 위해서만 주어진 권력을 사용하는 것은 치료자의 책임이다. 이 약속은 치료적 관계를 보전하는 데 있어서 매우 중요하다. 만약 환자가 권력을 가진 누군가의 독단과 착취로 이미 고통받고 있었다면 더욱이 중요할 것이다.

　치료자는 치료 관계에 들어서면서 사심을 없애고 중립을 유지하며 환자의 자율성을 존중할 것을 약속한다. 〈사심이 없다〉

---

　* 과거 중요한 사람에 대한 감정과 환상이 치료자와의 관계 안에서 다시 떠오르는 것.

는 것은 치료자가 사적인 욕구를 충족시키려는 목적으로 환자에게 권력을 행사하지 않는다는 뜻이다. 〈중립〉이란 치료자가 환자의 내적 갈등에서 특정한 편을 들거나, 삶에서 어떤 결정을 내리도록 지시하지 않는다는 뜻이다. 환자의 삶은 환자에게 맡겨졌다. 치료자는 이 사실을 늘 스스로에게 일러 주면서 개인적인 의사 표현은 삼가야 한다. 사심 없고 중립적인 태도는 절대로 완벽하게 달성될 수 없지만 반드시 추구해야 할 이상이다.

치료자의 전문적인 중립성은 도덕적인 중립성과는 다르다. 피해를 경험한 사람들과 일할 때에는 도덕적인 태도에 전념할 수 있어야 한다. 치료자는 범죄의 증인으로서 버텨야 한다는 부름을 받았다. 치료자는 피해자와 함께 단결할 수 있는 위치에 서야 한다. 이것은 피해자는 항상 올바르다는 일차원적인 생각에서 비롯된 것이 아니다. 이것은 외상 경험의 밑바탕에 불의가 자리 잡고 있음을 이해하고, 정의를 회복시키기 위해서 해결책을 구해야 한다는 의미를 담고 있다. 이 확신은 치료자의 일상적인 치료 작업과 언어를 통하여, 그리고 무엇보다도 회피하거나 위장하지 않고 진실을 이야기하겠다는 그녀의 도덕적인 전념을 통하여 표현된다. 나치 홀로코스트 생존자와 일하는 심리학자인 야엘 다니엘리는 생존자에게 가족력을 묻는 일상적인 절차 속에서도 도덕적인 태도를 취한다. 생존자가 〈죽은〉 친척들에 대하여 이야기하면, 그녀는 그들이 〈살해당했다〉라고 단언한다. 〈생존자의 가족들과 일하는 치료자와 연구자들은 홀로코스트로 인하여 세대와 연령의 보편적인 순환성을 박탈당한 개인들과 마주하게 된다. 홀로코스트는 이들에게서 자연스럽고 개인적인 죽음을, 그리고 결과적으로 보편적인 슬픔을 빼앗았으며, 여전히 빼앗고 있다. 생존자의 친척, 친구, 공동체의 운명을 설명하는 데《죽음》이라는 단어를 사용하는 것은 그것이 살인 행위였음을 인식하지 못하는 것이며, 이것이 홀로코스트의 가장 잔혹한 현실일 것이다.〉[6]

치료자는 지적인 동시에 관계적이어야 한다. 치료자는 환자의 통찰을 촉진시키는 동시에 환자와 공감적으로 연결되어 있어야 한다. 카디너는〈환자에게 증상의 근원과 의미를 알리는 것은 치료에 언제나 중요하다〉고 말하는 동시에〈이러한 사례를 맡은 치료자는 양육적인 부모의 태도를 지녀야 한다. 치료자는 환자가 두 주먹을 불끈 쥐고 외부 세계로 나아갈 수 있도록 도와야 하며, 마지못해 알약만 처방하는 태도로는 이것을 결코 이루어낼 수 없다〉고 강조했다.[7] 정신분석학자인 오토 컨버그는 경계선 성격 장애 환자를 치료하는 데 있어서 이와 유사한 점을 논한다.〈치료자는 자기 자신을 정서적으로 이해하고, 환자를 염려하며, 환자와 일시적으로 동일시되면서 공감적인 태도를 이끌어 낸다. 여기에는《충분히 좋은 엄마good-enough mother》*가 아기에게 공감하는 것과 일치하는 부분이

* 도널드 위니콧은 유아에게 좌절에 대한 인내력을 키워 주기 위한 양육이 중요하다고 본다. 충분히 좋은 양육이란 초기 유아기에 아기의 욕구와 표현을 완전하게

있다. 그러나 치료자와 환자의 관계는 이와 전혀 다른 속성을 지니고 있는데, 왜냐하면 치료 작업에는 이성적이고 인지적인, 자기 단련과도 같은 측면이 있기 때문이다.)[8]

치료 동맹은 그저 쉽게 생기는 게 아니다. 환자와 치료자 둘 다 노력하고 고통을 인내해야 동맹을 세울 수 있다. 치료를 위해서는 치료자와 환자가 협력하여 작업하는 관계를 맺어야 한다. 이것은 강요보다는 설득이, 강제보다는 생각이, 권위주의적인 통제보다는 상호성이 더 가치 있고 효과적이라는 암묵적인 믿음을 기반으로 하고 있다. 그러나 외상 경험은 이러한 믿음을 부서뜨렸다. 외상은 믿음직한 관계로 들어서는 데 필요한 환자의 능력을 손상시켰다. 이는 치료자에게 간접적이지만 강력한 영향을 끼쳐, 환자와 치료자 둘 다 작업 동맹에 이르는 데 어려움으로 작용한다. 그러므로 시작에 앞서 이러한 어려움을 잘 이해하고 이에 대비해야 할 것이다.

외상성 전이

외상 증후군으로 고통받는 환자들은 치료 관계 안에서 특징

충족시켜 주면서, 적절한 시기에 점진적으로 아기에게 독립성을 부여해 주는 양육을 의미한다. 이를 통해 아기는 현실에 대한 믿음을 가지면서 유아기의 전지전능함을 점차 포기하고 진정한 자발성을 지니고 세상과 만난다.

적인 유형의 전이를 형성시킨다. 공포를 경험하게 된 이후, 권위적인 인물 앞에서 나타나는 생존자의 정서적인 반응은 변형되었다. 이러한 이유로 외상성 전이 반응은 일반적인 치료 경험과는 비교도 할 수 없을 만큼 강렬한, 사느냐 죽느냐의 속성을 띤다. 컨버그의 말을 빌리자면 〈이것은 마치 치료자가 얼마나 통제가 잘 되느냐에 따라 환자의 생명이 오가는 것과 같다〉.[9] 경계선 성격 장애의 치료를 다루는 고전적인 문헌에서 언급되는 외상성 전이의 역동에 관한 가장 기민한 논의 중 몇몇은 이 장애의 기원에 외상이 놓여 있다는 점이 밝혀지기 전에 쓰였다.

이러한 설명들을 살펴보면, 어떤 파괴적인 힘이 치료자와 환자의 관계를 반복적으로 훼방하고 있음을 알 수 있다. 과거에는 이 힘이 환자 본연의 공격성에서 기인한 것으로 여겨졌지만, 이제는 가해자의 폭력임이 확인되었다. 정신의학자인 에릭 리스터는 외상을 경험한 환자들의 전이는 단순히 두 사람 사이의 관계를 반영하는 것이 아니라, 세 사람의 관계를 반영한다고 말했다. 〈환자와 치료자가 함께 있어도, 제3자의 존재로 인하여 공포가 발생한다. 그 사람은 바로 가해자이다. 그는 침묵을 명령하였으나 그 명령은 더 이상 유효하지 않다.〉[10]

외상성 전이는 공포뿐만 아니라 무력감도 반영하고 있다. 외상이 발생하는 동안 피해자는 완전하게 무력하다. 혼자 맞서지 못하면서 도움을 부르짖지만, 도우러 오는 이는 아무도 없다. 그녀는 전적으로 버림받았다고 느낀다. 이러한 경험에 대한 기억은 뒤이은 모든 관계를 지배한다. 버림받았으며 무기력했다는 확신에 정서적인 강렬함이 더해질수록, 전지전능한 구조자를 필요로 하는 마음은 절박해진다. 환자는 종종 치료자를 이상화하고 강한 기대를 키우면서 치료자에게 이 역할을 배정할 때가 있다. 치료자를 이상화하는 환상에 의지하여 외상의 공포의 재경험으로부터 보호받는 것이다. 한 성공적인 사례에서 환자와 치료자는 구조해 달라는 환자의 요구의 원천에 놓여 있는 공포를 이해할 수 있게 되었다. 치료자는 〈누군가를 그토록 필요로 하면서도 그 상대방을 통제할 수 없다는 사실은 매우 두려운 일입니다〉라고 말했다. 환자는 이 말이 마음에 와닿자 말했다. 〈선생님은 말만으로도 나를 죽일 수 있어요. 그러니 두렵지요. 나를 개의치 않거나, 내게서 떠나 버릴 수도 있고요〉라고. 그러자 치료자가 덧붙였다. 〈제가 완벽한 사람이 되기를 원하는 당신의 마음을 이제 우린 이해하게 되었어요.〉[11]

치료자가 이상화된 기대에 부응하지 못할 경우 — 그것은 당연한 일이다 — 환자는 분노에 압도당한다. 환자 입장에서 자기 인생은 구조자의 손안에 달려 있기 때문에, 인내란 불가능하다. 인간적인 실수를 위한 자리는 없다. 자신의 역할 속에서 순간적인 실수를 저질렀던 구조자를 향한, 외상을 경험했던 이의 무력하고 절박한 분노는 베트남 참전 군인인 팀 오브라이언의 이야기에 잘 나타나 있다. 그는 전투에서 부상당한 뒤의 느낌을 이렇게 이야기했다.

복수의 욕구가 계속해서 나를 갉아먹었다. 어느 날 밤에는 술을 너무 많이 마셨다. 그리고 기억나곤 했다. 총을 맞고 나서 위생병을 외치고, 기다리고 기다리고 기다린 다음에 한순간에 정신을 잃고, 그다음 일어나서 더 소리를 지른 뒤, 그 소리로 인하여 더 새로운 통증이 생기고, 내게서 나는 고약한 악취, 땀과 두려움, 마침내 나를 치료하게 되었던 바비 요르겐슨의 그 서툴렀던 손가락까지. 나는 계속 그것을 반복하였다, 세세한 것들까지 전부. 외치고 싶었다. 〈이봐, 쇼크라고! 나는 죽어 간다고!〉 그러나 내가 할 수 있는 거라곤 울먹이거나 찡찡거리는 것뿐이었다. 나는 그것과 병원과 간호사들을 기억한다. 나는 분노까지 기억한다. 그러나 더 이상 그것을 느낄 수가 없었다. 결국에 내가 느낄 수 있는 거라곤 가슴 깊숙한 곳의 냉기뿐이었다. 첫째, 그놈이 나를 죽일 뻔했다. 둘째, 그놈은 처벌받아야 했다.[12]

이 증언은 죽어 가는 공포 속에서 피해자가 느꼈던 무력한 분노뿐만 아니라, 가해자에게서 조력자에게로 분노가 대치되는 모습을 드러낸다. 죽을 뻔했던 것은 적 때문이 아니라 위생병 때문이다. 그의 분노가 더욱 강화된 것은 모욕감과 수치심 때문이었다. 구조자의 도움이 절박하게 필요했지만, 모욕당한 신체를 내보이기에는 굴욕감이 들었던 것이다. 병원에서 상처가 점점 나아지자 그는 복수에 골몰하지만, 그것은 적이 아니라 서툴렀던 구조자에게로 향한다. 외상을 경험한 많은 사람이 그들을 도우려는 치료자를 향해 분노를 느끼며 유사한 복수의 환상을 품는다. 이 환상 속에서 그들은 그토록 고통스럽고 견딜 수 없었던 공포와 무력감, 수치심 속으로, 실망스러운 동시에 부럽기만 한 치료자를 끌어내린다.

외상 경험은 사람을 믿을 수 있게 해주는 능력을 파괴시켰기 때문에, 환자는 치료자의 능력과 완전함에 절박하게 기대려 하지만 또한 그리할 수 없다. 다른 치료 관계라면 처음부터 어느 정도 믿음이 다져져 있다고 가정되지만, 외상을 경험한 환자를 치료하는 데 이 가정은 결코 보장될 수 없는 것이다.[13] 환자는 모든 종류의 의심과 혐의의 희생물이 된 채 치료 관계로 들어선다. 그녀는 치료자가 도우려 하지 않는다거나 도와줄 수 없다고 생각한다. 만약 도울 수 있다고 하더라도, 그것이 증명될 때까지 치료자가 외상의 진실을 견뎌 내지 못할 것이라고 생각한다. 참전 군인들은 구체적인 전쟁 이야기를 듣고도 치료자가 견딜 수 있음을 확신하기 전까지는 이 관계를 믿지 않을 것이다.[14] 강간 피해자, 인질, 양심수, 가정 폭력 피해 여성, 그리고 홀로코스트 생존자들도 마찬가지로 치료자가 잘 들어줄 것이라고 믿지 않는다. 한 근친 강간 생존자의 말에 의하면 〈이 치료자들은 마치 자기가 모든 답을 다 알고 있다는 듯이 말하지만, 정말 끔찍한 일 앞에서는 뒤로 물러서려고 한다〉.

하지만 이와 동시에 물러서지 않으려 하는 치료자의 동기도 믿기 힘들다. 치료자의 동기 위에 가해자의 동기가 겹쳐 보이기 때문이다. 치료자가 착취적이고 관음증적인 의도를 품고 있다는 의심이 들 때도 있다.[15] 반복적이고 지속적인 외상을 경험한 환자는 치료자가 부당하고 사악한 의도를 가지고 있다고 추측하기 쉽다. 이것은 실제 치료를 통해 변화를 가져오는 데 저항으로 작용할 수 있다. 만성적인 외상에 종속되어 복합성 외상 후 증후군으로 고통받는 환자들도 복합적인 전이 반응을 보인다. 끊임없던 피해의 결과 환자의 반응 양식은 변형되었다. 따라서 환자가 반복되는 피해를 두려워하는 것 같기도 하지만, 피해로부터 스스로를 보호하지 못하거나 심지어는 마치 피해를 끌어들이는 것처럼 보이기도 한다. 지배와 복종의 역동은 잠재적인 모든 관계에서 재현되며, 치료 관계라고 해서 예외는 아니다.

만성적으로 외상을 경험한 환자들은 무의식적이고 비언어적인 소통에 절묘하게 조율할 줄 안다. 오랜 시간 동안 가해자의 정서 상태와 인지 상태를 읽는 데 익숙해지면서, 생존자들은 치료 관계 안에도 이러한 능력을 들여 온다. 컨버그는 치료자의 반응을 읽어 내고 치료자의 취약성에 반응하는 경계선 환자의 〈기묘한〉 능력에 주목했다.[16] 에마뉘엘 타네이는 나치 홀로코스트 생존자들의 〈민감성과 강력한 지각 능력〉을 지적했다. 〈이러한 환자들은 치료자가 보이는 기복을 발견해 낼 준비가 되어 있으며 이에 병리적으로 지나치게 예민하다.〉[17]

환자는 예상되는 적대적 반응으로부터 자신을 보호하기 위해서 치료자의 모든 말과 몸짓을 유심히 관찰한다. 치료자가 자비로울 것이라는 어떠한 확신도 없기 때문에, 치료자의 동기와 반응을 잘못 해석하는 일은 계속 일어난다. 결국 치료자는 이러한 적대적인 귀인attribution*에 부적절한 방식으로 대응하고 만다. 지배와 복종의 역동에 이끌린 채, 치료자는 부주의하게 학대 관계의 한 측면을 재연할 수도 있다. 경계선 환자의 사례에서 가장 심도 있게 논의된 바 있는 이러한 역동은 〈투사적 동일시〉**라는 환자의 방어 양식 때문에 발생한다고 여겨져 왔다. 가해자는 이러한 유형의 상호 작용에서 또다시 그림자가 되어 나타난다. 기원에 놓인 외상이 알려진 경우, 치료 중에 일어나는 재연과 과거 외상 사이의 기묘한 유사성을 찾을 수 있다. 프랭크 퍼트넘은 한 다중 인격 장애 환자의 사례로 이를 설명했다. 〈이 환자는 어렸을 때, 묶인 채로 반복적으로 아버지에게 구강 성교를 강요당해 왔다. 마지막으로 입원했을 당시 그녀는 심각한 자살 행동과 거식증을 보였다. 스태프들은 코에 튜브를 넣어 그녀를 먹이려 했지만, 그녀는 계속 튜브를 잡아

---

* 자신과 타인의 생각, 감정, 행동의 원인이 무엇인지 추론하는 과정.

** 자기 내면의 공격적 충동을 상대방이 가지고 있다고 투사한 뒤, 그 상대방에게 두려움을 느끼고 공격당하기 전에 상대방을 미리 공격하는 양상.

당겼다. 결국 스태프들은 어쩔 수 없이 그녀를 결박해야 한다고 생각했다. 목숨을 살린다는 명목으로 이제 환자는 목구멍에 강제로 튜브가 꽂힌 채 침대에 묶였다. 이러한《치료적》개입이 과거 학대와 유사하다는 점이 지적되면서, 강제 섭식은 중단되었다.〉[18]

지속적인 아동기 성 학대의 생존자들에게 때때로 등장하는 성적 전이sexualized transference는 가해자와의 관계를 가장 명백하게 재현한다. 환자는 다른 사람, 특히 권력자의 눈에 들기 위한 방법은 오로지 그의 성적 대상이 되는 길밖에 없다고 생각할 수 있다. 하나의 예로, 경계선 성격 장애로 진단받은 근친 강간 생존자의 길지만 성공적이었던 마지막 치료 회기를 한 치료자가 전하였다. 〈그녀는 마치 다 키운 딸 같았다. 하지만 여전히, 만약 내가 자기와 성관계를 갖지 않는다면 그건 자신이 충분히 섹시하지 않기 때문이라고 여기고 있었다. 마지막 회기였다. 그녀는 말로만 감사를 전한다면, 자신이 치료에 얼마나 감사하고 있는지 어떻게 전달될 수 있겠느냐고 의아해했다. 문 앞에서, 그녀는 나에게 감사하다는 말만으로도 충분하다는 것을 깨달은 듯하다. 우리의 첫 만남 이후 7년이 지나고 나서였다.〉[19]

어떤 환자들은 상당히 직접적인 방식으로 성적 관계에 대한 욕망을 비추기도 한다. 몇몇 환자는 치료자의 보살핌을 확인하기 위한 증거로 그러한 관계를 실제로 요구하기도 한다. 그렇지만 동시에 이러한 환자들도 치료 과정에서 성적인 관계가 재현되는 것을 끔찍해한다. 그러한 방식의 재현은 모든 인간관계가 붕괴되었다는 환자의 신념을 확신시켜 줄 뿐이다.

다중 인격 장애가 있는 환자는 극단적으로 혼란스러운 외상성 전이를 나타낸다. 여러 다른 인격들이 수행하는 여러 다른 요인에 의해 전이는 매우 높은 수준으로 파편화될 수 있다. 퍼트넘은 이러한 환자와 함께하는 치료자들은 강렬하고 적대적이고 성적인 전이를 마치 일상을 대하듯 미리 대비해야 한다고 강조한다.[20] 해리 성향이 이렇듯 극단적이지 않은 환자에게서도, 외상 증후군 특유의 잦은 동요로 인하여 전이는 혼란스럽고 파편화된 방식으로 나타날 수 있다. 회복 관계 안에서의 정서적인 추이는 따라서 환자에게나 치료자에게나 예측 불가능하고 혼란스러울 수밖에 없다.

외상성 역전이

외상은 전염성이 있다. 재난과 잔학 행위의 증인으로서, 치료자는 때때로 정서적으로 압도당한다. 정도는 덜하지만, 치료자는 환자와 똑같은 공포, 분노, 절망을 경험한다. 이 현상은 〈외상성 역전이traumatic countertransference〉* 혹은 〈간접 외

* 환자에 대한 치료자의 의식적, 혹은 무의식적인 감정과 반응.

상화vicarious traumatization〉로 알려져 있다.[21] 치료자는 외상 후 스트레스 장애의 증상을 경험하기 시작한다. 환자의 외상 이야기를 들음으로써 치료자는 과거에 자신이 개인적으로 고통을 겪었던 외상을 회상하게 될 수 있다. 치료자는 자기 자신이 만든 환상이나 꿈속으로 환자의 이야기와 관련된 심상이 침투하는 것을 보게 된다. 한 사례에서 치료자는 어린 시절에 아버지에게 학대받았던 35세 남성 환자 아서가 꾸었던 꿈과 똑같은 기이한 악몽을 꾸기 시작하였다.

아버지가 죽은 지 10년이나 지났지만, 아서는 여전히 아버지가 두렵다고 치료자에게 이야기했다. 마치 아버지가 무덤에서 그를 감시하고 통제하고 있는 것만 같다고 했다. 아서는 아버지의 악마 같은 힘을 이겨 내기 위한 유일한 방법은 그의 시신을 꺼내어 심장에 말뚝을 박는 일뿐이라고 믿었다. 치료자는 아서 아버지가 무덤에서 나와 썩어 가는 몸으로 방 안에 들어오는 생생한 악몽을 꾸기 시작했다.

이러한 일에 참여하면서 치료자는 심리적인 건강을 위협받는다. 치료자의 고통이 이해되지 못하고 다루어지지 않는다면, 치료를 위한 환자와의 동맹과 전문가 동료들과의 관계는 원활하게 이루어지지 않을 것이다. 외상을 경험한 사람들과 일하는 치료자는 이러한 극심한 반응을 처리할 수 있는 지속적인 지지 체계를 필요로 한다. 어떠한 생존자도 혼자서 회복하지 못하는 것처럼, 어떠한 치료자도 혼자서 외상을 다룰 수는 없다.

생존자나 외상 사건에 대한 치료자의 모든 정서적 반응이 외상성 역전이에 해당된다. 다니엘리는 나치 홀로코스트 생존자들과 함께하는 치료자들이 일관되게 보이는 정서적인 반응들을 찾을 수 있었다. 그녀는 치료자나 환자의 개인적인 성격보다는 홀로코스트 그 자체가 이러한 반응의 일차적 원천이라고 말했다.[22] 이러한 해석을 통하여 환자와 치료자 사이에 드리워진 가해자의 그림자를 포착할 수 있으며, 전이에서와 마찬가지로 두 사람의 단순한 관계를 넘어서서 역전이의 본래 원천을 추적할 수 있다.

치료자는 외상 후 스트레스 장애의 간접적인 증상으로 고통스럽고, 환자와 마찬가지로 파괴당한 인간관계 앞에서 고통스럽다. 인간의 탐욕스러움과 잔인함에 관한 이야기에 반복적으로 노출되었던 치료자도 어쩔 수 없이 기본 신뢰를 위협받는다. 자신의 취약성이 점차 크게 느껴지면서, 그는 사람을 두려워하게 될 수 있고, 가까운 관계조차 믿지 못하게 될 수 있다. 타인의 동기를 믿지 않고, 인간 조건에 대해 비관하는 자신의 모습을 보게 될지 모른다.[23]

또한 치료자는 환자의 무력감을 공감적으로 나누어 간다. 때문에 자신의 지식과 능력의 가치를 과소평가하거나, 환자의 힘과 자원을 보지 못하게 되는 지점으로 끌려갈 수 있다. 역전이로 인한 무력감이 요동치면서, 치료자는 심리 치료 관계가 지닌 힘에 대한 확신을 잃을 수 있다. 경험 많은 치료자들도 외상을 경험한 환자를 만나면서 흔히 무력감과 무망함을 느끼게 된다. 퍼트넘은 경험 많은 치료자들도 다중 인격 장애 환자를 만날 때는 마치 위협받았거나 〈능력이 없는〉 것 같은 느낌이 들 수 있다고 이야기한다.[24] 극단적인 정치적 폭력과 억압의 생존자들과 일하는 이들에게도 유사한 감정이 발생할 수 있다. 성적 테러리즘의 피해자인 아이린의 사례는 확신을 잃은 치료자로 인하여 일시적으로 막다른 길에 이르렀다.

　　25세 여성인 아이린은 현저한 과각성, 침투 증상, 그리고 심각한 억제 등의 외상 후 증후군을 호소하면서 치료를 받았다. 과거에는 사회성이 좋았으나, 현재 그녀는 활동을 거의 피하고 있고, 사실상 집 안에서 포로가 된 실정이다. 1년 전 그녀는 데이트 도중에 강간 시도에 맞서야 했고, 그 이후 가해자는 늦은 밤에 외설적이고 위협적인 전화를 하면서 그녀를 괴롭혔다. 가해자는 그녀를 스토킹했고, 집을 감시했다. 아이린의 고양이를 죽인 것도 그의 짓 같았다. 아이린은 경찰서에 간 적이 있었지만 아무도 그녀의 문제에 관심을 갖지 않았는데, 이유인즉슨, 〈사실 아무 일도 일어나지 않았기〉 때문이었다.

　　치료자는 아이린의 좌절감과 무력감을 동일시하였다. 심

리 치료가 아무것도 제공할 수 없을 것이라고 의심하면서, 대신 그는 실질적인 조언을 하기 시작했다. 아이린은 낙담하였다. 친구와 가족, 경찰의 제안을 거부했던 것처럼 아이린은 치료자의 모든 제안을 거부했다. 가해자는 어떠한 시도도 다 무력화시킬 것 같았다. 치료 또한 아무런 도움이 되지 못했다. 증상은 악화되었고, 그녀는 죽고 싶다고 말하기 시작했다.

이 사례의 지도를 받으면서, 치료자는 자신이 아이린과 마찬가지로 무력감에 압도되어 왔음을 깨달았다. 결과적으로 그는 전문가로서 경청하는 일이 얼마나 유용한가에 대한 확신을 잃었다. 그다음 회기에 치료자는 일어났던 모든 이야기를 누구에게든 말해 본 적이 있느냐고 아이린에게 물었다. 아이린은 아무도 듣고 싶어 하지 않았다고 말했다. 사람들은 그저 그녀가 기운을 차리고 정상으로 되돌아가길 바랄 뿐이었다. 치료자는 아이린이 매우 외로웠을 것이라고 말한 뒤, 혹시 자신에게도 믿음을 줄 수 없다고 느꼈는지를 물었다. 아이린은 울음을 터뜨렸다. 그녀는 치료자가 듣고 싶어 하지 않는다고 느꼈다.

그 이후 아이린이 자신의 이야기를 하게 되면서, 증상은 점차 누그러졌다. 그녀는 자신을 보호하기 위한 행동을 취할 수 있게 되었고, 친구와 가족의 힘을 모을 수 있었고, 경찰의 도움을 받기 위한 더 효과적인 방법들을 찾게 되었다.

이러한 새로운 접근법을 치료자와 나누기는 하였으나, 그녀
는 주체적으로 이것을 발전시켜 갔다.

견딜 수 없는 무력감을 방어하기 위해 치료자는 구조자의
역할을 맡으려 할 수 있다. 치료자는 점차 환자의 변호인 역할
을 맡으려 할 수 있다. 그러나 이것은 환자가 스스로 행동할 능
력이 없다는 뜻을 함축하고 있다. 환자는 무력한 사람이라는
생각을 치료자가 받아들이게 되면, 외상성 전이는 영속되고 환
자는 더욱 무력해진다.

치료 관계가 지닌 한계에 대하여 섬세하게 인식하고 있는
노련하고 경험 많은 치료자들도 외상성 전이와 역전이로 압도
되면서 치료 경계를 침범하고 구조자가 되려고 하는 자기 모습
을 보게 된다. 공연스럽게도 치료 회기의 경계를 확장하거나
회기 사이의 위기 면담을 자주 허용해야만 할 것 같다. 늦은 밤
이나 주말, 혹은 휴가 동안에도 전화 면담을 한다. 그러나 이러
한 특이한 방식이 개선을 가져오는 일은 드물다. 오히려 환자
는 더욱 무력해지고 의존적이 되며, 스스로를 무능력하다고 느
끼게 되면서 결과적으로 증상은 악화된다.

극단적인 경우에 치료자는 무력감에 저항하기 위해 자신을
대단히 특별하거나 전지전능한 존재로 생각할 수 있다. 이러한
경향을 분석하고 통제하지 않는다면 잠재적으로 치료 관계가
파괴될 가능성은 매우 크다. 구조에 대한 환자의 절박한 욕구

와 구조자로서 치료자의 비범한 재능을 바탕으로, 성적인 친밀감을 포함하는 모든 종류의 극단적인 침해가 합리화된다. 나치 홀로코스트 생존자들과 일하는 헨리 크리스탈은 〈신의 역할을 맡으려는 치료자의 충동은 그것이 병리적인 만큼이나 도처에 널려 있다〉고 말하였다.[25] 정신분석학자인 존 말츠버거와 댄 부이도 경고했다. 〈가장 일반적으로 나타나는 세 가지 자기애적 덫은, 모든 것을 치유하고, 모든 것을 알며, 모든 것을 사랑하겠다는 열망이다. 파우스트가 그랬던 것처럼, 이러한 재능은 동시대의 심리 치료자들에게서 더 이상 찾을 수 없는 것이다. 바로 이 경향이 변화되지 않는다면 말이다. …… 치료자는 파우스트적인 무력감과 실의에 빠질 것이고, 마술적이고 파괴적인 행동으로 자신의 딜레마를 해결하려는 유혹에 빠질 것이다.〉[26]

피해자의 무력감을 동일시하는 것에 더하여, 치료자는 피해자의 분노를 동일시한다. 치료자는 불분명한 격분에서부터, 좌절과 과민성의 중간 영역을 거쳐 추상적이고 정의로운 분노의 극단을 경험할 수 있다. 이러한 분노는 단지 가해자에게만 향하는 것이 아니다. 도와주지 못한 방관자들에게, 이해하지 못한 동료들에게, 그리고 대개는 더 넓은 공동체로 향한다. 환자에게 공감적으로 동일시하면서 치료자는 환자가 가진 분노의 깊이를 지각하게 되고, 환자를 두려워하게 될 수 있다. 이러한 역전이 반응을 분석하지 않을 경우 치료자는 또다시 환자를 무력화시키는 행동을 취할 수 있다. 극단적인 경우, 치료자는 환자의 분노보다 자신의 분노를 앞세울 수 있다. 또 다른 극단의 경우에 치료자는 환자의 분노 앞에서 지나치게 물러질 수도 있다. 아동기 학대 생존자인 켈리의 사례는 환자를 달래려는 태도를 취하는 것은 실수라고 말한다.

켈리는 40세의 여성이다. 대인 관계는 혼란스러웠고, 심리 치료는 오래도록 진행되었지만 만족스럽지 못했다. 켈리는 〈분노를 처리한다〉는 목표로 새로운 치료 관계를 시작하였다. 그녀는 자신의 분노에 대한 무조건적인 수용만이 신뢰를 발달시킬 수 있을 것이라고 치료자를 설득했다. 회기가 지나면서 켈리는 치료자를 꾸짖기 시작했고, 치료자는 협박당한 것처럼 느끼면서 한계를 설정하지 못하였다. 켈리는 신뢰를 발달시키는 대신, 치료자가 서투르고 무능력하다고 보기 시작하였다. 그녀는 치료자가 아버지의 폭력을 무력하게 감내하기만 했던 자신의 어머니와 똑같다고 불평했다.

치료자는 환자의 뿌리 깊은 비탄을 동일시하기도 한다. 마치 자신이 애도 중인 것 같은 느낌이 치료자에게 찾아올 수 있다. 레오나르드 셴 골드는 생존자와의 심리 치료는 〈고난의 길〉이라고 말했다.[27] 나치 홀로코스트 생존자와 일하는 치료자들은 〈번민에 의해 삼켜진〉 혹은 〈절망 속으로 가라앉는〉 마음을 이야기했다.[28] 만약 치료자가 비탄을 버텨 내기 위한 적절한 지지를 받지 못한다면, 증인이 되겠다는 약속은 지켜질 수 없다. 치료자는 치료 동맹에서 오는 정서를 회피하게 될 수 있다. 정신의학자인 리처드 몰리카는 인도차이나 난민 클리닉의 치료진이 환자들의 절망에 압도되었던 상황을 이렇게 이야기했다. 〈첫해 동안은 환자들이 보이는 무망감에 대처하는 치료에 중점을 두었다. 우리는 무망감이 지닌 전염성을 깨닫게 되었다.〉 이들이 환자들의 이야기를 너무나 버거워했다는 사실을 깨닫게 된 순간, 상황은 나아졌다. 〈우리의 경험이 깊어지면서, 우리와 환자들 사이에 자연스러운 유머 감각과 애정이 오가기 시작했다. 장례식장 같았던 기운은 마침내 깨졌다. 몇몇 환자가 회복되어서가 아니었다. 그것은 우리가 환자들의 무망감에 감염되고 있다는 사실을 깨달은 뒤에 일어났다.〉[29]

피해자의 경험에 대한 정서적 동일시가 외상성 역전이의 전부는 결코 아니다. 증인으로서 치료자는 피해자와 가해자의 충돌에 사로잡혀 있다. 그녀는 피해자의 감정뿐만 아니라 가해자의 감정도 동일시한다. 피해자의 정서에 동일시하는 것이 너무나 고통스러운 일인 반면, 가해자에게 동일시하는 것은 너무나 두려운 일이다. 왜냐하면 가해자에 동일시하는 것은 보살피는 사람으로서 치료자가 지닌 정체성을 깊숙하게 뒤흔들기 때문이다. 사회 복지사인 사라 헤일리는 참전 군인들과의 작업에 대해 이야기한다. 〈치료자는 먼저, 자신의 가학성에 직면해야 한다. 환자를 대하는 반응에서는 물론이고, 그/그녀 안에 잠재되어 있는 가학성도 직면해야 한다. 극도로 심한 신체적, 정신적 스트레스를 받거나 가학성을 드러내는 것이 공공연하게 허용되고 조장되는 환경에 처하게 되면 자기 또한 살인을 저지를 수 있음을 치료자는 알고 있어야 한다.〉[30]

가해자에 대한 동일시는 다양한 형태로 나타날 수 있다. 치료자는 환자가 하는 말에 회의적일 수 있고, 학대를 축소하거나 합리화시킬 수도 있다. 치료자는 환자의 행동에 불쾌감과 혐오감을 느낄 수 있으며, 만약 피해자가 〈착하고〉 이상적인 피해자처럼 행동하지 못할 경우 심하게 판단하려 하거나 검열하려 들 수도 있다. 치료자는 환자의 무력감을 경멸할 수 있고, 환자의 앙심에 편집증적인 공포를 느끼게 될 수 있다. 의식적으로 환자가 싫어지는 순간이 찾아올 수 있고, 환자를 더 이상 만나고 싶지 않게 될 수도 있다. 심지어 치료자는 관음증적인 흥분, 매료, 심지어 성적인 흥분을 경험할 수도 있다. 성적 역전이는 일반적인 경험으로, 이는 성폭력을 경험한 여성 환자를 치료하는 남성 치료자에게 특히 그러하다.[31] 크리스탈은 외상을 경험한 환자와 만나게 되는 치료자는 자기 안의 사악한 영역에 맞닥뜨릴 수밖에 없게 됨을 인정하였다. 〈우리가 인정할 수 없는 것은 다른 사람 또한 인정할 수 없는 것이다. 따라서 누구에게나 도움이 된다고 말하는 가장 친절하고 인정 많은 태도 또한 분노와 혐오, 경멸, 연민, 혹은 수치로 대체될 수 있다.

분노를 표출하는 관찰자는 그 자신의 문제가 증상으로 나타난 것이고, 우울로 고통스러워하는 것, 혹은 환자를 방임하거나 유혹하고 싶은 욕구를 지닌 것도 바로 그이다. 이 말이 너무나 당연하게 들리더라도, 막대한 외상을 경험한 사람들 앞에서라면 이 문제에 특히 더 민감해져야 한다. 이들 생의 이야기가 담고 있는 엄청난 영향력 때문이다.〉[32]

치료자의 정서적 반응은 피해자, 혹은 가해자에 동일시하는 것에서 그치지 않는다. 치료자에게는 피해를 입지 않은 방관자가 보이는 반응도 나타난다. 방관자가 가장 일반적으로 보이는 반응에는 뿌리 깊은 〈목격자 죄책감〉이 있다. 이것은 환자의 〈생존자 죄책감〉과 유사하다. 예를 들어, 죄책감은 나치 홀로코스트 생존자를 치료하는 사람들에게 가장 흔한 역전이 반응 중 하나이다.[33] 환자가 감내해야 했던 고통을 자신은 면했다는 사실만으로도 치료자는 죄책감을 느낄 수 있다. 그 결과 개인적인 삶에서도 일상적인 안락함과 즐거움을 즐기지 못할지도 모른다. 뿐만 아니라 자기 행동이 그릇되었다거나 부적절하다고 느낄 수도 있다. 치료에 대한 열의나 사회적인 활동이 만족스러운 정도가 못 된다는 이유로 스스로를 가혹하게 비난할 수 있고, 이러한 부족함을 보완할 수 있는 유일한 방법은 치료 관계 내에서 무한정 헌신하는 것뿐이라는 결론을 내릴 수도 있다.

치료자의 방관자 죄책감을 올바르게 이해하고 잘 품어 주지 않는다면, 그는 자신의 정당한 이해조차 무시하게 될 위험으로 내몰릴 수 있다. 치료자는 환자의 인생에 지나친 개인적 책임감을 느낀 나머지 또다시 환자의 힘을 박탈하려 하거나 환자를 감싸려고 만들수 있다. 만약 직업 환경에서 이런 식의 과도한 책임감이 지속된다면, 치료자는 결국 탈진되고 말 것이다.

또한 치료자는 치료 과정 중에 환자가 외상의 고통을 다시 체험해야 한다는 사실에 죄책감을 느낄 수 있다. 정신의학자인 유진 블리스는 다중 인격 장애 환자들을 치료하는 것이 〈마취 없이 수술하는 것〉과 같다고 이야기했다.[34] 그 결과, 환자가 준비되어 있음에도 불구하고, 치료자는 외상에 대한 탐색을 피하게 될 수 있다.

예상되는 또 다른 역전이 문제는 복합 외상 후 증후군을 가진 환자들과 있을 때 발생할 수 있다. 특히 아동기에 지속적이고 반복적인 학대를 겪은 생존자를 치료하면서, 치료자는 외상 자체보다는 생존자의 손상된 관계 양식만을 다루려고 할 수 있다. 그 결과, 과거 아동기 학대라는 괴로움의 원천이 환자의 자각에서 멀어질 수 있고, 당연히 치료자의 자각에서도 멀어질 수 있다. 경계선 성격 장애에 대한 고전적인 문헌들은 이러한 복잡한 역전이를 정교하게 분석하고 있다.

환자의 증상은 그 안에 말할 수 없는 비밀이 숨겨져 있을지도 모른다는 점에 집중하게 해주지만, 동시에 주의를 분산시키기도 한다. 외상 과거력이 숨겨져 있을지 모른다는 첫 번째 인식은 치료자가 역전이를 느끼면서부터 시작된다. 치료자는 환자의 증상과 관련하여 학대받은 아동의 내적인 혼란을 체험하게 된다. 환자의 인지 상태가 급격한 기복을 보이면 치료자는 비현실감을 느낄 수 있다. 진 굿윈은 초기 아동기에 심각한 학대를 경험한 생존자들과 일할 때 나타나는〈존재론적 공황existential panic〉이라는 역전이 감정을 설명했다.[35] 치료자는 이러한 환자들을 만날 때 기묘하고 기괴한 심상, 꿈, 환상을 보고하기도 한다. 또한 둔감화와 지각의 왜곡, 이인증, 비현실감, 그리고 다른 사람에게 수동적으로 영향받고 있다는 느낌이 드는 부적절한 해리 경험을 보일 수 있다. 때때로 치료자는 환자와 함께 해리할 수 있는데, 이것은 열여섯 살 트리샤의 사례에서 나타났다. 트리샤는 가혹한 아동기 학대를 경험했을 것으로 짐작되지만 이는 드러나지 않았다.

트리샤와의 첫 회기에서, 치료자는 갑자기 마치 신체 바깥으로 떠내려 가는 듯한 감각을 느꼈다. 그러고는 천장의 한 지점에서 자신과 트리샤를 내려다보는 느낌이 들었다. 한 번도 겪어 보지 못한 느낌이었다. 그녀는 보이지 않게 손톱을 손바닥에 파묻은 뒤,〈땅으로 내려앉은〉느낌이 들도록 발로 바닥을 눌렀다.

치료자는 환자가 기분이나 관계 양식에 급격한 기복을 보일 때 완전히 어리둥절해질 수도 있다. 정신분석학자인 해럴드 설즈는 치료자는 환자 앞에서 이상하고 모순적인 여러 가지 정서적 반응을 보일 수 있으며, 모호함이 지속되면 부담을 느끼게 될 수 있다고 언급했다.[36] 이 모호함은 실제로 예측할 수 없을 정도로 기복이 심했던 가해자와의 관계에서 지속적으로 괴로움을 겪었던 피해자의 상태를 반영하고 있다. 피해자와 가해자의 역동은 극도로 복잡한 양상을 띠며 치료적 관계에서 재현된다. 때로 치료자는 마치 자기가 환자의 피해자가 된 듯한 느낌이 들 수 있다. 치료자는 위협당하고, 조종당하고, 착취당한다고 느끼거나, 환자에게 속은 것 같다고 호소한다. 한 치료자는 끊임없이 자살하겠다고 위협하는 환자를 만날 때, 마치 〈실탄이 든 권총을 머리에 겨누고 있는 것 같은〉 느낌이 든다고 했다.[37]

컨버그에 따르면 경계선 환자의 내면세계에서 〈행위자를 확인하는 것〉은 치료자가 해결해야 할 과제이다. 치료자는 환자의 경험을 이해하기 위하여 역전이를 안내자로 삼는다. 환자의 내적 삶에 형상화되어 있는 행위자의 대표적인 짝으로는 〈파괴적이고 나쁜 유아와 처벌적이고 가학적인 부모〉, 〈원치 않는 아이와 무관심하고 자기중심적인 부모〉, 〈결함이 있는 무가치한 아이와 경멸하는 부모〉, 〈학대받은 피해자와 가학적 공격자〉, 〈성적으로 학대받은 희생양과 강간범〉이 있다.[38] 컨버그는 이 〈행위자〉는 환자가 지닌 환상의 표상이며, 환자가 자신의 경험을 왜곡한 것이라고 이해했다. 외상을 경험했던 사람인 경우에, 이것은 초기의 관계적 환경을 정확하게 반영하고 있는 것이라고 볼 수 있다. 급박하고 혼란스럽게 동요하는 치료자의 역전이는 환자의 전이를 거울처럼 비춘다. 역전이와 전이 모두 외상 경험의 영향력을 반영한다.

외상성 전이와 역전이 반응은 피하기 어렵다. 그리고 불가피하게 이러한 반응은 훌륭한 작업 관계가 발달하지 못하도록 방해한다. 그렇기 때문에 치료자와 환자 모두의 안전을 위한 특정한 보호막이 필요하다. 안전을 보장해 주는 가장 중요한 두 가지는 치료의 목표, 규칙, 한계를 설정하는 치료 계약과 치료자를 위한 지지 체계이다.

치료 계약

환자와 치료자의 동맹은 함께하는 작업을 바탕으로 발달한다. 사랑으로 일하고, 협력하고 전념하는 게 치료이다. 치료 동맹에는 항상 계약상의 관례가 동반되지만, 이는 단순한 사업상의 조정은 아니다. 마찬가지로 치료 동맹은 인간 애착과 관련된 모든 열정을 유발하지만, 연애도 아니며 부모와 자녀 사이의 관계도 아니다. 두 사람 모두 회복의 과제에 전념한다는 측면에서, 실존적으로 참여하는 관계이다.

이러한 관계는 치료 계약이라는 형태를 취하고 있다. 계약은 작업 동맹을 증진시키기 위하여 필요하다. 양측 모두 관계에 대해 책임을 진다. 약속 엄수와 같은 과제는 환자와 치료자 모두에게 동일하게 적용된다. 두 사람에게 달리 적용되어 보완하는 기능을 담당하는 과제도 있다. 치료자는 지식과 능력으로 기여하고, 환자는 치료 비용을 지불한다. 치료자는 비밀 보장을 약속하고, 환자는 자기 개방self disclosure에 동의한다. 치료자는 증인이 되어 경청할 것을 약속하며, 환자는 진실을 말할 것을 약속한다. 치료자는 환자에게 치료 계약에 대해 명시적이고 구체적으로 설명해야 한다.

시작에 앞서, 치료자는 진실을 말하고 완전하게 드러내는 데 놓인 중요성을 크게 강조해야 한다. 환자에게는 비밀이 많기 마련이고, 여기에는 자신조차 모르는 비밀 또한 포함되어 있다. 치료자는 진실이 바로 우리가 지속적으로 지향해야 하는 목표임을 명확히 해야 한다. 처음부터 진실을 달성하기란 어렵겠지만, 시간이 지나면 점점 더 완전하게 얻을 수 있을 것이다. 때로 환자들은 진실에 전념하는 것이 얼마나 중요한지에 대해 매우 잘 알고 있다. 한 생존자는 무엇이 치료를 촉진시킬 수 있는지를 치료자들에게 조언한다. 「진실이 알려지도록 해야 한다. 진실을 덮어두는 일에 동참하지 말라. 만약 환자들이 명확하게 알게 된다면, 거기서 주저앉도록 해서는 안 된다. 이건 좋은 코치가 되는 것과 같다. 환자가 뛸 수 있도록 해야 하고, 가장 적기에 뛸 수 있도록 해야 한다. 적절한 시간에는 쉬어도 괜

찮지만, 때로는 사람이 잠재력을 발휘하도록 허용하는 것도 좋은 일이다.」[39]

진실과 관련된 기본 원칙에 더하여, 치료 작업의 본질이라고 할 수 있는 협력에 대해 강조하는 것도 중요하다. 심리학자인 제시카 울프는 참전 군인과의 치료 계약에 대하여 이렇게 설명한다. 〈협력 관계라고 아주 정확하게 말해야 한다. 그래야 외상 안에서 경험했던 통제 상실을 반복하지 않을 수 있다. 우리 치료자들은 그에 관해 많은 것을 알고 있는 사람들이지만, 실상 환자들이 더 잘 알고 있다. 합의란 공유하는 것이다. 때에 따라 우리는 제안을 할 수도 있고, 안내자의 역할을 맡을 수도 있다.〉 테런스 킨은 치료 관계의 기본 원칙과 목표에 대해 다음과 같이 비유한다. 〈처음 시작했을 때 나는 마치 코치 같았다. 우리는 농구를 하는 것이었다. 나는 코치이고, 이건 게임이고, 게임은 이렇게 하는 것이고, 이런 방향으로 가야 하며, 목표는 이기는 것이다. 환자들에게 이렇게 말하지는 않지만, 나는 그렇게 느끼고 있다.〉[40]

환자는 적절한 신뢰를 형성하는 능력에 심각한 손상을 입고서 치료 관계에 들어선다. 치료가 시작될 즈음에는 믿음이 없으므로, 치료자와 환자 모두 치료 관계 속에서 반복되는 시험, 파괴, 그리고 재건에 준비되어 있어야 한다. 환자는 치료에 참여하면서, 외상이 일어나는 동안에 느꼈던 구조에의 갈망을 불가피하게 다시 체험하게 된다. 치료자 또한 의식적으로나 무의식적으로, 환자가 감내했던 지독한 경험을 보상해 주고 싶다는 소망을 갖게 될 수 있다. 불가능한 기대는 어김없이 생겨나고, 실망 또한 피할 수 없다. 실망에 뒤이어 발생하는 분노에 찬 고통으로 본래의 학대 상황이 반복되고, 근원의 상처는 악화된다.[41]

치료 관계가 지니고 있는 한계에 신중하게 주의한다면, 감당하기 어려운 과도한 전이와 역전이 반응에 대항할 수 있는 가장 훌륭한 보호책을 제공받을 수 있다. 한계를 튼튼하게 설정한다면 회복 작업이 전진할 수 있는 안전한 지대가 마련된다. 서로에게 명백하고, 이해되며, 서로 인내할 수 있는 한계 내에서라면 치료자는 환자를 위하여 기다릴 수 있다. 한계 설정은 양쪽 모두를 이롭게 하고 보호하기 위해 존재하며, 치료자와 환자 모두가 정당한 욕구를 지니고 있다는 인식에 기반을 두고 있다. 치료 계약에 있어서 두 사람 사이에 다른 유형의 사회적인 관계가 발생해서는 안 된다는 명시적인 이해는 한계 설정에 해당된다. 또한 한계 설정은 치료 회기의 빈도와 시간에 대한 명확한 정의, 그리고 일반적인 회기 이외의 위기 면담과 관련된 기본 원칙을 포함하고 있다.

한계의 적정 수준을 결정할 때에는 이 한계 설정을 통하여 환자에게 힘을 실어 줄 수 있는지, 혹은 훌륭한 작업 관계를 키울 수 있는지를 기준으로 삼는다. 환자가 제멋대로 하는지, 혹은 환자를 좌절시키는지는 적절한 기준이 될 수 없다. 환자를 통제하고 억제하거나, 권리를 박탈하기 위해 명확한 한계를 주장하는 것이 아니다. 오히려 치료를 시작하기에 앞서 치료자 자신도 한계가 있고 실수하기 쉬운 인간이며, 정서적인 노력이 요구되는 관계를 지탱하기 위해서는 특정한 조건을 필요로 한다는 점을 알리는 것이다. 외상을 경험한 사람들과 오랫동안 일한 패 트리셔 지글러는 이렇게 표현한다. 〈나를 혼란스럽게 하지 않으려면 환자들은 동의해야 한다. 나는 나 역시 버림받는 것에 민감하다고 말한다. 이는 인간 조건이다. 나는 치료에 몰입할 것이고, 당신을 떠나지 않을 것이며, 당신이 나를 떠나는 것 또한 원치 않는다고 말한다. 내가 겁먹지 않게 하려면 나를 존중해 달라고 이야기한다.〉[42]

명확한 한계를 설정하기 위해서 치료자는 열심히 노력하겠지만, 환자가 보기에는 모호한 지점도 있을 것이다. 치료자는 어느 정도의 유연성도 필요하다는 점을 알게 된다. 두 사람 모두 받아들일 수 있는 한계는 명령에 의해서 정해지는 것이 아니라 협상하는 과정을 통해 결정되며, 따라서 결정하는 데 오랜 시간이 걸릴 수도 있다. 한 환자는 이 과정에 대한 자신의 생각을 이렇게 말한다. 「나의 치료자가 〈규칙〉이라고 부르고, 내가 보기에는 〈움직이는 과녁〉인 무언가가 있다. 그가 설정해 놓은 경계는 유연하다. 나는 이 경계를 구부러뜨릴 때도, 늘어뜨릴 때도 있다. 가끔 이 경계를 가지고 그가 고심할 때도 있는데, 이것은 나를 인간으로서 존중하기 위해 규칙 안에 균형을 찾으려고 시도하는 것이다. 그가 노력하는 모습을 보면서, 나는 나 자신의 경계를 가지고 애쓰는 법을 배운다. 단지 그와 나 사이의 경계가 아니라, 현실 세계에서 내가 마주하는 모든 이와 나 사이의 경계 말이다.」[43]

치료 상황에 있다 보면 심리 치료 본래의 엄격한 원칙에서 벗어나게 되는 경우도 있는데, 때로는 이것이 도움이 된다. 아동기에 심각하게 학대당하고 방임되었던 32세 남성 레스터의 사례에서, 한계를 침범하는 상징적인 행동을 통해 스스로를 돌보는 환자의 능력이 증진되었고 치료 관계는 깊어졌다.

레스터는 치료 회기에 카메라를 가지고 와서는 치료자의 사진을 찍어도 되냐고 물었다. 치료자는 정말 곤란했다. 레스터의 요청을 거부할 이유를 찾을 수는 없었지만, 마치 카메라가 〈영혼을 빼앗을 듯이〉 자신을 통제하고 침해할 것이라는 어떤 비합리적인 느낌이 들었다. 치료자는 사진 촬영이 어떤 의미를 담고 있는지 이야기해 준다면 허락하겠다고 말했다.

다음 몇 달 동안, 사진을 통하여 전이를 깊이 이해할 수 있게 되었다. 레스터는 실제로 치료자를 통제하고 침해하기를 원하였다. 이것은 버림받을지도 모른다는 두려움에 저항하기 위한 그의 방식이었다. 사진을 소유한다는 것은 실제로 치료자의 삶을 침해하지 않고 환상을 통해서 버림받는 두려움에 저항할 수 있도록 해주었다. 치료자가 부재할 경우, 그는 스스로를 안심시키기 위해서 관계의 단서로 사진을 사용하기도 했다.

사진 촬영을 허락하기로 한 치료자의 결정은 〈전이 대상〉으로서 사진이 갖고 있는 중요성에 대한 공감적인 이해를 바탕으로 하고 있다. 아기들이 전이 대상을 통해 안정된 애착을 느끼는 것처럼, 이 성인 환자도 사진을 통해 기억을 환기시키면서 안정되게 애착된 느낌을 강화할 수 있었다. 포로들도 사랑하는 사람에게 연결되어 있다는 느낌을 강화시키기 위하여 이러한 전이 대상에 의지한다. 어린 시절에 포로였던 이들은 성인기에 처음으로 안정된 애착을 세우는 과제에 직면하면서 유사한 방책에 의존한다.

심리 치료에서는 행동보다는 언어를 통해서 감정을 표현하게 된다. 그렇다면 사진을 찍도록 허락했다는 것은 이러한 심리 치료의 원칙에서 벗어났다는 의미이다. 그러나 이는 한계를 침범한 것이 아니었으며, 오히려 치료를 건설적으로 보완해 주었다. 왜냐하면 사진을 찍는 행위의 의미를 충분히 탐색했기 때문이었다. 치료자는 환자와 자신의 환상을 신중하게 헤아렸으며, 사진 촬영이 치료 동맹에 미치는 영향과 전반적인 회복 과정에서 사진이 어떠한 기능을 맡게 될지를 살폈다. 환자와 치료자 모두가 합당하고 공정하다고 여기는 한계를 협상하는 것은 치료 동맹을 세우는 데 핵심적인 자리를 차지한다. 정신분석적 심리 치료의 엄격한 관례에서 다소 벗어나도 결실을 이끌어 낼지도 모른다. 물론 엄격한 검토가 선행되었고 주의 깊은 탐색으로 그 의미가 충분히 이해되었을 경우에 한해서 말이다.

한계 설정과 유연성에 대한 요구가 충돌을 일으키게 되면 치료자는 반복적으로 곤혹스러운 느낌을 가질 수 있다. 완고한 태도를 보일 때와 유연해야 할 때를 결정하는 일은 늘 어렵다. 초심자뿐만 아니라 경험이 많은 치료자도 직관에 의존하거나 〈임기응변〉으로 대처하고 싶을 때가 있다. 그러나 결정이 쉽지 않을 때, 치료자는 조언을 구하는 데 주저하지 말아야 한다.

치료자의 지지 체계

외상의 변증법은 치료자의 정서적인 균형을 지속적으로 위협한다. 환자와 마찬가지로, 치료자도 압도적인 감정을 피하려 하거나 충동적이고 강제적인 행동으로 이러한 감정에 대처하려 할 수 있다. 가장 흔하게 나타나는 행동 양태는 구조자의 역할을 맡으려 하거나, 한계를 침범하거나, 환자를 통제하려는 것이다. 가장 일반적으로 나타나는 억제 반응에는 환자의 현실을 의심하거나 부정하고, 해리나 둔감화 반응을 보이고, 외상 단서를 축소하거나 회피하고, 전문성을 빌미로 거리를 두려 하고, 드러내 놓고 환자를 버리는 반응 등이 있다. 어느 정도의 침투나 둔감화 증상은 아마도 피할 수 없을 것이다.[44] 치료자는 이러한 환자들과 있을 때 자신이 때론 균형을 잃을지도 모른다는 점을 예상하고 있어야 한다. 치료자가 항상 완벽하란 법은 없다. 치료자의 통합성은 그녀의 전지전능함이 아니라, 다른 이들을 신뢰할 수 있는 그녀의 능력에서부터 온다. 따라서 회복 작업에는 치료자가 의지할 수 있는 안전한 지지 체계가 필요하다.

치료자의 지지 체계에는 임상 작업을 검토할 수 있는 안전하고 구조화된, 주기적인 포럼이 포함되어 있는 게 이상적이다. 이는 지도 체계나 동료 지지 집단, 혹은 둘 다일 수 있다. 이러한 환경은 외상 환자들의 치료와 관련된 전문적이고 지적인 도움 제공은 물론, 치료자가 정서적인 반응을 표현할 수 있는 자리가 되어야 한다.

불행하게도, 정신 건강 전문가들의 부정(否定)의 역사로 인하여 많은 치료자가 자신을 지지해 주는 바탕이 부재한 가운데 외상을 경험했던 환자들을 치료해야 한다. 치료자들은 자기 안의 부정을 극복하기 위하여 고심해야 한다. 그러나 동료들이 이와 똑같은 부정을 던질 때에는 마치 자신이 신임을 얻지 못했거나 침묵을 강요당하는 것처럼 느껴진다. 피해자들이 그렇게 느껴왔듯이. 진 굿윈의 말에 의하면, 〈환자들은 자기 자신이 존재하고 있음을 완전하게 믿지 못한다. 정도는 덜 하지만 나 또한 그러하다. 이것은 동료 정신의학자들이 마치 나와 환자들을 존재하지 않는 사람인 것처럼 대할 때 더 심해진다. 겉으로는 무자비하게 드러나지 않는다 해도, 이것은 아주 미묘하게 행해진다. 단지 한 번일 뿐이라면 소멸될 것 같다는 염려 따위는 하지 않을 것이다. 그러나 백 번, 천 번의 아주 작은 지우개질로 나는 소멸되어 간다〉.[45]

생존자들과 일하는 치료자들은 불가피하게 동료들과 갈등을 겪는다. 어떤 치료자들은 일반적인 외상 후 증후군에 대한, 혹은 특정 환자의 이야기가 가진 신뢰성을 겨냥한 살벌한 지적 논박 속으로 끌려가기도 한다. 외상을 경험한 환자에 대한 역전이 반응은 파편화되고 양극화된다. 한 치료자가 구조자 역할을 맡는다면, 다른 치료자는 환자를 의심하고, 판단하고, 처벌하는 역할을 맡는다. 〈동료 간의 분열〉, 즉 치료 문제를 둘러싸고 격렬하게 충돌하는 일은 치료 기관에서 빈번하게 발생한다. 대부분의 경우 결국 논쟁의 주제는 외상과 유사한 역사를 따르고 있었다. 동료들 간의 다툼에는 의식하지 못한 채 재연되는 외상의 변증법이 반영되어 있다.

이러한 갈등 때문에 두려움과 분노를 느끼게 되면서, 생존자를 치료하는 많은 치료자가 아무리 풍요로운 논쟁일지라도 관여하기보다는 피하기를 선택한다. 치료는 보이지 않게 진행된다. 환자들처럼 직업상의 공적인 전통과 치료자의 현실적인 경험 사이가 갈라진 채, 치료자들은 전통을 대가로 치르는 대신 현실을 존중하는 길을 선택한다. 환자들과 마찬가지로 이들의 삶에도 비밀이 생긴다. 한 치료자는 이렇게 말한다. 〈우리는 환자를 믿는다. 단지 스승에게 그렇게 말하지 않을 뿐이다.〉 보이지 않는 치료가 해로운 것은 아니다. 심각한 아동기 학대를 경험하고 여러 양육자에게 방임된 과거력을 지닌 30세 여성 샤린의 사례에서도 그러했다.

치료자가 없는 동안 샤린은 통합된 모습을 보이지 못했다. 한번은 치료자가 휴가를 떠나기 전, 샤린은 상담실에 있던 러시아 마트로시카 인형을 빌려 달라고 하였다. 그녀는 치료자와 연결되어 있다는 느낌을 지속시키는 데 인형이 도움이 될 것 같았다. 치료자는 동의했지만, 샤린에게 당부했다. 〈아무에게도 내가 인형을 처방했다고 말하지 말아요. 동네가 떠나가도록 비웃음을 당할 테니까.〉

이 사례에서 치료자의 기법은 탓할 것이 못 된다. 문제는 치료자의 고립에 놓여 있다. 치료 작업을 이해하고 지지해 주는 다른 누군가를 찾지 못한다면 결과적으로 그녀는 환자와 단둘이 남게 되고, 세계는 점차 좁혀질 것이다. 환자를 이해하는 유일한 사람은 자기뿐이라고 느끼게 되면서, 치료자는 오만해질 수 있고, 회의적인 동료들을 적대할 수 있다. 그녀가 점점 더 고립되고 무력해질수록, 도망치고 싶은 마음이나 영웅적으로 행동하고 싶은 욕구에 저항하기란 더욱 힘든 일이 된다. 얼마 못 가 그녀는 심각한 실수를 저지르게 될 것이다. 아무리 반복해도 지나치지 않을 것이다. 〈아무도 홀로 외상과 대면할 수 없다.〉 만약 치료자가 자신의 전문 영역 내에서 고립된다면, 적절한 지지 체계를 갖추기 전까지는 외상을 경험한 환자들과 만나는 일을 그만두어야 한다.

또한 치료자는 전문가로서의 삶과 개인적인 삶이 균형을 이루고 있는지 주의하고, 자신의 욕구를 존중하고 이에 귀 기울여야 한다. 매일매일 보살핌이 필요한 환자의 현실에 직면하면서, 치료자는 전문가로서 지나치게 헌신하게 될 위험에 늘 처해 있다. 전문적인 지지 체계는 단순히 치료 과제에만 초점을 두어서는 안 되며, 치료자에게 현실적인 한계를 상기시키고, 다른 이들을 돌보는 것처럼 치료자 스스로를 잘 돌볼 수 있도록 깨우쳐 주는 역할을 맡는다.

생존자를 치료하는 데 전념하는 치료자는 자기 내부의 끊임없는 투쟁에 전념한다. 따라서 다른 이들의 도움에 의지해야 하고, 가지고 있는 대처 능력 중에서 가장 성숙한 것들을 끌어모을 줄 알아야 한다. 승화, 이타심, 유머는 치료자를 살리는 힘이다. 한 재난 구조원이 말했다. 〈사실을 말하자면, 나와 친구들이 제정신을 유지할 수 있는 유일한 방법은 장난치면서 계속 웃는 것뿐이다. 농담은 걸쭉할수록 좋았다.〉[46]

참여하는 삶은 풍요롭다. 생존자들과 일하는 치료자들은 삶에 더 감사하며, 더 진지한 태도로 삶을 바라본다. 이들은 타인과 자신을 더욱 폭넓게 이해하고, 새로운 우정을 만들고, 친밀한 관계를 깊이 있게 하며, 환자에게 용기와 결심, 희망이 나타나는 순간 속에서 영감을 얻는다. 환자와 함께하면서 사회적인 활동에 참여하게 된 이들은 더욱 그러하다. 이러한 치료자들은 삶에 더 큰 목적이 있다고 말한다. 이들은 동지애를 바탕 삼아 공포에 직면해서도 활기를 유지할 수 있었다고 전한다.

자신과 환자 안에 자리 잡은 통합의 역량을 지속적으로 키워 나가면서, 참여하는 치료자들은 자기 자신을 깊이 있게 통합시킨다. 초기 생애에서 기본 신뢰라는 발달 과업을 성취하는 것처럼, 통합integrity은 성숙이라는 발달 과업을 성취한 결과이다. 정신분석학자인 에릭 에릭슨은 통합과 기본 신뢰가 서로 연결되어 있음을 밝히기 위하여 웹스터 사전을 활용한다. 〈사전에 의하면, 신뢰란《타인의 성실함을 보증한다는 믿음》이다. 아마도 사전에서는 아이들보다는 사업을, 신뢰보다는 신용을 두고 말한 것 같다. 하지만 그 개념은 남아 있다. 성인의 통합과 유아의 신뢰는 다음과 같이 넓은 의미로 바꿔 쓸 수 있겠다. 연장자들이 죽음을 두려워하지 않을 만큼 통합을 갖추고 있다면, 기본 신뢰를 성취한 건강한 아이들은 삶을 두려워하지 않을 것이다.〉[47]

통합은 죽음에 대면하면서도 삶이 가치 있다고 긍정하고, 개인적인 삶의 유한성과 인간 조건의 비극적인 한계 속에서 조화를 찾으며, 절망에 빠지지 않고 이러한 현실을 받아들이는 데 있다. 통합을 바탕으로 관계 속의 신뢰가 본래대로 형성되고, 부서진 신뢰가 원상태로 복구된다. 보살피는 관계 속에서 맞물리는 통합과 신뢰는 세대의 순환을 완성하며, 외상이 파괴했던 인간 공동체의 의미를 되살려 낸다.

8
안전

회복은 세 단계를 거쳐 완결된다. 첫 번째 단계에서 생존자는 안전을 확립한다. 두 번째 단계에서는 기억하고 애도한다. 세 번째 단계에서는 일상과 다시 연결되어 간다. 그러나 다른 모든 추상적인 개념이 그러하듯이 이 단계도 단지 편리한 구분을 위한 것이니 이를 문자 그대로 받아들일 필요는 없다. 이것은 혼란스럽고 복잡한 과정에 명료함을 부여하고 질서를 세우기 위한 시도이다. 그러나 회복 단계가 담고 있는 기본적인 개념은 히스테리아에 관한 자네의 고전적 작업에서부터 전투 외상, 해리 장애, 그리고 다중 인격 장애에 관한 최근의 설명에까지 반복적으로 유사하게 등장하였다.[1] 모든 연구자가 회복을 세 단계로 구분하지는 않았다. 어떤 이들은 이 과정을 다섯 단계로, 혹은 여덟 단계로 나눈다.[2] 그럼에도 불구하고, 개념상으로는 대략적인 일관성을 찾을 수 있다. 외상 증후군이라는 연속선상에 위치한 다양한 외상 장애를 치료하는 단계는 유사하다(표 참조).

치유의 단계

증후군	1단계	2단계	3단계
히스테리아 (자네, 1889)	안정화, 증상 중심 치료	외상 기억의 탐색	성격 재통합, 복귀
전투 외상(스커 필드, 1985)	신뢰, 스트레스 관리 교육	외상의 재체험	외상의 통합
복합성 외상 후 스트레스 장애 (브라운 & 프롬, 1986)	안정화	기억의 통합	자기의 발달, 추동의 통합
다중 인격 장애 (퍼트넘, 1989)	진단, 안정화, 소통, 협력	외상의 대사(代謝)	완결, 통합, 완결 이후 대처 기술의 숙달
외상성 장애 (허먼, 1992)	안전	기억과 애도	연결의 복구

어떠한 회복 경로도 일직선적인 경과를 따르지 않는다. 외상 증후군은 원래 동요가 잦고 변증법적이기 때문에, 단순한 순서를 강요하려는 시도는 통하지 않는다. 물론 완결되었다고 생각했던 문제가 다시 완고하게 나타날 경우, 환자와 치료자 모두 용기를 잃기 쉽다. 그러나 어떤 치료자가 설명한 바에 의하면 회복 단계는 나선형의 경로를 따른다. 과거의 문제들은 더 높은 수준의 통합을 요구하면서 계속해서 찾아온다.[3] 그렇지만 성공적인 경로 안에서는 회복이 점진적으로 진행되어 가

는 것을 인식할 수 있을 것이다. 예측할 수 없는 위험에서 의지할 만한 안전으로, 해리된 외상에서 승인된 기억으로, 그리고 낙인찍힌 고립에서 사회적 연결의 회복으로.

외상 증후군은 복잡한 장애로, 다중적인 치료를 요한다. 외상은 생리적 영역에서부터 사회적 영역까지 인간이 기능하는 모든 측면에 영향을 주기 때문에 치료는 포괄적이어야 한다.[4] 회복은 단계를 거쳐 발생하므로 치료 역시 각 단계에 걸맞게 적절해야 한다. 한 단계에서 유용한 치료 형식이 동일한 환자라도 그가 다른 단계에 있다면 쓸모없을 뿐만 아니라 해로울 수도 있다. 더 나아가, 각 단계에 필요한 적절한 치료적 요소가 부재한 경우에는 적기에 개입한 치료라 해도 실패할지 모른다. 각 단계에서 장애 특유의 생리적, 심리적, 그리고 사회적 요소들을 반드시 다룰 때에야 포괄적인 치료가 될 수 있다. 외상 증후군을 치료하는 데 효과적인 〈마법의 탄환〉이란 없다.

문제에 이름 붙이기

정확한 진단 없이 적절한 치료란 있을 수 없다. 치료자가 수행할 최우선 과제는 완전하고 충분한 정보를 바탕으로 진단적인 평가를 하는 일이다. 이때 외상 장애가 나타내는 여러 가지 위장된 표현에 대해 충분히 숙지하고 있어야 한다. 최근의 급성 외상으로 고통받은 환자들에게 진단을 내리는 일은 대개 수월하다. 이러한 상황에서 외상 후 반응에 대해 명확하고 구체적인 정보를 제공하는 것은 환자와 가족, 친구들에게 그 무엇보다도 필요한 일이다. 만약 환자가 과각성, 침투, 그리고 둔감화 증상에 미리 대비할 수 있다면, 증상이 발생하더라도 훨씬 덜 두려울 것이다. 만약 환자와 그의 가장 가까운 이들이 외상 경험에 뒤이은 대인 관계 문제에 준비되어 있다면, 이를 감내하고 극복하는 일은 더 쉬울 수 있다. 더 나아가 환자가 적응적인 대처 기제에 대한 조언을 제공받고, 일반적으로 저지르게 되는 실수에 대해 주의를 받는다면, 자신의 능력을 더 믿을 수 있게 되고 효능감은 즉각적으로 상승할 것이다. 이렇듯 최근의 급성 외상 생존자들과 함께 일하는 치료자는 효과적인 예방 교육을 제공할 수 있는 기회를 갖는다.

그러나 지속적이고 반복적인 외상 속에서 고통받은 환자들을 진단하는 문제는 그리 쉽지 않다. 복합성 외상 후 스트레스 장애의 경우, 증상은 대개 위장된 형태로 발현된다. 초기에 환자는 신체적인 증상이나 만성적인 불면증과 불안, 고쳐지지 않는 우울증, 혹은 대인 관계 문제를 호소할 수 있다. 환자가 현재 누군가의 폭력에 의한 공포 속에서 살고 있는지, 혹은 과거에 공포 속에서 살았던 적이 있는지를 결론짓기 위해서는 직접적인 질문을 해야 할 때가 있다. 지금까지는 이러한 질문을 직접적으로 하지 않는 것이 원칙이었지만, 사실 이러한 질문은 평가 절차상 물어보아야 한다.

만약 환자가 아동기에 지속적인 학대에 종속되었을 경우, 진단을 내리는 과제는 더욱 복잡해진다. 환자는 외상 과거력을 완전하게 회상하지 못할 수 있고, 주의 깊고 직접적인 질문에도 처음에는 이러한 과거력을 부정할 수 있다. 환자가 외상 과거력의 일부를 최소한 기억은 할 수 있더라도, 과거의 학대와 현재의 심리적 문제를 연결 짓지 못하는 경우는 더 흔하다. 명백한 진단에 도달하는 것은 심각한 해리 장애가 있는 사례에서 가장 어렵다. 환자가 정신 건강 체계에 처음 들어서고 난 이후부터 다중 인격 장애라는 정확한 진단을 받기까지는 평균 6년이 걸린다.[5] 환자와 치료자 모두 진단을 피해 가려고 합심할 때가 있다. 치료자는 무지와 부정에 의해서, 환자는 수치심과 두려움에 의해서. 다중 인격 장애가 있는 환자들 중 극히 소수는 증상이 지닌 극적 성질을 즐기거나 이를 휘두를 수도 있지만, 대부분은 자신의 증상을 숨기고자 한다. 치료자가 다중 인격 장애라는 진단을 추정하기에 이르러도, 환자가 진단을 거부하는 것은 전혀 드문 일이 아니다.[6]

만약 치료자가 생각하기에 환자가 외상 후 증후군으로 고통받는 것 같다면, 치료자는 환자와 이 정보를 충분히 공유해야 한다. 아는 것은 힘이 된다. 외상을 경험한 사람은 자신의 상태를 명명할 수 있는 진정한 이름을 알게 되는 것만으로도 나아질 수 있다. 진단을 확인하면서 환자는 숙달 과정을 시작할 수 있다. 무언의 외상에 더 이상 구속되지 않은 채, 그녀는 자신의 경험을 위한 언어가 있다는 것을 발견한다. 그녀는 혼자가 아님을 알게 된다. 다른 이들 또한 자신과 같은 방식으로 고통받아 온 것이다. 더 나아가, 미쳐 버린 것도 아님을 알게 된다. 외상 증후군은 극단적인 상황에 처한 인간이 보일 수 있는 일반적인 반응이다. 마침내 그녀는 이러한 상태로 영영 고통받을 운명은 아니라는 것을 알게 된다. 치유를 기대할 수 있다. 다른 이들이 치유되었던 것처럼. 해양 재난 구조에서 노르웨이 심리학자들이 경험한 것은 즉각적인 외상 후유증에 대해 정보를 공유하는 것이 얼마나 중요한지를 잘 보여 준다. 전복된 해양 석유 굴착 장비에서 살아남은 생존자들은 구조된 이후에 정신 건강 팀에 의해 단기 상담을 받았으며, 외상 후 스트레스 장애에 관한 한 장 분량의 정보지를 제공받았다. 이 정보지는 가장 일반적인 증상의 목록과 함께 두 가지 실질적인 제안을 제공하였다. 생존자들은 다음과 같은 조언을 받았다. 첫째, 피하고 싶은 마음이 들더라도 경험한 것에 대하여 다른 사람들과 이야기를 나눌 것. 둘째, 증상을 통제하기 위한 방편으로 술을 남용하지 말 것. 재난이 일어나고 1년 뒤, 심리학자들은 추후 면담을 위해서 생존자들을 만났다. 대부분은 구조되었던 날 받았던 그 정보지를 여전히 지갑 안에 넣고 다니고 있었다. 읽고 또 읽느라 이미 다 해져 있었다.[7]

지속적이고 반복적인 외상의 생존자들에게 복합성 외상 후 스트레스 장애라는 이름을 알려 주고, 속박 속에서 성격이 변형될 수 있다는 점을 설명하는 일은 특히 중요하다. 단일한 외상 후 스트레스 장애가 있는 환자들이 정신을 놓칠까 봐 두려워한다면, 복합적 장애를 가진 환자들은 스스로를 잃어버린 것처럼 느낀다. 자신에게 도대체 무슨 일이 일어나고 있는가 하는 물음은 희망 없이 흐릿해지고, 도덕적 판단에 의해 지배당할 때가 많았다. 따라서 정체성 문제와 외상 과거력과의 관계를 관련짓는 개념적 틀은 치료 동맹을 형성할 수 있는 유용한 기반을 제공한다.[8] 이러한 틀은 학대의 근원적 해로움을 확인시켜 주고, 환자가 겪는 지속적인 어려움을 합리적으로 설명해 준다.

많은 환자가 자신의 고통에 이름이 부여되어 있다는 사실을 알게 되면서 안심하게 된다. 그러나 외상 후 장애라는 진단을 거부하는 환자들도 있다. 이들은 어떠한 정신과적 진단이라도 자신에게 낙인을 찍는 것이라고 느낄 수 있으며, 자부심을 가지고 자신의 상태를 부정하고 싶어 한다. 어떤 이들은 신체적 해로움은 그러하지 않더라도, 심리적 해로움을 인정하게 되면 가해자에게 도덕적인 승리를 허용하는 것이나 마찬가지라고 느끼기도 한다. 생존자는 도움이 필요하다는 사실을 인정하게 되면서 더 큰 패배감을 느낄지도 모른다. 치료자인 잉게르 아거와 조렌 옌슨은 정치적 망명자의 치료 작업에서, 심각한 외상 후 증상을 가진 고문 생존자 K의 사례를 설명한다. K는 어떠한 심리적 문제도 없다고 단호하게 주장하였다. 〈K는 왜 자신이 치료자와 이야기를 해야 하는지 이해할 수 없었다. 그의 문제는 의학적인 것이었다. 그가 밤에 잠들 수 없는 이유는 다리와 발의 통증 때문일 뿐이었다. 치료자가 그의 정치적 배경에 대해 물었다. K는 자신이 마르크스주의자라고 답했고, 프로이트에 관해 읽은 적이 있는데 그따위 것들은 믿지 않는다고 했다. 어떻게 치료자와 대화를 나눔으로써 통증이 사라질 수 있다는 것인가?〉

이 환자는 점차 치료자에게 자신의 이야기를 들려주는 데 동의하면서도, 이것이 자기 자신을 위해서가 아니라 자신의 정치적 목적을 위해서라고 했다. 이 과정에서 증상은 꽤 완화되었지만, 그는 진단이나 치료가 필요하다는 점을 절대로 인정하지 않았다. 〈K는 증언을 남기고 싶다고 했지만, 왜 치료자가 그를 도우려 하는지도 알고 싶다고 했다. 치료자는 K 나라의 교도소에서 일어나는 일들에 관한 정보를 모으는 것이 직업상 중요한 부분이라고 대답했다. 또한 무슨 일이 일어났는가에 관해 다른 이들에게 이야기하는 것은 고문을 당한 사람들과 고문에 관한 악몽을 꾸는 사람들에게 도움이 되었음을 경험했다고 설명했다. K의 태도는 이와 같았다.《글쎄요. 나의 목적을 위해 치료자들을 이용할 수 있다면, 좋습니다. 하지만 이건 치료와는 아무 상관이 없는 일입니다.》》[9]

하지만 도움을 받아들이는 것은 용기 있는 행동이다. 생존자에게 이렇게 새로운 측면으로 해석해 주게 되면 치료자에게 도 좋다. 심리적 상태의 현실을 인정하고 변화하기 위한 단계를 밟아 나가는 것은 힘을 가졌다는 신호이지, 허약하다는 신호가 아니다. 그것은 주체적인 태도이지, 수동적인 태도가 아니다. 회복을 촉진하기 위해 행동하는 것은 학대자에게 승리를 안겨 주는 것과 전혀 다르다. 생존자는 힘을 얻는다. 치료자는 이러한 관점을 명확하고 구체적으로 알려 줄 필요가 있다. 이를 통해서 생존자는 진단을 받아들일 수 있게 되고, 치료를 방해하는 수치심과 패배감을 명료화할 수 있다.

통제를 회복하기

외상으로 피해자는 역량감과 통제력을 빼앗겼기 때문에, 회복을 이끄는 원칙은 생존자의 힘과 통제 능력을 회복하는 데 있다. 첫 번째 회복 단계에서는 생존자의 안전을 확립한다. 이는 모든 과제에 앞서 우선시되는 과제이다. 왜냐하면 안전이 단단히 단속되지 않는 경우 어떠한 치료 작업도 성공할 수 없기 때문이다. 그러므로 충분히 안전해지기 전에 섣불리 다른 치료 작업을 시도해서는 안 된다. 이 첫 번째 단계는 급성 외상을 경험한 사람들에게는 수일에서 수주가, 만성적인 학대의 생존자들에게는 수개월에서 수년이 소요될 수 있다. 학대가 심각했고, 오래 지속되었거나, 학대가 시작되었던 나이가 어린 사람에게 1단계 작업은 더욱 복잡해진다.

생존자들은 자신의 신체 안에서 안전하지 못하다고 느낄 수 있다. 감정과 사고는 통제 밖에 있는 것처럼 느껴진다. 또한 이들은 다른 사람과의 관계에서 안전하지 못하다고 느낀다. 따라서 치료 기제는 이 모든 영역을 아울러 환자의 안전 문제를 다루어야 한다. 외상 후 스트레스 장애의 〈생리 신경증〉은 신체적 기제를 통해 조절할 수 있다. 신체의 과반응과 과각성을 감소시키기 위한 약물 치료, 이완과 같은 행동 치료, 혹은 스트레스를 다루기 위한 운동 치료가 여기에 포함된다. 혼란스러움은 인지 행동적 기제로 다룰 수 있다. 인지 행동 치료에서는 증상에 이름을 붙여 주고 이를 수용하며, 증상에 대한 적응적인 대처 방식을 기록하기 위해서 일지를 쓰고, 감당할 만한 〈숙제〉를 하며, 구체적인 안전 계획을 진전시킨다. 파괴된 애착은 심리 치료 안에서 점진적으로 신뢰 관계를 발달시키는 대인 관계적 기제interpersonal strategies를 통해 다룰 수 있다. 마지막으로, 사회적 고립은 가족, 사랑하는 사람, 친구와 같은 생존자 주변의 지지 체계를 모으고, 자발적인 자조 모임에 참여하며, 마지막 수단으로 정신 건강, 사회 복지, 그리고 법과 관련된 공공 기관을 찾는 사회적 기제를 통하여 다루어져야 한다.

안전을 확립하는 일은 신체를 조절하는 능력에서부터 시작하여 점진적으로 환경을 통제하는 능력을 키우는 영역으로 나아간다. 신체 조절이란 기본적으로 건강에 주의를 기울이고, 수면, 섭식, 운동 등 신체 기능을 조절하며, 외상 후 증상을 다루고, 자기 파괴적 행동을 통제하는 것을 말한다. 환경 통제란 안전한 생활 환경, 경제적인 안정, 이동 능력 등 일상의 전 범위를 아울러 자기를 보호하는 계획을 마련하는 것이다. 아무도 혼자서는 안전한 환경을 확립할 수 없기 때문에, 적절한 계획을 진전시키는 데에는 반드시 사회적인 지지가 필요하다.

최근에 단일한 외상을 경험했다면, 신체를 조절하는 능력을 키우는 일은 생존자가 입은 부상에 대한 의학적 관심에서부터 시작한다. 시작에 있어서 환자의 자율성 존중 원칙은 크게 중요하며, 부상을 당했을 때 으레 하는 의학적 검사나 치료의 경우라도 마찬가지이다. 한 응급의는 강간 피해자를 치료할 때 지켜야 할 핵심에 대해 이와 같이 설명한다.

성적으로 학대받은 누군가를 의학적으로 검사할 경우 가장 중요한 것은 피해자를 다시 강간하지 않는 일이다. 의학의 중요한 규칙은 이것이다. 그 무엇보다도 해를 끼치지 않는 게 가장 중요하다. 강간 피해자는 강렬한 무기력감과 통제 상실을 경험할 때가 있다. 학대당한 직후의 피해자에게 겨우 최소한의 수동적인 동의만을 얻고 마는 의사를 보자. 그 낯선 사람은 재빠르게 친한 척한 뒤, 피해자가 통제를 하거나 의사를 결정할 수 없는 상태에서 질 속으로 기구를 집어넣는다. 이것은 피해자에 대한 심리적 강간을 상징한다.

그래서 나는 검사를 할 때 피해자를 준비시키기 위해 많은 시간을 들인다. 모든 단계에서 피해자에게 통제감을 되돌려 주기 위해 노력한다. 나는 이런 방식으로 말한다. 〈우린 이걸 하고자 하는데, 어떻게 하느냐는 당신이 결정합니다.〉 그리고 많은 양의 정보를 제공하는데, 아마도 대부분은 이해하기 힘든 내용일지도 모른다. 그러나 우리 분야에서 이것은 중요한 문제이다. 나는 가능한 한 피해자가 적극적으로 참여할 수 있도록 한다.[10]

기본적인 의학적 보살핌을 제공받은 뒤에는 섭식이나 수면과 같은 생리적 리듬을 회복하고, 과각성과 침투 증상을 감소시키는 데 집중한다. 증상이 심각할 경우에는 약물 치료를 고려할 수 있다. 외상 후 스트레스 장애에 대한 약물 치료 연구는 아직 걸음마 수준이지만, 약물 중 몇몇 부류는 임상적 사용을 보장할 만한 결과를 보이기도 하였다. 참전 군인들에 대한 연구에서, 몇 가지 항우울제는 우울뿐만 아니라, 침투 증상과 과각성도 경감시키는 데 상당히 효과적이었다. 일차적으로 세로토닌 체계에 영향을 미치는 새로운 항우울제 또한 주목할 만하다고 예상된다.[11]* 어떤 임상가들은 프로프라놀롤propranolol

* 최근에는 외상 후 스트레스 장애PTSD를 치료하는 약물 중에서는 SSRI(selective serotonin reuptake inhibitor)계열이 가장 유용하다고 알려져 있다.

과 같이 교감 신경계의 활동을 저해하는 약물을 제안한다. 또는 각성과 과민성을 경감시키기 위하여 리튬lithium과 같이 정서적인 반응을 감소시키는 약물을 제안하기도 한다. 아마도 외상 후 스트레스 장애나 여타 질환에 가장 흔하게 처방되는 약물은 벤조디아제핀benzodiazepine 계열의 약 진정제일 것이다. 이것은 단기적으로 외상 사건의 즉각적인 후유증을 다룰 때에는 효과적이지만, 습관화되거나 중독될 위험을 지니고 있다.[12]

처방한 특정 약물의 효과는 환자가 치료에 어떻게 동의했는가와 크게 연관된다. 단지 증상만을 억제하기 위해서 약물 사용을 지시받았다면 환자는 또다시 힘을 빼앗긴 셈이 된다. 반대로, 최선의 판단에 따라 약물을 하나의 도구로 쓰자는 제안을 받았다면, 선택권을 갖고 있다는 면에서 환자의 효능감과 통제감은 크게 향상될 수 있다. 이러한 태도로 약물을 제안하는 것은 협력적인 치료 동맹을 구축해 준다.

안전한 환경의 확립

신체를 조절할 수 있게 되었다면, 환경을 통제하기 위한 방법을 익히게 된다. 급성 외상을 경험한 사람은 안전한 피난처를 필요로 한다. 안전한 피난처를 찾는 것은 시급한 과제로서 위기 개입으로 해결해야 한다. 급성 외상에 이은 첫 며칠이나 몇 주 동안, 생존자는 집 안에 혼자 있고 싶어 할 수도 있고, 집으로 아예 가지 못할 수도 있다. 가해자가 가족 구성원일 경우, 집은 가능한 선택지 중에서 가장 위험한 곳이 될 터이다. 이러한 상황에서는 쉼터로 피신할 수 있다. 일단 피난처를 확립해야 더 너른 세계에로 점차 참여해 갈 수 있다. 운전, 쇼핑, 친구 방문, 직장일 등 일반적인 활동을 다시 시작해도 안전하다고 느껴지기까지 수주가 걸릴 수도 있다. 이때 새로운 환경이 잠재적으로 얼마나 안전할지, 혹은 위험할지를 면밀하게 탐지하고 평가해야 한다.

생존자가 안전감을 확립하려 하는 가운데 다른 사람과의 관계에 극단적인 동요가 나타날 수 있다. 그녀는 주변에 항상 사람들을 두려고 애쓸 수 있고, 반대로 자신을 완전히 고립시키려고 할 수도 있다. 원칙적으로는 다른 이로부터 지지를 얻을 수 있도록 생존자를 격려해야 하지만, 그녀가 믿을 만한 사람들을 선택할 수 있는지를 확신할 수 있으려면 우선 충분한 보살핌을 제공해야 한다. 가족 구성원, 사랑하는 사람, 가까운 친구들이 주는 도움은 헤아릴 수 없을 만큼 크다. 그러나 그들이 회복을 방해하거나, 도리어 위험한 사람이 되는 경우도 있다. 따라서 초반에 심리 평가를 할 때에는 생존자와 중요한 관계를 맺고 있는 사람들에 대해서 신중하게 탐색해 두어야 한다. 각각의 관계를 잘 평가하여, 보호와 정서적 지지, 혹은 실질적인 도움을 보유하고 있는 원천인지, 혹은 위험의 잠재적 원천인지를 파악해야 한다.

급성 외상 사례에서 위기 개입을 할 때는 생존자를 지지할 수 있는 가족 구성원과 만나는 일이 생길 수 있다. 그러한 모임을 가질지, 누구를 만날지, 그리고 어떤 종류의 정보를 공유할지 결정하는 것은 전적으로 생존자에게 달려 있다. 모임의 목적은 생존자의 회복을 촉진하는 데 있지, 가족을 치료하기 위한 것이 아니다. 물론 가족에게 외상 후 스트레스 장애에 대한 예방 교육을 실시하게 되면 어떤 경우에든 도움이 될 수 있다. 가족 구성원은 생존자를 지지하는 방법에 관하여 더 잘 이해할 수 있게 되고, 그들 자신이 간접적으로 외상을 경험하지 않도록 대처하는 방법을 배우게 된다.[13]

생존자가 안전한 체계를 구축하도록 돕는 역할을 맡은 친척이나 가까운 친구들은 한동안 자기 삶이 방해받을지도 모른다는 점을 예상하고 있어야 한다. 어떤 때에는 생존자가 일상생활의 기본적인 과제를 해결할 수 있도록 돕기 위해서 온종일 대기해야 하는 수도 있다. 강간 생존자인 낸시 자이겐마이어는 학대 후유증 속에서 안전감을 얻기 위해 남편 스티브에게 의지했다. 〈어떤 남자가 디모인시(市)의 한 주차장에서 차 안으로 들이닥쳐 그녀를 강간했던 일이 일어난 지 딱 6주가 지났다. 범인은 교도소에 있지만, 그녀가 눈을 감을 때마다 그 얼굴이 그녀 앞에 나타났다. 그녀는 늘 예민했다. 친구들이 안아 주려 하거나 손만 대도 움츠러들었다. 그녀의 고통에 대해 알고 있는 사람은 얼마 되지 않았다. …… 힘든 순간은 밤마다 찾아왔다. 그녀는 조는 때도 있었지만 곧 악몽을 꿔서 스티브가 깨워 줘야 했고, 그럴 때마다 스티브를 마구 때리기도 했다. 어둠이 너무나 두려워 화장실에 가는 것조차 힘들었고, 매번 스티브에게 화장실까지 데려다 달라고 부탁해야 했다. 스티브는 그녀의 힘이었고 기둥이었다.)[14]

가족 관계에 도사리고 있는 긴장은 이러한 종류의 위기 상황에서 빈번하게 드러난다. 생존자와 가족들이 급박한 외상을 다룰 수 있도록 개입하는 일이 우선이긴 하지만, 위기 상황으로 인하여 가족들은 과거에 부정했거나 무시했던 문제들을 되짚기도 한다. 23세의 게이 남성 댄의 사례에서, 외상 사건 이후 가족의 상황은 변화하였다.

댄은 술집 밖에서 발생한 게이 공격 사건의 피해자로 한 무리의 남성들에게 심하게 구타당했다. 그가 부상을 당해 입원했을 때, 부모님은 그를 간호하려고 찾아왔다. 댄은 한 번도 말하지 않았던 비밀을 부모님이 알게 될까 봐 두려웠다. 처음 그는 강도에게 구타당했다고 말했다. 어머니는 동정적이었지만, 아버지는 격분하면서 경찰에 신고하려고 하였다. 부모들은 사건에 대하여 집요하게 물었다. 댄은 무력했고 덫에 걸린 듯한 느낌이 들었다. 일어나지도 않은 사건을 만들어 내는 일은 점점 더 어려워졌다. 증상은 악화되었고, 그는 점점 더 불안해지고 초조해져서 결국 치료에 협조하지 않기 시작했다. 이 시점에서 심리 상담이 제안되었다.

댄의 딜레마를 확인한 치료자는 비밀을 지키려 하는 그의 이유를 탐색하였다. 댄은 동성애에 대한 아버지의 혐오와 그 발끈하는 성질을 두려워하고 있었다. 만약 커밍아웃을 한다면 아버지가 그와 의절할 것이라고 확신하고 있었다. 상황을 더욱 신중하게 탐색하면서, 어머니는 아들이 게이라는 사실을 알고 있는 것이 거의 확실하며, 이를 묵인하고 있다는 사실이 드러났다. 그러나 늘 그래 왔듯이, 어머니가 이 사실에 직면하게 된다면 결국 아버지를 따르게 될까 봐 댄은 두려웠다.

치료자는 어머니와 아들 사이의 만남을 제안했다. 그 만남은 댄이 가진 지각의 일부를 확인해 주었다. 어머니는 그가 게이라는 사실을 오래전부터 알고 있었으며, 그의 커밍아웃을 환영했다. 어머니는 댄의 아버지가 현실을 받아들이는 데 어려움이 있다는 점을 인정했다. 또한 받아들일 수 없는 사실을 남편에게 직면시키기보다는 그를 웃기고 달래는 습관이 자신에게 있다는 것도 인정했다. 하지만 만약 자신이 아들과 관계를 끊거나, 아버지가 그렇게 할 때 내버려 둘 것이라고 생각한다면, 자신을 심하게 과소평가하는 것이라고 말했다. 더 나아가, 어머니는 댄이 아버지를 과소평가하고 있다고 믿었다. 아버지가 편견이 있을 수는 있지만, 댄을 구타한 범죄자들과 똑같은 사람은 아니라고 말이다. 어머니는 이 사건을 통해서 한 가족으로서 더 가까워지고 싶다는 희망을 표현했고, 때가 된다면 아버지에게 커밍아웃하는 것을 고려해 보는 게 좋겠다고 말했다. 이 만남에 이어서, 댄의 부모님은 사건의 정황을 더 이상 묻지 않았고, 댄의 회복을 위한 실질적인 문제들을 돕기 시작했다.

안전한 환경을 구축하기 위해서 좋은 사람들을 모으는 것도 중요하지만, 훗날의 보호된 환경을 마련하기 위한 계획을 발전시켜 나가는 것도 필요하다. 외상 후유증 속에서, 생존자는 위협이 어느 정도 지속될지를 평가해야 하고, 어떤 종류의 예방책이 필요한가를 결정해야 한다. 또한 가해자에게 어떠한 행동을 취하고 싶은지도 결정해야 한다. 어떤 행동이 가장 좋은 행동인지 명백한 경우는 거의 없기 때문에, 의사 결정은 생존자와 그를 걱정하는 사람들에게 특히 고통스러운 일이다. 생존자는 혼란스럽고 양가적인 느낌에 빠진다. 친구, 사랑하는 사람, 가족 들이 모순되는 견해를 내세운다면 더욱 그러기 쉽다. 생존자가 특정 선택을 하도록 명령하고 생존자의 동의 없이 어떤 행동을 취하려는 사람들은, 생존자에게 힘을 준다는 주요 원칙을 침해하는 바로 그 지점에 서 있다. 15세의 강간 생존자인 재닛의 사례는 외상에 대응하는 가족들의 방식이 악화되는 과정을 보여 준다.

재닛은 아이들끼리 연 파티에서 집단 강간을 당했다. 가해자들은 같은 고등학교 남학생들이었다. 강간에 이어, 가족들은 고소를 할 것인지에 대하여 다투기 시작했다. 부모들은 고소에 완강하게 반대하면서, 작은 마을에서 이 사건이 알려짐으로써 가족의 체면이 손상될까 봐 두려워했다. 부모들은 사건을 빨리 잊어버리고 가능한 빨리 〈정상으로 돌아가도록〉 재닛을 억눌렀다. 재닛의 언니는 결혼을 해서 다른 마을에서 살고 있었는데, 언니는 강간범들을 〈처분〉해야 한다고 생각했다. 그리고 자기와 함께 살고 싶으면 고소하라고 재닛에게 말했다. 이렇게 충돌하는 와중에 재닛은 점차 생활 반경을 좁히기 시작했다. 더 이상 친구들과 어울리지 않았고, 학교를 자주 빠졌으며, 복통을 호소하면서 누워 있는 시간이 늘어났다. 밤에는 엄마 곁에서 자려 할 때가 빈번했다. 결국 재닛이 자살의 제스처로 아스피린을 과잉 복용했을 때, 가족은 도움을 찾게 되었다.

치료자는 우선 재닛을 만났다. 그녀는 학교 가기를 죽기보다 싫어하고 있었다. 학교에서 재닛은 평판이 엉망이었고, 강간범들의 계속되는 위협과 비웃음에 직면해야 했다. 그녀역시 강간범들의 처벌을 간절히 원했지만, 경찰서나 법정에서 증언하는 것이 너무나 두렵고 수치스러웠다. 치료자는 가족을 만나 피해자의 선택권을 회복해 주는 것이 얼마나 중요한지 설명했다. 가족들은 재닛이 언니와 함께 사는 데 동의했고, 언니는 고소하자는 식으로 재닛을 억누르지 않겠다고 했다. 안전하게 느껴지는 환경 속에서 쉴 수 있게 되자, 재닛의 증상은 점차 나아졌다.

다른 모든 문제와 마찬가지로, 고소하는 문제에서도 선택권은 생존자가 가지고 있어야 한다. 고소 결정으로 발생할 수 있는 최선의 결과는 생존자가 사회적으로 회복되는 데 있다. 그러나 현실 속에서 생존자는 이러한 결정 때문에 자신에게 무관심하거나 적대적일 수 있는 법 체계에 참여해야 할 것이다. 생존자는 최선의 상황에서조차 심리적인 회복의 시간표와 법적 체계의 시간표 사이에 놓인 두드러진 불일치를 예상해야만 한다. 안전감을 재확립하려는 생존자의 노력은 소송 절차에 휘말리면서 훼손될 가능성이 크다. 삶이 막 안정될 무렵, 재판 과정은 외상 후 침투 증상을 되살린다. 따라서 법 체계의 도움을 받아 고통을 없애겠다는 결정을 내릴 때, 이를 절대로 가볍게 생각해서는 안 된다. 생존자는 이 과정에서 발생할 수 있는 이득과 위험에 관한 완전한 정보를 제공받고 선택을 내릴 수 있어야 한다. 그렇지 않으면 또다시 외상을 경험하게 될 뿐이다.

단일한 급성 외상에서 생존한 사람들은 적절한 사회적 지지가 제공된다면 일반적으로 몇 주 이내에 기본적인 안전감을 회복할 수 있다. 3개월이 지날 무렵에는 증상이 안정될 수 있을 것이다.[15] 생존자에게 힘을 실어 주는 단기 치료는 증상을 완화시킬 수 있다.[16] 그러나 만약 생존자가 안전하지 못하고 적대적인 환경에 대면하게 된다면, 안전을 확립하는 과정에서 방해를 받거나 곤경에 처할 수도 있다. 또한 법적 절차를 따르면서 생존자가 통제할 수 없는 상황에 처하게 된다면 회복 과정은 망가질 수 있다. 하지만 위기 개입이나 단기 심리 치료의 일반적인 틀 안에서 회복의 첫 번째 과제를 수행할 수 있다고 기대하는 것은 적절하다.[17]

참전 군인이나 강간 생존자의 단기 외상에 적용하는 표준 치료는 거의 대부분 위기 개입에 초점을 두고 있다. 그동안 치료 문헌을 지배해 온 것은 군사 치료 모델로서, 이는 건강한 기능으로 빠르게 회복시키는 단기 치료에 근거하고 있다. 전형적인 한 군사 프로그램은 전투 스트레스 반응을 보이는 군인들을 72시간 내에 복귀시키도록 설계되어 있다.[18] 이 사례에서는 두드러진 급성 증상이 가라앉는다면 곧 완치된 것이라고 가정한다. 그러나 위기 개입은 단지 초반 회복 작업만을 완수할 뿐이다. 이어지는 과제를 완수하려면 더 많은 시간이 필요하다. 아무리 빠르고 극적으로 건강한 기능을 회복한 것처럼 보이더라도, 이는 증상이 안정화된 것이지, 완치된 것이 아니다. 외상은 아직 통합되지 않았기 때문이다.[19]

지속적이고 반복적인 외상의 생존자들이라면 초기 회복 단계를 완수하는 데 오랜 시간이 걸리고, 어려움이 따를 수 있다. 왜냐하면 외상을 경험한 사람 본인이 스스로에게 위험의 원천이 되기 때문이다. 이는 자해 행동이 진행되고 있거나, 자신을 적극적으로 보호하지 않거나, 가해자에게 병리적으로 의존하는 측면을 가리킨다. 스스로를 보살피는 일에 책임을 지기 위해서, 생존자는 속박 속에서 심각하게 손상되었던 자아 기능을 고통스럽더라도 다시 세워야 한다. 그녀는 주도성을 발휘하고, 계획을 실행하며, 독립적으로 판단하는 능력을 다시 얻어야만 한다. 그러므로 위기 개입이나 단기 치료가 안전을 확립하는 일을 완전히 달성시킨다고 보기는 힘들다. 대개는 더 오랜 심리 치료 과정이 필요하다.

만성적인 아동기 학대의 생존자들에게 안전을 확립하는 과제는 지극히 복잡하고 오래 걸리는 일이 될 수 있다. 대부분의 경우 자기 보살핌이 심하게 손상되어 있고, 자해 행동은 다양한 형태로 나타난다. 자해 행동에는 만성적인 자살 위험성, 자의적인 신체 손상, 섭식 장애, 물질 남용, 충동적인 위험 행동, 위험하고 착취적인 관계에 반복적으로 빠지는 것이 포함된다. 이러한 자기 파괴적 행동은 대부분 초기 학대를 상징하는 행동이기도 하고, 학대를 있는 그대로 재연하는 행동이라고 볼 수도 있다. 자기 파괴적 행동은 더욱 적응적인 방식으로 자기 자신을 달래는 기제를 습득하지 못한 사람이 견디기 고통스러운 감정 상태를 조절하고자 할 때 나타난다. 자기를 보살피고 달래는 능력은 학대적인 아동기 환경에서 발달할 수 없었다. 힘겹게도, 이것은 이후의 삶에서 새로 세워져야 한다.

치료 초반에는 믿을 만한 자기 보호 능력을 확립한다는 목표조차 환자와 치료자 사이에서 논쟁거리가 될 수 있다. 구원받는 환상에 몰입한 환자는 이러한 작업을 하는 데 분개할 수 있고, 치료자가 대신 해주길 원할 수 있다. 자기혐오에 찬 환자는 자신이 좋은 치료를 받을 자격이 없다고 느낄 수도 있다. 이 경우에 치료자는 환자의 안전을 확립하는 일에 환자보다 자신이 더 전념하고 있는 것은 아닌가 하는 느낌이 들 수 있다. 정신의학자인 존 군더슨은 경계선 환자를 치료하는 초기 단계를 설명한다. 치료 초반에 그는 〈환자의 안전 확립과 그 책임이 누구에게 있는가〉 하는 문제에 초점을 둔다.[20] 이러한 문제를 다룰 때는 오랜 기간 동안 노력해야 할 것이다.

단일한 급성 외상의 경우 안전을 확립하는 과제는 신체를 조절하는 데서부터 시작하여, 자기 보호로, 그리고 안전한 환경을 정립하는 데로 나아간다. 신체를 조절하는 과제가 시작 단계일 뿐이라고 해도, 자기 몸이 다른 사람의 소유라고 여기는 사람에게 이것은 복잡한 과제가 될 수 있다. 아버지에게 성적인 학대를 경험한 27세 여성 메릴린의 사례에서, 안전을 확립하는 단계는 자기 힘으로 신체를 보살피는 것에서부터 시작해야 했다.

오랫동안 등에 심한 통증이 지속되면서, 메릴린은 최후의 수단으로 심리 치료를 찾았다. 그녀는 통증이 스트레스와 관련될지도 모른다고 생각했고, 심리 치료를 해보기로 마음 먹었다. 만약 빨리 나아지지 않는다면, 장애를 가져올 위험이 있는 큰 수술을 받기로 계획했다. 메릴린은 이미 두 번의 수술 경험이 있었지만, 성공하지 못했다. 의사였던 아버지는 진통제를 처방해 주었고, 그녀의 치료 계획에 간섭하였다. 메릴린의 외과의는 아버지의 가까운 동료였다.

치료 초반에는 신체를 조절하는 능력을 쌓아 갔다. 치료자는 가능한 모든 대안을 충분히 탐색하기 전에는 수술에 대한 최종 결정을 미루자고 강하게 제안했다. 또한 활동, 정서 상태, 그리고 신체적 통증을 기록하는 일지를 쓰자고 제안했다. 실제로 메릴린은 방치되었다고 느끼거나 화가 날 때, 통증을 악화시키는 활동을 하게 된다는 점을 발견하였다.

6개월 동안 치료에 참여하면서 메릴린은 통증을 관리하는 행동 기법을 배웠고, 심리 치료에서 점차 신뢰 관계를 형성해 갔다. 1년이 될 무렵 신체적인 통증은 완화되었다. 그녀는 아버지가 처방한 약물은 더 이상 먹지 않았으며, 수술은 고려하지 않게 되었다. 그리고 가족을 방문해야 하거나, 치료자가 휴가를 떠날 때 통증이 재발한다는 사실을 발견하게 되었다.

기본 안전과 자기 보호 능력을 확립하는 과정에서, 환자는 자신의 행동을 계획하고 주도하며, 좋은 판단력을 갖추기 위한 작업에 들어선다. 반복적인 학대 때문에 조직적으로 훼손되었던 이러한 능력을 다시 활용하기 시작하면서 그녀는 자신의 능력을 신뢰하게 되고, 자기 존중감과 자유를 증진시킨다. 더 나아가 치료자에 대한 신뢰감을 발달시킬 수 있다. 신뢰의 밑바탕은 치료자가 안전을 확립하려는 과제에 믿음직하게 전념할 때 마련된다.

생존자가 스스로를 보살피는 능력을 신뢰하지 못할 때, 도와줄 수 있는 가족 구성원을 치료에 개입시켜야 하는 문제가 발생할 수 있다. 가족 구성원, 사랑하는 사람, 가까운 친구와의 만남은 유용할 수 있다. 이 과정에서 생존자가 의사 결정 과정을 통제할 수 있도록 하는 것이 무엇보다도 중요하다. 이 원칙이 철저하게 지켜지지 않는다면, 생존자는 경시받거나, 단지 보호의 대상이 되거나, 위신을 잃게 된 것처럼 느낄 수 있다. 여섯 아이의 엄마인 마흔여덟 살 플로렌스의 사례에서, 그녀는 남편에게 통제권을 넘기는 자신의 행동 양상을 확인하였다. 이 양상을 바꾸고 나서야, 플로렌스의 치유가 진전할 수 있었다.

플로렌스는 10년 동안 병원에서 치료를 받았다. 그녀는 주요 우울 장애, 공황 장애, 그리고 경계선 성격 장애를 진단받고 있었다. 심각한 아동기 학대의 과거력이 알려졌지만 치료에서 이를 다룬 적은 없었다. 플로렌스가 플래시백이나 공황 발작을 경험할 때, 보통 남편이 의사에게 전화를 해서 안정제를 처방받았다.

근친 강간 생존자를 위한 심리 치료 집단에 들어서면서, 플로렌스는 남편과 의사를 〈생명줄〉로 여기고 있으며, 이들 없이는 못 살 것 같다고 하였다. 치료에서 자신이 적극적인 역할을 맡기에는 자기가 너무나 〈아프기〉 때문에 남편과 의사가 결정한 대로 따른다고 했다. 그러나 그녀가 집단에 안정적으로 애착을 경험하자, 그녀는 자신을 〈아기처럼 다루는〉 남편에 대한 분개를 표현하기 시작했다. 집단 구성원들은 만약 플로렌스가 여섯 명의 아이들을 보살필 수 있다면, 생각보다 훨씬 더 능력 있는 사람일 것이라고 짚어 주었다. 한번은 집에서 몹시 화날 법한 사건이 생기면서 플로렌스는 전환점에 도달하게 되었다. 그녀는 남편이 의사에게 전화하지 못하도록 했고, 통화가 필요한지 아닌지는 자신이 결정하겠다고 주장했다.

환자가 학대 관계 속에 계속 머물러 있을 경우, 안전한 환경을 구축하는 과제는 특히 어렵다. 환자가 더 이상 두렵지 않다고 주장할지라도, 폭력이 잠재해 있을 가능성을 늘 고려해야 한다. 예를 들어, 폭력 사건 직후에 가정 폭력 피해 여성과 가해자 남편이 커플 치료couple treatment를 찾는 경우는 흔하다. 가해자가 절대로 힘을 쓰지 않겠다고 약속하거나, 변화하고자 하는 의지의 증거로 상담을 받자고 동의할 때도 있다. 학대받은 여성은 이러한 약속에 감사해하며 관계를 구하기 위하여 치료에 들어선다. 이렇게 되면서 이 여성은 계속되는 위험을 부정하거나 축소시킬 수 있다.

파트너 양측 모두 화해를 소망할지라도, 말해지지 않은 목표는 때로 날카롭게 충돌한다. 대개 가해자는 강압적인 통제 양상을 재확립하고 싶어 하는 반면, 피해자는 이에 저항하고 싶다. 가해자는 힘을 쓰지 않겠다는 약속 앞에 진실할 수 있지만, 암묵적인 조건에 한해서만 약속하는 것이다. 그는 폭력을 행사하지 않겠다고 맹세하는 대가로 피해자가 자율성을 포기하기를 원한다. 가해자가 지배하고자 하는 소망을 포기하지 않는 한 폭력의 위협은 여전하다고 보면 된다. 피해자가 치료 회기에서 이를 편안하게 말하지는 못할 테니 관계 속에서 일어나는 대립은 논의될 수 없을 것이고, 논의된다 하더라도 폭력이 일어날 가능성이 커질 수 있다. 그렇기 때문에 폭력이 명백하게 통제되고, 지배와 강압의 양상이 끝나기 전에 커플 치료를 실시해서는 안 된다.[21]

가해자의 약속이 아무리 진심 어리다 해도, 그 약속이 폭력 관계에서 안전을 보장해 주지는 못한다. 안전은 스스로를 보호하는 피해자의 능력에 바탕을 두고 있어야 한다. 피해자가 구체적이고 현실적인 임시 계획을 세우고 이를 실행하지 못한다면 학대는 반복될 위험이 크다. 그러므로 관계 속의 폭력 때문에 도움을 찾는 커플들은 우선 개별 치료를 받도록 반드시 조언해 주어야 한다. 가능하다면 가해자는 폭력을 행사하는 남성을 위한 특화된 프로그램에 의뢰해야 한다. 이를 통해 폭력뿐만 아니라, 강압적인 통제를 행사하는 가해자가 기저에 가지고 있는 문제 또한 치료에서 다루어질 수 있다.[22]

비혼모로 세 명의 어린아이를 키우는 스물네 살의 베라에게 남자 친구가 폭력을 휘둘렀다. 이 사례는 심리 치료의 오랜 과정 동안 점진적으로 자기 보호 능력이 탄탄하게 발달해 가는 모습을 보여 준다. 안전을 확립하기 위해서 베라는 자신뿐만 아니라, 아이들을 보살피는 일에도 노력해야 했다. 통합적인 치료적 개입은 생물학적(약물 치료), 인지 행동적(외상 증후군에 대한 교육, 일지 기록, 과제), 대인 관계적(치료적 동맹의 건설), 그리고 사회적(가족 지지와 법원 보호 명령) 치료를 포함하였다.

남자 친구가 아이들 앞에서 베라를 폭행한 사건이 일어난 뒤, 그의 접근을 금하는 법원 명령이 내려졌다. 남자 친구가 떠나고 나서, 베라는 먹지도 자지도 못했고, 낮에는 침대에서 일어나는 것조차 어려웠다. 폭력에 관한 악몽과 침투적 기억은 좋았던 시절의 행복한 기억과 번갈아 가며 나타났다. 베라는 잘 울었고 자살에 대해 자주 생각했다. 그녀는 〈남자 친구에게서 제발 좀 벗어나기 위해〉 치료를 찾았다. 치료자의 주의 깊은 탐색으로, 베라는 남자 친구가 없는 삶은 상상조차 할 수 없다는 것을 깨닫게 되었다. 사실 그녀는 이미 남자 친구를 만나고 있었다. 마치 〈사랑 중독자〉인 것처럼.

치료자는 베라가 남자 친구와 헤어지는 것을 무엇보다도 원했지만, 이것을 치료 목표로 정하지 않았다. 베라에게는 이미 실패 경험이 많았기 때문에, 치료자는 달성할 수 없을 것 같은 목표는 정하지 말라고 그녀에게 조언했다. 그 대신, 베라가 자유로운 선택을 할 수 있을 만큼 강해질 때까지 관계에 대한 최종 결정을 미루자고 제안했다. 그러는 동안, 안전감과 삶에 대한 통제감을 높이는 데 초점을 두었다. 치료 초반에 베라는 가끔 남자 친구를 만날 수는 있지만, 동거는 하지 않고, 아이들을 그와 홀로 두지 않기로 동의했다. 베라 스스로도 이러한 약속들은 지킬 수 있을 것 같았다.

처음 베라는 시간 약속을 잘 지키지 못했다. 치료자는 이를 비판하지 않았지만, 스스로 세운 계획을 따르는 자기 존중의 중요성은 짚어 주었다. 꼭 지킬 수 있는 약속 시간만 잡기로 동의한 뒤부터, 치료는 평이하고 일상적인 과정으로 안정되어 갔다. 각 회기는 아무리 작더라도 긍정적인 행동을 확인하는 것에 초점을 두어, 베라가 스스로 행동할 수 있다는 확신을 가질 수 있도록 했다. 처음 베라는 매주의 〈숙제〉를 받아 적기 위해서 온 가방을 뒤적이며 종이 쪽지를 찾곤 했다. 중요한 이정표는 곧 달성되었다. 그것은 그녀가 매주 과제를 기록하기 위해서 직접 노트를 사 오고, 매주 성취해 낸 것을 빨간색 펠트펜으로 체크해 가기 시작하면서부터였다.

베라가 주로 호소한 것 중 하나는 우울한 감정이었다. 남자 친구와 만나는 낭만적인 막간 동안만 기분이 좋을 뿐이었다. 가끔씩 남자 친구는 그녀에게 코카인을 주었다. 그것은 잠시 동안 베라에게 힘과 안식을 제공했지만, 이것은 결국 우울을 악화시키는 〈추락〉으로 이어졌다. 치료자는 우울과 침투적 외상 후 증상을 다루기 위해서는 약물 치료 기간이 필요하다고 제안했다. 그러면서 향락성 약물의 사용을 포기하지 않는다면 처방받을 수 없을 것이라고 설명했다. 베라는 약물 치료를 받아들이기로 결심했고, 코카인을 주는 남자 친구를 거부하면서부터 자신감과 자기 신뢰가 높아졌다. 베라는 항우울제에 좋은 반응을 보였다.

증상이 완화되자, 치료의 초점은 그녀의 아이들에게로 옮겨졌다. 남자 친구가 떠난 이후로, 조용하고 순종적이었던 아이들은 완전히 통제 불가능한 상태가 되었다. 베라는 아이들이 매달리고, 요구하고, 버릇이 없다고 호소했다. 이러한 상황에 압도되고 좌절하면서, 그녀는 남자 친구가 돌아와 아이들을 〈정신 차리게〉 해주길 바랐다. 치료자는 폭력이 아이들에게 미치는 영향에 대해 설명하면서, 베라 자신뿐만 아니라 아이들을 치료하도록 격려하였다. 또한 아이 양육을 위한 실질적인 선택지들을 검토했다. 가족들과 소원했던 베라가 집으로 언니를 초대하면서 상황은 개선되었다. 언니의 도움으로, 그녀는 아이를 양육하는 일상적인 일과와 비폭력의 규칙을 회복하게 되었다.

치료 작업은 계속하여 구체적인 목표 설정에 초점을 두었다. 예를 들어, 어떤 주에 베라는 자기 전에 아이들에게 동화책 읽어 주기를 목표로 삼았다. 이러한 활동은 베라와 아이들 모두가 즐길 수 있는 일상의 편안함으로 진전해 갔고, 아이들을 재우기 위해 싸우는 일은 더 이상 일어나지 않았다. 또 하나의 획기적인 사건은 베라의 남자 친구가 이렇게 평화로운 시간에 당장 나오라고 전화했을 때 달성되었다. 베라는 방해하지 말라고 거부하였다. 베라는 남자 친구에게 보고 싶을 때마다 자신이 항상 옆에 있어야 하는 데 지쳤다고 말했다. 앞으로 자신을 만나기 위해서는 약속을 정해야 할 것이라고 했다. 다음 치료 회기에서, 베라는 다소 슬퍼하기도 하고 놀라워하기도 하면서 남자 친구가 절박하게 필요한 것 같지 않다고 말했다. 사실, 남자 친구 없이도 잘 살 수 있다고 진실로 느끼고 있었다.

가정 폭력 피해 여성과 마찬가지로, 아동기에 만성적으로 학대받은 생존자들은 성인이 되어도 계속해서 가해자와 복잡한 관계 속에 얽히게 된다. 관계에서 갈등이 지속되면 생존자들은 치료를 찾게 되는데, 이때 초반에 가족들을 개입시키고자 할 때가 있다. 이러한 만남 또한 안정된 자기 보호 능력이 확립되기 전까지는 미루어져야 한다. 성인이 된 생존자와 가해자 사이에는 얼마만큼은 강압적인 통제 관계가 여전히 남아 있을 수 있다. 때에 따라서 학대 자체가 간헐적으로 재발하기도 한다. 치료자는 절대로 안전이 이미 확립되었다고 가정해서는 안 된다. 반드시 현재 가족 관계의 특수성을 신중하게 탐색해야 한다. 그다음에야 환자와 치료자는 함께 해결해 갈 문제 영역의 윤곽을 그려 나갈 수 있다. 생존자가 원가족의 한계를 설정하고 자율성의 영역을 넓히는 것은 초기 회복 단계에서 다루기에 적절한 과제이다. 원가족에게 비밀을 밝히고 가해자와 만나는 것은 더 나중 단계가 되어야 성공할 가능성이 높다.[23]

안전한 환경을 단속하기 위해서는 스스로를 보호하는 환자의 심리적인 능력뿐만 아니라, 사회적 상황에서 권력의 현실성에 주의하는 능력도 키워야 한다. 믿을 만한 자기 보호 능력이 확립되었다고 할지라도, 외상 사건을 깊이 탐색하게 되는 다음 회복 단계로 진전할 수 있을 만큼 안전한 환경은 갖추지 못했을 수 있다. 스물한 살의 대학생 카르멘의 사례는, 미성숙한 방식으로 가족에게 외상을 드러낼 경우 안전이 어떻게 위협받을 수 있는지 드러낸다.

카르멘이 아버지를 고소하자 가족 내에 소란이 일어났다.

아버지는 부유하고 탁월한 사업가로, 그녀를 성적으로 학대했다. 부모는 학교에 못 다니게 하고 정신과 시설에 집어넣겠다고 카르멘을 협박했다. 카르멘이 처음 치료를 찾은 것은 자신이 미치지 않았다는 것을 증명하고, 아버지에게 구속되는 것을 피하려는 목적 때문이었다. 심리 평가에서 카르멘은 여러 가지 복합성 외상 후 증후군 증상을 보였다. 그러나 실제로 자살이나 타살의 가능성이 높거나, 스스로를 보살필 수 없는 수준은 아니었기 때문에, 강제적으로 입원해야 할 이유는 없었다.

처음 치료자는 카르멘의 이야기를 믿는다는 점을 명확하게 전달했다. 또한 카르멘에게 권력의 현실을 고려하고, 이길 수 없는 위치에서 싸우는 일은 피하라고 조언하였다. 타협이 이루어졌다. 카르멘은 고소를 취하했고, 치료자를 직접 선택한다는 조건으로 외래 치료를 받게 되었다. 고소를 취하하자마자, 부모들은 침착해져서 그녀가 학교를 다니도록 허용해 주었다. 아버지는 치료 비용을 내는 데 동의하였다.

치료를 받으면서 카르멘은 많은 기억을 회상했고, 근친강간이 사실이었다는 점에 더 확신하게 되었다. 그러나 치료받고 학교 다니는 데 필요한 돈을 아버지가 내지 않는 것이 두려워 어쩔 수 없이 침묵하였다. 그녀는 부유한 생활 방식에 익숙해져 있었고, 혼자서는 살아가지 못할 것 같았다.

전적으로 아버지의 손아귀에 잡혀 있다고 느끼면서, 그녀는 막다른 길에 이르렀음을 깨달았다. 아버지가 삶의 경제권을 쥐고 있는 한 치료는 더 이상 진전할 수 없었다. 1학년을 마친 뒤, 그녀는 학교를 쉬고 직장과 아파트를 구했다. 또한 수입에 따라 치료비를 낮추자고 협상했다. 이러한 조정으로 치유는 진전되었다.

이 사례에서는 환자가 삶에 중요한 변화를 일으키고 나서야 안전한 환경이 마련될 수 있었고, 어려운 결정과 희생이 뒤따랐다. 다른 많은 환자처럼 이 환자도 경제적인 측면을 스스로 책임질 수 없다면 회복될 수 없음을 발견하였다. 자유 없이 안전은 없으며, 회복 또한 없다. 그러나 자유는 큰 대가를 치루고 나서야 찾아온다. 자유를 얻기 위하여, 생존자들은 다른 모든 것을 포기해야 할지도 모른다. 가정 폭력 피해자는 집을, 친구를, 생계를 잃게 될지 모른다. 아동 학대 생존자는 가족을 잃을지도 모른다. 정치적 망명자는 가정과 나라를 잃게 될지 모른다. 그러나 이러한 희생의 차원이 완전하게 인정받는 경우는 드물다.

첫 단계의 완성

첫 번째 회복 단계에서 거쳐 가야 할 험난한 길 위에 선 환자와 치료자는 이 길을 우회하여 비켜 가고 싶을 때가 있을 것이다. 때로는 안전을 확립하는 데 필요한 요소들을 빠뜨리고 치료 작업의 후반 단계로 허둥지둥 달려들고 싶기도 할 것이다. 치료에서 가장 일반적으로 저지르는 실수는 외상 단서를 회피하는 데 있겠지만, 안전을 확립하고 치료 동맹을 다지는 과제에 충분히 노력을 쏟지 않은 채 미성숙하고 성급하게 탐색 작업에 뛰어드는 실수도 가장 흔한 것 중 하나이다.

가끔 환자들은 자청하여 외상 경험을 생생하고 구체적으로 말하려고 한다. 이들은 단순히 이야기를 쏟아 내기만 하면 문제가 해결될 수 있다고 믿는다. 이러한 믿음에는 단 한 번에 외상을 뿌리 뽑을 수 있다는 강력한 카타르시스적 치유에 대한 환상이 숨어 있다. 환자는 가학적이고 피학적으로 몰입하는 장면을 상상할지도 모른다. 이 속에서 소리 지르고, 울고, 토하고, 피 흘리고, 죽고 나서, 씻은 듯이 다시 태어나겠다고 상상한다. 이 재연에서 치료자의 역할은 곤란하게도 가해자의 역할에 가까워지는데, 왜냐하면 치료자는 환자를 구출해야 하는 이유로 고통을 일으켜야 하기 때문이다. 외상 증후군을 카타르시스적으로 치료한다는 초기 인식은 이렇듯 마술적이고 빠른 치유에 대한 환자의 욕망을 부채질하였다. 오래전 악마를 쫓아내는 행위에 담긴 종교적인 은유와 마찬가지로, 이러한 왜곡된 인식은 대중문화에 만연해 있다. 이혼을 겪은 35세 남성 케빈에게는 오래전부터 술 문제가 있었다. 이 사례는 성급하게 외상을 드러내려는 시도로 저지를 수 있는 실수에 대해 설명한다.

알코올 의존증에서 기인한 합병증으로 죽을 뻔하고 나서야 케빈은 술을 끊었다. 맑은 정신에서 그는 심각한 초기 아동기 학대에 관한 플래시백으로 괴로워했다. 그는 문제의 〈원인을 찾아내고자〉 심리 치료를 결심했다. 그가 생각하기에 술을 마시는 이유는 이 외상 기억 때문인 것 같았다. 단지 〈자기 안에 있는 그 모든 것을 제거〉할 수만 있다면 절대로 술을 찾지 않게 될 것 같았다. 그는 알코올 의존증 치료 프로그램에 참여하기를 거부했고, 알코올 의존자 모임에도 나가지 않았다. 그가 생각하기에 이러한 프로그램은 의지가 약하고 의존적인 사람들을 위한 〈목발〉이었고, 자기는 이러한 지지가 필요 없다고 했다. 치료자는 아동기 과거력에 초점을 두자는 케빈에게 동의하였다. 심리 치료 회기에서 케빈은 섬뜩한 이야기들로 기억을 쏟아 내었다. 악몽과 플래시백이 악화되었고, 회기와 회기 사이의 응급 전화는 더욱 늘어나기 시작했다. 그러는 동안 그는 제 시간에 치료 회기에 나타나지 못하였다. 응급 전화를 할 때 케빈은 술에 취해 있는 것 같았지만, 케빈은 절대로 술을 먹지 않았다고 단호하게 부정하였다. 어느 날 케빈이 숨결에 술 냄새를 가득 품고 나타났을 때, 치료자는 자신의 실수를 깨닫게 되었다.

이 사례에서 치료자는 물질 남용의 문제를 잘 이해하지 못했고, 단주(斷酒)를 확립하는 과제에 충분히 주의하지 못했다. 그는 사회적인 지지가 필요하지 않다는 환자의 주장을 받아들였고, 이 때문에 안전에 필요한 가장 기본적인 요소들이 간과되었다. 또한 외상 기억을 깊이 있게 탐색하게 되면 외상 후 스트레스 장애의 침투 증상이 자극을 받을 수 있고, 깨지기 쉬운 단주 결심에 위험을 가할 수 있다는 사실을 인식하지 못했다.

그러므로 환자와 함께 심리 치료의 주제를 결정하기에 앞서 제일 먼저 환자의 현 상태를 완전하게 평가해야 한다. 안전을 확립하고자 하는 환자에게 가장 적합한 지원 체계가 과연 무엇일지 판단하는 일도 중요하다. 자기 보살핌이나 자기 보호 능력을 잘 발휘하지 못하는 환자에게 외래 심리 치료는 적합하지 않을 수 있고, 어떤 경우에는 아예 부적절할 수도 있다. 초기에 환자는 병원이나 사회 복귀 시설에 가야 할 수도 있고, 알코올이나 약물 치료 프로그램에 의뢰되어야 할 수도 있다. 물질 장애 해독 치료, 섭식 장애 치료, 그리고 자살 예방을 위해서 입원이 필요할 수 있다. 위험에 처한 아동을 위해서는 시민 보호 명령을 보유하는 보호 서비스에 의뢰해야 하고, 갈 곳이 없는 환자를 위해서는 쉼터로 갈 수 있도록 돕는 등 사회적인 개입도 필요하다.

어떤 행동을 취하는 것이 가장 좋을지 명확하지 않을 때, 치료자는 안전한 편을 제안하는 것이 가장 좋다. 이렇게 하면서 환자는 스스로를 잘 돌볼 수 있다는 능력을 보여 줄 수 있는 위치에, 그리고 치료자는 매우 신중히 하고 있음을 보여 줄 수 있는 위치에 설 수 있다. 만약 반대로, 치료자가 위험을 축소한다면 환자는 자신이 안전하지 못하다는 사실을 치료자에게 보여 주기 위해서 극적인 방법을 쓸 수밖에 없다.

카타르시스적인 빠른 회복을 지향하게 되는 어쩔 수 없는 환상에 맞서기 위해서, 치료자는 회복 과정을 마라톤에 비유할 수 있다. 생존자는 복잡한 비유라도 쉽게 이해한다. 회복도 마라톤처럼 인내력에 대한 시험으로서, 오랜 준비와 반복적인 연습을 필요로 한다. 마라톤이라는 비유는 신체 단련에 대한 강한 행동적 측면뿐만 아니라, 결심과 용기에 대한 심리적인 차원도 포착하고 있다. 이 비유에는 사회적인 차원이 결여되어 있지만, 고립이라는 생존자의 초기 감정이 담겨 있다. 또한 이것은 훈련 감독이자 코치로서 치료자가 지녀야 할 역할에 대한 비유를 제공한다. 물론 회복이라는 도전 과제에 치료자의 전문성, 판단력, 도덕적인 지지는 매우 중요하겠지만, 회복은 생존자의 행동을 통해서 달성된다.

환자들은 가끔 다음 회복 단계로 언제 넘어갈 수 있는지 어떻게 판단하느냐고 궁금해한다. 하나의 극적인 사건이 첫 단계를 완성했다는 유일한 지표가 될 수 없다. 단계는 점진적이고 불규칙하게 진행된다. 외상을 경험한 사람은 기본적인 안전감을 조금씩 회복해 가고, 인생이 최소한 예측할 수는 있는 것이구나 하는 가능성을 쌓아 간다. 이제 다시 자기 자신과 다른 사람을 믿을 수 있을 것 같다. 비록 외상이 일어나기 전에 비하자면 사람을 훨씬 덜 믿고 더 경계하겠지만, 또한 여전히 친밀한 관계로부터 도망칠 때가 있겠지만, 완전히 취약하거나 고립되어 있다는 느낌은 더 이상 들지 않는다. 이제 스스로를 보호하는 데 어느 정도 자신감이 생겼다. 그녀는 가장 괴로운 증상을 다루는 법을 알고, 지지를 얻기 위해서 누구에게 의지해야 하는지를 알고 있다. 만성적인 외상에서 살아남은 이는 자기 자신을 보살필 수 있게 되었고, 자신이 그만한 보살핌을 받을 만한 사람이라고 확신할 수 있게 되었다. 다른 사람들과의 관계에서 그녀는 신뢰를 적절하게 유지하면서도 자신을 보호할 수 있는 방법을 배웠다. 치료자와의 관계에서는 자율성을 지켜 내고 연결을 유지할 수 있는 안정적인 동맹에 도달하였다.

단일한 급성 외상의 생존자라면 이 시점에서 과거 경험은 잠시 잊고 삶을 따라잡고 싶은 마음도 들 터이다. 한동안은 성공할지도 모른다. 물론 회복하는 과정이 직선적이고 끊임없는 경로를 따라야 한다고 말하는 치료자는 아무도 없다. 그러나 외상 사건은 망각되기를 끝내 거부한다. 어느 순간에 이르면 외상 기억은 다시 돌아와 생존자를 붙잡는다. 기념일처럼 외상을 기억하게 만드는 단서가 발생하거나, 생활 환경이 변하여 외상 경험을 통합해야 한다는 미완의 숙제가 되돌아오면서부터 모든 것이 다시 시작된다. 이제 생존자는 두 번째 회복 단계로 들어설 준비가 되었다.

9
기억과 애도

두 번째 회복 단계에 다다른 생존자는 깊이 있고 완전하게, 구체적인 외상 이야기를 전한다. 이러한 재구성 작업은 외상 기억을 전환시켜 이를 삶의 이야기에 통합시킨다. 자네는 일반 기억을 일컬어 〈이야기하는 행위〉라고 설명했다. 그러나 외상 기억은 언어화되어 있지 않으며 정적(靜的)이다. 생존자가 처음 전하는 외상 이야기는 지루하고, 전형적이며, 감정이 묻어나지 않는다. 어떤 연구자는 전환되지 않은 외상 이야기가 〈전(前)이야기적prenarrative〉인 상태에 있다고 말했다. 이야기는 시간에 따라 진전하지 않고, 말하는 사람이 가지고 있는 감정이나 해석을 드러내지 않는다.[1] 또 다른 치료자는 외상 기억을 스틸 사진이나 무성 영화에 비유했다. 치료는 이야기에 음악과 언어를 붙이는 역할을 맡는다.[2]

역량 강화라는 기본 원칙은 두 번째 회복 단계에서도 계속하여 적용된다. 과거의 공포를 직면할지 말지를 결정하는 사람은 생존자가 되어야 한다. 치료자는 증인이자 동료로서 역할을 수행하며, 말하기가 금지된 것을 말하는 생존자와 함께한다. 외상을 재구성하는 환자와 치료자 모두 큰 용기를 내야 한다. 두 사람 모두 명확한 목적을 가지고 안정적인 동맹을 맺어야 한다. 프로이트는 심리 치료에서 드러내기 작업에 착수한 환자에 대해 설득력 있게 설명했다. 〈환자는 자기 안에 놓인 병리와 마주하겠다는 용기를 내야 한다. 병을 더 이상 가볍게 생각해서는 안 된다. 이것은 용기를 내어 맞서야 하는 적이고, 존재하는 마땅한 이유가 있는 성격의 일부분으로서, 여기서 앞으로 살아갈 날들을 위한 가치를 끌어내야 한다. 이를 통하여 증상을 통해 표현되는 억압된 재료들과 화해하기 위한…… 길이 닦이고, 아픈 상태를 인내할 수 있는 구석이 생길 것이다.〉[3]

생존자가 기억을 불러내고 과거에 직면할 때에는 안전감이 유지되도록 늘 균형을 맞춰야 한다. 환자와 치료자는 억제 증상과 침투 증상의 위험이 미치지 못하는 안전한 길로 협상해 가는 방법을 배워야 한다. 외상 기억을 피하게 되면 회복 과정이 정체되지만, 그렇다고 해서 서둘러 기억에 접근하게 된다면 결실도 없이 해로운 방식으로 외상을 재경험하게 될 뿐이다. 적절한 진행 속도와 시간을 결정할 때에는 세심하게 주의를 기울여야 하며, 환자와 치료자가 협력하여 자주 검토해 보아야 한다. 이러한 문제에 대해 환자와 치료자가 의견이 맞지 않는다면, 솔직하게 이 불일치를 드러낼 공간은 마련되어 있다. 두 사람은 견해 차이를 자유롭게 풀어내야 하고, 재구성 작업이 진전되기 전에 미리 이를 해결해야 한다.

치료자는 드러내기 작업이 환자가 견딜 수 없는 수준을 넘어서는 정도는 아닌지 환자의 침투 증상을 주의하여 점검해야 한다. 만약 외상을 활발하게 탐색하는 동안에 증상이 갑작스럽게 악화된다면, 속도를 늦추고 치료 경로를 재고해야 한다. 환자도 이 기간 중에는 기능 수준이 최상은 물론이거니와 보통에도 못 미칠 수 있음을 예상해야 한다. 외상을 재구성한다는 것은 야심 찬 작업이다. 생존자는 일상적인 삶의 요구를 늦춰야 하고, 〈아픈 상태를 인내〉해야 할 것이다. 대개 드러내기 작업은 일상적인 사회적 환경에서 살아가면서 시작할 수 있으나, 계획적인 입원 치료와 같은 보호된 장면이 필요할 때도 있다. 삶에 갑자기 위기가 닥쳐오거나 다른 중요한 목표들이 우선될 시기에 드러내기 작업이 활성화되어서는 안 된다.

이야기를 재구성하기

외상 이야기를 재구성할 때에는 외상이 일어나기 전부터 외상이 일어나기까지 이어진 상황을 검토하는 것에서 시작한다. 야엘 다니엘리는 사건이 일어나기 전에 있었던 이야기를 반드시 되찾아야 한다고 말했다. 이것은 〈삶의 흐름을 재생〉하기

위해서이고, 과거와 연결되는 느낌을 회복하기 위해서이다.[4]
환자는 중요한 관계, 이상과 꿈, 그리고 외상 사건이 일어나기
전에 있었던 투쟁과 갈등을 이야기할 수 있도록 격려받아야 한
다. 이 탐색을 바탕으로 외상에 담긴 특정한 의미를 이해할 수
있는 맥락이 생긴다.

다음 단계에서 환자는 사실을 자세하게 진술하면서 외상 사
건을 재구성한다. 환자와 치료자는 얼어붙은 심상과 감각의 파
편을 천천히 모아서 이야기를 맞추어 간다. 시간과 역사가 흐
르는 이야기는 구체적이고 언어적인 방식으로 조직화되어 있
다. 이야기는 사건 그 자체뿐만 아니라, 사건에 대한 생존자의
반응과 생존자의 삶에서 중요한 자리를 차지하는 사람들의 반
응도 담고 있다. 환자는 가장 견디기 힘들었던 순간으로 접근
해 갈 때마다 언어를 사용하기가 점점 더 어려워진다는 것을
깨닫는다. 때때로 환자는 자기도 모르게 그리기나 색칠하기와
같은 비언어적인 방식을 사용하여 소통하려고 한다. 외상 기억
에 〈도상적〉이고 시각적인 속성이 있다는 것을 고려할 때, 그
림으로 표현하게 되면 〈지워지지 않는 심상〉에 매우 효과적으
로 접근할 수 있다. 그러나 완성된 이야기는 반드시 외상 심상
에 대한 완전하고 생생한 기술을 포함하고 있어야 한다. 제시
카 울프는 외상 이야기에 접근하는 참전 군인들에 대해 설명했
다. 〈우리는 이들이 완전하게 구체적인 이야기를 풀어낼 수 있
도록 한다. 영화를 볼 때와 같이 모든 감각이 포함되어 있다.

우리는 무엇이 보이고, 무엇이 들리는지, 무슨 냄새가 나는지, 어떤 느낌이 드는지, 그리고 무엇을 생각하는지를 묻는다.〉테런스 킨은 완전한 기억을 재구성할 때에는 신체적인 감각을 느끼는 것이 중요하다고 강조했다. 〈냄새, 두근거리는 심장, 긴장된 근육, 풀려 버린 다리. 이런 것들을 구체적으로 묻지 않는다면, 너무 혐오스럽다는 이유로 사람들은 돌파하지 않고 피해 가고자 할 것이다.〉[5]

외상에 대한 심상과 신체적인 감각이 담겨 있지 않는 이야기는 힘이 없고 불완전하다.[6] 치료의 최종 목적은 심상을 포함하고 있는 이야기를 언어화하는 데 있다. 처음으로 이야기를 언어화시킬 때 환자들은 부분적인 해리 증상을 보일 수 있다. 환자는 의식이 변형된 상태에서 이야기를 적고서, 나중에는 이를 부인할 수 있다. 이것을 버리거나 감출 수도 있고, 썼다는 사실조차 잊어버릴 수 있다. 혹은 치료자에게 글로 써준 다음에, 회기 내에는 읽지 말아 달라고 할 수도 있다. 치료자는 소통하는데 외딴 〈뒷길〉을 만들지 않도록 주의하고, 증언의 기반이 되는 상담실에서 이야기를 이끌어 내는 데 서로의 목표가 있다는 점을 환자에게 상기시켜야 한다. 글로 쓴 이야기는 함께 읽어야 한다.

정서가 수반되지 않는 진실만을 진술한다면 치료 효과가 없다. 100년 전에 브로이어와 프로이트가 언급했던 것처럼, 〈정서가 결여된 회상이 가져오는 효과는 아무것도 없다〉.[7] 따라서 환자는 이야기 속 각 시점에서 단지 일어났던 일만 재구성하는 것이 아니라, 무엇을 느꼈는지도 재구성한다. 정서 상태를 기술하는 것은 고통스러울지라도 사실을 기술하는 것만큼이나 구체적이어야 한다. 환자는 느낌을 탐색하는 가운데 초조해지거나 도망치고 싶을 수도 있다. 왜냐하면 과거에 무엇을 느꼈는가를 단지 기술하고 있는 게 아니라 현재 그러한 감정들을 다시 체험하고 있기 때문이다. 치료자는 환자가 현재 보호받고 있는 안전한 정착지에서부터 과거로 침잠하기까지, 시간을 앞뒤로 오갈 수 있도록 도와주어야 한다. 그렇게 해야 연결되어 있다는 안전한 느낌에 의지한 채 감정을 충분히 다시 체험할 수 있을 것이다.[8]

외상 이야기를 재구성할 때에는 환자와 환자에게 중요한 사람들이 갖고 있는 사건의 의미를 체계적으로 검토해야 한다. 평범한 사람이 외상 사건으로 인해 신학자, 철학자, 법학자가 된다. 이제 생존자는 한때 품었으나 외상으로 파괴당한 가치와 신념을 명료하게 표명하라는 부름을 받았다. 그러나 텅 비어 있는 악에 대면하고서 침묵하게 된 그녀는 알려져 있는 어떠한 이론 체계도 충분치 못하다고 느낀다. 모든 세대와 모든 문화의 잔학 행위에서 살아남은 사람들은 증언이 오로지 하나의 물음으로만 수렴되는 지점에 이른다. 격분이 아니라 좌절감이다. 그들은 묻는다. 〈왜?〉 정답은 인간의 이해 너머에 있다.

깊이를 헤아릴 수 없는 물음 너머로, 생존자는 도무지 이해할 수 없는 또 다른 물음에 대면한다. 〈왜 나인가?〉 운명이 지닌 임의성과 무작위성은 세상이 정의롭고 예측 가능하다는 기본 신념을 인간에게 허락하지 않는다. 외상 이야기를 완전하게 이해하기 위해서 생존자는 죄책감과 책임이라는 도덕적인 문제를 검토하고, 겪지 않아도 됐을 고통을 겪어야 했다는 사실을 이해시켜 주는 신념 체계를 재구성해야 한다. 그러나 생존자는 단지 사고하는 것만으로 의미를 재구성할 수 없다. 부당함을 고치기 위해서는 행동이 필요하다. 생존자는 무엇을 행할지 결정해야 한다.

생존자가 이러한 물음에 답하고자 시도할 때, 인생에서 중요한 사람들과 충돌이 일어날 수가 있다. 공유된 신념 체계 안에 소속되어 있다는 생존자의 느낌에 파열이 생긴다. 그리하여 그녀는 이중의 과제에 직면하게 된다. 세계의 의미, 질서, 정의에 대한 〈부서진 가정들shattered assumptions〉을 다시 구축해야 할 뿐만 아니라, 더 이상 공유할 수 없는 신념을 가진 사람들과 차이를 해소하는 방법을 찾아야만 한다.[9] 자기 가치감을 회복하는 과제를 넘어, 다른 사람들이 비판해도 가치감을 유지할 수 있도록 대비해야 한다.

따라서 치료자가 지니는 도덕적인 태도는 대단히 중요하다. 치료자가 〈가치 중립적〉이거나 〈판단을 회피〉해서는 안 된다. 환자는 이 막대한 철학적 질문에 맞서 치료자가 함께 투쟁해 주기를 원한다. 이미 결정된 대답을 제공하라는 게 아니다. 어떠한 상황에서도 이는 불가능하다. 치료자는 생존자와 함께 도덕적으로 연대하여 그녀를 지지하는 역할을 맡는다.

외상 이야기를 탐색할 때 치료자는 인지적이고, 정서적이고, 도덕적인 밑바탕을 제공해 주어야 한다. 치료자는 환자가 자신의 반응을 이해할 수 있도록 도와주고, 명명과 언어화를 촉진시키며, 외상에서 오는 정서적인 짐을 나눈다. 또한 외상 경험에 새로운 해석을 덧붙일 수 있게 도와주고, 생존자의 존엄성과 가치감을 지지한다. 치료자에게 조언을 준다면 무슨 말을 하겠느냐고 생존자에게 묻자, 이들 대부분이 치료자가 수용하고 인정해 주었던 경험이 가장 중요했다고 대답하였다. 한 근친 강간 생존자가 치료자들에게 조언했다. 「지켜 보기가 고통스럽다고 할지라도, 계속해서 사람들이 말할 수 있도록 격려해야 한다. 믿기까지는 오랜 시간이 걸린다. 내가 그것에 대해 더많이 말할수록, 그것이 일어났다는 사실에 더 큰 확신을 갖게되고, 그것을 통합할 수 있는 여지는 점점 커진다. 변함없이 받아들여진다는 경험이란 참으로 소중하다. 내가 그렇게도 지독한 외톨이 소녀였다는 느낌을 갖지 않도록 해주는 그 어떤 것이라도 말이다.」[10]

치료자는 경청하면서 외상과 관련된 사실이나 의미에 대해절대로 추측하지 않도록 항상 주의해야 한다. 환자에게 구체적인 질문을 하지 못한다면, 환자의 이야기에 치료자 자신의 감정이나 해석을 덧붙이게 될 위험이 있다. 치료자에게 사소한 단서라고 여겨지는 것도 환자에게는 제일 중요한 측면이 될 수 있다. 반대로, 치료자가 가장 견디기 어렵다고 생각한 측면은 환자에게 그다지 중요하지 않은 이야기일 수도 있다. 이렇게 어긋나는 관점을 명확하게 짚는 것은 외상 이야기에 대한 서로의 이해를 높일 수 있다. 사교 파티에서 집단 강간을 경험한 열여덟 살의 대학 신입생 스테파니의 사례는 구체적인 각각의 이야기를 명확히 하는 것의 중요성을 드러낸다.

스테파니가 처음 이야기했을 때, 치료자는 강간이 두 시간이 넘게 지속되었다는 잔인함에 경악하였다. 그러나 스테파니에게 가장 힘겨웠던 순간은 학대가 끝난 뒤였다. 강간범들은 스테파니가 〈지금까지의 섹스 중 가장 좋았다〉라고 말하도록 강요했던 것이다. 스테파니는 둔감화된 상태에서 자동적으로 이를 따랐다. 이런 자신이 수치스러웠고, 혐오스러웠다.

치료자는 이것에 정신적 강간이라는 이름을 붙였다. 치료자는 공포 앞에서는 둔감화 반응이 나타날 수 있음을 설명하고, 사건 당시 두려움을 알아차릴 수 있었냐고 물었다. 그러자 스테파니는 조금 더 기억해 낼 수 있었다. 강간범들은 스테파니가 〈완전히 만족해〉라고 말하지 않을 경우 〈또 해 버릴 거라고〉 위협했던 것이다. 추가 정보를 통해서, 스테파니는 순응했던 것이 탈출을 재촉해 준 전략이었으며, 단순한 자기 굴욕은 아니었다는 점을 받아들이게 되었다.

환자와 치료자 모두 어느 정도 모호한 것은 인내할 수 있어야 한다. 이야기의 기본 사실이 모호한 경우에도 말이다. 재구성하는 과정에서 잃어버린 이야기 조각들이 회복되면서 이야기는 변화할 수 있다. 환자가 기억 속의 중요한 틈을 경험한 상황이라면 더욱 그러하다. 그러므로 환자와 치료자 모두 아직은 앎이 완전하지 못하다는 사실을 받아들이고, 견딜 수 있는 만큼만 탐색하는 동안에 모호함과 살아갈 수 있는 법을 배워야 한다.

환자는 내면의 의심과 갈등을 해소하기 위하여 이야기의 사실성과 관련하여 성급하게 결론에 도달하려고 애쓸 때도 있다. 때로는 사건이 부분적이고 불완전하더라도 치료자가 수용하기를 바라고, 더 많은 탐색은 그만두자고 주장할 수 있다. 혹은 알게 된 사실에 담긴 정서적 영향을 다루지 못한 채 추가적인 기억만을 얻기 위해서 강하게 밀어붙이는 경우도 있다. 아동기에 학대받은 경험이 있는 23세 남성 폴의 사례는 성급하게 확신을 요구하는 환자에게 치료자가 어떻게 반응해야 하는지를 보여 준다.

어린 시절 성 학대의 경험을 점차 열어 보인 뒤, 폴은 갑자기 이 모든 이야기는 꾸며 낸 것일 뿐이라고 말했다. 자신이 내내 거짓말했다는 것을 치료자가 믿지 않는다면 치료를 당장 그만두겠다고 하였다. 이전까지만 해도 폴은 당연히 치료자가 진실로 믿어 주기를 바랐다. 치료자는 이러한 돌변이 곤혹스럽다고 하면서, 다음과 같이 덧붙였다. 〈폴이 아이였을 때 나는 그 자리에 없었어요. 그래서 무슨 일이 일어났는지 아는 척 할 수 없습니다. 그렇지만 폴의 이야기를 완전하게 이해하는 것이 중요하다는 사실은 잘 알고 있어요. 그러나 아직 우리는 그것을 잘 이해하지 못하는 것 같아요. 우리가 이해하게 될 때까지 열린 생각을 유지하는 게 좋을 것 같습니다.〉 폴은 마지못해 그녀의 전제를 받아들였다. 그 후 1년 동안 치료가 진행되면서, 폴의 철회는 학대자에게 충실하려는 최후의 시도였다는 점이 밝혀졌다.

치료자도 확실성을 갈망하게 되는 함정에 빠질 때가 있다. 열린 마음으로 질문하는 태도는 이 갈망에 밀려나기 십상이다. 과거에는 치료자가 이러한 갈망 때문에 환자의 외상 경험을 무시하거나 축소하는 경우가 대부분이었다. 여전히 이는 치료자가 저지를 수 있는 가장 흔한 실수 중 하나이지만, 최근에 심리적 외상을 재발견하게 되면서 이와 반대되는 실수를 하기 시작했다. 외상을 경험했을 가능성이 있겠다는 판단이나 〈증상 프로파일〉만을 근거로 〈외상 경험이 있었을 것이다〉라고 환자에게 전한다면, 그것은 실수이다. 어떤 치료자는 학대 의례와 같은 특정 종류의 외상 사건을 전문으로 〈진단〉하기도 한다. 환자가 외상 경험을 믿지 않는다고 표현하면 〈부정한다〉고 거부한다. 단 한 번의 상담으로, 구체적이지 못하고 모호한 증상을 지닌 환자들이 의심할 여지없이 악마적 컬트의 피해자라고 주장했던 사례도 있었다. 치료자는 사실을 발견해 내는 사람이 아니며, 외상 이야기를 재구성하는 일은 범죄 수사가 아니라는 점을 기억해야 한다. 치료자는 열린 마음을 지닌 공감적인 증인이다. 치료자는 탐정이 아니다.

생존자는 이야기를 재구성하면서 직면하게 되는 진실 앞에서 너무나 힘든 나머지 흔들릴 때가 있다. 현실을 부정하게 되면 미칠 것 같지만, 현실을 완전히 받아들이는 것 또한 인간이 견딜 수 있는 범위 너머에 있는 것만 같다. 진실을 말하는 것에 대한 생존자의 양가성은 치료에서 외상 이야기에 접근할 때 나타나는 갈등 속에 반영되어 있다. 자네는 히스테리아 환자들과 작업하면서 때때로 외상 기억을 지우거나, 최면을 통하여 그 내용을 변형시키고자 시도하였다.[11] 유사하게, 참전 군인에 대한 초기 〈해제abreactive〉 치료는 외상 기억을 제거하는 데 핵심을 두었다. 외상을 경험한 사람들은 치료를 찾을 때 암묵적으로 카타르시스나 엑소시즘의 환상을 갖기도 한다.

환자와 치료자 모두 외상이라는 악마를 추방시킬 수 있는 마술적인 변화를 소망하는 게 당연하다.[12] 그러나 심리 치료는 외상을 제거하지 않는다. 외상 이야기를 되짚는 목적은 외상을 통합하는 데 있으며, 외상을 내쫓는 엑소시즘에 있지 않다. 재구성하는 과정에서 외상 이야기는 전환을 거치지만, 이는 더 현재적이고 현실적이 되고자 하는 목적에서이다. 심리 치료의 근간에 놓인 기본 전제는 진실을 말할 때 회복의 힘이 생긴다는 믿음에 있다.

　말한다는 측면에서 외상 이야기는 하나의 증언이 된다. 잉게르 아거와 조렌 옌슨은 정치적 망명자들과 작업하면서, 증언이 치유의 의례로서 보편성을 지니고 있다고 강조했다. 증언은 고해와 영성이라는 사적 차원, 그리고 정치적이고 법적인 공적 차원을 가지고 있다. 증언이라는 단어를 사용하면 이 두 차원의 의미가 연결되어, 개인적인 경험에 새롭고 커다란 차원이 열린다.[13] 리처드 몰리카는 전환된 외상 이야기는 〈새로운 이야기〉라고 설명한다. 그것은 〈더 이상 수치심과 모욕이 아니며〉 오히려 〈존엄성과 가치〉에 대한 것이다. 이야기하기를 통하여 망명자들은 〈상실했던 세계를 되찾게 된다〉.[14]

외상 기억의 전환

　외상 이야기를 전환하는 치료적 기법은 각기 종류가 다른 외상에 따라 독립적으로 발달해 왔다. 가장 크게 발전한 두 가지 기법으로는 참전 군인의 치료에 사용된 〈직접 노출direct exposure〉 혹은 〈홍수 기법flooding〉과 고문 생존자의 치료에 사용된 구조화된 〈증언 기법〉이 있다. 홍수 기법은 외상 후 스트레스 장애의 치료를 위해 재향 군인회에서 개발한 집중적인 프로그램의 일부였다. 홍수 기법이란 잘 통제된 상황에서 환자가 다시 외상을 체험함으로써 외상 사건에 대한 공포를 극복하도록 설계된 행동 치료 기법이다. 환자는 이완 기법을 사용하고, 달래 주는 안정적인 심상을 시각화하여 불안을 다루는 법을 배우면서 홍수 기법 회기를 준비한다. 그다음에 환자와 치료자는 외상 사건을 구체적으로 기술하는 〈각본〉을 주의 깊게 준비한다. 이 각본에는 배경, 사실, 정서, 의미라는 네 가지 요소가 포함되어 있다. 외상 사건이 여러 개라면, 각각에 대한 개별적인 각본을 마련한다. 각본이 마련되면 환자는 홍수 기법 회기 때 쓰일 각본을 직접 고르고, 가장 다가서기 쉬운 각본에서부터 시작하여 점차 어려운 각본으로 진행할 수 있도록 순서를 정한다. 홍수 기법 회기에서 환자는 치료자 앞에서 현재 시제로 각본을 큰 소리로 읽고, 치료자는 환자가 감정을 표현할 수 있도록 도와준다. 이 치료는 매주 한 번씩, 평균 12회기에서 14회기 동안 진행된다. 대개 환자들은 외래로 치료를 받지만, 치료 도중에 증상이 심각해질 우려가 있는 사람들에게는 입원이 필요하기도 하다.[15]

이 기법은 정치적 고문을 받은 이들을 치료하는 증언 기법과 많은 속성을 공유한다. 증언 기법은 칠레의 심리학자 두 명이 보고한 것이다. 이들은 안전 문제 때문에 가명으로 이 보고서를 출판해야 했다. 구체적이고 집중적으로 외상 경험을 기록하는 것이 이 치료의 중심 과제이다. 먼저 치료 회기를 녹음하여 환자의 이야기가 담긴 축어록을 준비한다. 그 후 환자와 치료자는 이 기록을 함께 교정한다. 교정하는 동안 환자는 파편화된 회상을 일관된 증언으로 조합할 수 있게 된다. 심리학자들은 〈증언은 역설적으로 고문을 자행했던 이들이 얻어내려했던 고백 그 자체이다. 그러나 증언을 통하여, 고백은 배신이 아닌 선언이 된다〉라고 말한다.[16] 덴마크의 아거와 옌슨은 이 기법을 잘 다듬어 갔다. 이들의 치료는 마지막에 최종 완성된 증언을 큰 소리로 읽고, 형식을 갖춘 〈선포 의식〉을 치루면서 종결된다. 이 의식에서 환자는 원고로서, 치료자는 증인으로서 기록 문서에 서명을 한다. 하나의 증언을 완성하기 위해서는 매주 1회기씩 평균 12주에서 20주가 필요하다.[17]

행동 치료로서 협소한 의미를 담고 있는 홍수 기법과 비교하였을 때, 증언 기법은 사회적이고 정치적인 요소가 더 명시적으로 발전해 있다. 증언 기법이 인권 운동 단체에서 개발되었고, 홍수 기법이 미국 정부 기관에서 개발되었기 때문에 아마도 당연한 일이겠다. 그러나 이러한 기법들이 일관적이라는 점은 놀랍다. 두 가지 치료 모형 모두 외상 이야기를 구체적으로 기록하기 위해서는 환자와 치료자가 적극적으로 협력해야 한다는 전제를 깔고 있다. 또한 엄격한 형식과 진중함으로 외상 이야기를 다루며, 안전한 관계라는 밑바탕 위에서 강렬한 재체험을 촉진시키기 위하여 이야기 구성을 활용한다는 점에서 유사하다.

치료 효과 또한 유사하다. 칠레 심리학자들은 39개의 치료 사례를 보고하면서, 고문이나 거짓 처형의 생존자 대다수가 치료를 받은 뒤 외상 후 스트레스 증상에서 큰 완화를 보였다고 했다. 이 기법은 공포로 인한 후유증에 특별히 효과적이었다. 그러나 실종자나 〈사라진 이〉의 가족들에게 큰 위안을 주지 못했다. 이들은 외상 후 스트레스 증상이 아니라 해결되지 않은 비탄으로 고통을 받고 있었기 때문이었다.[18]

참전 군인들을 치료했던 홍수 기법의 효과는 더욱 명백했다. 치료를 끝낸 환자들은 외상 후 스트레스 장애의 침투 증상과 과각성 증상이 극적으로 감소되었다고 보고했다. 이들은 악몽과 플래시백에서 벗어날 수 있었고, 불안, 우울, 주의 집중 문제, 신체화 증상은 점진적으로 개선되었다. 더 나아가, 홍수 기법을 마치고 6개월 뒤에 환자들은 침투 증상과 과각성 증상이 완전히 개선되었다고 보고하였다. 그러나 홍수 기법은 치료에서 다룬 특정 외상 사건에 대해서만 효과를 보였다. 한 가지 기억이 탈민감화desensitizing*되었더라도, 이것은 다른 기억의 탈민감화로 전달되지 않았다. 각각의 기억에 개별적으로 접근

* 공포와 불안을 감소시키는 행동주의 심리 치료의 원리로, 불안이 유발되는 상황에서 이완 반응을 반복하면서 점진적으로 불안에 둔감해지는 것.

해야 했고, 증상이 완전히 완화되기 위해서는 모든 기억을 각각 다루어야 했다.[19]

보호된 관계라는 안전이 보장된 상태에서 〈이야기하는 행동〉은 실제 이상(異狀) 처리된 외상 기억에 변화를 가져오는 것으로 보인다. 기억이 전환되면서 외상 후 스트레스 장애의 주요 증상들이 완화될 수 있다. 공포로 인한 생리 신경증은 언어의 사용을 통하여 명백히 회복될 수 있다.[20]

그러나 이러한 집중적인 치료 기법에는 한계가 있다. 홍수 기법을 통해서 침투와 과각성 증상은 개선되지만, 둔감화나 사회적 회피와 같은 억제 증상은 변하지 않는다. 배우자와의 문제나 사회적, 직업적 문제 또한 개선되지 않는다. 외상을 재구성하는 것만으로는 외상 경험이 가지고 있는 사회적이고 관계적인 차원을 다룰 수 없다. 회복 과정 속에서 외상을 재구성하는 일이 필요한 것은 틀림없지만, 그것만으로는 충분하지 못하다.

외상에서 관계적인 차원이 다루어지지 않는다면 침투 증상을 완화 시킨다는 제한된 목표조차 어려운 일이 될 수 있다. 환자는 악몽이나 플래시백 등의 증상을 포기하지 않으려 하기도 하는데, 왜냐하면 이러한 증상에는 중요한 의미가 담겨 있기 때문이다. 이것은 잃게 된 사람과 연결된 끈을 놓지 않겠다는 상징적인 의미를 가질 수 있고, 애도를 대체하는 의미도 있으며, 해결되지 않은 죄책감을 표현하는 의미도 된다. 사회적인 의미를 담보하는 증언이 부재하다 보니 차라리 증상을 간직하는 길을 선택한 셈이다. 전쟁 시인 윌프레드 오언의 말에 의하면, 〈전쟁에 관해서 내가 꾸게 되는 몇 가지 꿈들은 저녁 때마다 내 의지에 의해 전쟁에 대해 숙고하면서, 오로지 내가《불러들이는 것》임을 고백한다. 나는 전쟁으로 나아갈 임무가 있다〉고 한다.[21]

　지속적으로 반복된 학대에서 생존한 사람들에게 외상 이야기를 이어 가는 것은 더 힘든 과제가 될 수 있다. 한정된 외상 사건에 접근할 때 효과적인 기법은 만성적인 학대에 접근할 때 적합하지 않을 수 있다. 특히 기억에 중요한 틈이 있는 생존자들에게 더욱 그러하다. 이야기를 완전하게 재구성하기 위해서는 대개 12~20회기보다 훨씬 더 많은 시간이 필요하다. 환자는 이 과정에서 서두르고 싶은 마음에 원칙과 상관없이 모든 종류의 강력한 치료를 다 받고 싶을 수 있다. 대규모의 마라톤 집단*이나 외래 〈패키지〉 프로그램은 〈돌진적인〉 접근이 치유 효과를 낼 것이라는 비현실적인 약속을 하면서 생존자들을 혹하게 만들 때가 많다. 통합을 이루기 위한 적절한 바탕을 제공하지 않고서 외상 기억을 성급하게 드러내도록 하는 치료들은 드러난 기억에 대처할 자원이 없는 환자들을 혼자 남겨 놓기 때문에 무책임한 행위이며 잠재적으로 위험하다.

　* 연장 상담. 장시간의 집중적인 회기를 통해 더욱 깊이 있는 상담이 이루어질 수 있는 집단 상담의 한 방식.

사실 재구성에 있어서 기억 상실의 장벽을 돌파하는 부분은 그리 어렵지 않다. 어떤 기법도 대체적으로 통할 것이다. 재구성 과제에서 가장 힘든 작업은 기억 상실의 장벽 너머에 있는 공포와 직접 대면하는 일이며, 이 경험들을 완전한 삶의 이야기로 통합시키는 일이다. 이 과정은 지체되기 쉽고, 고통스러우며, 환자를 좌절시키며, 마치 어려운 그림 퍼즐을 맞추는 것 같다. 처음에는 윤곽선을 모으고, 새로운 정보 조각들을 다양한 각도로 검토하여 전체 속에 들어맞는지를 보아야 한다. 100년 전 프로이트는 초기 성적 외상을 드러내는 과정을 퍼즐 맞추기에 비유하였다.[22] 여러 개의 조각들이 갑자기 하나로 들어맞아 그림의 새로운 부분이 명확해지는 특별한 돌파의 순간, 인내에 대한 보상이 주어질 것이다.

환자는 이미 가지고 있는 기억을 신중하게 탐색하는 간단한 방법으로 새로운 기억을 회복할 수 있다. 대개는 이렇게 평범하고 명료하게 접근해도 충분하다. 이미 알고 있는 사실에 대한 정서를 환자가 완전히 체험하게 될 때 새로운 회상은 자연스럽게 일어난다. 이것은 근친 강간 생존자인 32세 여성 데니스의 사례에서도 그러했다.

데니스는 아버지에게 학대받았다는 의심 때문에 괴로워하면서 치료에 들어섰다. 학대가 사실인 것 같은 〈몸의 느낌〉은 강렬했지만, 명백한 기억은 없었다. 그녀는 기억을 회복하기 위해서는 최면이 필요한 게 아닌가 싶었다. 치료자는 데니스에게, 현재 아버지와 어떻게 지내는지 이야기해 달라고 했다. 사실 데니스는 다가오는 가족 모임 때문에 괴로웠다. 아버지는 분명 술에 취해 난폭해질 것이고, 음탕한 말로 모든 이를 사로잡을 것이며, 모든 여자를 더듬을 것이다. 가족 모두 아버지의 행동이 유쾌하기만 하고 해롭지 않다고 여겼기 때문에 데니스는 불평조차 할 수 없다고 생각했다.

처음 데니스는 현재 일어나는 일에 대한 정보는 별로 중요하지 않다고 보았다. 그녀는 뭔가 더 극적인 것, 가족들이 심각하다고 봐줄 만한 무엇을 찾고 있었다. 치료자는 데니스에게 아버지가 사람들 앞에서 자신에게 손을 대면 어떤 느낌이 드는지를 물었다. 데니스는 역겨움, 모욕감, 그리고 무력감을 이야기했다. 그녀는 처음 치료를 시작했을 때 말했던 〈몸의 느낌〉이 떠오른다고 했다. 현재 일어나는 감정을 탐색하면서 그녀는 어린 시절의 여러 순간을 회상하기 시작했다. 어린 데니스는 아버지가 자신을 보호해 주기를 원했지만, 아이의 호소는 조롱당하고 무시당하기만 했다. 밤에 자신의 침대로 들어오는 아버지에 관한 기억은 점차 회복되기 시작했다.

환자가 현재 경험하는 일상에는 해리된 과거 기억에 접근할 수 있도록 도와주는 풍부한 단서가 담겨 있다. 명절처럼 특별한 날을 관찰하면 과거와 연합된 길로 들어설 수 있다. 매일 일상적인 단서를 따라 가는 것에 더하여, 사진을 보거나, 가계도를 구성하거나, 어린 시절을 지낸 곳을 방문하면서 과거를 탐색할 수 있다. 플래시백이나 악몽과 같은 외상 후 증상은 기억 경로에 접근하는 데 역시 소중하다. 샤론 시몬은 성관계 도중 나타났던 플래시백을 통해 잊고 있던 아동기 근친 강간 경험의 단서를 찾게 되었다. 「나는 남편과 사랑을 나누다가, 갑자기 마치 세 살이 된 것 같은 느낌이 들었다. 난 너무 슬펐는데 남편은 섹스를 하고 있었다. 그리고 난 방 안을 둘러보면서 생각했다. 〈에밀리(나의 치료자), 제발 저를 이 남자 밑에서 끌어내 줘요.〉 나는 〈이 남자〉가 우리 남편이 아님을 알고 있었지만, 아직은 〈아빠〉라고 말하지 않았다.」[23]

사례 대부분에서 생존자들은 의식을 변형시키지 않고도 이야기를 구성할 수 있다. 그러나 때때로 매우 주의 깊게 고통을 탐색한 이후에도 기억 상실이라는 중요한 틈이 여전히 남아 있을 수 있다. 이럴 때는 깊게 고려한 뒤에 심상 치료hypnotherapy와 같은 강력한 기법을 사용할 수도 있다. 그러나 심상 치료를 통해 외상 기억에 다가서려면 치료자가 수준 높은 실력을 갖추고 있어야 한다.[24] 드러내기 작업이라는 도전을 위해서는 주의 깊게 준비되어 있어야 하고, 또한 이것이 적절한 통합으로 이어지도록 해야 한다. 환자는 우선 달래기와 이완을 돕는 심상을 사용하는 법을 배우고, 오랜 사전 준비와 계획, 그리고 연습을 한 뒤에 드러내기 작업으로 움직여 간다. 정신의학자인 셜리 무어는 외상을 경험한 사람들과 심상 치료를 통한 드러내기 작업에 대해 설명한다.

과거로 가는 리본이나 밧줄을 붙잡는 것처럼 나이를 거슬러 오르는 기법을 쓸 수 있다. 그러나 밧줄 심상을 쓸 수 없는 생존자들도 있다. 이럴 때에는 표준 기법들을 적합하게 변화시켜 사용한다. 많은 사람에게 잘 듣는 기법으로는 휴대용 텔레비전을 보는 심상을 쓰는 게 있다. 이 심상을 쓸 때에는 텔레비전의 〈안전한〉 채널에 익숙해져야 하고, 항상 안전한 채널부터 켜고 시작해야 한다. 비디오를 트는 심상이 곧 드러내기 작업이다. 외상 경험을 담고 있는 비디오테이프가 있다. 우리는 이 비디오를 느린 화면으로 틀 수 있고, 빨리 감기를 할 수 있고, 거꾸로 가기로 틀 수 있다. 감정의 강도를 조절하기 위하여 음량을 조절하는 법도 알게 된다. 어떤 사람들은 꿈꾸기를 좋아하기도 한다. 이들은 보호된 공간 안에서 외상에 대한 꿈을 꾼다. 이것은 모두 투사적 심상 기법hypnotic projective technique에 속한다.

그리고 나는 테이프나 꿈이 외상에 관한 무언가를 우리에게 전달할 것이라고 제안한다. 내가 숫자를 세면 보고해 달라고 말한다. 나는 얼굴 표정과 몸동작의 변화를 세밀하게 살핀다. 기억이 올라오는 순간은 바로 그때이다. 우리는 올라오는 그 모든 것을 다룬다. 만약 아주 어린아이가 학대를 받는 심상이라면, 나는 계속해도 되는지를 확인한다. 사람들은 심상 작업 속에서 자신을 명백하게 구분할 수 있다. 관찰하는 어른 부분이 있고, 경험하는 아이 부분이 있다. 두말할 것도 없이 강렬한 체험이지만, 견딜 만하게 만드는 것이 우리의 목표이다.

사람들은 많은 감정을 떠안고서 심상 작업에서 벗어나지만, 또한 거리를 두고 있기도 하다. 사람들 대부분은 슬픔에 잠기고, 포악함에 섬뜩해지거나 충격을 받는다. 심상 작업에서 벗어난 이후에도 직접 연결점을 지을 수 있게 될 것이다. 이를 돕기 위한 제안들이 있다. 이들은 기억할 준비가 된 것만을 기억할 것이다. 그리고 시간이 지나면서 생각, 심상, 감정, 꿈에 대한 이해가 늘어갈 것이다. 그리고 치료 안에서 이를 이야기할 수 있게 될 것이다. 이것들과 함께 살아간다는 건 엄청난 일이다. 때로는 이것이 분명 도움이 될 것이라고 스스로를 진정시켜야 할 순간이 생길지도 모른다. 하지만 정말로 사람들은 기억을 회복하고 나서 좋아진 것을 느끼게 된다.[25]

심상 치료에 더하여, 의식을 변형시키는 데 다른 여러 가지 기법을 사용할 수 있다. 이를 통하여 해리된 외상 기억들에 대한 접근성은 더 높아진다. 이러한 기법들은 집중 집단 상담이나 심리극과 같은 사회적 기법에서부터, 소듐 아미탈을 사용하는 것과 같은 생물학적 기법들을 아우른다. 경험 있는 치료자에게 이러한 기법은 어느 것이라도 효과적이다. 그러나 기법과 상관없이 기본 원칙은 동일하다. 통제 소재는 환자에게 남아 있어야 하며, 적절한 시간과 속도를 결정하거나 회기를 설계하는 일은 신중하게 계획해야 하고, 드러내기 기법이 심리 치료의 구조 내에 통합되도록 해야 한다.

드러내기를 포함하는 치료에서는 한 회기라도 주의 깊게 구조화해야 한다. 다중 인격 장애 환자들과 일하는 리처드 클루프트는 이 원칙을 〈삼등분 법칙〉이라고 표현한다. 〈궂은 일〉을 처리해야 한다면, 회기 시간의 첫 3분의 1 이내에 시작해야 한다. 그렇지 않으면 미루어질 것이다. 강도 높은 탐색은 두 번째 3분의 1 시간 동안에 마무리한다. 마지막 3분의 1은 환자가 현재에 다시 적응하고 마음을 가라앉힐 수 있도록 남겨 놓아야 한다.[26]

각각의 기억에 개별적으로 접근하는 것은 지속적이고 반복적인 외상의 생존자에게 도움이 되지 않는다. 일어난 사건은 너무나 많고, 비슷한 기억들은 서로 섞여 있다. 그러나 대개는 특별히 의미가 있는 몇 개의 개별적 사건들이 두드러지기 마련이다. 외상 이야기를 재구성하는 일은 이러한 전형적인 사건을 기반으로 한다. 하나의 사건은 다른 많은 사건을 대표한다고 이해하면 된다.

이렇게 사건 하나가 다른 많은 사건을 대표하게 되면 새로운 이해와 의미를 효과적으로 생산해 낼 수 있다. 그러나 생리적 둔감화의 경우에는 잘 적용되지 않을 수도 있다. 홍수 기법과 같은 행동 치료 기법은 단일한 외상 기억에 대한 강렬한 반응을 효과적으로 경감시킨다고 증명된 반면, 이것이 지속적이고 반복적인 외상 경험에도 효과적인가는 밝혀지지 않았다. 정신의학자인 아례 샬레브가 보고한 환자의 사례에서 이러한 대비가 뚜렷하게 나타났다. 환자는 자동차 사고가 난 이후 발생한 단일 외상 후 스트레스 장애 증상으로 치료를 찾았다. 그녀에게는 아동기에 반복적으로 학대받았던 경험도 있었다. 자동차 사고와 관련된 증상은 표준적인 행동 치료를 통해 성공적으로 치료되었다. 그러나 이와 동일한 접근으로 아동기 피해에 대한 환자의 감정은 거의 경감되지 못했으며, 따라서 심리 치료를 연장해야만 했다.[27]

만성적으로 외상을 경험한 사람들이 겪는 생리적 변형은 극심한 고통을 동반한다. 아동기에 반복적으로 학대당했던 사람들은 건강한 수면, 섭식, 내분비계의 순환이 발달하지 못하고, 신체화 증상을 보이거나 통증 지각에 이상이 생길 수 있다. 따라서 만성적인 학대를 경험한 사람들은 외상 이야기를 완전하게 재구성하였더라도 얼마만큼은 생리적인 불편함으로 계속 고통을 겪기도 하므로 이러한 생리적 증상에 개별적인 주의를 기울여야 한다. 체계적인 재조건 형성reconditioning이나 장기적인 약물 치료가 때때로 필요할 수도 있다. 이 분야에서 치료는 아직 실험 단계에 속해 있다.[28]

외상으로 인한 상실을 애도하기

외상은 불가피하게 상실을 불러일으킨다. 운이 좋아 신체적인 상해를 입지 않고 탈출할 수 있었던 이들도 내면에 다른 사람과 안정적으로 애착되었던 심리적 구조를 잃게 된다. 신체적인 상해를 입은 이들은 이에 더하여 신체적 안녕감도 잃는다. 그리고 삶에서 소중한 사람들을 잃게 된 이들은 친구, 가족, 혹은 공동체의 관계에 생긴 빈자리를 마주해야 한다. 외상으로 인한 상실은 보편적인 세대의 흐름을 파괴하고, 보편적인 사별의 사회적 관습을 무시한다. 따라서 외상을 이야기하는 생존자는 깊은 비탄에 빠지게 된다. 너무나 커다란 상실인데도 보이지 않고 인정되지 않기 때문에, 관례적인 애도만으로는 위안이되지 못한다.[29]

이 회복 단계에서 깊이 애도하는 경험은 가장 필요하면서도 가장 힘겨운 과제이다. 환자들은 이 과제를 극복할 수 없을까봐 두려워한다. 마치 한번 비탄에 빠지기 시작하면, 영영 헤어나오지 못할 것처럼 말이다. 다니엘리는 나치 홀로코스트에서 남편을 잃고 홀로 생존한 74세 여성의 말을 인용했다. 〈각각의 상실을 애도하는 데 1년이 걸린다고 해도, 내가 107세까지 산다고 해도(그래서 모든 가족 구성원에 대해 애도한다고 해도), 나머지 600만은 어떻게 하는가?〉[30]

때로 생존자는 애도하기를 거부한다. 두려움 때문이기도 하지만 자존심 때문이기도 하다. 그녀는 의식적으로 슬퍼하기를 거부하면서 가해자의 승리를 부정한다. 이러한 경우에는 애도가 용기 있는 행동이며, 스스로를 모욕하는 게 아니라고 새롭게 해석할 수 있어야 한다. 깊이 슬퍼할 수 없다면 그만큼 자기 안의 일부가 잘려 나간 것이고, 회복에서 중요한 부분을 도둑맞은 것과 같다. 비탄을 포함하여, 정서를 완전하게 느끼는 것이 가해자에게 복종하게 된 것이라 할 수는 없다. 이것은 저항의 행동이다. 상실했던 모든 것을 애도하면서 환자는 파괴되지 않은 채 살아남은 내면의 삶을 찾아낼 수 있다. 심각한 아동기 학대의 생존자는 처음으로 비탄에 잠겼던 이야기를 했다.

열다섯이 될 무렵 끝장을 냈다. 나는 냉랭하고 건방진 년이었다. 나는 어떠한 안락함이나 감정을 느끼지 못한 채 잘도 살아남아 왔다. 상관없었다. 아무도 나를 울리지 못했다. 엄마가 나를 쫓아내는 날이면, 나는 복도에서 트렁크 속에 쭈그린 채 잠이 들었다. 그 여자는 나를 때리면서도 절대 나를 울리지 못했다. 남편이 때릴 때에도 나는 절대 울지 않았다. 그가 나를 넘어뜨리면 벌떡 일어났고, 그러면 또 넘어뜨려지곤 했다. 내가 죽지 않았다니 신기한 일이다. 내 전 생애를 통틀어, 치료를 받을 때처럼 울어 본 적이 없다. 우는 것을 보일 만큼 누군가를 믿지도 않았다. 몇 달 전까지만 해도 당신 역시 믿지 않았다. 자, 나는 말했다! 이것이 올해의 성과다![31]

애도하기는 너무나 힘들기 때문에, 아마 두 번째 회복 단계가 정체하는 가장 큰 이유는 생존자가 애도에 저항할 수 있기 때문이다. 애도에 대한 저항은 여러 가지 형태로 위장되어 나타난다. 가장 빈번하게는 복수 환상, 용서 환상, 보상 환상과 같이 마술적으로 회복될 수 있으리라는 환상으로 위장되어 나타난다.

복수 환상은 외상 기억에 대한 거울상일 수 있다. 이 속에서 가해자와 피해자는 역할이 전도되어 있다. 이것은 외상 기억과 마찬가지로 기이하고, 얼어붙어 있으며, 비언어적이다. 복수 환상은 카타르시스에 대한 소망의 한 형태로, 피해자는 가해자에게 보복할 수 있다면 외상의 공포, 수치심, 고통을 제거할 수 있다고 상상한다. 복수라는 욕망은 완전히 무력했던 과거 경험에서 솟아나, 이 모욕과 분노 속에서 힘을 회복시켜 주는 유일한 방편이 된다. 복수는 가해자가 과연 어떠한 해악을 저질렀는지를 그에게 인식시키기 위한 유일한 방법이 된다.

복수가 평온을 가져올 것이라고 생각하겠지만, 복수 환상을 반복하게 되면 외상을 경험한 이들의 고통은 사실상 증폭된다. 생생하고 폭력적인 복수 환상은 본래 외상만큼이나 무서운 심상으로 사람을 늘 쫓아다니면서 각성시킨다. 이로써 피해자의 공포가 악화되고 자기상은 격하된다. 마치 자신이 괴물이 된 것처럼. 저질러진 해악의 결과는 절대 변화하지 않고 보상받을 수 없으므로 몹시 좌절될 뿐이다. 실제로 복수를 실행하는 사람들은 잔학 행위를 저질렀던 참전 군인들처럼 외상 후 증상을 제거하지 못한다. 오히려 떨쳐지지 않는 가장 심각한 고통을 겪게 된다.[32]

애도 과정에서, 생존자는 가해자에게 똑같이 갚아 줄 수 없다는 사실을 인식해야 한다. 안전한 환경에서 분노를 풀어낼 수 있다면 무력했던 분노는 점차 가장 강력하고 만족스러운 형태의 분노로 변화할 것이다. 올바른 분노.[33] 이러한 전환으로 생존자는 가해자와 함께 남아야 하는 복수 환상으로부터 해방된다. 생존자는 범죄자가 되지 않고도 힘이 있다는 느낌을 회복하는 방법을 터득한다. 복수 환상을 포기한다고 해서 정의를 달성하는 과제에 실패하는 게 아니다. 오히려 그 반대이다. 이제 생존자는 다른 사람들과 함께, 가해자가 범죄에 책임을 지도록 그를 포위하는 과정을 시작할 수 있다.

어떤 생존자는 복수 환상을 혐오하면서, 용서라는 환상으로 이 깊은 분노를 전부 우회해 가려 한다. 복수라는 반대의 극단과 마찬가지로 이 환상도 힘을 얻고자 하는 시도이다. 생존자는 자발적이지만 오만하게, 사랑으로 행동하면서 분노를 뛰어넘고 외상의 결과를 지울 수 있다고 상상한다. 그러나 혐오이든 사랑이든, 이로써 외상을 몰아낼 수는 없다. 복수와 마찬가지로 용서 환상도 가혹한 고문이다. 왜냐하면 이것은 인간의 일반적인 능력을 넘어서 있기 때문이다. 오래된 가르침 안에서도 용서는 신성(神性)의 영역에 속한다. 게다가 종교 체계 대부분 내에서도 신이 내리는 용서는 조건적이다. 가해자가 고백하고 회개하며, 복원을 통해서 용서를 구하고 또한 그것을 얻어야만 진정한 용서가 내려진다.

　가해자가 진정으로 회개한다면 이는 기적과도 같은 일이다. 다행히도 생존자는 이를 기다릴 필요가 없다. 삶에서 회복되어 가는 사랑을 찾아낸다면 생존자도 치유받을 수 있다. 이 사랑이 가해자에게까지 확장될 필요는 없다. 생존자가 외상 사건을 애도한다면, 가해자가 얼마나 보잘것없고, 또한 가해자의 운명이 자기와 얼마나 상관없는 일인지 깨달을 수 있을 것이다. 생존자는 가해자에게 슬픔과 연민을 느낄 수도 있지만, 이것은 거리를 둔 감정으로 용서와는 다르다.

　보상이라는 환상은 복수 환상과 용서 환상처럼, 애도를 막아서는 장해물이다. 보상에 대한 욕망이 건강한지가 문제이다. 물론 생존자가 자신에게 저질러진 불의에 대하여 특정 보상을 받을 권리가 있다고 느끼는 것은 당연하다. 정당한 보상의 과제는 회복에서 중요한 부분을 차지할 때도 있다. 그러나 동시에 잠재적인 덫이 될 수 있다. 가해자 혹은 다른 사람들로부터 보상을 손에 넣기 위한 무익한 싸움을 지속한다면, 무엇을 잃게 됐는지 살펴보고 현실과 완전히 마주하는 일로부터 도망치는 일이 된다. 상실에 경의를 표하는 유일한 방법은 애도이다. 적절한 보상이란 있을 수 없다.

보상 환상은 가해자를 밟고 일어서 승리하려는 욕망으로 불질러진다. 이것은 외상으로 인한 모욕감을 씻어 내린다. 보상 환상을 구체적으로 탐색해 보면, 대개 그 어떤 재료보다도 훨씬 큰 의미를 담고 있는 심리적 요소가 내포되어 있음을 알 수 있다. 보상은 가해자가 끼친 해를 그가 스스로 인정하고 사과하거나, 가해자가 공개적으로 모욕을 당했으면 하는 바람을 의미할 수 있다. 환상은 힘을 되찾기 위한 것이지만, 보상을 위한 싸움은 현실적으로 환자의 운명을 가해자의 운명에 묶어 두기 때문에 회복은 좀처럼 종잡을 수 없는 가해자의 인질로 잡힌다. 역설적이게도, 가해자에게 보상을 받겠다는 희망을 버릴 때에야 가해자로부터 자유로워질 수 있다. 애도가 진전하면서, 환자는 더욱 사회적이고, 보편적이며, 의미를 추구하는 회복을 그려 간다. 이를 바탕으로 현재의 삶을 지탱하는 힘을 가해자에게 양도하지 않은 채 정당한 권리를 추구할 수 있게 된다. 근친 강간 생존자인 스물여덟 살 린의 사례에는 보상 환상으로 진퇴양난에 빠졌던 회복 과정이 잘 나타나 있다.

자살 시도, 가차 없는 자해, 거식증 때문에 무수히 입원했던 린은 심리 치료를 받기 시작했다. 자기 파괴적 행동과 아동기 학대 경험 사이를 연결하게 되자 린의 증상은 안정되었다. 그러나 안정적인 개선이 나타나고 두 해가 지난 뒤, 린은 〈막히기〉 시작했다. 그녀는 아프다는 이유로 결근을 하고, 치료 예약을 취소하였으며, 친구들로부터 멀어지고, 하루 종일 침대에서 벗어나지 않았다.

이 막다른 길을 탐색하면서, 린이 사실상 아버지에 대항하여 〈파업〉 중이라는 사실이 밝혀졌다. 근친 강간에 대해서 더 이상 자기 탓을 하지 않게 되면서, 그녀는 아버지가 단 한 번도 책임을 지지 않았다는 사실에 깊이 분개하고 있었다. 정신과적 문제가 지속되는 것은 아버지가 죄의 대가를 치르게 만드는 하나의 방법이었던 것이다. 만약 자신이 직업을 갖기 어려울 정도로 심각해지면, 아버지가 자신을 보살피면서 그동안 저질렀던 일에 대해 후회할지 모른다는 환상을 품고 있었던 것이다.

이러한 꿈이 실현되기를 기다리면서 얼마나 오랫동안 준비해 왔는지 치료자는 물었다. 그러자 린은 울음을 터뜨렸다. 그녀는 아버지가 인정하기를 기다리고 바라면서 잃게 된 모든 시간 앞에서 통곡했다. 애도하면서, 의미 없는 싸움에 더 이상 소중한 시간을 잃지 않겠다고 그녀는 결심하였고, 치료, 직업, 사회적 삶에 새로이 적극적으로 참여하게 되었다.

사회 전체나 특정 인물에게 보상을 요구하는 것처럼, 가해자가 아닌 실제, 혹은 상징적인 방관자들에게서 보상을 찾는 것 또한 보상 환상의 한 유형이다. 그 요구는 장애 판정을 요구하는 등 전적으로 경제적인 측면을 띨 수 있다. 그러나 또한 중요한 심리적 요소를 포함하기도 한다.

심리 치료 과정에서 환자는 치료자에게 보상을 요구할 수 있다. 치료 계약에 포함된 한계와 책임을 원망할 수 있고, 특별한 형태의 처방을 주장할 수 있다. 이러한 요구의 기저에는 치료자와 같은 마술적인 인물이 외상으로 인한 손상을 사라지게 해줄 것이라는 환상이 놓여 있다. 심각한 아동기 학대 생존자인 서른여섯 살 여성 올리비아의 사례에는 치료자에게 신체적 접촉을 요구하는 보상 환상이 드러나 있다.

심리 치료 동안 올리비아는 끔찍한 기억을 열어 보이면서, 치료자의 무릎 위에 앉아 아이처럼 보듬어지지 않고는 이 감정을 감당할 수 없다고 주장했다. 신체적 접촉이 치료 관계의 경계를 혼동시킬 것이라는 이유로 치료자가 이를 거부하자, 올리비아는 몹시 화를 냈다. 그녀는 회복할 수 있는 유일한 방법을 치료자가 보류하고 있다고 비난하였다. 이 난국에서 치료자는 자문을 제안하였다.

자문에서 올리비아는 안기고 보듬어지고 싶은 욕구를 지지받았다. 그러나 왜 치료자만이 이를 충족시켜 줄 수 있는

지, 사랑하는 사람이나 친구가 할 수는 없는지 하는 물음이 떠올랐다. 올리비아는 울기 시작했다. 그녀는 상처가 너무나 깊어 절대로 일대일의 관계를 맺을 수 없을까 봐 두려웠던 것이다. 마치 〈밑 빠진 독〉처럼, 보살핌을 받고자 하는 욕구 때문에 언젠가는 주변 사람 모두를 지치게 할 것 같아 두려웠다. 친구들과는 절대로 신체적으로 친밀감을 표현하려 하지 않았는데, 자신이 사랑을 주는 것은 물론 받는 것도 할 수 없다고 믿었기 때문이었다. 모든 것을 다 주는 치료자의 〈재양육〉이 있어야만 치유될 수 있을 것 같았다.

이후 치료는 사랑하는 능력에 저질러진 손상을 애도하는 것에 초점을 두고 진행되었다. 자신에게 저질러진 해로움에 대해 애도하면서, 그녀는 결국 자신이 〈밑 빠진 독〉이 아님을 깨닫게 되었다. 그녀는 자신의 선천적인 사회성을 지켜 낼 수 있었던 여러 가지 방법을 인식하기 시작하였고, 삶에서 친밀감을 느낄 수 있다는 희망을 갖게 되었다. 그녀는 친구들을 안아 줄 수 있고, 또 친구들에게 안길 수 있다는 것을 알게 되었고, 더 이상 치료자에게 요구하지 않았다.

불행하게도, 회복에 대한 환자의 비현실적인 환상에 치료자가 공모할 때가 있다. 치료자 입장에서 거룩한 치유의 힘을 전한다니 기분이 좋을 테고, 손아귀에서 마술적인 치유를 추구한다니 너무나 매혹적일 테다. 그러나 한번 경계가 침범당하고 나면 치료자는 치료를 위한 거리를 유지할 수 없게 된다. 유지할 수 있다고 상상하는 것조차 무모한 일이다. 이러한 방식으로 한계를 침범하는 것은 궁극적으로 환자를 착취하는 일이 된다. 초기 의도가 아무리 좋았다고 하더라도 마찬가지이다. 치료자는 믿음직하게 감내하면서 환자의 증인이 되며, 이로써 치료자가 지닌 책임을 완수한다. 그녀를 아기로 되돌리거나, 그녀의 특별한 요청을 들어주는 것은 책임지는 게 아니다. 생존자는 자신에게 일어난 상해에 대해서는 책임이 없지만, 회복에 대해서는 책임이 있다. 역설적이게도, 분명하게 불공평한 이 사실을 수용하는 것이 곧 역량 강화의 첫 걸음이 된다. 생존자는 회복을 책임지면서 회복을 완전히 장악해 간다. 파괴되지 않고 남은 힘을 발견하는 유일한 방법은 최대한으로 이 힘을 사용하는 데 있다.

절박한 상황이나 속박으로 격하되면서 다른 이들을 해치게 된 생존자에게 책임이란 추가적인 뜻을 담고 있다. 잔학 행위를 저지른 참전 군인들은 이제 자신은 사회 공동체에 속할 수 없는 사람이라고 느낀다. 교도소에 갇힌 동안 동료를 배신한 정치 포로, 그리고 아이들을 보호하지 못한 가정 폭력 피해 여성은 자신이 가해자보다 더 심한 범죄를 저질렀다고 느낀다. 극단적인 상황 때문에 이렇게 관계를 파괴하게 되었다고 이해하더라도, 이해 그 자체만으로 생존자가 지닌 뿌리 깊은 죄책감과 수치심이 완전히 해소되지는 않을 것이다. 생존자는 도덕적인 온전함을 상실했음을 애도하고, 돌이킬 수 없는 일에 속죄할 수 있는 자기만의 방법을 찾아야 한다. 이러한 회복은 절대로 가해자를 면죄시키는 일이 아니다. 오히려, 현재 이 순간에 도덕성을 선택한 생존자를 긍정한다. 르네의 사례는 자신에게 책임이 있는 해악을 복구하기 위해 행동을 취한 생존자의 이야기를 전한다.

40세의 르네는 치료를 찾았다. 그녀는 아이들 앞에서 자신을 반복적으로 구타했던 남자와 살았던 20년의 결혼 생활에서 탈출하였다. 치료를 받으면서 그녀는 결혼 생활로 잃게 된 것을 위해 슬퍼할 수 있었지만, 수년간의 폭력이 두 10대 아들에게 주었던 영향을 깨달을 때마다 깊은 우울감에 빠졌다. 아이들 또한 공격적이었으며, 르네를 대놓고 무시했다. 환자는 자신이 그러한 모욕을 당하는 것이 마땅하다면서 아이들을 바로잡지 못했다. 그녀가 생각하기에 자신은 부모로서 실패하였고, 되돌려 놓기에는 이미 때늦은 일이었다.

치료자는 르네가 느끼는 이러한 죄책감과 수치심이 당연하다고 인정하였다. 그러나 버릇없이 구는 아이들을 내버려 둔다면 아이들에게 더욱 해로울 것이라고 말했다. 만약 르네가 정말로 아이들에게 보상을 해주고 싶다면, 아이들을 포기하거나 자신을 포기할 권리는 르네에게 없다. 르네는 아이들에게 존중을 요구하고, 폭력을 사용하지 않고, 규칙을 가르치는 방법을 배워야 한다. 르네는 아이들을 제자리로 되돌리기 위한 방편으로 부모 교육에 참여하는 데 동의했다.

르네는 피해자이며, 폭력의 모든 책임은 남편에게 있다고 지적하는 것만으로는 불충분하다. 자신을 피해자로서만 본다면 이러한 상황에서 책임을 지지 못하고 무력감만 들게 된다. 그러나 르네는 아이들에 대한 책임이 있음을 인정하였고, 이로써 힘과 통제력을 획득하는 길이 열렸다. 속죄 행동은 이 여성으로 하여금 정당한 부모 역할을 주장할 수 있게 해주었다.

만성적인 아동기 외상을 경험한 생존자들은 잃어버린 것뿐만 아니라, 한 번도 가져보지 못했던 것들에 대해 비탄해야 한다. 송두리째 빼앗긴 어린 시절은 되돌아오지 않는다. 이들은 기본 신뢰를 맺을 수 없었고, 좋은 부모에 대한 믿음을 잃게 되었음을 애도해야 한다. 그리고 자신이 처한 운명이 결국 자기 책임이 아니었음을 깨달으면서, 어린 시절에는 차마 마주할 수 없었던 존재론적 절망에 직면하게 된다. 레오나르드 셴골드는 애도 단계에서 핵심적으로 떠오르는 물음을 내놓는다. 〈보살펴 주는 부모에 관한 내적 심상 없이 그 누가 살아남을 수 있겠는가? 영혼을 살해당한 모든 피해자는 《아버지와 어머니 없는 삶이 있을까?》하는 질문 속에서 표류한다.〉[34]

절망과 대면하게 되면 일시적으로 자살 위험이 가중된다. 이는 첫 회복 단계에서 나타날 수 있는 충동적인 자기 파괴적 행동과 다르다. 두 번째 단계에서 나타나는 자살 경향은 그러한 끔찍함이 가능할 수 있는 세상을 거부하겠다는, 차분하고 감정이 묻어나지 않으며 외견상 합리적으로 보이는 결심에서 비롯될 수 있다. 환자들은 〈자살할 권리〉와 같은 메마른 철학적 논의에 빠지게 될 수 있다. 이러한 지적인 방어를 넘어서서, 환자의 절망을 재촉하는 감정과 환상을 반드시 끌어내야 한다. 보통 환자들은 사람을 사랑하는 능력이 파괴되었다고 생각하고 자신은 이미 죽은 사람이나 마찬가지라는 환상을 갖게 된다. 사랑하는 관계를 형성하는 능력이 남아 있다는 아주 작은 증거도 절망으로 하강하는 환자가 버틸 수 있게 해주는 힘이 된다.

사랑하는 능력이 파괴되지 않았다는 증거는 달래 주는 심상을 떠올리면서 찾을 수 있다. 난파 속에서 살아남은 애착의 심상은 언제라도 찾아낼 수 있다. 보살펴 주는 편안한 사람에 대한 오직 하나의 긍정적인 기억이라도 애도 속으로 침잠하는 동안에는 생명줄이 된다. 동물이나 아이들에게 동정을 느낄 수 있는 환자의 능력은 멀게나마 자기 자신을 동정하게 되는 미약한 시작일 수 있다. 생존자는 낙인찍힌 사악한 정체성을 떨쳐 버리고 더 이상 숨기지 않아도 되는 새로운 관계를 희망할 수 있다. 이는 애도가 남겨 준 선물이다.

애도가 주는 회복력, 그리고 가장 뿌리 깊은 상실 앞에서도 새로이 살아날 수 있는 인간의 비범한 능력은 나치 홀로코스트 생존자인 K씨의 치료에서 두드러졌다.

K씨의 치료는 그녀가 〈고백〉한 이후 전환점에 들어섰다. 그녀는 강제 거주 지구에 있을 당시 결혼했고, 〈나치에게 준〉 아기를 낳았다. K씨의 죄책감, 수치심, 그리고 〈추악〉하다는 느낌은 자유를 얻은 이후에 악화되었다. 〈좋은 뜻을 지닌 사람들〉은 만약 새 약혼자에게 그 사실을 말한다면 아마 결혼이 취소될지 모른다고 경고했다. 무시무시하고 비인간적인 환경 속에서 2년 반 동안 아기를 키운 그녀였다. 그녀의 코트 밑에 품어 놓은 아기가 울자, 그 즉시 나치 병사는 아기를 빼앗아 갔다. 아기는 살해당하였다.

K씨의 가족은 자기의 역사를 나누고 소통하기 시작하였다. 그러나 환자가 자신의 이야기를 다시 말할 수 있기까지는 6개월 정도가 걸렸다. 마침내 그녀는 〈그리고 그들이 내 아이를 빼앗아 갔다〉라고 강제 거주 시절의 이야기를 끝마칠 수 있었다. 그러자 죽음과의 동일시가 풀리고, 잃어버렸던 고통과 비탄의 감정을 경험하기 시작하였다.

전쟁 전후에 갖고 있었던 K씨의 선함과 힘의 원천은 그녀의 치유에서 소중한 자원이 되었다. 그녀가 어렸을 때 지녔던 용기, 수용소에서 포기하고 싶을 때마다 자신을 위로해

주던 할아버지를 꿈꿀 수 있는 능력, 그녀의 따뜻함, 지성, 훌륭한 유머 감각, 그리고 다시 깨어난 기쁨. 사랑을 찾을 수 있는 그녀의 능력은 진실로 다시 태어났다. 얼마 지나지 않아 K씨는 치료를 받는 도중 이렇게 말했다. 〈나 자신을 다시 찾았어요, 내 전부를. 난 자랑스럽지 않았는데, 이제 자랑스럽습니다. 내가 받아들일 수 없는 것들도 있지만, 그래도 나에게는 희망이 있습니다.〉[35]

두 번째 회복 단계는 정해진 기간이 없다. 따라서 두려움을 불러일으킨다. 외상을 재구성하기 위해서는 얼어붙은 과거의 시간 속으로, 그리고 애도로 침잠하면서 끝없는 눈물에 에워싸여야 한다. 환자들은 이렇게 고통스러운 과정이 도대체 언제쯤 끝날지 묻곤 한다. 정해진 답은 없다. 그러나 이 과정을 건너뛰거나 서둘러 끝낼 수 없다는 것만은 확실하다. 환자의 소망보다는 분명 더 오래 걸리겠지만, 결코 영영 지속되지는 않을 것이다.

수많은 되새김이 지나고 나면, 외상을 이야기하면서도 예전만큼 강렬한 감정이 올라오지 않는 순간이 찾아온다. 외상은 생존자에게 경험의 일부가 되었다. 단지 일부일 뿐이다. 그 이야기는 다른 모든 기억과 같은 기억이고, 다른 모든 기억이 그러하듯이 희미해지기 시작했다. 비탄도 그 생생함을 잃어 간다. 생의 이야기 가운데, 어쩌면 외상은 그리 중요하지도 않고 그리 특별하지도 않은 이야기일지 모른다.

처음에는 이러한 생각이 거의 이단처럼 보인다. 기억과 애도에 인생을 헌신하지 않아도 감내해야 했던 공포를 잊을 수 있을는지 의아하다. 그러면서도, 점점 일상으로 되돌아가는 자신을 발견하게 될 것이다. 걱정하지 않아도 된다. 절대로 잊어버리지는 않을 것이다. 살아 있는 한 매일 외상이 생각날 것이다. 매일 슬퍼할 것이다. 그러나 외상은 더 이상 인생의 중심이 되지 못한다. 강간 생존자인 소하일라 압두알리는 강간 인식 수업을 하면서 놀라웠던 순간을 회상했다. 「강간에 있어서 최악인 게 무엇이냐고 누군가 내게 물었다. 갑자기 나는 그들을 모두 바라보면서, 그것이 〈지루하다〉는 점이 제일 혐오스럽다고 했다. 모두 충격을 받은 표정을 짓고 있기에 제대로 이해시키기 위해 말했다. 강간이란 정말 끔찍하다. 나는 일어났던 일이 지루하다고 말한 게 아니다. 그저 너무나 오랜 시간이 흘러서 이제 더 이상 관심을 두지 않을 뿐이다. 처음 50번이나 500번이나 매번 같은 공포와 두려움이 반복되면 관심을 두지 않을 수 없다. 하지만 지금은 더 이상 그렇지 않다는 뜻이다.」[36]

외상은 절대로 완전하게 재구성되지 않는다. 인생의 새로운 단계마다 발생하는 새로운 갈등과 도전이 피할 틈 없이 외상을 깨울 것이며, 경험의 새로운 측면을 일깨워 줄 것이다. 그러나 환자는 자신의 역사를 재생하고, 인생을 살아가는 데 새로운 희망과 힘을 느끼게 되었다. 이로써 두 번째 단계는 달성되었다. 또다시 시간은 흘러간다. 〈이야기하는 행동〉이 결론에 다다랐을 때, 외상 경험은 진정한 과거가 된다. 이 시점에서 생존자는 현재의 삶을 일으켜 세우고, 미래의 열망을 추구하는 과제와 마주하게 된다.

10
연결의 복구

과거를 마무리 지은 생존자는 미래를 생성하는 과제에 직면한다. 외상이 파괴한 과거의 자기를 애도한 그녀는 이제 새로운 자기를 발달시켜야 한다. 관계는 외상에 의해 시험에 들고 영원히 변화하였다. 이제 그녀는 새로운 관계를 발달시켜야 한다. 인생에 의미를 주었던 오래된 신념은 도전을 받았다. 이제 그녀는 새로이 지탱할 신념을 찾아야 한다. 이것이 세 번째 회복 단계에서 마주하는 과제이다. 이 작업을 이루어 내면서, 생존자는 자기 세계를 되찾아간다.

외상 환경 속에서 성격이 형성되었던 생존자들은 이 단계에서 마치 낯선 나라에 입국하는 망명자가 된 듯한 느낌이다. 정치적 망명자의 경우, 이것은 문자 그대로 사실이다. 그러나 사람들 대부분에게, 예를 들면 가정 폭력 피해 여성이나 아동기 학대 생존자들에게 이러한 심리적 경험에 비할 만한 것은 이민뿐이다. 이들은 과거의 문화와 급진적으로 다른 문화 속에서 새로운 삶을 빚어내야 한다. 완전하게 통제당했던 환경에서 벗어난 이들은 곧 자유 속에서 경이와 모호함을 느낀다. 마치 세계를 잃었다가 다시 회복하는 것과 같다고 이들은 말한다. 근친 강간 생존자와 일하는 정신의학자인 마이클 스톤은 이러한 적응 과제의 막대함을 이렇게 설명한다. 〈근친 강간 피해자들은 강자들이란 관습을 무시하고 좋을 대로 행동해도 되는 사람들이라고 배웠다. 이제 보통 사람들이 나누는 전형적이고, 평균적이고, 온전하고,《정상적인》친밀감과 관련된 재교육이 필요한 때이다. 편향되고 비밀스러운 초기 환경 때문에 근친 강간 피해자들은 슬프게도 이러한 삶을 알고 있지 못하다. 피해자들이 집에서《안전하게》바깥으로 벗어나는 즉시, 이들은 낯선 나라의 낯선 사람들이 되어 버린다.〉[1]

첫 번째 회복 단계에서 발생했던 문제들이 세 번째 단계에서 다시 찾아올 때가 있다. 생존자는 다시 한번 신체, 주변 환경, 물질적 욕구, 그리고 다른 사람들과의 관계를 보살피는 데 온 힘을 기울여야 한다. 그러나 첫 단계의 목표가 기본적인 안전을 다지는 데 있었다면, 세 번째 단계에 이르러 생존자는 더욱 적극적으로 세상에 참여할 준비가 되어 있다. 새롭게 마련한 안전 기반을 바탕으로 이제 그녀는 과감히 전진하고, 자신의 뜻을 확립할 수 있다. 그녀는 외상 이전에 품었던 열망을 회복할 수 있다. 혹은 처음으로 자신의 열정을 발견할 수 있다.

무력감과 고립은 심리적 외상에서 핵심적인 경험이다. 힘을 회복하고 다른 사람과 다시 연결되는 것은 회복에서 핵심적인 경험이다. 세 번째 회복 단계에서 외상을 경험한 사람은 자신이 피해자였다는 사실을 인식하고, 피해로 인한 결과를 이해한다. 이제는 외상 경험에 담긴 의미를 삶에 통합시킬 준비가 되어 있다. 힘과 통제력을 증진하고, 앞으로 일어날지도 모를 위험으로부터 자신을 보호하며, 믿음직한 사람들과 동맹을 깊게 하기 위한 구체적인 한 걸음을 내딛을 준비가 되어 있다. 아동기에 성 학대를 겪은 한 생존자는 이 단계에 도달한 이야기를 이렇게 전한다. 「난 결정했다. 〈좋아, 이제 나를 비뚤게 보는 그 누구라도 해코지하겠다는 듯이 어슬렁거리는 짓은 그만두련다. 이제 더 이상 그렇게 느끼지 않아도 된다.〉 그리고 또 생각했다. 〈그럼 어떻게 느끼고 싶은 거지?〉 나는 이 세계 속에서 안전하다고 느끼고 싶다. 나는 힘이 있다고 느끼고 싶다. 그래서 나는 내 삶에서 잘 돌아가고 있는 일에 집중하였다. 내가 삶에서 힘을 얻고 있는 실제 방법에.」[2]

싸우는 방법을 배우기

실제 삶에서 힘을 얻는 데에는 위험과 대면하고자 하는 의식적인 선택이 필요하기도 하다. 이 단계에서 생존자들은 외상 후 증상을 이해하게 된다. 외상 후 증상이란 모든 사람이 위험 앞에서 보이는 반응이 증폭되어 나타나 〈병〉이 된 것이다. 생존자들은 위협이나 외상 단서에 대한 이러한 취약성이 자신에게 계속되고 있다는 사실을 예리하게 자각한다. 그러나 이러한 재경험을 수동적으로 받아들이는 대신, 두려움에 적극적으로 뛰어드는 길을 선택할 수도 있다. 어떤 측면에서 위험에 뛰어들겠다는 선택은 외상의 또 다른 재연이라고 볼 수 있을 것이다. 재연처럼, 이러한 선택은 외상 경험을 지배하고자 하는 시도이다. 그러나 재연과 달리 생존자는 계획적이고 조직적인 방식으로 의식적으로 행동하기 때문에 성공할 가능성이 더욱 높다.

신체를 방어하는 기본적인 방법을 전혀 배우지 못한 사람들에게 이 선택은 심리적인 숙달을 이끌어 줄 뿐만 아니라 생리적인 재조건 형성의 기회를 준다. 여성에게는 위안을 제공하는 순종적인 위치의 전통적 여성성을 거부하는 행동이 되기도 한다. 치료자이자 자기방어 지도자인 멜리사 솔트는 위협에 대한 반응을 재조건 형성시키는 훈련 프로그램을 설명한다. 이는 단계적인 연습을 통해 이루어진다. 지도자는 강도를 높여가면서 공격을 시연하고, 생존자는 이를 격퇴하는 방법을 배운다.

우리의 목표는 두려움을 느끼면서도 맞서 싸울 수 있다는 사실을 깨우치는 데 있다. 첫 수업이 끝날 즈음이 되면 힘은 두려움을 넘어선다. 혹은 힘이 두려움과 대등해진다. 이들은 아드레날린을 견딜 수 있게 된다. 이들은 심장이 요동치는 느낌에 익숙해진다. 우리는 압박 속에서 어떻게 숨을 쉬고, 어떻게 침착해지는지를 가르친다.

네 번째 수업이 가장 강도가 높다. 매우 긴 싸움이 포함되는데, 강도 시범자들이 계속해서 공격하고, 또 공격한다. 사람들은 〈더 이상 못하겠지만, 해야만 한다〉는 지점에 이른다. 그러면서 생각했던 것보다 더 깊은 힘이 자기 안에 축적되어 있음을 발견한다. 싸움에 지친 채 울면서 사시나무 떨듯이 그렇게 빠져나와도 말이다. 이것은 매우 중요한 돌파구가 된다.[3]

자기방어 훈련에서 〈두려움을 맛보기〉로 선택하면서, 생존자는 위험에 대한 건강한 생리적 반응과 외상에 의해 부서지고 파편화된 〈행동 체계〉를 다시 구축할 수 있게 된다. 그 결과 이들은 세상과 대면할 때 더욱 확신에 차 있다. 〈그들은 고개를 들고, 숨을 더욱 가벼이 쉬고, 눈을 더욱 잘 맞추며, 더 단단한 기반 위에 서 있다. …… 위축된 채 땅만 보고 걸었던 이들은 더 많은 사람을 볼 수 있게 되었다고 말한다.〉[4]

이처럼, 규율이 정해져 있고 잘 통제되어 있는 훈련을 통해서 두려움에 맞서는 경험은 세 번째 회복 단계에 서 있는 생존자들에게 중요하다. 일부 치료 프로그램이나 자조 집단은 위험에 대면하기 위해 야영을 떠나기도 하는 등 신중한 계획으로 구성되어 있다. 이러한 경험을 선택한다면 두려움에 대한 생존자의 생리적이고 심리적인 반응뿐만 아니라, 부적응적인 사회적 반응을 재구성할 기회가 생긴다. 아동기 학대 생존자들과 함께 야영 여행을 다니는 치료자 진 굿윈은 이렇게 말한다. 〈마술적이고 신경증적인 방책들은 안전을 확립하는 일에 도움이 되지 않는다. 《애교》를 부리고, 요청하지 않고, 《사라지고》, 자기중심적인 과도한 요구를 하고, 구조자를 기다리는 그 어떤 행동도 아침상을 차려주지 않는다. 반면에, 피해자들은 자신이 얼마나 현실적으로 잘 대처할 수 있었는지를 보고 놀라워하고 기뻐한다. 현실 속에서, 이들은 절벽 타는 법을 배운다. 성인으로서 그들은 모든 일을 불가능한 것으로 만들어 버렸던 두려움과 자기 비하를 넘어서게 된다.〉[5]

자기 방어 훈련과 마찬가지로, 생존자는 야생이라는 위험 상황에 대해 〈싸우거나 도망치기〉 반응을 경험하겠다고 스스로 선택하였다. 그녀는 자신이 싸우기로 결정했다는 점을 알고 있다. 이를 통하여 신체적인 반응과 정서적인 반응을 통제할 수 있는 능력을 확립하고, 다시금 자기 안의 힘을 긍정할 수 있게 된다. 모든 위험이 압도적인 것은 아니다. 모든 두려움이 공포인 것은 아니다. 자발적이고 직접적으로 위험 앞에 선 생존자는 공포에도 수준이 있다는 것을 다시 배운다. 목표는 두려움을 말살하는 데 있지 않다. 두려움과 더불어 사는 방법, 더 나아가 이를 힘과 발전의 원천으로 쓰는 방법을 배우는 데 목표가 있다.

신체적인 위험에 직면하기를 넘어, 생존자들은 사회적인 상황에 대처하는 자신만의 방법을 다시 평가해 본다. 사회적인 상황이란 과도하게 위협적이지는 않지만 적대적이고, 미묘하게 억압적이다. 이들은 사회가 묵인하는 폭력이나 착취를 묵묵히 따를 수밖에 없었던 과거의 가정(假定)에 의문을 던지기 시작한다. 여성들은 과거 순종적인 역할을 수용해야 했던 데에 의문을 던진다. 남성들은 과거 지배적 위계와 공모해야 했던 데에 의문을 던진다. 이러한 가정과 행동은 너무나 깊게 배어 있는 나머지 의식 영역 바깥에서 작동해 왔다. 마르디 호로위츠는 한 강간 생존자에 대한 세 번째 심리 치료 단계를 기술하면서, 환자가 여성성이라는 이름으로 정형화된 태도와 행동을 취하면서 위험에 빠지게 되었다는 사실을 스스로 인식하게 된 과정을 보여 준다. 〈사건이 일어나기 전에 환자가 가지고 있었던 무의식적인 태도 중 하나는, 자기는 너무나 보잘것없기 때문에 사람들의 주의를 끌기 위해서는 성적으로 접근하는 길밖에 없다는 거였다. …… 강간에 담긴 의미에 대해 작업하면서, 그녀는 자기 안에 이렇게 불완전한 자기 개념과 구조에 대한 환상이 있음을 자각하게 되었고, 태도를 바꿀 수 있게 되었다. 지배적인 타인이 자신을 착취하면서 죄책감을 느끼고, 이로 인하여 자신을 염려하게 되고 좋아하게 될 것이라는 자동적이고 비현실적인 기대는 더 이상 떠오르지 않았다.〉[6]

그러나 두고두고 말해도 부족하겠지만, 착취에 취약해지도록 만든 생존자의 성격이나 행동을 관찰하기 전에, 범죄에 대한 책임은 가해자에게 있다는 사실을 명확히 확립해야 한다. 생존자가 자신의 약점과 실수를 솔직하게 탐색할 수 있으려면 수치심과 가혹한 판단을 막아 낼 수 있는 환경이 갖추어져야 한다. 만약 이러한 환경이 갖추어지지 못한 곳이라면 이는 피해자에 대한 또 다른 비난이 될 수 있다. 베트남 참전 군인들과의 작업에서 로버트 리프턴은 초기 자기 비난이 지니는 파괴적인 속성과 건설적인 속성을 명백하게 구분 짓는다. 건설적인 자기 관찰은 계속하여 이들의 〈토론 집단〉을 발전시켜 갔다.

나는 이 남성들이 책임감과 의지를 얼마나 강조하는가에 놀랐다. 군사주의와 전쟁을 조장하는 군사 지도자, 정치가, 정치 기관에 대해 자유롭게 비판하게 되면 그들은 변함없이 자진해서 전쟁터에 들어섰다는 자기비판으로 돌아왔다. 그들은 정말 바보 같은 이유로 그렇게 했었다고 강조했다. 그러나 이 안에는 군대와 전쟁이 자신을 선택한 것이 아니라, 자신이 군대와 전쟁을 선택했다는 의미가 담겨 있었다. 자기비판 또한 남아 있는 죄책감에서 비롯된 것만은 아니었다. 자기비판이란 오히려 드넓은 자율성으로 깊고 넓게 뻗어 나가기 위한 투쟁의 일부였다.[7]

착취 앞에 취약해질 수밖에 없게 만들었던 자기 안의 사회화된 가정들을 인식하게 되면서, 생존자는 현재에도 자신을 피해자의 역할 속에 가둬 두려는 지속적인 사회적 압력의 원천을 확인하게 된다. 내적인 두려움과 갈등을 극복해야 하듯이, 외적인 사회적 압력 또한 극복해야 한다. 그렇지 않으면 일상 속에서 상징적으로 반복되는 외상 아래 계속하여 종속될 것이다. 첫 번째 회복 단계에서 생존자들은 안전한 환경에서 보호받는 방법으로 사회적인 역경에 맞섰다. 그러나 세 번째 단계에서 생존자들은 다른 이들과 주체적으로 대면하고 싶어진다. 이 시점에 이른 생존자들은 비밀을 드러내고, 방관자의 무관심과 비난에 도전하며, 가해자를 고발할 준비가 되어 있다.

자신을 학대하는 가족 사이에서 성장한 생존자들은 침묵을 지킨다는 가족의 규칙에 오랫동안 협조해 왔다. 가족의 비밀을 지키면서, 이들은 자기 몫이 아닌 짐을 짊어져야 했다. 이 회복 지점에서 생존자는 가족들에게, 침묵이라는 규칙은 비로소 깨졌다고 선언할 수 있다. 이를 통해서 생존자는 수치심, 죄책감, 책임감이라는 무거운 짐을 내려놓는다. 짐은 본디 있어야 할 자리로 돌아간다. 가해자가 이 짐을 진다.

가족에게 직면시키고 드러내는 일은 적절한 시점에 잘 계획하여 수행한 경우 큰 힘을 돌려줄 수 있다. 그러니 승인받을 필요성이나 결과에 대한 두려움 없이 아는 그대로의 진실을 말할 수 있는 준비를 갖출 때까지 이를 맡아서는 안 된다. 드러내기가 주는 힘은 진실을 말한다는 행위 자체에 놓여 있다. 가족들이 어떻게 반응하는지는 중요하지 않다. 가족들이 인정한다면 기쁜 일이지만, 가족들이 설령 굽히지 않고 부정하고 분노할지라도 드러내기는 성공할 수 있다. 이 환경 속에서 생존자는 가족이 보이는 행동을 관찰하고, 아이였을 때 대면해야 했던 압력을 더 잘 이해할 수 있는 기회를 갖게 된다.

실제 상황에서 가족에게 드러내고 직면시킬 때에는 신중하게 준비해야 하며, 세부 사항까지 주의해야 한다. 가족 간의 상호 작용은 습관적이라 무엇이든 당연하게 여길 때가 많으므로, 명백히 사소한 사건이라 하더라도 지배와 복종의 역동은 빈번하게 일어난다. 따라서 생존자가 책임지고 회기를 잘 계획하고, 명백한 원칙을 확립할 수 있도록 격려해야 한다. 왜냐하면 규칙에 자동적으로 복종해야 했던 생존자에게 직접 규칙을 만드는 일이란 전혀 새로운 경험이 될 수 있기 때문이다. 또한 생존자는 드러내기와 관련하여 명확한 전략을 수립해야 한다.

무슨 정보를 누구에게 드러내고 싶은지를 미리 계획한다. 어떤 생존자는 가해자와 대면하고 싶은 반면, 사람들 대부분은 가해하지 않았던 가족 구성원에게만 드러내고 싶다. 우선은 인정사정없이 적대할지도 모르는 이들과 대면하기 전에 공감해 줄 법한 가족 구성원에게 다가설 수 있도록 생존자를 격려해야 한다. 자기방어 훈련처럼, 가족 갈등에 직접 개입하기 위해서는 여러 단계로 나눠 연습해야 한다. 생존자는 한 단계에서 발생활 수 있는 두려움에 숙달되고 나서야 더 높은 단계로 나아갈 수 있다.

마지막으로, 생존자는 드러내고 난 이후에 발생할 수 있는 다양한 결과를 예상하고 계획해야 한다. 원하는 결과가 무엇인지는 명확하겠지만, 결과가 어떻게 될지라도 이를 받아들일 준비가 되어 있어야 한다. 성공적으로 드러냈다고 하여도 기쁨과 실망은 함께 찾아온다. 한편으로는 자신의 용기와 대담함이 놀랍기도 할 것이다. 더 이상 가족으로부터 협박당하지 않고, 파괴적인 가족 관계에 강제로 소속되지 않아도 될 것 같다. 그녀는 더 이상 은폐 뒤에 갇혀 있지 않다. 더 이상 숨길 것이 없다. 그러나 다른 한편으로, 그녀는 가족의 한계를 더 명확하게 인식하게 되었다. 한 근친 강간 생존자는 가족에게 비밀을 드러낸 이후에 느꼈던 감정을 이렇게 이야기한다.

처음에는 성공하고 완성했다는 느낌과 더불어 놀라운 안도감을 느꼈다. 그러고는 매우 슬프고 깊은 비탄을 느끼기 시작했다. 극심하게 고통스러웠지만 뭐라고 불러야 할지 모를 감정이었다. 나는 계속 울고 또 울었지만 왜 우는지는 알 수 없었다. 이런 일은 좀처럼 일어난 적이 없었다. 대개는 감정을 말로 잘 표현했는데, 이번에는 그저 날것의 느낌이었다. 상실, 비탄, 애도. 이런 것들도 마치 죽어 버렸다는 듯이, 어떤 희망도 느낄 수 없었고, 기대하지도 않았다. 말해지지 않은 것도 더 이상 없었다. 〈이런저런 말을 했어야 할 것을〉 하는 기분도 아니었다. 나는 내가 말하고 싶은 방식으로, 내가 말하고자 했던 모든 것을 말했다. 그건 너무나 명확했고, 그 오랜 계획과 연습, 전략에 감사하고 있었다.

자유롭다고 느끼고 나서야 나는 희망을 느꼈다. 나에게 미래가 있는 것처럼 느껴졌다. 조증도 아니고 취한 것도 아니고, 땅을 딛고 서 있는 느낌이다. 슬플 때, 슬프다. 화날 때, 화가 난다. 내가 대면하게 될 나쁜 날들과 어려움에 대해서 현실적으로 알고, 〈내〉가 있음을 또한 알고 있다. 이 둘은 매우 다르다. 전에는 상상조차 할 수 없었다. 나는 늘 이 자유를 원했고, 얻기 위해 늘 싸우고 있었다. 이제는 더 이상 전투가 아니다. 싸워야 할 누군가가 없기 때문이다. 이는 그저 내 것이다.[8]

자신과의 화해

《《내》가 있음을 안다.》 이 명료한 진술은 세 번째이자 마지막 회복 단계를 상징한다. 생존자는 더 이상 과거의 외상에 종속되어 있다고 느끼지 않는다. 자기의 주인은 자기 자신이다. 자신이 과거에 어떤 사람이었는지를 이해하고, 외상 사건이 자신에게 무엇을 저질렀는지를 이해한다. 이제 남은 과제는 내가 되고 싶은 사람이 되는 데 있다. 이 과정에서 외상이 일어나기전, 외상 경험, 그리고 회복하는 기간 중에서 가장 가치 있었던 자신의 측면을 이끌어 낸다. 이 모든 요소를 통합하면서, 그녀는 새로운 자기, 이상적이고도 현실적인 자기를 창조해 낸다.

이상적인 자기ideal self를 생성하기 위해서는 상상과 환상을 적극적으로 활용해야 하고, 드디어 자유를 얻은 자신의 능력을 쏟아야 한다. 초기 단계에서 생존자의 환상은 재경험에 의해 지배되었으며, 그녀의 상상력은 무력하고 무익하다는 느낌으로 저지당했다. 이제 그녀는 오래된 희망과 꿈을 다시 찾아갈 수 있다. 처음 생존자는 실망할지 모른다는 고통에 두려움을 느낀 나머지 저항할 수 있다. 억압된 피해자의 위치에서 벗어나기 위해서는 용기가 필요하다. 하지만 대담하게 자신의 두려움과 마주하자마자, 대담하게 자신의 소망 또한 밝혀야 한다. 삶을 다시 빚어내는 과제에 직면한 가정 폭력 피해 여성을 위한 안내서는 잃었던 열망을 되찾는 방법을 설명한다.

이제 반복된 일상에서 벗어나서, 당신의 능력을 시험하고, 성장에서 비롯된, 확장된 삶의 느낌을 탐색할 때가 왔다. 모든 사람이 당연하게 이를 원하지만, 기대하는 것은 10대 시절의 허풍이라고 배웠을지 모른다. 성숙한 사람이라면 재미없는 인생에 안주하여 가진 대로만 살아야 한다고 믿을지도 모른다. 당연히, 소녀 시절의 꿈대로 행동하라면 너무나 비현실적이겠다. 할리우드로 가서 스타가 되기에는 (아이가 있건 없건) 적당한 때가 못 된다. 그러나 정당한 이유가 있기 전에는 이것을, 혹은 어떤 것이든, 제쳐 두지 말라. 만약 정말로 〈항상 연기를 해보고 싶었다면〉, 무덤 속에서 후회하지 말라. 일어서서 작은 연극 집단에 참여하라.[9]

이 시점에서 치료 작업은 욕구와 주도성을 발달시키는 데 초점을 두기도 한다. 치료적인 환경은 그동안 조여 왔던 환상의 고삐를 자유롭게 늦출 수 있게 해주는 보호된 공간을 마련한다. 이는 또한 환상을 구체적인 행동으로 전환시킬 수 있는 시험 장소가 되기도 한다. 초기 회복 단계에서 배웠던 자기 규율은 이제 상상하고 놀이하는 생존자의 능력에 합류할 수 있다. 이 시기는 시행착오의 시기이며, 실수를 감내하는 법을 배우고 예상치 못한 성공을 맛보는 시기이다.

스스로가 주인이 되려면, 외상이 만들어 낸 허위(虛僞) 자기와 절연해야 한다. 생존자가 피해자 정체성을 떨쳐 버리면서, 자기의 본질적인 부분이라고 느꼈던 것과 결별할 수 있다. 이 과정에서 생존자는 환상과 규율을 동시에 지켜 내는 능력을 발휘한다. 한 근친 강간 생존자는 가학 피학성이라는 각본으로 조작된 자신의 성적 반응을 변화시키기 위하여 의식 향상 프로그램을 시작했다. 「그 환상이 〈나의〉 것이 아니라는 점을 정말로 받아들일 수 있는 지점에 들어섰다. 그 환상은 학대 때문에 나에게 떠맡겨진 것이었다. 그리고 점차, 나는 가학 피학성을 생각하지 않고 아버지가 내게 뭔가를 저지르는 것도 떠올리지 않은 채 오르가슴을 느낄 수 있게 되었다. 일단 내 느낌에서 그 환상을 분리해 내자, 의식적으로 다른 강력한 심상에 느낌을 맡길 수 있게 되었다. 폭포와 같은. 만약 그들이 가학 피학성을 당신에게 드리운다면, 당신은 그 대신에 폭포를 키워 낼 수 있다. 나는 새롭게 작동하고 있다.」[10]

생존자가 더욱 활발하게 세상을 탐색해 가는 동안, 삶은 일상을 따라간다. 자신과 다시 연결되면서, 점차 차분하게 평정을 가지고 삶을 바라볼 수 있게 된다. 때때로, 이렇게 평화로운 매일을 산다는 게 이상하게 느껴질 수 있다. 특히 외상 환경에서 자라 생전 처음 일상을 경험한 생존자라면 더욱 그럴 것이다. 과거에는 일상이 지루할지도 모른다고 생각할 때도 있었지만, 이제 이들은 피해자로서 사는 삶이 지루하다. 이제는 흥미로운 일상을 살아갈 준비가 되어 있다. 아동기 성 학대의 한 생존자는 이 변화에 대해 이렇게 증언한다. 「나는 강렬한 자극에 중독되어 있었다. 강렬함의 순환을 끝마칠 무렵이 되면 실망을 느꼈다. 이제 무엇에 대해 외치고 행동할 것인가……. 약물 중독과 비슷한데, 나는 나의 극적인 삶과 아드레날린의 느낌에 중독되어 있었다. 강렬함에 대한 욕구를 점점 놓아 가는 게 내게는 마치 젖먹이가 젖을 떼는 과정과도 같았다. 이제 나는 실제로 꾸밈없는 만족을 경험할 수 있는 수준에 이르렀다.」[11]

생존자가 외상 환경에 의해 형성된 자기를 인식하고 〈놓아 버릴〉 때, 스스로를 용서하는 일은 더 쉬워진다. 성격에 입은 손상이 영원하지 않다고 느끼게 되면, 그 손상을 인정하는 일은 더욱 쉬워진다. 삶을 다시 세우는 일에 적극적으로 참여할 수 있다면, 외상을 경험했던 자기의 기억을 관대하게 받아들일 수 있을 것이다. 린다 러블레이스는 포르노 영화배우로서 강요받았던 시련을 회상한다. 「요즘은 스스로에게 그리 가혹하게 굴지 않는다. 아마도 세 살배기 아들과 남편, 집, 그리고 두 고양이를 돌보느라 바빠서인지 모르겠다. 린다 러블레이스를 돌아보면, 그녀를 이해할 수 있다. 왜 그녀가 그렇게 할 수밖에 없었는지를 나는 안다. 그녀는 죽기보다는 사는 편이 더 낫다고 여겼던 것이다.」[12]

이 시점에서 생존자는 때때로 외상 경험으로 다져진 자기의 긍정적인 측면들을 인식할 수 있다. 물론 그 대가는 지나치게 컸다. 현재 힘이 증가된 삶의 위치에서, 생존자는 외상이라는 상황에서 자신이 얼마나 무력했었는지 더 깊이 인식하게 되고, 그만큼 자신의 적응적인 자원을 더 크게 인정할 수 있다. 예를 들어, 공포와 무력감에 대처하기 위해 해리를 사용했던 생존자는 정신에 깃든 이러한 비범한 능력에 놀랄 수 있다. 포로로서 이러한 능력을 발달시켰고 이 때문에 다시 포로가 되었을지라도, 자유로워진 지금의 삶에서는 탈출하기보다는 삶을 더 풍요롭게 하기 위해서 이러한 능력을 쓰게 될지도 모른다.

외상을 경험한 이들에 대한 인정과 존경으로, 피해자로서의 자기는 생존자로서의 자기가 보내는 축하를 함께한다. 회복 단계를 거치면서, 생존자는 새로운 자부심을 느낀다. 자기를 향한 이러한 건강한 동경은 피해를 경험한 사람들이 때때로 자기가 위대하거나 특별하다고 느끼는 것과는 다르다. 특별하다는 느낌은 자기혐오나 무가치감을 보상해 주지만, 언제나 깨지기 쉬워서 그 어떠한 결함도 허용하지 않는다. 더 나아가, 특별하다는 피해자의 느낌은 자기가 다른 사람과 다르다는 느낌을 가져와 스스로를 다른 사람들로부터 고립시킨다. 이와 반대로, 이 단계에서 생존자는 자기 안에 놓인 평범함, 나약함, 한계뿐만 아니라, 다른 사람과 연결되어 있다는 느낌과 다른 사람의 은혜 또한 완전하게 알게 된다. 이러한 자각은 자신의 힘을 누릴 때조차 균형 감각을 제공한다. 아동기 학대와 성인기 폭력에서 생존한 한 여성은 쉼터의 상담원에게 감사를 표현했다. 「말을 물가로 데려다 놓을 수는 있지만 물을 먹일 수는 없으니, 나는 스스로에게 감사할 수 있다. 정말 미치도록 목이 탔을 때 나를 물가로 데려다 준 것은 당신이었다. 언제든 기댈 수 있는…… 살아 있는 샘물의 원천인 그곳으로. …… 그리고 언니들아, 나는 마시고 또 마셨지만 아직 덜 마셨다. 나는 행운아다. 내게 너무 많은 사랑과 치유가 주어져 왔고 이제 난 이것을 전해 주는 법도 배우고 있다. 나를 잘 좀 보라. 정말 대단하지 않은가!」[13]

다른 사람과 연결하기

생존자가 세 번째 회복 단계에 이르렀다면 적절한 신뢰를 맺을 수 있는 어느 정도의 능력을 되찾은 셈이다. 생존자는 신뢰가 보장되는 상황에서 다른 사람을 믿을 수 있고, 보장되지 않은 상황에서는 믿음을 보류할 수 있으며, 이 두 가지 상황을 구분하는 법도 알고 있다. 그녀는 다른 사람과 연결되면서 자율성을 느끼는 능력을 되찾았다. 다른 사람의 관점과 한계를 존중하면서도 자신의 관점과 한계를 유지할 수 있다. 삶을 더욱 주도해 가기 시작했고, 새로운 정체성을 생성하는 길 위에 서 있다. 다른 사람들과 관계를 깊이 있게 할 준비가 되어 있다. 수행 능력, 겉모습, 혹은 위장된 자기와 상관없이 친구들과 서로 간에 우정을 느낄 수 있다. 사랑하는 이와 가족들과 더 큰 친밀감을 나눌 준비가 되어 있다.

관계의 깊이는 치료 관계에서도 두드러진다. 이제 치료 동맹에서 강렬함은 전보다 줄어들지만, 긴장감은 이완되고 안정감은 한층 높아진다. 자발성과 유머를 위한 공간이 확장된다. 위기와 장해물은 자주 나타나지 않고, 회기와 회기가 잘 연결된다. 환자는 자신을 잘 관찰할 수 있게 되고, 내적인 갈등에 더 인내할 수 있게 된다. 자신을 달리 받아들일 수 있게 되면서, 치료자를 대하는 태도에도 변화가 일어난다. 환자는 치료자를 이상화하지 않으면서도 더 많이 좋아할 수 있다. 자신의 한계를 용서하는 만큼, 치료자의 한계도 용서할 수 있다. 치료 작업은 일반적인 심리 치료에 가까워진다.

정체성과 친밀감의 영역에 초점을 맞추어 가면서, 이 단계에서 생존자는 마치 제2의 청소년기에 있는 것 같은 느낌이 든다. 학대 환경에서 자랐던 생존자들은 사실상 첫 번째 청소년기를 부정당한 것이며, 이때 발달시켜야 했을 사회적 기술을 가지고 있지 못할 수도 있다. 건강해야 할 청소년기를 거칠고 고통스럽게 만든 부적응과 자의식은 성인기에 이르러 증폭될 때가 있다. 다른 성인들은 당연한 것으로 받아들이는 사회적 기술에 〈서툴다〉는 데 민감하게 수치심을 느낄 수 있다. 이 시기에는 10대들이 자주 사용하는 대처 양식이 두드러지게 나타날 수 있다. 10대 아이들이 창피함에서 벗어나려고 키득거리는 것처럼, 성인 역시 자신의 수치심에 대한 해독제를 웃음 속에서 찾을 수 있다. 10대 아이들이 더 너른 세계를 탐색하기 위해서 서로 단단한 우정으로 묶이듯이, 생존자들은 자신의 삶을 재건하기 위해 끈끈한 연대의 대상을 찾아 나설 수 있다. 두 아이를 기르는 한 엄마는 가정 폭력에서 탈출한 이후, 우정을 회복하는 과정에서 이러한 유대감을 만들어 냈다. 「내 여자 친구가 유타에서 여기로 이사 왔다. 화끈한 엄마들이 하나, 둘! 우린 가끔씩 10대 소녀가 된 것 같다. 누군가는 우리가 마치 서로 벼룩을 골라 주는 영장류 같다고 하던데, 맞는 듯하다. 우리는 그만큼 서로에게 관심을 기울인다. 나는 그 애와 떨어질 수 없다.」[14]

외상이 과거로 퇴각해 가면 더 이상 친밀감을 방해하지 못한다. 이 시점에서 생존자는 사랑하는 사람과 더욱 완전한 관계를 다져 가기 위해 전념할 준비가 되어 있다. 만약 친밀한 관계를 두고 있지 않다면, 두려움과 절박함 없이도 친밀한 관계를 맺을 수 있다는 가능성을 염두에 둘 수 있다. 만약 치유 과정에서 사랑하는 이를 만났다면, 외상에 몰두했던 과정에서 상대방이 겪었을지 모를 고통을 자각할 수 있게 된다. 이 시점에서 그녀는 더 자연스럽게 감사를 표현할 수 있고, 필요할 경우에는 보답해 줄 수도 있다.

성적인 친밀감은 성적 외상의 생존자들에게 특히 힘든 일이다. 각성과 오르가슴의 생리적인 과정은 외상 기억이 침투하면서 위태로워질 수 있다. 성적인 감정과 환상은 외상 단서에 의해 침해받는다. 성적인 즐거움을 되찾기란 꽤 복잡하다. 사랑하는 이와 함께 해결해 나가는 일은 더욱더 복잡하다. 외상 후 성 기능 장해를 위한 치료 기법들은 성생활의 모든 측면에서 생존자의 통제력을 향상시키는 데 기초를 두고 있다. 처음에는 상대방이 없는 성 행동을 통해서 달성해 가는 것이 좋다.[15] 상대방을 포함하는 치료에서는 두 사람 모두 높은 수준으로 협력하고, 전념하며, 규율을 지켜야 한다. 아동기 성 학대 생존자를 위한 지침서는 성적 친밀감을 다져 가기 위한 〈안전한 성〉을 제안한다. 이는 상대방은 물론 두 사람 모두를 위해서 외상 기억을 활성화시킬 수 있는 성 행동과 그렇지 않은 성 행동을 정

의하고, 〈안전할 법한〉 영역에 대한 탐색을 점차 증대시킬 수 있도록 상대방을 안내한다.[16]

마지막으로, 생존자는 다음 세대와 친밀감을 나눈다. 다음 세대를 염려하는 것은 예방의 문제와 늘 연관되어 있다. 생존자에게 외상이 반복되는 것만큼 끔찍한 공포도 없다. 그녀의 목표는 무슨 일이 있더라도 반복을 피하는 데 있다. 〈절대 다시는!〉이란 생존자의 보편적인 외침이다. 초기 회복 단계에서 생존자는 종종 아이들과 엮이는 일을 멀리하면서 반복이라는 견딜 수 없는 생각에서 도망친다. 부모로서 생존자는 마치 다른 관계에서 극단 사이를 동요하듯이, 아이들에게도 회피와 과잉보호 사이에서 동요할 수 있다.

세 번째 회복 단계에서 생존자는 삶에서 외상이 지닌 의미를 마무리 지으면서, 아이들과 새롭게 관계하는 데 열린 마음을 갖는다. 생존자가 부모라면, 외상 경험이 아이들에게 미친 간접적인 영향을 인식하고 상황을 바꿔 가는 단계를 밟아 나갈 수 있다. 만약 아이들이 없다면, 그녀는 젊은이에 대한 새롭고 너른 관심을 보이기 시작할 수 있다. 처음으로, 세상 속에 아이를 탄생시키는 소망을 품을 수도 있다.

처음으로, 비밀스럽지도 않고 강요하지도 않는 방식으로 아이들과 함께 외상 이야기를 나누는 가장 좋은 방법에 대해 고려할 수 있다. 또한 미래의 위험으로부터 아이들을 보호하기 위한 가르침을 이끌어 낼 수 있다. 외상 이야기는 생존자가 남기는 유산이다. 외상을 완전하게 통합한 생존자는 이 이야기를 전달할 수 있다. 이것이 다음 세대의 어두운 그림자이기보다는 다음 세대에게 힘의 원천과 영감을 제공할 수 있다는 확신을 지닌 채 말이다. 마이클 노먼은 생존했다는 사실에 담겨 있는 유산의 의미를 포착했다. 새로 태어난 아들의 세례식에서 베트남 참전 동료였던 크레그가 대부의 역할을 맡게 되었다.「사람들로 가득한 방에서 크레그가 아기를 두 팔에 안고 보듬는 모습을 지켜 보면서, 이 순간 속에 내가 의도했던 것보다 더 많은 의미가 담겨 있음을 깨달았다. 그것은 진실로 일어나고 있었다. 이것은 단지 성스러운 의식만은 아니었고, 개인 서원(誓願)의 의미를 넘어선 무엇이었다……. 의식이 치러지는 가운데 승리했다는 느낌에 휩싸였다! 마침내 가치 있는 승리가 도래하였다. 내 동료의 품에 안긴 나의 아들.」[17]

생존자 임무를 찾아내기

생존자 대부분은 개인적인 삶의 틀 안에서 외상 경험을 완결해 간다. 그러나 특정한 소수는 외상을 경험하고서 더 넓은 세계에 참여하도록 부름받은 것처럼 느낀다. 이러한 생존자들은 불운에 놓인 정치적, 종교적 차원을 인식하고, 이것을 사회적인 활동의 근간으로 삼으면서 개인적인 비극에 담긴 의미를 전환시킬 수 있음을 발견한다. 잔학함을 보상할 수 있는 방법은 아무것도 없지만, 이것을 초월하는 방법은 있다. 다른 이들에게 힘으로 남겨 주는 것. 외상은 생존자 임무의 원천이 되고 나서야 구원된다.

사회적인 활동은 생존자의 주도성, 활력, 자원에 힘을 실어 주고, 개인의 능력을 능가할 만큼 그 힘을 증폭시킨다. 이것은 서로 협력하고 목적을 공유하는 사람들과 동맹할 수 있는 기회를 제공한다. 노력을 요하는 조직화된 사회적 분투에 참여하는 일은 생존자에게 가장 성숙하고 적응적인 대처 기제를 발휘할 것을 요청한다. 참을성, 예기, 이타심, 유머가 바로 그것이다. 그는 자기 안에서 최선의 힘을 이끌어 낸다. 그 결과, 생존자는 다른 사람이 지닌 최선의 힘과 연결될 수 있다. 이렇게 서로 연결되어 있다는 느낌 속에서 생존자는 특정 시간과 특정 공간에만 소속된 자기 한계를 초월한다. 때로 생존자는 일상적 현실을 초월하여 창조의 질서에 참여하는 느낌을 얻을 수도 있다. 양심수였던 나탄 샤란스키는 생존자 임무가 지닌 영적인 차원을 이렇게 말한다.

투옥 당시, 소크라테스와 돈키호테, 율리시스와 가르강튀아, 오이디푸스와 햄릿이 나를 조력하였다. 이러한 형상들과 영적으로 결속될 수 있었다. 그들의 투쟁 속에 나의 투쟁이, 그들의 웃음 속에 나의 웃음이 울리고 있었다. 그들은 감옥과 수용소에서, 독방살이와 유형 생활 내내 나와 함께해주었다. 어떤 시점에서는 기이하게도 그들과 거꾸로 연결된 듯 느낄 때도 있었다. 인물들이 다양한 상황 속에서 어떻게 행동했는가도 중요했지만, 내가 오늘날 어떻게 행동하는가가 수백 년 전에 창조되었던 〈그들〉에게도 중요했다. 이들이 수많은 세기 동안 여러 땅에서 사람들의 품행에 영향을 준 것처럼, 나에게도 나의 결정과 선택으로 과거에 존재했거나 미래에 존재할 누군가에게 영감을 주고 그 누군가를 눈뜨게 할 힘이 있었던 것이다. 포로들과 결속하는 것만이 세계의 악에 대항할 수 있는 유일한 무기였을 당시, 인간 영혼이 서로 연결되어 있다는 이 불가사의한 느낌은 암울한 포로수용소 세계에서 연마되었다.[18]

사회적인 활동은 다양한 형태를 띨 수 있다. 특정 개인과 직접적으로 연관을 맺을 수 있고, 관념적이고 지적인 작업을 추구할 수도 있다. 생존자들은 자기와 똑같은 피해를 경험한 사람들을 돕기 위해서 힘을 모을 수 있다. 이들은 장래 누군가에게 발생할 피해를 예방하기 위해 교육적, 법적, 정치적 노력을 기울일 수 있고, 가해자를 정의의 법정 앞에 세우는 일을 시도할 수 있다. 이 모든 노력은 대중적인 자각을 향상시키기 위해 헌신한다는 점에서 유사하다. 끔찍한 사건을 대하는 인간의 자연스러운 반응은 그것을 기억에서 밀어내는 것임을 생존자들은 충분히 이해하고 있다. 과거 생존자들은 스스로 그리했을지도 모른다. 생존자들은 과거를 잊은 자들은 과거를 반복할 운명에 놓여 있다는 점을 잘 알고 있다. 이러한 이유로, 대중에게 진실을 말하는 일이란 모든 사회적 활동에서 공통된 기반이 된다.

말할 수 없었던 것을 말함으로써 다른 이들을 도울 수 있다는 신념으로, 생존자들은 말하기 시작한다. 그렇게 이들은 더욱 큰 힘과 연결되어 있다는 느낌을 받는다. 근친 강간 생존자 집단 과정을 수료한 한 생존자는 아동 보호 활동가를 위한 성학대 관련 교육 프로그램에서 이렇게 말했다. 「우리가 이 지점에 이르게 되고 또 이렇게 할 수 있게 된 것은 기적과도 같은 일이다. 한 번에 40명의 사람들에게 다가가면서 우리가 느꼈던 힘은 너무나 기운찼다. 이들은 이제 40명이라는 아이들의 삶에 접촉할 수 있을 것이다. 공포는 〈거의〉 극복되었다.」[19] 현재 가정 폭력 소추를 담당하는 지방 검사이며, 과거 가정 폭력 피해 여성이었던 사라 부엘은 자신의 이야기가 다른 사람에게 행운으로 전달되는 것이 얼마나 중요한가를 말한다. 「나는 여성이 희망을 갖고 살아가기를 원한다. 희망 없이 사는 것이 얼마나 끔찍한지 나는 기억하기 때문이다. 그 무수한 날들 속에서 내게는 탈출구가 없었다. 이것은 내 임무의 일부분이다. 그 결혼 안에서 내가 죽는 것을 신이 허락하지 않았던 이유는, 이렇게 공개적으로 대중들에게 내가 구타당했다는 사실을 발언하기 위해서였다. 이것을 말할 수 있게 되기까지 너무나 많은 시간이 걸렸다.」[20]

다른 이들에게 베푼다는 것은 생존자 임무에서 핵심이 되지만, 이를 실천하는 이들은 스스로 치유되기 위해 그렇게 하고 있음을 잘 알고 있다. 생존자들은 다른 사람들을 보살피면서 스스로를 인정하고, 사랑하고, 보살핀다. 거처가 없는 참전 군인을 위한 쉼터와 재활 프로그램의 감독자인 참전 군인 켄 스미스는 〈인간 영혼이 서로 연결되면서〉 일을 지탱해 가고 영감을 얻고 있다고 말한다.

내가 이곳에서 하는 일에 너무나 불만스러울 때가 있다. 마술 지팡이를 휘두른다고 되는 일도 아니고, 나는 무슨 지도자도 아니다. 책임이 막중해지기라도 하면, 나는 형제들에게 호소한다. 그러면 문제가 얼마나 크고 무거운가와 상관없이 기적같이 해결 방법이 생긴다. 대부분의 경우 내가 해결한 것이 아니다. 뒤돌아보면, 베트남에서 감동을 받은 누군가의 덕이다. 이제는 그것에 많이 의지한다. 그것은 경험의 보편성으로, 수천, 수만, 수백만의 사람들에게 감동을 준 무엇이다. 당신이 베트남 참전 군인이든 반전 활동가이든 상관없다. 이것은 미국인인 것, 초등학교 4학년 윤리 시간에 배우는 것, 스스로를 돌보는 것, 나의 형제에 관한 것이다. 그것은 매우 인간적이다. 고립감은 이제 사라졌다. 나는

이와 깊이 연결되어 있고, 이를 통해 치료받는다.[21]

생존자 임무는 정의를 추구하는 형태를 띠기도 한다. 세 번째 회복 단계에서 생존자는 가해자를 향한 개인적인 원망을 초월한 원칙의 문제를 이해하게 된다. 외상은 되돌릴 수 없는 일이며, 보상이나 복수라는 소망은 완전히 충족될 수 없다. 그러나 가해자에게 범죄의 책임을 묻는 것이 개인적인 안녕뿐만 아니라 더 큰 사회의 건강을 위해서 중요한 일임을 깨닫게 된다. 다른 사람의 운명을 자기 운명과 연결 짓는 사회 정의의 심원한 원칙을 다시 발견할 수 있다. 해나 아렌트에 의하면 〈범죄는 공동체의 온전함을 방해하고, 공동체를 중대한 위험에 빠뜨렸다. 그러므로 가해자는 정의 앞에 세워져야 한다. 수리해야 할 것은 국가 그 자체이며, 복구해야 할 것은 톱니바퀴가 어긋나 버린 공공질서이다. 다시 말해서, 이겨야 하는 것은 원고가 아니라 법〉이다.[22]

이렇듯 생존자는 법이 가진 비개인적인 속성을 인식하면서 개인으로서 싸워야 하는 부담에서 어느 정도 벗어날 수 있다. 이겨야 하는 것은 법이지, 그녀가 아니다. 공론화 혹은 고발을 통하여 생존자는 자신을 침묵시키고 고립시키려 했던 가해자의 공격에 도전하고, 새로운 동료를 찾을 가능성을 열어 둔다. 누군가가 범죄의 증인이 되어 버텨 준다면, 정의를 회복해야 할 책임을 나눠 가질 수 있다. 나아가 생존자의 법적 투쟁은 더 큰 투쟁에 기여하고, 생존자의 활동은 다른 사람들에게도 이득이 되어 돌아온다. 세 자매와 함께 근친 강간 범죄로 아버지를 고소한 샤론 시몬은 그녀의 활동을 고무시킨 또 다른 아동 피해자와 연결되었던 느낌을 이야기한다.

신문에서 그 사건을 보았다. 한 남자가 자기 딸을 두 번 강간했다는 사실을 인정했다. 아이의 치료자는 남자가 구속되는 모습을 보는 것이 좋다고 판단하여 아이를 판결 청취에 데리고 갔다. 범죄는 처벌받는다는 사실을 아이는 보게 될 것이다. 그러나 판사는 일련의 성격 증인*을 허용하였다. 판사는 법정 안에 두 명의 피해자가 있다는 식으로 말했다. 그 불의 앞에 나는 미쳐 날뛸 것 같았다. 이것이 전환점이 되었다. 그 분노, 누군가에게 책임을 묻는다는 것. 그것이 필요했다. 참회하라는 말이 아니었다. 책임져야 할 누군가가 책임을 지도록 나는 행동해야 했다. 부정과 거짓을 깨부수고 싶었다. 그래서 나는 소송에 참여하겠다고 말했다. 그 소녀를 위해 그렇게 할 것이다. 나의 형제와 자매들을 위해 그렇게 할 것이다. 그리고 나는 이렇게 말하는 작은 목소리를 들었다. 〈너 자신을 위해서도 그렇게 하는 것이다〉.[23]

의미 있는 사회적 활동에 참여하는 생존자는 힘을 가지고

* 법정에서 원고 또는 피고의 성격, 인품 등에 관하여 증언하는 사람.

가해자에 대한 법적 투쟁을 시작할 수 있다. 사적인 가족 대질 신문에서 생존자는 결과를 두려워하지 않고 진실을 말할 수 있는 힘을 이끌어 낼 수 있다. 가해자는 진실을 가장 두려워한다는 점을 그녀는 알고 있다. 생존자는 또한 자신과 다른 이들이 함께 공헌하여 행사된 공적 권력으로 만족감을 얻을 수 있다. 부엘은 가정 폭력 피해 여성을 지지하면서 얻은 승리감을 이야기했다. 「나는 법정을 사랑한다. 법정 안에서는 아드레날린의 분출을 느낄 수 있다. 법에 대해 완전히 공부하고, 진술 내용을 확실히 알기 위해서 여성을 보살피는 일은 정말 멋지다. 내가 법정으로 들어서고, 판사가 내 말을 들어야 한다니 정말 멋진 일이다. 14년 동안 내가 꼭 하고 싶었던 일이었다. 여성을 존경으로 대하도록 이 체계를 작동시키는 것. 피해를 입은 사람들을 위한 체계를 작동시키기 위해⋯⋯ 너무나 많은 여성이 우리를 위해 일한다. 이들은 뒤떨어져 있거나 부패하지도 않았으며, 자기 원칙에 입각하여 이를 작동시킨다. 이것이 바로 권력의 의미이다.」[24]

재판을 청구한 생존자는 이기지 못하는 투쟁도 있다는 현실과 타협해야 한다. 생존자 한 명의 투쟁은 권력가의 독단적인 횡포에 법의 원칙으로 맞서는 거대하고 지속적인 투쟁의 일부가 된다. 참여한다는 의미는 때로 생존자를 지탱하는 전부가 될 수 있다. 자신을 지지하고 소송을 믿는 다른 사람들과 동맹하는 데서 오는 의미는 패배 속에서도 그녀에게 위로가 된다.

한 강간 생존자는 법정에 서는 이로움에 대해 말했다. 「돕는다는 핑계로 집 안에 들어선 이웃이 나를 강간하였다. 나는 경찰서로 가서 신고를 하고, 두 번 법정에 갔다. 강간 위기 상담자가 있었고, 지방 검사들도 매우 친절하게 도와주었다. 그들 모두 나를 믿었다. 처음에는 배심원들의 의견이 불일치했고, 재심 때 가해자는 무죄를 선고받았다. 판결은 실망스러웠지만, 어쩔 수 없었다. 그래도 판결이 내 인생을 망치지는 않았다. 법정을 거친다는 것은 일종의 카타르시스와도 같다. 나는 스스로를 보호하고, 나 자신을 옹호하기 위한 모든 일을 다 했고, 따라서 상처는 곪지 않았다.」[25]

공적인 투쟁에 참여하기로 선택한 생존자는 승리란 필연적이라고 스스로를 속일 수 없다. 가해자와 대면하려는 의지만으로도, 그녀는 이미 외상의 가장 끔찍한 결과를 극복해 낸 셈이다. 두려움으로 사람을 지배할 수는 없다는 사실을 가해자에게 알렸으며, 가해자의 범죄를 사람들 앞에 드러냈다. 회복은 악을 이겨 냈다는 착각을 기반으로 하지 않는다. 회복은 악이 전적으로 승리할 수는 없었음을, 그리고 회복을 가능케 하는 사랑이 여전히 세상 속에 존재한다는 희망에 기반하고 있다.

외상의 완결

외상의 완결에는 종착지가 없다. 완성된 회복이란 없다. 외상 사건의 영향력은 생존자의 일생에 걸쳐 지속적으로 퍼져 간다. 생존자가 인생에서 새로운 이정표에 도달하면, 회복 단계에서 충분히 해소되었던 문제들이라도 다시 나타날 수 있다. 결혼, 이혼, 가족의 탄생과 죽음, 질병, 퇴직 등은 빈번하게 외상 기억을 소생시킨다. 예를 들어, 제2차 세계 대전의 몇몇 군인과 난민들은 나이를 먹어 가고 상실감과 다시 조우하면서 외상 후 증상이 되살아나는 경험을 했다.[26] 일하고 사랑할 수 있게 될 만큼 충분히 치유되었던 아동기 학대 생존자들도 결혼을 하거나 첫 아이를 가질 때, 혹은 아이가 자신이 학대받기 시작했던 나이에 이르렀을 때 돌아오는 증상으로 고통스러울 수 있다. 심각한 아동기 학대에서 생존했던 한 사람은 성공적인 심리 치료 과정을 완성하고 몇 년이 흐른 뒤에 다시 치료를 받으러 돌아왔다. 그녀는 걸음마를 막 뗀 아들이 말을 듣지 않기 시작하면서 증상이 돌아왔다고 말했다. 「아들이 〈미운 세 살〉이 되기 전까지 모든 일이 너무나 잘 돌아가고 있었다. 그렇게 온순했던 아이가 갑자기 나를 힘들게 했다. 아들이 떼쓰는 것을 감당할 수가 없었다. 애가 입을 다물 때까지 패고 싶은 마음이 들었다. 아들이 움직이지 않을 때까지 베개로 숨을 조르는 생생한 장면이 떠올랐다. 나는 엄마가 내게 저지른 일을 알고 있다. 그리고 나 또한 도움을 받지 않았더라면 나의 아이에게 무슨 일을 저질렀을지도 알고 있다.」[27]

이 환자는 다시 치료로 돌아가야 한다는 사실에 모욕감을 느꼈다. 증상이 되돌아온 것은 치료에 실패했다는 뜻이 될까 봐, 자신이 〈불치병 환자〉일까 봐 두려웠다. 따라서 이러한 소모적인 실망감과 모욕감을 피하기 위해서는, 치료 과정을 마친 환자들에게 스트레스를 겪을 때 외상 후 증상이 돌아올 수도 있다는 사실을 반드시 안내해 주어야 한다. 치료가 종결에 가까워질수록 환자와 치료자는 힘을 되찾는다는 기본 원칙과 회복을 촉진했던 관계들을 함께 검토하는 것이 좋다. 이 동일한 원칙을 적용하면 재발을 방지하거나, 어떤 재발이 발생하더라도 잘 대처할 수 있다. 치료 결과가 완벽하다거나 최종적이라는 기대를 환자에게 심어 주어서는 안 된다. 치료 과정이 자연스러운 종결에 이르게 되면, 훗날 어느 순간 외상이 되돌아올 수 있음에 대비하여 항상 문은 열려 있어야 한다.

완성된 완결이란 없음에도, 때로는 회복이라는 과제를 떠나 일상생활의 과제로 생존자의 주의를 돌리는 일이 적절하다. 일생에서 즐거움을 느끼는 능력이 회복되고, 대인 관계에 완전히 참여할 수 있게 되었다면, 이는 완결의 좋은 지표라고 볼 수 있다. 그녀는 과거보다는 현재와 미래에 더 관심을 기울이고, 두려움보다는 찬양과 경외심을 가지고 세상에 접근하고자 한다. 심각한 아동기 학대 생존자인 리처드 로즈는 수십 년 후에 도달하게 된 완결의 느낌을 이야기한다. 〈마침내 이 책을 쓸 시간이 왔다. 고아들이 그러듯이 고아의 이야기를, 나의 어린 시절을 당신에게 소개하겠다. 한 명의 꼬마가 있었다. 그 오랜 시간 동안 꼬마는 지하실에 숨어 있었다. 전쟁은 끝났고, 뛰어놀기 위해 지하실을 벗어난 나의 꼬마는 햇볕 아래 눈이 부시다. 꼬마가 노는 법을 잊지 않았다니 나는 놀랍고 감사할 뿐이다.〉[28]

심리학자 메리 하비는 완결을 판단하기 위한 일곱 가지 기준을 정의했다. 첫째, 외상 후 스트레스 장애의 심리적인 증상이 감당할 만한 수준으로 완화되었다. 둘째, 외상 기억과 관련된 감정을 견딜 수 있다. 셋째, 자신의 기억에 대한 재량을 가지고 있다. 즉 외상을 기억할지 기억을 제쳐 둘지를 선택할 수 있다. 넷째, 외상 사건의 기억이 일관된 이야기로서 감정과 연결되어 있다. 다섯째, 손상된 자존감이 회복되었다. 여섯째, 중요한 관계가 다시 확립되었다. 마지막으로, 외상 이야기를 아우르는 일관된 의미 체계와 신념이 구성되었다.[29] 실제적으로, 이 모든 영역은 서로 연결되어 있으며, 각 회복 단계에서 다루어진다. 회복 과정은 단일하게 진전하지 않는다. 돌아서 갈 때도 있고, 급회전할 때도 있다. 경험에 담긴 의미를 깊고 넓게 통합시키기 위하여, 이미 다루어졌던 문제도 여러 번 다시 검토할 수 있다.

회복된 생존자에게 삶은 환상과 너무나 멀리 떨어져 있지만, 그녀가 삶을 바라보는 방식에는 남다른 감사함이 깃들어 있다.

인생에 대한 관점은 비극적일지라도, 바로 이러한 이유로 그녀는 웃음을 품어 내는 법을 배웠다. 그녀는 무엇이 중요하고 무엇이 그렇지 않은가에 대한 명확한 감각을 지니고 있다. 악과 대면했던 경험으로, 그녀는 선에 의지하는 법을 알고 있다. 죽음의 두려움을 대면한 경험으로, 그녀는 삶을 축복하는 법을 알고 있다. 근친 강간이라는 끔찍한 아동기 기억 속에서 여러 해를 지내 온 실비아 프레이저는 회복 과정을 되짚어 본다.

뒤돌아보면, 내 삶은 마치 전쟁 같았다. 살아남는다면 선한 전쟁이다. 위험은 당신을 적극적으로 만들고, 각성시키며, 경험하도록 강요하여, 결국에 당신은 배우게 된다. 나는 이제 내 삶의 가치, 치러야 했던 대가를 알고 있다. 내 안의 고통과 접촉하면서 나는 가장 사소한 상처에도 면역이 되었다. 희망은 여전히 풍부하지만, 별로 필요하지는 않다. 지성에 대한 나의 자부심은 무너졌다. 내 삶의 절반조차 알지 못한다면, 그 어떤 지식을 믿을 수 있겠는가? 그럼에도 불구하고 인과율적인 실용주의 세계, 나의 협소한 공간 안에서 나는 선물을 받았다. 그리하여 나는 경이로 가득 찬 무한한 세계 속으로 뛰어들었다.[30]

11
공통성

외상 사건은 개인과 공동체를 연결하는 끈을 파괴했지만, 살아남은 사람들은 다른 사람과 연결되어 있다는 느낌으로 존재감, 자기 가치감, 인격을 지켜 낼 수 있음을 배운다. 결속된 집단은 공포와 절망에 대항할 수 있는 가장 강력한 보호책을, 그리고 외상 경험에 대한 가장 강력한 해독제를 제공한다. 외상이 고립시킨다면, 집단은 소속감을 재생한다. 외상이 수치심을 느끼게 하고 낙인을 가한다면, 집단은 증인이 되어 경험을 인정한다. 외상이 피해자를 격하시킨다면, 집단은 그녀를 존중한다. 외상이 피해자의 인격을 부정한다면, 집단은 그의 인격을 회복시킨다.

생존자들은 다른 사람이 진실로 관대함을 베풀어 줄 때 연결되어 있다는 느낌을 회복하게 되었다고 반복적으로 증언한다. 되돌릴 수 없이 파괴되었다고 느껴지는 자기 안의 무언가 ― 신념, 품위, 용기 ― 는 보편적인 이타심의 실례로 다시 일깨워진다. 생존자는 다른 사람들의 행동에 자기를 반영해 보면서 잃어버린 자기의 일부를 인식하고 회복한다. 그 순간 생존자는 다시 인간의 보편성에 합류하기 시작한다. 프리모 레비는 나치 강제 수용소로부터 자유로워진 순간을 이렇게 묘사한다.

부서진 창문을 고치고 난로의 열기가 퍼지자, 알 수 없는 무언가가 모든 이를 편하게 만들어 주었다. 그 순간 한 포로가 일하고 있던 우리에게 빵 한 조각을 나누어 주자고 나머지 사람들에게 제안했다. 사람들은 동의했다. 하루 전까지만 해도 생각조차 할 수 없는 일이었다. 수용소의 규칙은 〈자신의 빵을 먹어라, 그리고 할 수 있다면, 이웃의 빵도 먹어라〉였으며, 감사의 공간이란 없었다. 수용소는 죽은 곳이나 다름없었다. 그것은 우리 사이에서 이루어진 최초의 인간적인 몸짓이었다. 그 순간은 죽지 않은 자들이 서서히 포로에서 인간으로 변화하기 시작한 첫날이라고, 나는 믿는다.[1]

자신이 혼자가 아님을 발견하기 시작하면서부터 사회적인 끈을 회복할 수 있다. 집단만큼 이 경험이 즉각적이고, 강력하고, 설득력 있게 다가오는 공간은 없다. 집단 심리 치료의 대가인 어빈 얄롬은 이러한 경험을 일컬어 〈보편성universality〉이라고 한다. 보편성이 담보하는 치료 효과는 수치스러운 비밀로 인하여 고립되었던 사람들에게 특히 깊이 있게 작용한다.[2] 외상을 경험한 사람들은 자신의 경험으로 크게 소외되었으므로, 생존자 집단은 치유 과정에서 특별한 위치를 차지한다. 이러한 집단은 생존자의 일상적인 사회적 환경이 보태 주지 못하는 지지와 이해를 제공한다.[3] 유사한 시련을 거쳤던 이들과 만나면서 고립감, 수치심, 낙인의 느낌이 해소된다.

집단은 전쟁, 강간, 정치적 박해, 가정 폭력, 그리고 아동기 학대라는 극단적인 상황에서 살아남은 사람들에게 더할 나위 없는 가치를 지닌다. 사람들은 유사한 시련을 견뎌 온 다른 사람이 존재한다는 사실만으로도 위안받았음을 누차 이야기한다. 켄 스미스는 베트남 참전 군인 집단에 처음 참여했을 때를 이렇게 이야기했다. 「베트남에서 돌아온 이후로 내게는 단 한 명의 친구도 없었다. 아는 사람은 많았고, 여자들도 많이 알았지만, 친구는 없었다. 오늘이 바로 쑤안록에서 내게 그 일이 일어났던 바로 그날이라서, 혹은 그 무슨 기념일이라서, 새벽 4시에 전화를 걸어서 45구경 권총을 내 입 안에 처박고 싶은 기분이 든다고 말할 수 있는 누군가 말이다⋯⋯. 베트남 참전 군인들에 대한 오해는 많고, 우리를 이해하는 것은 또 다른 베트남 참전 군인들뿐이다. 이 사람들은 내가 뭐라고 이야기해도 완벽하게 이해한다. 나는 압도적인 안도감을 느꼈다. 아무에게도 말하지 않았던 나의 깊고 어두운 비밀을 이해받은 것 같았다.」[4]

한 강간 생존자 또한 집단에 참여하면서 다른 사람들과 연결되었던 느낌을 유사한 언어로 이야기했다. 「일생 내내 나를 괴롭혀 오던 고립감을 헤쳐 나갔다. 나는 서로에게 아무런 비밀도 없는 여섯 여자들의 집단에 있다. 태어나 처음으로 나는 무언가에 속하게 되었다. 나의 겉모습이 아니라 있는 그대로의 나로서 받아들여지는 느낌이다.」[5]

집단에서 응집성*과 친밀감이 발달해 갈 때, 복잡한 반영 mirroring의 과정이 시작된다. 참여자가 다른 이들에게로 뻗어 나갈 때, 그녀는 다른 사람들이 전해 주는 선물을 받을 수 있다. 다른 이들에게 선사한 인내와 동정, 사랑은 도로 자신에게 돌아오기 시작한다. 서로를 증진시키는 이러한 종류의 상호 작용은 어느 관계 속에서나 일어나지만, 집단이라는 맥락 안에서 가장 강력하게 발생한다. 얄롬은 이 과정을 일컬어 〈적응적 연속 순환adaptive spiral〉**이라고 불렀다. 집단에 받아들여진 경험은 서로의 자존감을 향상시키고, 이를 통해서 구성원들은 서로를 더욱 받아들일 수 있게 된다.[6] 세 여성은 근친 강간 생존자 집단에서 이 적응적 연속 순환에 대해 이야기한다.

---

* 집단 심리 치료의 조건으로, 구성원들은 집단에서 따뜻함과 소속감을 느끼고, 집단을 가치 있게 여기는 동시에 집단 구성원들로부터 자신의 가치를 인정받고 수용받게 된다.

** 집단 심리 치료의 치료 요인으로서, 하나의 변화를 바탕으로 점차 대인 관계 환경에 변화가 일어나고, 이에 건강한 성격의 회복이 뒤따르는 과정.

집단 경험은 내 인생에 하나의 전환점이 되었다. 그리고 이러한 폭력에서 살아남은 다른 여성들 안에서 느껴진 힘이 내 안에도 있음을 깨닫게 되었다.

이제 나를 더 잘 보호할 수 있다. 나는 더 〈부드러워〉졌다. 나는 (때때로) 혼자서라도 행복할 수 있을 것 같다. 〈집단〉이라는 거울 속에 반영된 나를 본 이후 이 모든 것이 시작되었다.

이제 다른 사람들의 사랑을 받아들일 수 있다. 그리고 이것은 돌고 돌아 나를 더 사랑할 수 있게 했고, 그다음에 다른 사람을 더 사랑할 수 있게 해주었다.[7]

한 참전 군인은 집단 속에서 유사한 상호성을 경험했다. 「내가 그들에게 전하며, 그들이 나에게 전하기 때문에 상호적이었다. 정말 좋았다. 정말 오랜만에 처음으로, 와! 하는 느낌이었다. 처음으로 내가 좋은 사람이 된 것만 같은 기분이었다.」[8]

집단은 상호 보완적인 관계뿐만 아니라, 집단적인 역량 강화의 가능성 또한 제공한다. 집단 구성원은 서로를 동료이자 동등한 사람으로 대한다. 모두가 고통을 받고 있으며 도움을 필요로 하지만, 또한 각자가 무언가에 공헌할 수 있다. 집단은 각 구성원의 힘을 필요로 하기도 하며, 힘을 양성하기도 한다.

그 결과, 집단은 전체로서 외상 경험을 견뎌 내고 통합할 수 있
는 힘을 가지고 있다. 이것은 한 개인의 힘보다 훨씬 크다. 따
라서 각 구성원은 집단에서 자원을 나눠 가며 스스로를 통합시
키는 능력을 길러 낸다.

집단이 잠재적으로 치료 효과가 있다는 증거는 다양한 생존
자 집단에서 찾을 수 있다. 한 지역 사회 조사에서, 가정 폭력에
서 탈출한 여성들은 모든 도움의 원천 중에서 집단을 가장 효
과적인 것으로 평가하였다.[9] 참전 군인들과 함께 일하는 정신
의학자 존 워커와 제임스 내시는 개인 심리 치료에서 진척이
잘 되지 않던 많은 환자가 집단 심리 치료에서는 좋은 성과를
거두었다고 보고했다. 참전 군인들은 집단의 〈동지애〉와 〈단
결심〉으로 뿌리 깊은 불신과 고립감에 대항할 수 있었다.[10] 야
엘 다니엘리는 홀로코스트 생존자라면 치료 초기에 개인 치료
보다는 집단 치료 양식을 활용할 때 예후가 더욱 좋다는 점을
확인하였다.[11] 유사하게, 리처드 몰리카는 동남아시아 난민을 위
한 프로그램에 생존자 지지 집단을 포함시키자 치료가 비관에
서 낙관으로 옮겨 갔음을 보고하였다.[12]

생존자를 위해서 초반에 집단을 꾸리는 게 좋은 생각일지라
도, 실제로 성공적인 집단을 조직하는 일이란 그리 단순하지
않다는 점이 금세 나타날 것이다. 희망과 약속으로 시작한 집
단도 모질게 해체될 수 있으며, 고통과 실망을 남길 수 있다.
집단이 치료를 약속하는 만큼, 그 안에 잠재된 파괴력도 크다.

집단 지도자에게 부여된 역할에는 무책임하게 권위를 행사할지 모르는 위험성이 동반되어 있다. 집단 구성원 사이에서 분출하는 갈등은 외상 사건의 역동을 너무나 쉽게 재현한다. 집단 구성원은 가해자, 공범자, 방관자, 피해자, 구조자 중 어떤 역할이라도 맡을 수 있다. 이러한 갈등은 개별 참여자에게 상처가 될 수 있으며, 집단을 막다른 곳으로 이끈다. 성공적인 집단이 되려면 반드시 치료 과제를 명확하고 집중적으로 이해하고 있어야 하며, 외상이 재연될 위험으로부터 참여자를 적절히 보호할 수 있는 구조를 갖추고 있어야 한다. 집단은 구성이나 구조에 있어서 다양할 수 있지만, 이 기본 조건은 예외 없이 충족되어야 한다.

또한 집단을 구성하다 보면 어떤 생존자에게나 적합한 〈포괄적인〉 집단이란 없다는 사실을 알게 될 것이다. 집단은 다양한 크기와 형태를 가지고 있으며, 하나의 집단이 누구에게나 전부가 될 수는 없다. 각기 다른 회복 단계에 적절한 유형의 집단은 따로 있다. 또한 개인의 기본적인 치료 과제와 집단의 치료 과제는 일치해야 한다. 특정 회복 단계에 있는 사람에게 적합한 집단이었더라도, 그 사람이 다른 회복 단계에 다다랐다면 효과가 아예 없거나 오히려 해로울 수도 있다.

복잡하고 다양한 집단 속성은 세 가지 회복 단계의 주된 치료 과제와 대응시킬 때 쉽게 이해할 수 있다(표 참고). 첫 단계에 해당되는 집단은 주로 안전을 확립하는 과제에 집중한다.

집단	치유의 단계		
	첫 번째	두 번째	세 번째
치료적 과제	안전	기억과 애도	연결의 복구
시간 지향	현재	과거	현재, 미래
초점	자기보호	외상	대인 관계
구성원	단일	단일	다양
경계	융통성, 포괄성	폐쇄 집단	안정적이고 더딘 전환
응집성	중간	매우 높음	높음
갈등에 대한 인내	낮음	낮음	높음
시간제한	개방 혹은 반복	정해진 시간	개방
구조	교육적	목표 지향적	비구조화
예시	12단계 프로그램	생존자 집단	대인 관계 심리 치료 집단

한 번에 하나씩, 기본적인 자기 보호에 초점을 둔다. 두 번째 단계에 해당되는 집단은 주로 외상 사건에 집중한다. 이때에는 과거를 마무리하는 과제에 초점을 둔다. 세 번째 단계에 해당되는 집단은 주로 공동체의 평범한 사람들 속으로 생존자를 합류시키는 일에 집중한다. 이때에는 현재의 대인 관계에 초점을 둔다. 각 집단 유형의 구조는 그 주요 과제에 따라 달라진다.

안전을 위한 집단

　외상 사건의 즉각적인 후유증을 다루는 자원으로서 집단을 일순위로 고려하는 일은 거의 없다. 급성 외상 생존자는 대개 극도의 두려움 속에 있으며, 악몽과 플래시백과 같은 침투 증상이 범람할 것이다. 생존자는 낯선 사람들보다는 친숙한 사람들과 있기를 바라는 경향이 높기 때문에, 위기 개입은 생존자의 환경 내에서 도와줄 수 있는 사람들을 모으는 데 집중한다. 이때 집단은 적절하지 않다. 이론상으로는 생존자가 자기 혼자 외상을 경험한 게 아니라는 사실에 안심할 것 같지만, 실제로 그녀는 집단에 의해 압도당할 수 있다. 다른 이들의 구체적인 경험을 들으면서 공감적으로 듣지 못하거나 정서적인 지지를 받아들이지 못할 정도로 침투 증상이 활성화될 수 있다. 따라서 급성 외상 생존자라면 외상 경험 이후 집단에 들어서기 전까지 일반적으로 수주에서 수개월간의 대기 시간을 요한다. 예를 들어 보스턴 지역 강간 위기 센터에서 위기 개입은 개인 상담과 가족 상담을 포함하지만 집단 참여는 포함되지 않는다. 이곳에서는 생존자에게 집단 참여를 고려하기 전까지 6개월에서 1년 동안은 기다리라고 조언한다.[13]

　모든 집단 구성원이 동일한 사건의 영향 속에서 고통스러워하고 있다면, 때로는 집단 치료 형태가 위기 개입으로서 도움이 될 수도 있다. 예를 들어 대규모의 사고, 자연재해, 범죄인 경우가 그러하다. 이러한 사례에서 집단 구성원으로서 경험을 공유한다면 회복에 중요한 자원을 얻을 수 있다. 대규모 집단 모임은 외상 후유증에 대한 예방 교육의 기회를 제공하고, 공동체로 하여금 자원을 모으도록 도울 수 있다. 일반적으로 이러한 집단 모임은 〈주요 사건에 관한 정보 제공〉 혹은 〈외상성 스트레스에 관한 정보 제공〉의 이름으로 대규모의 외상 사건이 발생했을 경우 실시되며, 위험성이 높은 직업군이라면 관례적으로 실시되기도 한다.[14]

그러나 정보 제공의 경우에도 안전을 우선시하는 기본 원칙을 따라야 한다. 외상을 경험한 개인의 가족이 늘 피해자를 지지한다고 가정하는 것이 절대로 안전하지 않듯이, 똑같은 끔찍한 사건을 겪었다고 해서 구성원들이 함께 모여 협력할 거라고 가정해서도 안 된다. 기저에 놓인 알력은 사건에 의해 수그러들기보다는 사실상 증폭될 수 있다. 예를 들어 산업 재해에서 노사는 사건에 대해 매우 다른 관점을 가질 수 있다. 사건이 인간의 부주의 때문이든 범죄의 결과이든, 정보 제공에도 법적인 문제가 끼어들거나 충돌이 일어날 수 있다. 이 때문에 대규모 집단에게 정보를 제공하던 임상가들도 이러한 활동에는 한계가 있다고 강조하고 있다. 경찰 심리학자인 크리스틴 더닝은 정보 제공 집단은 교육적인 형식을 밀접히 따라야 하고, 추후 회기에 대한 개인의 선택은 허용하되, 대규모의 대중 모임에서 구체적인 이야기를 하거나 강한 감정을 표현하는 일은 피해야

한다고 제안했다.[15]

집단은 지속적이고 반복적인 외상에서 생존한 이가 첫 번째 회복 단계에 들어섰을 때 강력한 수용과 지원의 원천이 될 수 있다. 그러나 집단도 마찬가지로 안전을 확립하는 과제에 집중해야 한다. 만약 그렇지 못할 경우 집단 구성원은 과거 경험에 대한 공포와 현재 삶에 대한 위험으로 서로를 두렵게 만들 수 있다. 한 근친 강간 생존자는 다른 구성원의 이야기를 들으면서 더욱 괴로워졌다고 이야기했다. 「같은 경험을 나눈 여성을 만나게 된다면 모든 일이 훨씬 쉬워질 거라는 생각에 집단에 참여했다. 집단이 준 가장 날카로운 고통은 집단이 쉽게 만들어 준 것은 〈아무것도 없었다〉는 점을 깨달은 데 있었다. 공포는 오히려 배가되었다.」[16]

따라서 첫 단계에서 집단은 외상을 탐색하기보다는 인지적이고 교육적인 역할을 맡아야 한다. 집단은 외상 증후군에 관한 정보를 교환하고, 일반적인 증상의 양상을 확인하고, 자기 보호와 자기 보살핌의 기제를 나눌 수 있는 토론 장면을 제공해야 한다. 집단을 구조화할 때에는 개별 생존자가 힘과 대처 능력을 발달하도록 북돋고, 압도적인 기억과 감정이 범람하지 않도록 생존자를 보호할 수 있게 해야 한다.

보호를 중시하는 구성은 〈익명의 알코올 집단Alcoholics Anonymous〉을 뒤따르는 여러 가지 다양한 자조 집단 속에서 발견된다. 이러한 집단은 외상 자체를 깊이 있게 탐색하는 데 초점을 두지 않는다. 오히려, 물질 남용, 섭식 장애, 기타 자기 파괴적 행동과 같은 이차적 합병증을 이해하도록 도와주는 인지적인 틀을 제공한다. 또한 개인적으로 역량 강화를 도모하는 생존자와, 다른 사람과의 연결을 회복하려는 이들을 안내해 준다. 이는 일반적으로 〈12단계〉*라고 알려져 있다.[17]

이러한 자조 집단의 구조는 교육적인 목적을 반영하고 있다. 집단 구성원은 모임을 갖는 동안 강한 정서를 경험할 수 있지만, 지도자는 구성원의 안전을 위하여 감정을 표현하거나 구체적인 이야기를 꺼내는 일을 격려하지 않는다. 이 집단은 개인적인 증언을 바탕으로 일반적인 원칙을 설명하고, 보편적인 가르침을 바탕으로 배우는 데 초점을 둔다. 안전한 환경을 생성하기 위해서 집단 구성원이 강하게 응집될 필요는 없다. 오히려, 안전은 익명성과 비밀 보장이라는 규칙과 교육적인 접근 방식을 바탕으로 보장된다. 집단 구성원은 서로 대면하지 않고, 개인적이거나 개별적으로 지지하지 않는다. 이러한 집단에서는 보편적인 경험을 나누면서 수치심과 고립감을 감소시키고, 실질적인 문제 해결을 촉진하며, 희망이 스며들게 한다.

착취적인 집단 지도자로부터 자조 집단을 보호하는 방법은

---

* 초창기 익명의 알코올 의존자 집단의 구성원들이 자신들의 경험을 바탕으로 구성한 프로그램의 열두 가지 핵심 단계. 술로 인한 삶의 어려움을 시인하고 수용하는 첫 단계에서부터 마지막으로 다른 알코올 의존자들과의 연결을 도모하는 열두 번째 단계로 구성되어 있다.

〈12전통twelve traditions〉이라는 규칙 속에 명시적으로 확립되어 있다. 힘은 지도자에게서 발생하지 않고, 공유된 집단 전통에 심어져 있다. 동료 지원자들이 돌아가면서 지도자 역할을 맡는다. 구성원은 단일하다. 즉, 모든 참여자가 공통된 문제 하나를 가지고 있다. 이러한 집단에서 집단 경계는 융통성이 있고 포괄적이어서 대개 참여자 구성이나 출석 여부에 제한이 없다. 참여자에게는 정기적으로 출석하거나 입을 열어야 할 의무가 없다. 이러한 융통성을 토대로 구성원들은 집단에 참여하는 정도를 스스로 조절할 수 있다. 동일한 경험을 가진 이들과 만나고 싶은 사람은 자유롭게 들어오고, 조용히 참관할 수 있고, 언제라도 떠날 수 있다. 12전통에 세워진 구조적인 보호망은 안전성이 여러 차례 증명되었다. 그러나 어떤 자조 집단은 아직도 착취적인 지도 방식에 빠지기 쉽고, 압제적이고 특이한 집단 의제를 보유하기도 한다. 성숙한 12집단 프로그램에 담긴 깊이 있는 경험이나 폭넓은 선택권을 결여하고 있는 신생 집단일 때 특히 더 그렇다. 자조 집단에 참여하는 생존자들은 도움을 주는 안내만을 따르고, 그렇지 않은 나머지는 버릴 수 있도록 주의해야 한다.

첫 단계에 적절한 또 다른 집단 유형으로는 단기 스트레스 관리 집단이 있다. 이는 만성적인 외상에서 생존한 이들의 초기 회복 단계에 효과적인 것으로 보인다.[18] 역시, 집단 작업은 현재의 안전을 확립하는 데 핵심을 둔다. 교육적인 구조를 바탕으로 증상 완화, 문제 해결, 자기 보호의 일일 과제에 초점을 둔다. 집단 구성원은 포괄적으로 선별되고, 몇 회기가 순환한 이후에 새로운 구성원이 합류하면서 새로운 집단이 형성될 수 있다. 집단에 대한 전념 정도는 상대적으로 낮은 수준이며, 집단 응집력은 강하게 발달하지 않는다. 보호는 적극적이고 교육적인 집단 지도와 손에 잡히는 구체적인 과제를 바탕으로 제공된다. 집단 구성원은 자신을 많이 드러내지 않고, 서로 대면하지 않는다.

유사한 심리 교육* 집단은 다양한 사회적 상황에 적용될 수 있다. 주요 과제가 기본 안전을 확립하는 것일 때 이러한 집단은 어느 상황에서나 적절하다. 정신과 병동, 약물 및 알코올 해독 프로그램, 혹은 가정 폭력 피해 여성 쉼터에서도 가능하다.

기억과 애도를 위한 집단: 외상 집단

집단 속에서 외상 경험을 탐색하는 일은 첫 번째 회복 단계에 선 생존자를 상당히 혼란스럽게 할 수 있다. 그러나 생존자가 일단 두 번째 단계에 도달하게 되면, 탐색 작업은 매우 생산적인 결과를 낳을 수 있다. 결성이 잘 된 집단은 이야기를 재구

---

* 심리 기능, 증상의 의미, 치료 과정에 대한 정보를 제공하여 〈아는 것의 힘〉을 실어 주는 치료.

성할 때에는 강력한 촉진제의 역할을 하고, 애도하는 와중에는 정서적 지지의 원천이 된다. 생존자가 자신의 고유한 이야기를 나누면, 집단은 보편성이라는 깊이 있는 경험을 제공한다. 집단은 생존자의 증인이 되며, 따라서 개인적이고도 사회적인 의미를 보유한다. 생존자가 한 명의 타인에게 이야기를 전한다면, 증언에는 비밀과 고해의 측면이 두드러질 것이다. 같은 이야기를 집단에서 전한다면, 증언한다는 의미는 법적이고 공식적인 측면으로 전환된다. 집단은 개별 생존자가 자신의 이야기를 넓혀 가고, 가해자에게서 해방되며, 소외되어 왔던 큰 세상이 실은 충만한 곳임을 다시 인정할 수 있도록 돕는다.

외상 경험에 집중하는 외상 집단은 탄탄한 구조화를 토대로 드러내기 작업을 명백하게 지향해야 한다. 집단을 위해서는 적극적인 지도자, 높은 수준으로 전념하는 준비가 잘된 구성원, 그리고 과제에 대한 명백한 정의가 필요하다. 심리학자인 어윈 파슨은 참전 군인 집단을 지도했다. 그는 탄탄한 조직력이란 무엇인지 전달하기 위하여 집단을 소대(小隊)에 비유했다. 〈지도자는 의미 있는 집단 구조를 확립할 수 있어야 한다. 집단의 목표(임무)를 확립하고, 가로질러 가야 할 (정서적) 특정 지형을 계획해야 한다.〉[19] 이러한 비유는 군대 경험을 공유하는 집단 구성원에게 적절하다. 다른 유형의 외상을 경험한 생존자라면 다른 언어와 다른 비유에 반응할 것이다. 하지만 각기 다른 유형의 외상을 경험한 다양한 사람들이라고 해도, 외상 집단의 기본 골격은 유사하다.

나와 에밀리 샤초가 개발한 근친 강간 생존자 집단은 외상 집단의 한 모형이다.[20] 이 모형은 내적으로 논리적이고 일관적이면서도, 광범위한 변주를 허용한다. 이 집단의 구조에는 두 가지 핵심적인 특징이 있다. 시간제한이 있다는 것과 개인적인 목표에 초점을 둔다는 것이 그것이다. 시간제한은 몇 가지 목표를 달성하기 위해 필요하다. 이는 신중하게 정의한 작업을 수행할 수 있도록 돕는 울타리를 세워 준다. 이는 강도 높은 정서적 기후를 촉진시키면서도, 그 강도가 영영 지속되지는 않을 것임을 보장해 준다. 또한 생존자가 다른 생존자와 빠르게 결속하게 해주어, 제한적이고 배타적인 정체성을 갖지 않도록 돕는다. 시간 길이를 정확히 맞추는 것보다 시간이 제한되어 있다는 사실 자체에 중요한 의미가 있다. 우리가 진행한 근친 강간 생존자 집단은 대개 12주 동안 지속되었지만, 어떤 집단은 4개월, 6개월, 혹은 9개월 동안 지속되기도 했다. 이렇게 시간적 틀이 넉넉한 경우라면 집단 과정은 더욱 여유로운 속도로 진행된다. 하지만 그렇다 해도 개인의 역량 강화와 보편성의 공유라는 지향점에는 변함이 없다. 아무리 오랫동안 지속된 집단이라도, 집단 활동이 끝나고 나면 참여자들은 대개 시간이 더 필요하다고 말한다. 그러나 참여자 대부분은 끝을 제시하지 않는 집단은 원하지도 않으며 또한 버틸 수도 없다고 말한다.

개인적인 목표에 초점을 두게 되면 드러내기 작업에서 통합성과 역량 강화라는 밑바탕을 다질 수 있다. 개별 참여자는 제한된 시간 내에 외상과 관련하여 달성하고자 하는 구체적인 목표를 정의하게 된다. 집단으로부터 도움을 얻으면서 의미 있는 목표의 윤곽을 그리고, 이를 달성하기 위해 필요한 행동을 취할 수 있다. 가장 많이 선택하게 되는 목표로는 새로운 기억을 회복하거나 다른 사람에게 이야기를 전하는 것이 있다. 따라서 외상 이야기를 나눈다는 행위는 단순한 표출이나 카타르시스의 목적을 넘어선다. 이것은 적극적으로 숙달되기 위한 수단이다. 생존자는 집단의 지지를 얻으면서 도저히 감당할 수 없을 것 같았던 정서에 도전할 수 있게 된다. 개개인이 보여 주는 용기와 성공에 관한 이야기는 공포와 비탄에 잠겼던 집단에게 낙관과 희망의 영감을 불러일으킨다.

집단 작업은 과거의 외상 경험을 공유하는 데 초점을 두며, 현재의 대인 관계 문제는 다루지 않는다. 이 집단에서 집단 구성원 간의 갈등과 차이를 다루는 일은 그다지 적절하지 못하다. 사실상 이 때문에 집단이 과제에서 이탈할 수 있다. 지도자들은 나눔을 증진하고 갈등을 줄이기 위해 적극적으로 개입해야 한다. 예를 들어 시간 분배 문제를 보자면, 외상 집단의 지도자는 집단 구성원들끼리 시간 분배를 서로 모색하도록 허용하기보다는 모든 구성원이 이야기할 기회를 갖도록 확실히 할 책임이 있다.

외상 집단은 적극적으로 참여하는 지도자를 요구한다. 지도자는 집단 과제를 정의하고, 안전한 기후를 조성하며, 모든 집단 구성원이 확실히 보호받을 수 있도록 점검할 책임이 있다. 집단 지도자란 정서적으로 벅찬 일이다. 왜냐하면 지도자는 증인이 되는 예시를 설정해야 하기 때문이다. 그는 구성원들에게 압도되지 않으면서도 이야기를 듣는 모습을 보여 주어야 한다. 홀로 버티는 일이 항상 그러하듯이, 집단 지도자들 대부분은 견뎌 내는 일이 자신에게도 쉽지 않다는 것을 발견한다. 이러한 이유로 공동 지도자를 제안하는 바이다.[21]

보조 지도자와의 협력은 집단 전체에 이로운 일이다. 보조 지도자들은 상호 보완이라는 예시를 제공할 수 있기 때문이다. 지도자들 사이에서 불가피하게 일어나는 차이를 해결해 나가다 보면 갈등과 다양성에 대한 집단의 인내력이 높아진다. 그러나 지도자들 사이에서 동료 간 협력이 아닌 지배와 복종의 역동이 시연될 때 안전의 기후는 생성될 수 없다. 지위가 높은 남성과 지위가 낮은 여성이 집단 지도자가 되는 전통적인 지도 형태는 외상 생존자 집단에게 절대적으로 부적절하다. 그러나 불행하게도 이는 여전히 흔한 일이다.[22]

첫 단계 집단에서 집단 경계는 융통성 있고 개방되어 있지만, 외상 집단에서는 집단 경계를 엄격하게 지켜야 한다. 구성원들은 빠르게 서로에게 애착을 느끼고, 서로의 존재에 의존한다. 한 구성원이 떠나거나 일시적으로 부재하기만 하여도 크게 해로울 수 있다. 시간제한 집단에서, 구성원은 매번의 회기에 참석할 수 있도록 계획을 짜야 하며, 집단은 시작된 이후에는 새로운 구성원을 받아들이지 않는다.

과제가 담고 있는 정서적인 강도 때문에, 외상 집단의 구성원을 선별할 때에는 특별히 주의를 기울여야 한다. 이 집단은 참여자들에게 높은 수준의 준비성과 동기를 요구한다. 집중된 드러내기 작업에 참여할 준비가 되어 있지 않은 구성원을 포함시킨다면 집단이 혼란스러워질 뿐만 아니라 그 개인에게도 해로운 일이다. 때문에 대규모의 〈마라톤〉 집단과 같이 보호되지 않고, 참여자를 선별하지 않는 집단에서 외상 주제를 드러내는 작업을 진행하는 것은 좋은 생각이 아니다.

안전과 자기 보호가 안정적으로 확립되었고, 증상을 온당히 통제할 수 있고, 믿을 만한 사회적 지지를 지니며, 막중한 노력을 기울일 수 있게 허용하는 환경에 속해 있다면, 생존자는 외상 집단에 들어설 준비가 되었다. 그러나 생존자 역시 집단의 전 과정에 충실하게 참여하고 자발적으로 전념해야 하고, 또한 집단에 대한 걱정과 두려움보다 다른 이들에게 다가서고자 하는 자신의 욕구가 더 크다고 온당히 확신할 수 있어야 한다.

집단은 참여를 요구하는 만큼, 그 보상을 제공한다. 강한 집단 응집력은 특히 빠르게 발달한다. 집단 초기에 대개 참여자들은 고통스러운 증상이 악화되었다고 보고하지만, 동시에 서로를 발견해 간다는 점에서 일종의 행복을 느끼기도 한다. 처음으로 인정받고 이해받는다는 느낌이 든다. 이렇게 강하고 즉

각적인 결속은 단기적인 단일 집단에게 예상되는 속성이다.[23]

외상 집단에서 발달하는 응집력은 참여자들이 기억하고 애도하는 과제에 착수할 수 있도록 돕는다. 집단은 외상 기억을 회복하기 위한 힘찬 추진력을 제공한다. 각각의 집단 구성원이 이야기를 재구성해 가면, 구체적인 이야기는 또한 듣고 있는 각자에게 늘 새로운 회상을 일깨워 준다. 우리의 근친 강간 생존자 집단에서 기억을 회복하는 것을 목표로 삼았던 구성원 대부분이 그렇게 할 수 있었다. 기억 상실로 곤경에 처한 여성들은 기억하는 만큼이라도 이야기를 할 수 있도록 격려받는다. 변함없이, 집단은 새로운 기억으로 다리를 놓아 주는 생기 있는 정서적 관점을 제공한다. 때로는 새로운 기억이 너무나 빨리 찾아올 때가 있으므로, 개인과 집단이 감내할 수 있는 한계를 유지할 수 있도록 과정을 늦추는 일도 필요하다.

다음은 에밀리 샤츠와 내가 진행했던 근친 강간 생존자 집단의 한 회기이다. 집단은 한 구성원이 기억을 복구하고 통합할 수 있도록 도왔고, 그 구성원은 차례로 다른 참여자들에게 영감을 전하였다.

로빈: 지난주는 조금 힘들었어요. 다른 분들도 이러는지 모르겠어요. 내게로 다시 엄습하는 그런 심상들이 있어요. 정말 무시무시해요. 기억과는 다른데, 뭐랄까, 〈세상에! 정말 너무 지독해!〉 이러다가도, 〈아니야, 그런 일이 일어났을

리 없어〉라고 밀쳐 내기도 해요. 그러다가 정말 무서워져서, 이 심상을 집단에서 나누고 싶어졌어요.

아버지가 알코올 의존자였다고 전에 말했죠. 술을 먹으면 아버지는 정말 폭력적이었어요. 엄마는 나와 여동생을 아빠에게 맡기곤 했어요. 내가 열 살즈음이었던 것 같은데. 우리 집은 명확하게 기억이 나지만, 기억에 남지 않은 것은 별로 알고 싶지 않은 한 방이에요. 그 방 안에서 아버지가 나를 쫓아다니는 그런 심상 때문에. 침대 밑에 숨으려고 했는데 아버진 나를 붙잡았죠. 강간당한 기억은 없어요. 그저 아버지가 끔찍한 말을 퍼붓는 것만 기억나요. 아버지는 계속해서 〈내가 원하는 건 그 작은 고것뿐이야〉라고 했어요. 또 하고 또 하고 또 하고 또.

그리고 다음날 밤에 나는 무서운 악몽을 꾸었어요, 아버지가 나와 섹스를 하는. 끔찍하게 고통스러웠어요. 꿈에서 나는 엄마를 부르려고 애썼는데, 아무리 소리를 질러 대도 엄마는 듣지 못했어요. 크게 부르짖지도 못했죠. 그래서 꿈속에서 내가 한 일이라곤 내 몸과 내 정신을 분리하는 것이에요. 정말 이상했어요. 깨어나자 온몸이 떨리더라고요. 내가 여기서 이야기하고 싶은 이유는. 그 심상은 정말 무시무시하지만, 그러면서도 어떤 일이 일어났었는지 사실 확신이 서지 않아서요. 그래서 다른 분들에게 묻고 싶어요, 이 심상이 나아지긴 하는지. 그래, 나아지는 것은 아니지만, 더 명확해지기라도 하는지 말이에요.

로빈이 말을 마치자, 침묵이 인다. 구성원과 두 명의 지도자가 응답한다. 처음에는 집단 구성원인 린지가 수용과 지지를 전한다. 그 후 지도자 중 한 명은 로빈에게 집단으로부터 추가적인 피드백을 받고 싶은지를 묻는다. 듣고 있었던 사람들은 질문을 하고 견해를 내보이면서 참여해 가기 시작한다. 그러자 로빈은 좀 더 구체적인 기억으로 나아가는 동시에, 기억을 믿을 수 있을까 싶은 혼란과 의심을 나누었다.

린지: 심상들은 점점 명확해질 거예요. 처음 로빈이 ─ 잘 모르겠지만 ─ 방 안에서 쫓겨다니는 백일몽을 가졌을 때, 로빈은 실제 아무런 〈느낌〉이 없었잖아요. 그런데 그 뒤 꿈속에서, 로빈은 〈통증〉을 느꼈고, 도움을 외쳤어요. 제 경우에는, 어떤 느낌은 있는데 그것이 무엇인지 명확히 알 수 없고, 그것이 어디에서 오는지도 모르겠다는 문제가 있어요. 그래서 제 생각에 로빈은 한 걸음 나아간 것 같은데, 왜냐하면 심상과 느낌 두 가지를 다 지니고 있기 때문이죠. 몸과 정신이 분리된다니 〈정말로〉 무서워요. 나도 그런 종류의 느낌이 들었는데, 그럴 때에는 〈이게 누구 몸이지?〉 하고 의아해해요. 그렇지만 난 이것이 일시적이고, 다룰 만하고, 영영 지속되지는 않을 거라고, 그저 내가 통과해야 하는 무엇이라

고 스스로에게 말하고는 해요.

샤초: 로빈의 질문은 기억을 회복하는 과정에서 과연 사람들이 심상에서부터 시작할까 궁금한 건가요?

로빈: 네.

라일라: 저는 정말 그랬어요. 처음에는 작은 단편에서, 꿈으로, 그러고는 느낌으로.

로빈: 그래요, 그러니까 일어난 일에 대한 전체 이야기는 가지고 있었는데, 이번 것은 마치 이야기의 잃어버린 조각 같은 것이었죠. 제 여동생과 저는 결국 양부모를 만났는데, 그러고는 무슨 일이 일어났는지 절대 알 수가 없었어요. 그 당시 저는 아버지가 우릴 돌보질 못해서 어쩔 수 없이 우리를 포기해야 했을 거라고 생각했거든요. 그런데 제가 회복해 가는 이런 심상들을 뭐라고 하지요?

린지: 일어난 일이요.

허먼: 경험들이요.

로빈: 고마워요. 회복해 가자 마치 누군가가 아버지로부터 우리를 빼앗은 것 같았어요. 제게는 가출해서 길거리에 있다가, 그 후에 양부모를 만나는 그런 심상이 있거든요. 그 모든 조각이 다 맞춰져 있어요. 가출하는 부분까지도. 그런데 아직도 방 안의 조각은 없어요. 그런데 막 이번 주에 일어난 거예요. 너무나 어린아이에게 그런 일이 일어났다니 믿을 수 없어요. 나는 겨우 열 살이었어요.

라일라: 저도 그 나이였어요.

벨르: 세상에!

로빈: 그런데 믿을 수 있을까요?

린지: 지금은 〈믿어요〉?

로빈: 아직도 그 일이 〈내게〉 일어났다니 믿기 어려워요. 믿는다고 말하고 싶고, 확신을 갖고 싶은데, 잘 안 돼요.

코린: 심상을 알고 있는 것만으로 충분해요. 제 말은 성경책을 쌓아 두고 그 앞에서 맹세할 필요는 없다는 거죠.

이 시점에서 로빈은 웃기 시작한다. 대화가 계속되면서, 다른 이들도 웃음에 동참한다.

로빈: 아이참, 그 말을 들으니 속이 너무 시원하네요!

코린: 로빈도 알다시피, 이제 머릿속에 있으니, 그것과 맞서야 해요.

로빈: 그런 말은 마세요!

코린: 글쎄요, 우리 모두가 하고 있는걸요.

이때는 회기가 끝날 무렵이다. 마무리하면서, 지도자 중 한 명이 로빈에게 피드백을 전한다.

허먼: 여러분 대부분이 그러하듯이, 로빈은 집단에 참여

하는 만큼 진실로 응답하고 있어요. 제 생각에, 로빈은 일어났던 일로 되돌아가서 그것을 경험할 수 있을 정도로 충분히 안전한 것 같습니다. 예전에는 할 수 없었죠. 너무 지독했으니까요. 그리고 지금 겪는 일에 대해 굉장히 큰 용기를 가진 것 같아요. 이곳에서 이야기해 줄 때에도, 우리를 아끼고, 또 스스로를 아끼는 방식으로 해주었지요. 또한 마지막에 단지 몇 분만을 요청하면서, 〈어쨌거나, 기억이 점차 되돌아오고 있다니 두려워요〉라고 했지요. 로빈이 겪고 있는 것을 우리가 이해하고 있다는 점을 알아 주었으면 좋겠어요. 그리고 그것을 나눌 시간이 로빈에게 더 많이 주어져 있습니다. 사람들은 감당할 수 있고 들을 수 있어요. 그로부터 우리를 보호하지 않아도 됩니다.

로빈: 아휴! 그거 다행이에요.

회기가 끝나기 직전에, 조용히 듣고 있던 구성원이 마무리 말을 보탠다.

벨르: 방금 우리를 보호하는 것에 대해 말했을 때, 난 여기 앉아서 〈우리가〉 확실히 강하다는 생각을 했어요. 왜냐하면 우리가 그동안 그렇게 겪고도 여기까지 살아남았잖아요. 그리고 그 와중에 어쩌면 우리 주변 사람들은 전부 다 약한 사람들이고, 우리가 〈그들을〉 보호해 주어야 할지도 몰라요.

왜 그들이 우리를 보호하는 게 아니라 우리가 그들을 보호하게 되었는지 모르겠어요.

이 회기는 외상 기억이 해리된 심상에서 정서적 이야기로 전환되는 순간을 포착한다. 다른 구성원들은 로빈에게 피드백을 전하면서 약속하고 있다. 이들은 로빈의 경험을 인정하고, 로빈 스스로 감정에 더욱 관심을 기울이도록 격려하며, 다른 이들 또한 로빈의 감정을 인내하고 로빈이 이를 견딜 수 있도록 돕겠다고 약속한다.

다음 회기에서 로빈은 기억을 완전하게 회복하였다. 그리고 감정이 담긴 기억을 사랑하는 사람에게 말해 주었다고 했다. 그녀는 더 이상 의심으로 괴롭지 않다. 집단은 전반적인 치유 과정에서 기억을 풀어내는 데 담긴 의미를 숙고하기 시작한다.

코린: 전 로빈의 절망과 절규를 공감할 수 있어요, 제가 몇 달 전에 그랬거든요. 저는 성적인 기억이 처음 떠오른 며칠 동안 〈너무 무서워, 너무 무서워〉 하면서 지냈어요. 두려움 속으로 되돌아가야 한다니 너무나 끔찍하죠.

로빈: 그래요. 이 집단이 아니었다면 못 했을 것 같아요. 혼자서는 결코 못 했을 거예요.

라일라: 되돌아가는 것에 대해 의문이 있어요. 완전하다고 느껴질 만큼 충분히 되돌아가는 지점에 이를 수 있게 되

나요?

린지: 제 생각엔 계속해서 과거로 돌아가야 하는 것 같아요.

코린: 그렇지만 부담은 점점 줄어드는 것 같아요. 처음 기억하게 될 때, 처음으로 머릿속에 비명이 울릴 때, 정말 놀라면서 모든 감각이 열리죠. 그런데 그런 일이 충분히 일어나고 나면, 어찌 보면 마치 〈그래, 그런 일이 있었지〉 싶기도 하고. 〈미친 개자식!〉 그렇게 되기도 해요. 그리고 지금은 이래요. 뭐냐면, 한동안은 그로부터 떠날 수 있고, 혹은 아마 절대 떠나지 못하더라도 그 비탄과 분노를 극복할 수 있게 돼요.

허먼: 제가 보기에, 영영 가버리는 것 같지는 않아요. 그렇지만 어떻게든 당신을 장악해 버리는 속성, 잘 살고 있는 당신을 멈추게 만들고 완전히 파멸한 것처럼 느끼게 만드는 그 능력은 사라지나 봐요. 그것은 힘을 잃어 가지요.

라일라: 로빈도 그것이 힘을 잃은 것 같나요?

로빈: 많이는 아니요! 그렇지만 그래요, 아주 조금. 무슨일이 일어났는지를 한번 이해하게 되자, 그것을 조금 더 통제할 수 있는 것 같아요. 정말 나를 두렵게 했던 것은, 무지막지한 두려움은 있는데 그것이 뭔지 도무지 알 수 없다는 점이었죠. 알게 되는 건 결코 쉬운 일은 아니지만, 최소한 더나은 일이죠. 왜냐하면 이제 나는 누군가와 이것을 나눌 수

있고, 말할 수 있어요, 〈이것 봐! 나는 살아남았고, 그게 나를 아주 심하게 망가뜨리지는 못했어〉라고.

제시카: 그런 감정들 속에서도 살아남을 수 있다는 걸 들으니 희망이 생겨요.

이 대화는 집단 구성원이 외상 기억을 회복할 때 느끼는 공포와 혼란스러움을 견딜 수 있도록 서로를 도와 가는 과정을 묘사하고 있다. 유사하게, 집단 구성원은 애도의 고통을 견디면서 서로를 도울 수 있다. 다른 집단 구성원이 증인으로 존재해 준다면, 혼자 견디기에는 너무나 압도적인 비탄도 표현할 수 있게 된다. 집단은 애도를 나누면서 새로운 관계에 대한 희망을 촉진시킨다. 집단은 개별적 비탄에 일종의 절차와 의례적 장엄함을 부여한다. 이는 생존자가 과거의 상실에 경의를 표하면서도, 현재의 삶을 다시 살아갈 수 있게 해준다.

집단의 창조성은 애도의 의례와 추도를 나눌 수 있는 구조 속에서 샘솟을 때가 있다. 한 집단의 참여자는 근친 강간의 비밀을 개방한 이후에 가까운 가족으로부터 추방당했던 이야기를 했다. 집단은 비밀을 드러낸 일을 철회하지 않겠다는 생존자의 결심을 지지하면서도, 가족으로부터 받는 소외가 얼마나 고통스러운지를 이해하였다. 집단의 지지를 통해서, 그녀는 가족 안에서 가장 소중하게 여겼던 것에 대해 슬퍼할 수 있었다. 소속감, 자부심, 그리고 충실함. 그녀는 이름을 바꾸기로 결정하면서 애도를 완성하였다. 집단 구성원은 그녀를 생존자의 〈새로운 가족〉으로 환영하면서 법적인 문서에 서명했음을 축하하는 의식을 열었다.

집단 구성원이 비탄을 나눌 때, 불편하기만 한 장엄한 분위기에서 접근할 필요는 없다. 사실, 집단은 기분을 밝게 만드는 많은 계기를 제공한다. 집단 구성원은 유머를 포함하여, 미처 발견하지 못했던 서로의 힘을 이끌어 내는 능력을 가지고 있다. 때로는 가장 고통스러운 감정도 웃음을 나누면서 해독될 수 있다. 예를 들어 사람들이 복수 환상이 얼마나 웃긴 구석이 있는지 알아차리게 될 때, 그것은 그 무시무시한 힘을 잃어버리게 된다. 다른 한 근친 강간 생존자 집단에서는 즐거움을 통해 복수 환상이 감당할 만한 정도로 변해 갈 수 있었다. 집단에 대한 강한 신뢰감이 이미 확립된 집단 활동의 끝 무렵에 이 같은 대화가 이루어졌지만, 24세 여성인 멜리사는 복수라는 주제를 처음 끄집어 내면서 주저하고 조심스럽다.

멜리사: 나를 강간한 그 남자애를 생각해요. 걔가 빠져나갔다니 너무나 화가 나요. 아직도 그 애의 밉살맞은 얼굴이 보여요. 그 애 얼굴을 할퀴어서 큰 흉터라도 남기고 싶어요. 의견을 듣고 싶어요. 제가 너무 화를 내서 모두 불쾌한가요?

집단은 모두 〈아니요!〉 하고 합창으로 반응한다. 다른 구성원들은 자신의 복수 환상을 꺼내 놓으면서 멜리사를 격려한다.

마르고: 개가 한 짓에 비하면 할퀴는 건 너무 약하죠.

멜리사: 글쎄요, 사실, 또 다른 생각도 있어요. 사실, 방망이를 휘둘러 개 무릎을 부서뜨리고 싶어요.

로라: 당해도 싸지. 저도 그런 환상이 있었죠.

마르고: 계속해요, 멈추지 말고요!

멜리사: 전략적으로 한쪽 무릎을 부서뜨리고 그다음에 다른 쪽 무릎으로. 그렇게 하면 개가 무력해지겠죠. 그러면 내가 어떻게 느꼈었는지 개도 알게 될 거예요. 제가 너무한가요?

어김없이 〈아니요!〉 하고 큰 소리로 합창한다. 어떤 집단 구성원은 이미 킥킥거리기 시작했다. 복수 환상이 더욱더 엉뚱해질수록 집단은 즐거운 웃음 속으로 녹아 들어간다.

로라: 무릎으로만 끝낼 거예요?

마르고: 맞아요, 제 친구를 하도 귀찮게 구는 남자가 있었어요. 손을 봐주고 난 다음에는 말썽을 훨씬 덜 부렸다고 하더라고요.

멜리사: 다음번에 누군가 나를 길가에서 건드리면, 조심해야 할걸요. 길거리에서 기어 다니도록 만들 거예요.

마르고: 그때 버스가 오고요!

멜리사: 개 눈알을 뽑아 버리는 것처럼 〈역겨운〉 짓은 안 할래요. 개가 자기 무릎을 〈봐야〉 하거든요!

이 마지막 일격에 모두들 배꼽을 잡고 뒤집어졌다. 조금 지나 웃음이 사그라지고, 몇몇 여성이 눈물을 닦아 내자 집단은 다시 심각해진다.

멜리사: 난 보여 주고 싶어요. 나를 강간한 그 남자애가 내 몸은 부서뜨릴 수 있었지만, 내 영혼은 파괴하지 못했어요. 절대로 부술 수 없어요!

함께 웃었지만 말은 하지 않고 있던 한 여성이 대답한다.

키라: 그렇게 강해 보이니 훌륭해요. 그가 무슨 짓을 했던 간에, 멜리사의 영혼은 건드리지 못했어요. 그건 정말 사실이에요.

가장 조용하고 내성적인 구성원도 두려워하지 않고 웃음에 동참할 수 있다는 것을 아는 마음과 함께, 이 집단의 여성들은 자유롭게 자기 환상을 풀어 나갈 수 있었다. 환상을 나누면서 복수의 강도는 점차 줄어들었고, 여성들은 더 이상 복수가 필요하지 않다는 사실을 깨달아 갔다.

외상 집단에는 시간제한이 있기 때문에, 통합 작업은 대화가 종결될 무렵에 달성된다. 근친 강간 생존자 집단에서 종결 과정은 엄격히 구조화된 형식을 따르며, 모든 집단 구성원은 작별 의식에 커다란 노력과 관심을 기울인다. 모든 참여자는 집단에 참여했던 동안의 성과를 평가하고, 앞으로의 회복 작업에 대한 기대를 글로 준비하게 된다. 또한 다른 모든 구성원을 위해 비슷한 종류의 평가를 준비하며, 집단 지도자에게 피드백을 제공한다. 마지막으로, 모든 사람은 집단 구성원 한 사람 한 사람을 위한 상상의 선물을 마련한다.[24] 다른 사람에게 피드백을 전하면서, 집단 구성원들은 충만한 공감, 상상, 즐거움을 표현한다. 모든 사람은 각자가 성취해 낸 경험뿐만 아니라, 손에 잡히는 집단의 기억거리들을 가지고 돌아간다. 상상의 선물은 자기 안의 일부를 나누고 싶은 집단 구성원의 소망을 반영하기도 한다. 한 작별 의식에서, 대담하고 거리낌 없었던 어느 구성원은 더 과묵한 구성원이었던 요한나에게 이러한 작별의 피드백을 주었다. 「요한나, 모든 일이 아주 잘되기를 빌어요. 당신이 그 강한 요한나를 붙들고 다시는 스스로를 저버리지 않기를 빌어요. 그리고 당신의 존재를 위해 이 지구상에서 싸울 수 있는 힘이 생기길 빌어요. 그리고 당신이 믿고 있는 것을 위해 싸우겠다고 결심할 수 있기를 빌어요. 당신의 독립성, 자유, 건강한 결혼, 공부, 직장, 그리고 〈오!〉 소리 나는 오르가슴도! 그리고 뼈다귀에 살도 좀 붙어야 하지만 담배를 태울 성냥은 없어야죠! 그러나 무엇보다도 요한나, 당신이 어떤 사람이고 누구이든지, 스스로를 존중할 수 있게 되기를 빌어요.」[25]

엄격하게 구조화되고, 형식화되고, 의식을 갖춘 반영 과제들은 다른 여러 외상 집단에도 적용되어 있다. 심리학자인 예일 피시먼과 제이미 로스는 추방당한 고문 생존자를 위한 집단에 대해 설명했다. 이 집단에는 〈증언〉을 기록하는 기법이 통합되어 있으며, 집단 구성원은 서로의 경험을 이야기할 수 있다. 〈다른 사람이 표현하는 개인적인 감정에 귀 기울이면서, 참여자들은 자신의 감정을 통제할 수 있게 도와주는 새로운 관점을 얻는다. 일련의 이야기를 들 으면서, 그들은 보편성을 경험한다.〉[26] 유사하게, 나치 홀로코스트 생존자 집단에서 야엘 다니엘리는 살해당했거나 살아남은 모든 가족 구성원을 포함하는 완전한 가계도를 재구성하는 과제를 각 가족에게 부여한다. 그리고 이 가계도를 더욱 너른 집단과 함께 나눈다.[27] 이 사례에서 집단 구성원이 과거의 압도적인 기억 속으로 침잠해 가면서도 보호를 받을 수 있는 것은 엄격하게 구조화된 과제를 통해서이다. 나눔의 의례는 과거에 홀로 있어야 했던 순간들이 떠오르는 가운데에도 현재는 연결되어 있다는 느낌을 뚜렷하게 상기시켜 준다.

집단 구성원이 서로에게 기원해 준 〈당신이 누구이고 어떤 입장에 처해 있든 스스로를 존중할 것〉이라는 작별 인사는 일반적으로 외상 집단이 완결된 이후에 탄생한다. 근친 강간 생존자 집단을 수료한 사람들은 집단이 끝나고 6개월 뒤 추후 질문지를 작성하도록 부탁받았는데, 스스로를 향한 감정이 개선되었다는 점이 일관적으로 나타났다. 대다수(80퍼센트 이상)는 수치심, 고립감, 낙인의 느낌이 사라졌고, 스스로를 더 잘 보호할 수 있게 되었다고 보고했다. 그러나 삶이 개선되기만 한 것은 아니었다. 자기감이 회복되면 대인 관계가 개선될 수 있지만, 그렇지 않을 수도 있다. 많은 사람은 가족 관계와 성생활이 실제로 더 악화되었거나, 갈등이 더 많아졌다고 보고하기도 한다. 왜냐하면 이들은 더 이상 자신의 소망과 욕구를 경시하지 않기 때문이다. 한 생존자는 변화를 이렇게 설명했다. 「내 생각에 이런 경우에는 〈악화〉되는 것이 더 〈낫다〉. 나는 거리를 유지하려고 노력하고, 그래서 안전하다! 나는 내가 어떻게 느끼고, 무엇을 필요로 하는지에 대해 더 열린 마음으로 받아들인다. 더 이상 이용당하거나 학대받고 싶지 않다.」[28]

유사한 결과는 외상 후 스트레스 장애를 가진 참전 군인들에 대한 추후 연구에서도 보고되었다. 이들은 입원 치료를 통해 시간이 제한된 집중적인 집단 프로그램을 수료하였다. 남성들은 일반적으로 자기 존중감이 개선되었고, 고립감이 감소했다고 말했다. 보호된 집단 환경 안에서 과거에 직면한 이후로, 정서적 둔감화가 사라졌다. 수치심과 무디어진 회피에서 빠져나온 이후로, 대인 관계는 자연스럽게 개선되었다. 참전 군인들의 치료 보고는 근친 강간 생존자 집단의 증언과 비슷하게 읽힌다. 남성들이 반복적으로 언급했던 집단의 가장 중요한 효과는 신뢰하고, 보살피고, 자기를 수용할 수 있는 능력을 회복하게 된 데 있었다. 한 참전 군인은 이렇게 표현했다. 「그 무엇보다도, 나는 어딘가에 속해 있다는 느낌을 얻었다. 무언가의 일부라는 게 이리도 좋다.」[29]

참전 군인 집단의 추후 연구는 한계점도 제안하였다. 남성들은 대체로 스스로에게 좋은 감정을 갖게 되었고, 다른 사람과 더 연결되어 있다고 느꼈지만, 침투 증상은 거의 변화되지 않았다고 보고하였다. 대부분은 여전히 플래시백, 수면 장해, 악몽 등을 호소하였다. 유사하게, 근친 강간 생존자 집단 과정을 수료한 참여자 대부분은 여전히 플래시백으로, 특히 성관계 동안의 플래시백 때문에 괴롭다고 호소하였다. 집단 치료는 개인 치료가 수행하는 외상 이야기의 집중적이고 개인적인 탐색을 보완할 수는 있지만, 이를 대체하지는 못한다. 개인 치료보다는 집단 치료에서 외상 증후군의 사회적이고 관계적인 차원을 더 완전하게 다룰 수 있지만, 외상의 생리 신경증을 다루기 위해서는 외상 기억을 둔감화시키는 매우 구체적이고 개별적인 집중 치료가 필요하다. 완전한 회복을 위해서는 치료의 양쪽 측면이 모두 갖추어져 있어야 한다.

시간제한적이고 목표 지향적인 집단 모형은 몇 가지 변동을 통해서 다양한 형태의 외상 생존자들에게 폭넓게 적용될 수 있다. 반대로 시간이 개방되어 있고, 구조화가 덜 이루어진 집단은 드러내기 과제에 적합하지 못하다. 이러한 집단 모형은 도전하는 데 필요한 안전이나 중심점 중 그 어느 것도 제공하지 못한다. 그러한 모형이 외상 생존자에게 성공적이라고 증명된 사례는 단지 몇 가지뿐이다. 두 해 동안 진행된 다중 인격 장애 여성 집단에서, 집단은 세 가지 단계를 통해 점차 발전한 것으로 보인다. 첫 해에는 천천히 신뢰를 쌓고, 증상을 다루는 데 초점을 두었다. 두 번째 해가 시작될 무렵에는 과거 외상을 논하기 시작했다. 그리고 두 번째 해의 중반에 이르러서 구성원 사이의 갈등을 해결하기 시작했다.[30] 이 인상적인 결과가 반복될 수 있는지 확인하기 위해서는 치료 효과 연구가 필요할 것이다.

재연결을 위한 집단

생존자가 세 번째 단계로 진전하였다면, 선택의 여지는 확장된다. 우선순위를 어떻게 정의하는가에 따라서 여러 가지 다른 종류의 집단이 각기 유용할 것이다. 물론 외상과 관련하여 현재보다 만족스러운 대인 관계가 발달하지 못하도록 방해하는 구체적인 문제를 다루고자 한다면, 외상 집단이 가장 적합할 것이다. 예를 들어 아동기 학대 생존자는 가족 관계를 확실히 방해하고 있는 은폐된 나머지 문제를 해소하고 싶을지도 모른다. 가족에게 드러내는 일을 준비하고 있다면 시간이 제한된 외상 생존자 집단이 가장 적합하다. 집단 구성원들은 서로의 가족 역동을 이해하는 데 거의 기묘할 정도의 능력을 갖추고 있다. 각자가 자기 친척들 앞에서는 꼼짝없이 무력하게 느낄지라도, 다른 가족에 관해서는 그러한 억제를 지니지 않는다. 다른 생존자들이 가진 풍부한 자원, 상상력, 유머 등은 침해된 가족 관계에서 변화를 협상해 내고자 시도하는 개인에게 헤아릴 수 없는 도움을 제공한다.

유사하게, 외상 후 성기능 장해는 시간이 제한된 집중적인 집단 치료에서 흔히 다루어지는 문제이다. 이 분야에서 엄격한 방법론을 갖춘 연구를 수행했던 심리학자 주디스 베커와 그의 동료들은 외상과 관련된 성 문제의 개인 치료와 집단 치료 10회기의 결과를 비교하였다. 개인 치료와 집단 치료 모두 행동주의 치료를 지향하고 있었으며, 명백하게 정의된 기법과 목표를 가지고 있었다. 각 참여자는 〈공포를 유발하는 성적인 상황, 행동, 상호 작용에 점진적으로 노출되는 기법을 통해서 자신의 섹슈얼리티에 대한 통제 획득〉을 목표로 삼았다.[31] 개인 치료와 집단 치료 모두 강간 플래시백과 같은 외상 증상을 매우 효과적으로 통제하였다. 그러나 3개월이 지난 후, 집단 치료는 모든 측면에서 개인 치료를 월등하게 능가하였다. 집단에 참여했던 여성들은 치료 효과가 더 포괄적이고 지속적이었다고 보고하였다.

마찬가지로, 자기방어 교실과 같은 집단 환경은 과각성이나 공포와 같은 잔여 문제를 생산적으로 다룰 수 있다. 비록 자기 방어 교실이 치료는 아닐지라도, 자기방어 교실은 시간이 제한된 과제 중심적인 집단과 유사한 경험을 제공한다. 섬세한 자기방어 지도자들은 치료라고 단언하지는 않으나, 작업 안에 높은 정서적 강도가 놓여 있음을 인식하고, 심리적으로 안전한 환경을 설정할 책임이 있다는 점을 이해하고 있다. 생존자는 집단의 지지를 바탕으로 두려움에도 불구하고 새로운 배움 속에 뛰어들 수 있도록 격려받고, 다른 이들의 도전을 바탕으로 희망과 영감을 제공받는다. 멜리사 솔트는 여성에게 자기방어를 지도하는 데 집단이 힘의 원천이 되기 때문에 중요하다고 강조했다. 〈열다 섯 명의 사람들이 당신의 성공을 위해서 환호하고 있다고 생각해 보라. 이러한 사회 문화적 환경 속에서 살고 있는 여성에게 이는 그리 흔한 경험이 아니다. 이러한 연결은 공포 반응이나 얼어붙는 반응을 줄일 수 있도록 도와준다. 이후에 자기방어 훈련을 활용해야 하는 위험에 처하게 되었던 사람들은 위험한 상황에서 환호하는 집단의 소리, 그 목소리들을 실제로 들을 수 있었다고 말하고는 한다.〉[32]

외상 집단은 세 번째 단계에 남아 있는 특정한 문제들을 다루는 데 유용할 수 있지만, 관계와 관련된 폭넓은 어려움은 대인 관계 심리 치료 집단에서 다루는 게 더 좋다. 많은 생존자는,

특히 지속적이고 반복적인 외상을 견뎌 낸 사람들은, 외상으로 인하여 다른 사람과 관계를 맺는 자신의 능력이 제한되고 왜곡되었음을 깨닫게 된다. 실비아 프레이저는 근친 강간에서 살아남은 뒤, 다른 사람들과 상호 관계를 형성할 때 나타나는 오래된 어려움을 회상했다. 「너무 지나치게 관여했던 것을 제일 후회한다. 마치 몽유병 환자처럼 다른 사람의 인생에 너무나도 자주 걸어 들어갔고, 눈이 뒤집힌 채 내 손으로 직접 묻힌 피를 닦아 내었다. 나 자신이 특별하다는 느낌을 단념하고, 그 공주님이 내 안에 숨어 있는 죄책감에 휩싸인 아이와 함께 죽어 가도록 내버려 두었다. 대신 나보다는 내 주변 세상이 얼마나 특별한가를 보게 되었다. 그것이 내게 남은 가장 질긴 교훈이었다.」[33]

침해받은 관계의 오래된 양상을 변화시키기 위해서는 자각만으로는 충분하지 않다. 반복된 연습이 필요하다. 시간이 개방된 대인 관계 심리 치료 집단은 연습할 수 있는 보호된 공간을 제공한다. 집단은 공감적 이해뿐만 아니라, 직접적 도전 또한 제공한다. 집단은 각자가 수치스러워하지 않고 자신의 부적응적인 행동을 인식할 수 있도록 도와주며, 새로운 방법으로 관계를 맺어갈 때 생기는 정서적인 부담감을 감당할 수 있도록 지지해 준다.

대인 관계를 중심에 둔 집단은 외상 집단과는 완전히 다른 구조이다. 구조의 차이는 치료 과제의 차이를 반영한다. 대인 관계 집단의 시간은 과거가 아닌 현재이다. 구성원들은 지금 여기* 속에서 상호 작용에 집중하도록 격려받는다. 대인 관계 집단의 구성원을 선별할 때에는 단일성보다는 다양성을 목표로 한다. 특정한 외상 과거력을 공유하는 구성원으로 제한할 이유는 없는데, 왜냐하면 집단의 목표는 현재 인간 일반에 대한 구성원의 소속감을 확대하는 데 있기 때문이다.

외상 집단에서는 대개 시간이 제한되어 있는 반면, 대인 관계 집단에서는 대부분 종결이 정해져 있지 않으며, 소속감은 서서히 안정적으로 발전한다. 외상 집단은 엄격히 구조화되어 있고 지도자가 적극적인 역할을 수행하지만, 대인 관계 집단은 상대적으로 비구조화되어 있으며 지도자는 더 허용적 태도를 취한다. 외상 집단에서 시간 분배와 같은 문제는 지도자가 구조화하는 반면, 계속되는 심리 치료 집단에서 시간 분배는 집단 구성원끼리 협상하면서 정착된다. 마지막으로, 외상 집단이 구성원 간의 갈등을 저지하는 반면, 대인 관계 집단은 안전한 한계 내에서 갈등의 발달을 허용하고 격려한다. 사실상 갈등이란 치료 과제에서 핵심이 되며, 통찰과 변화는 갈등이 이해되고 해소되는 와중에 발생한다. 각각의 구성원이 다른 이에게서 받는 지지와 비판의 피드백은 치료에서 강력한 원동력이 된다.[34]

한때는 인간의 사회적 계약으로부터 완전히 소외되었겠지만, 다른 생존자에게서 이해받는다고 느껴지는 지점에 도달하

---

* here and now. 그 순간 바로 그곳에서 일어나는 일과 떠오르는 감정을 체험하고 그 경험에 대해 되짚는 것.

기 위해서 부단히 노력했을 생존자에게, 대인 관계 집단에 참여한다는 것은 큰 도전의 의미를 담고 있다. 이제 더 너른 세상으로 다시 합류하고, 더 다양한 사람들과 연결지어 갈 가능성과 마주하고 있다. 이것은 분명 마지막 회복 단계에서 해결해야 할 과제이다. 생존자는 자기의 〈특별한〉 정체성에서 손을 놓을 준비가 되어 있어야 한다. 이 지점에 이르러서 그녀는 다른 여러 이야기를 숙고하듯이 자신의 이야기를 숙고할 수 있으며, 자신의 비극을 인간 조건의 하나로 그려 볼 수 있게 된다. 심각한 아동기 학대 생존자인 리처드 로즈는 이 전환점에 목소리를 부여했다. 「나는 이 세계가 끔찍한 고통으로 가득 차 있음을 이해하고 있다. 내 어린 시절 작은 불편은 이에 비하면 바다 위에 떨어진 하나의 빗방울과도 같다.」[35]

일상적인 대인 관계에서 여전히 살아 있는 외상을 짊어진 채, 생존자는 대인 관계 심리 치료 집단에 들어선다. 그리고 집단을 떠날 무렵이 되면 다른 사람과 적극적으로 관계를 맺으면서 외상을 극복할 수 있음을 배우게 된다. 그녀는 상호 관계 안에 충분히 머무를 수 있다. 과거 경험이라는 지워지지 않는 흔적을 계속 견뎌야 할지라도, 그녀는 자신의 한계를 인간 조건의 일부로서 더 폭넓게 이해하게 된다. 누구나 어느 정도는 과거의 포로라는 점을 깨달아 간다. 인간관계의 어려움에 대한 이해가 깊어지면서, 그녀는 어렵게 만들어 간 친밀감의 순간을 소중히 품을 수 있게 된다.

다른 사람들과의 공통성이란, 〈보편〉이라는 단어에 그 모든 의미를 담고 있다. 그것은 사회에 소속되고, 대중으로서 역할을 맡으며, 일반적인 무엇의 일부분이 됨을 의미한다. 그것은 친숙해지고, 서로를 알아 가며, 공유하는 것이다. 그것은 관례적이고, 흔하고, 평범하고, 일상적인 일부분이 되는 것이다. 또한 작다는 느낌, 사소하다는 느낌, 나의 고뇌는 〈바다 위에 떨어진 하나의 빗방울〉이라는 느낌을 함께 담고 있다. 다른 사람들과 공통성을 이루어 낸 생존자는 고심에서 벗어나 쉴 수 있다. 그녀는 회복을 달성하였다. 이제 생존자 앞에 남아 있는 것은 생존자의 인생이다.

맺음말

　『트라우마』를 쓰면서, 수많은 임상가와 연구자들, 그리고 정치적 활동가들이 쌓아 올린 지혜를 통합하는 것이 나의 포부였다. 그들은 폭력에 대한 심리적인 결과를 증언하였고, 지난 세기 동안 주기적으로 망각되고 재발견되어 왔던 광범위한 지식의 실체를 진전시켰다. 심리적 외상 연구는 억압된 사람들의 경험에 집중하기 때문에, 이 연구는 본디부터 정치적인 영역이라고 당시 나는 주장하였다. 그 경험적 기반이 아무리 굳건하여도, 나는 우리의 분야가 계속하여 논쟁으로 포위될 것이라고 예상하였다. 왜냐하면 주요한 발견을 망각하도록 한 과거의 역사적 세력은 이 세계에서도 동일하게 작동되고 있기 때문이다. 마지막으로 나는 전 지구적인 정치적 인권 운동과의 지속적인 연대만이 말해지지 않는 것들을 말할 수 있는 우리의 능력을 지탱해 줄 것이라고 주장하였다.

　책이 출판되고 5년이 흐르면서, 폭력의 새로운 피해자는 수

백만 명을 넘어섰다. 유럽, 아시아, 아프리카의 전쟁 도중에 자행된 대량의 잔학 행위는 폭력의 파괴적인 영향력에 관한 국제적인 관심을 집중시켰고, 심리적 외상이 응당 전 세계적인 현상이라는 인식을 촉구하였다.[1] 동시에 전쟁터의 군인과 시민들을 가르던 구분은 붕괴되었으며, 여성과 아동에 대한 폭력에 놓인 정치적인 근간은 가시화되었다. 세계 곳곳의 전쟁터에서 강간을 체계적으로 활용하는 극악함은 의식 향상이 필요한 끔찍한 이유를 만들어 냈다.[2] 그 결과, 이제 강간은 세계적으로 인권을 거스르는 폭력이라고 인식되고 있으며, 여성과 아동에 대한 범죄는 (최소한 이론상으로는) 다른 전쟁 범죄와 같이 무거운 죄로 여겨지고 있다.

미국 내의 대규모 지역 사회 연구들은 평화 시에도 그 누구도 믿기 어려울 정도로 폭력이 빈번하게 발생하며 또한 파괴적이라고 밝혔다.[3] 사회에 내재된 폭력에서 비롯된 지속적인 결과들은 이제야 겨우 받아들여지고 있다. 예를 들어, 한 연구팀은 청소년기와 성인기로 성장하는 도중에 성 학대로 고통을 받은 여아의 일생을 추적하는 야심 찬 장기 연구를 수행하였다. 10년째 진행되고 있는 이 연구는 과거에 도달하지 못했던 엄밀함으로 아동기 외상의 뿌리 깊은 발달적 영향력을 증명하고 있다.[4] 이러한 연구들은 폭력의 결과를 증언하는 커다란 실체에 무게를 더하고 있다.

예상은 했지만 심리적 외상에 대한 연구는 여전히 큰 논쟁에 휩싸여 있다. 외상을 경험한 이들과 함께 일하는 임상가, 연구자, 정치적 활동가 들은 맹렬한 공격 아래 들어섰다. 그러나 이러한 맹공격에도 불구하고, 아직까지 이 분야는 〈사라지기〉를 강력하게 거부한다. 반대로 지난 5년 동안 외상을 연구하는 과학 분야는 확장되고 성숙하였다. PTSD가 존재하는가에 대한 근본적인 물음은 이제 더 이상 논박의 대상이 아니다. 이 분야의 기반 위에서, 초기의 선구적 시대는 종료되었다. 이제 연구는 정교한 기법으로 진행되며, 어떤 측면에서는 일반적인 연구가 되었다. 새로운 세대의 연구자들은 시야를 확장하였고, 외상 사건의 영향력에 관한 우리의 정밀한 이해를 높여 주기 시작하였다.

가장 놀라운 최근의 진전으로는 수준 높은 기술을 활용하여 PTSD의 생물학적인 측면을 밝혔다는 점이다. 이로써 외상 노출이 내분비계, 자율 신경계, 그리고 중추 신경계에 영속적인 변화를 일으킬 수 있다는 점이 명확하게 나타났다.[5] 새로운 연구 흐름은 스트레스 호르몬 조절에서 나타나는 복잡한 변화와 특정 뇌 영역의 기능은 물론 뇌의 구조 변화에 관한 윤곽을 형성하고 있다. 특히 공포와 기억 사이의 연결을 생성하는 뇌 구조인 편도체와 해마의 이상이 주목받고 있다.[6]

생물학적, 임상적, 사회적 연구들은 해리의 놀라운 현상에 지속적으로 집중하고 있다. 자네가 100년 전에 연구했던 것처럼, 해리가 외상성 스트레스의 중심에 놓여 있다는 점이 명확해졌다. 재난, 테러 공격, 전쟁의 생존자에 대한 연구 결과, 외상 사건 도중에 해리 상태에 들어선 사람들은 지속적인 PTSD를 보일 가능성이 높았다.[7] 과거에 나를 포함한 많은 임상가는 정신과 신체를 단절시키는 능력은 외상으로부터 우리를 보호해 준다는 면에서 자비롭다고 생각했다. 심지어 이것이 압도적인 공포에 대항하는 창조적이고 적응적인 심리적 방어라고 보기도 했다. 그러나 해리에 관한 이러한 긍정적인 시각은 재고되어야 할 것이다. 그 어떤 탈출이 가능하지 않은 순간에서 해리는 정신적인 탈출의 기회를 제공하지만, 이러한 공포의 유예는 지극히 큰 대가를 요구할 수도 있다.

해리의 병리적 역할에 관한 또 다른 증거는 미국 정신의학회의 특별 조사단이 시행한 대규모의 임상 연구와 지역 사회 연구로부터 도출되었다. 이 연구에서, 해리 증상을 보고한 사람들은 생물학적인 원인이 발견되지 않는 지속적인 신체화 증상을 발달시킬 가능성이 있다고 나타났다. 또한 이들은 빈번하게 자신의 신체에 해로운 공격을 가하였다.[8] 외상을 경험한 사람은 신체를 통하여 언어화할 수 없는 공포의 순간을 재경험한다는 100년 동안의 통찰은 이 연구를 통하여 승인되었다. 해리는 공포를 경험한 사람들이 침묵을 당하는 내적 기제로서, 이는 강렬한 감각과 정서가 언어와 기억이라는 사회적 영역으로부터 단절되는 기제가 된다.

실험 연구는 해리의 신경 생물학을 풀어내기 시작하였다.

예를 들어, 한 독보적인 연구는 약물을 통해 건강한 피험자에게도 유사한 정신적 상태가 발생할 수 있다는 점을 발견하였다. 이것은 중추 신경계에서 신경 전달 물질인 글루타메이트 glutamate의 활동과 대립하는 약물인 케타민ketamine의 투여로 진행되었다. 외상을 경험한 사람들과 달리, 케타민을 투여받은 참여자들은 공포를 느꼈다고 보고하지 않았다. 그러나 통증의 둔화, 시간의 지연, 이인증, 비현실감, 기억 상실을 포함하여, 주의, 지각, 기억의 특징적인 해리성 변형을 경험하였다.[9] 케타민은 대뇌 피질의 신경 세포 활동을 억제한다는 생각이다. 이 신경 세포는 연합 경로라는 복잡한 연결망을 형성하고, 기억, 언어, 추상적 사고, 사회적 의사소통과 연관된 뇌 영역을 연결시킨다. 이러한 경로가 일시적으로 비활성화되면 실험 상황에서 해리 상태가 재생된다. 따라서 전적으로 임상 관찰을 통하여 도출한 기술적 용어로서의 〈해리〉는 신경 생물학적 현상을 기술하는 데도 정확한 용어가 된다. 공포가 뇌 피질과 관련된 경로를 비활성화시키는 유사한 기제를 작동시키는지 결정하기 위해서는 앞으로도 연구가 필요하다. 양전자 단층 촬영positron emission tomography의 정밀한 기법을 활용한 PTSD 환자의 초기 뇌 영상 연구 결과들은 플래시백 도중에는 언어와 의사소통을 담당하는 뇌 영역이 비활성화될 수 있다고 제안했다.[10]

외상성 스트레스 장애에서 해리가 차지하는 중요성에 대한 증거가 축적되어 가면서, 해리가 의식, 기억, 그리고 신체와 정신을 연결시키는 창문을 제공한다는 점이 명백해졌다. 외상 후 현상과 해리 현상은 외상을 경험한 〈사람〉보다는 〈추상적이고 과학적인 영역〉에 더 큰 흥미를 보이는 새로운 세대의 연구자들에게 주목을 받았다. 이러한 진전은 외상성 스트레스 연구가 주요한 과학 연구의 흐름에서 적법한 자리에 완전히 들어서게 되었다는 반가운 신호이다.

그러나 적법하다는 것은 좋기도 하지만 나쁘기도 하다. 다음 세대의 연구자들에게는 선구자들의 창조적 연구에 영감을 제공했던 열정적이고 지적인 사회적 전념이 부족할 수도 있다. 이 새롭지만 더 관습적인 과학적 연구의 형세 속에서, 심리적 외상에 관한 통합적인 개념과 맥락에 대한 이해가 상실될지도 모른다는 염려가 일어나는 데에는 이유가 있다. 더욱 정밀하고 뚜렷한 지식이 획득될지라도, PTSD에 관한 최근의 생물학적 연구 성과는 현저하게 생물학 중심적인 협소한 연구만 몰아가는 결과를 가져올 수 있다. 외상성 스트레스에 대한 연구 영역이 성숙할수록, 새로운 세대의 연구자들은 외상의 생물학적, 심리적, 사회적, 그리고 정치적 차원의 핵심적인 연결 고리를 다시 발견해야 할 필요가 있다.

연구 과제에서 착취적인 관계가 재현되는 양상을 피하기 위해서는 반드시 특별한 주의를 기울여야 한다. 끔찍한 사건에서 생존한 이들은 다른 이들을 도움으로써 자신의 고통에 의미와 존엄을 부여할 수 있다는 희망으로 연구 참여자로 나서겠다고 마음먹는다. 생존자와 연구자 사이의 관계는 다른 모든 관계와 마찬가지로 권력이 불균형적이며, 정서적으로 전염될 위험을 가지고 있다. 초기 연구자들은 외상 생존자와 강한 개인적 유대감과 정치적 연대감을 느끼기도 했다. 그들은 생존자를 냉정한 호기심의 대상이 아닌, 공유된 목적을 나누는 협력자로 보았다. 그러나 거리를 두는 냉랭한 위치에 서야만 곧 편향되지 않은 관찰이 된다고 간주하는 연구 문화 속에서 이러한 종류의 친밀감과 상호성을 유지하기는 어렵다. 그러나 이것이 없다면 서로를 신뢰하고 이해할 가능성은 사라질 것이다.

외상 생존자와의 협력 관계는 PTSD 치료에서도 주춧돌이 된다. 인간을 연결시키고 인간의 힘을 회복시킨다는 원칙은 여전히 치유의 중심이며, 그 아무리 발전한 치료 기법이라도 이를 대체할 수 없다. 동시에 PTSD로 인한 영속적인 생물학적 변형의 증거가 갖추어졌으며, 이러한 영향력을 완화할 수 있는 특별한 치료 또한 강화되었다. 지난 5년 동안, 혁신적인 치료 기법이 급격히 증가하였으며, 보급을 위한 적극적인 경쟁의 시기가 시작되었다. 창조적인 선구자들이 독립적으로 개발한 새로운 치료 기법을 비교하면서 이를 기반하고 있는 공통적인 치료 원칙에 대한 통찰을 얻을 수 있을 것이다.[11] PTSD에 가장 효과적인 치료가 무엇인가를 합의하기 위해서는 신중하게 통제된 많은 치료 효과 연구들이 필요하다. 여러 가지 연구들이 진전하는 과정에 있거나 이미 착수되고 있으며, 몇 해 이후 성과가 나타날 것이다.

치유 과정에 대한 통찰은 전 세계의 수많은 외상 생존자들 중에서 정식 치료를 받을 기회가 없었던 이들의 지혜에 의존한다. 생존자 대부분은 회복을 위하여 개인적 힘과 공동체 속에 이미 갖추어져 있는 지지 관계에 기대어 자기만의 방책을 만들어 내야 했다. 치료 장면에 들어서지 않은 생존자들이 어떻게 회복할 수 있었는가에 대한 체계적인 연구를 바탕으로 더 효과적이고 널리 적용될 수 있는 치료 방법을 찾을 수 있을 것이다. 명료하고 보급 가능한 개입 모형을 찾는 것은 이제 세계적이고 횡문화적인 계획으로서, 전쟁 및 대규모 폭력의 발발에 관한 세계적인 대응책을 모으고자 하는 성장의 일부분이다.

회복 단계는 개인적인 회복 과정뿐만 아니라, 외상을 경험한 공동체의 회복에서도 발견된다. 전쟁으로 파괴된 많은 나라에서 기본적인 안전을 확립하기 위한 시도로 국제적인 외교적, 군사적, 인도주의적인 움직임이 조직화되었다. 이러한 규모에서 안전이란 폭력을 즉각적으로 중단하고, 공격자의 무장 해제가 보장되지 않을 경우에는 봉쇄 원칙을 펴며, 피해자의 기본적인 생존 욕구를 충족시킬 것을 요구한다. 최근 평화를 유지하려는 노력 속에는 피해자, 가해자, 방관자의 전형적인 정치적 갈등이 재현되고 있다. 어김없이 피해자는 방관자의 두드러진 무관심과 수동성에 분개하였다. 어김없이 잔학 행위의 가해자들은 세계 앞에서 득의양양하였다. 아프리카와 남유럽에 대한 지독히 부당한 국제적 개입은 또다시 되풀이되어서는 안 된다. 그럼에도, 평화 유지 조직들이 개별 국가 단위의 일반적인 외교적 목표와 군사적 이해를 초월한 움직임을 보인다는 점은 중요한 진전이다.

독재하에 있거나 내란으로 시름하는 많은 나라에서 폭력을 즉각적으로 중지시키고 피해받은 집단의 기본적인 생존 욕구에 집중하는 일은 반드시 필요하다. 그러나 이는 사회를 회복시키는 데 충분하지 못하다. 조직적인 정치적 폭력의 후유증으로, 사회 공동체 전체가 둔감화와 침투, 침묵과 재연이 순환하는 덫에 사로잡혀 PTSD 증상을 나타낼 수 있다. 회복에는 기억과 애도가 필요하다. 라틴 아메리카, 동유럽, 아프리카의 새로운 민주화 국가들의 경험을 되돌아보자면, 사회적 공동체에 대한 감각을 회복하기 위해서는 피해자가 진실에 대해 발언하고, 피해자의 고통이 완전히 인정받을 수 있는 공적인 장이 필요하다는 점이 명백해졌다. 덧붙여, 남아 있는 평화를 확립하기 위해서는 개별 가해자들에게 범죄의 책임을 묻는 조직화된 노력이 요구된다. 최소한, 가장 큰 잔학 행위에 책임이 있는 자는 법정에 세워져야 할 것이다. 정의에 대한 희망이 없다면 피해자 집단의 무력한 분노는 곪아 터져 시간의 흐름조차 이를 누그러뜨리지 못할 것이다. 선동적인 정치 지도자들은 이러한 분노의 힘을 잘 이해하고 있으나, 이렇게 고통받은 이들에게 집단적인 복수를 약속하면서 이 분노를 착취할 뿐이다. 외상을 경험한 개인들과 마찬가지로, 외상을 경험한 국가 또한 외상을 재 경험하지 않기 위해서는 이를 기억하고, 애도하며, 속죄해야 한다.[12]

독재와 전쟁의 후유증, 면죄를 둘러싼 사악한 전쟁터 속에서 외상의 변증법은 재현된다. 대규모 정치 범죄의 가해자들은 가장 심한 약탈이 밝혀졌음에도 여전히 권력을 휘두르고 있다. 그들은 대중에게 진실을 밝히는 일에 관심이 없다. 반대로, 그들은 무자비하게도 은폐 뒤에 숨은 채로 과거를 재평가하려는 노력에 사납게 대립한다. 가해자들은 예상되는 책임에 직면하면서 극도로 공격적이 될 때가 있다. 정의 앞에 서는 데 저항하기 위하여, 그들은 한때 피해자를 지배하기 위해 사용했던 협박과 기만의 동일한 기법들을 집결시킬 것이다. 남유럽, 라틴아메리카, 중앙아메리카, 그리고 남아프리카의 새로운 정부가 과거의 범죄를 드러내고자 시도했을 때, 그들은 폭력적인 보복에 맞서야 했다. 가해자는 면죄의 원칙을 유지하기 위하여 권력을 가지고 무엇이든 할 수 있다. 그들은 사면(赦免)을 요구한다. 이것은 정치적인 형태의 기억 상실이다.

새로운 폭력의 위협 아래, 여러 국가들은 앎과 무지, 발언과 침묵, 기억과 망각 사이의 갈등을 재현하였다. 어렵게 획득한 평화를 지켜 내기 위하여, 깨지기 쉬운 민주주의는 완전한 기억 상실에 굴복하지 않으려 애쓰면서도 사면 요구에 복종하였다. 라틴 아메리카의 많은 국가가 인권 침해의 역사를 공식적으로 기록할 것을 허가하였으나, 가해자를 정의 앞에 불러 세우려는 시도에서는 주춤하였다. 과거 유고슬라비아에서 국제적인 공동체는 전범 재판을 지지하였지만, 기소된 범죄자를 체포하거나 재판에 회부하려는 의지는 보이지 않았다. 남아프리카에서 공식적으로 조직된 진실 화해 위원회는 제한된 기간 내에 공개적으로 자백을 한 가해자들에게 사면을 허가하였다. 완전한 정의가 달성되지 않는다면 진실에 대한 대중적인 인식이 가해자에 대한 처벌보다 중요하다는 것에 이러한 계약의 암묵적인 신념이 놓여 있다. 정부는 자발적으로 자백하지 않는 정치적 범죄자들을 기소하려는 결심을 확고히 했기 때문에, 법적 책임의 원칙은 완전한 타협을 보지 못했다. 사회적 회복에 관한 이러한 최근의 실험은 아직 평가하기에 이르다.

민주주의가 새롭게 확립된 여러 나라에서는 과거 정치 체계 전반에 내재된 학대의 기록과 싸워야 했다. 이러한 사회에서 (동유럽이 하나의 예가 될 수 있을 것이다), 독재 정권은 일반 민중이 침묵으로 따를 것은 물론, 공범자가 되기를 요구하였다. 그 결과 수많은 사람이 이웃, 친구, 친지에 대한 신뢰를 침범하였다. 이제 이러한 사회들은 그 당시 만연하였고 공공연하게 묵과되었던 학대를 책임져야 하는 문제와 대면하고 있다. 범죄에 책임이 있는 모든 공범자들을 거두는 것이 바람직하겠지만, 이를 실행하는 일은 쉽지 않다. 그러나 어떤 형태의 공적인 인정과 회복이 없다면 모든 사회적 관계는 부정과 비밀의 부도덕한 역동에 오염된 채 남게 될 것이다.

우리 사회 또한 노예제 유산과 관련된 유사한 딜레마에 대면하고 있다. 치유되지 않은 인종 간 구분은 잠재적인 폭력을 지속시킨다. 지난 몇 년 사이에서 최악의 내란이었던 로스앤젤레스 폭동은 정의 체계가 패배했기 때문에 발생했다. 정의 체계는 비무장 흑인 남성을 심하게 구타한 무장 백인 경찰에게 책임을 묻지 않았다. 아프리카계 미국인 공동체 내에서 이러한 학대는 정치적인 범죄로서, 인종 억압을 체계적으로 수행하는 양상의 일부라 이해되었다. 재판의 중심은 과연 이러한 극악한 인권 침해를 더 큰 사회가 묵과할 것인가에 있었다. 증인이 될 임무를 맡았으나 선명한 범죄 앞에서 눈을 가린 배심원들에게, 우리는 부정, 거리 두기, 그리고 해리라는 낯익은 방어 기제를 찾아낼 수 있었다. 방관자는 피해자보다는 가해자에게 동일시하기를 선택하며, 이러한 일은 너무나 자주 일어난다. 살인적인 분노가 순간적으로 폭발하도록 끌러 놓은 것은 단지 경찰관의 폭력이 아니라 바로 이 배반이었다. 한 공동체 활동가가 말했다.

알다시피, 정의 없이는 평화도 없다.
아마도 당연한 일이라고 생각하겠지만,
그러나 내게 그것은 꽤나,
복잡하지는 않지만,

그럼에도 깊은 것.

절대로 가벼울 수 없는.

만약 이곳에 정의가 없다면,

평화 역시 절대로 허용되지 않는다는 뜻.

알다시피, 우리에겐 평화가 없고

그렇다면 그들에게도 평화란 없다.[13]

성폭력과 가정 폭력 범죄도 권력에 내재된 학대의 속성을 정의하는 데 속한 문제이다. 여성과 아동의 종속은 우리 문화에 너무나 뿌리 깊게 박혀 있고, 여성과 아이에 대한 폭력이 기본 인권 침해라고 인정된 것은 최근에 들어서이다. 구타, 스토킹, 성희롱, 아는 이에 의한 강간과 같은 광범위한 양상의 압제는 여성주의 운동에 의해 정의되기 전까지는 범죄도 아니었고 이름도 없었다. 아동 성 학대와 같이 범죄임이 당연한 폭력조차 과거에는 가해자가 너무나 효과적으로 사면되는 바람에 신고하거나 고소하는 일이 드물었다.

그러나 지난 20년 동안, 여성 운동에 의해 시작된 법 개정은 성범죄와 가정 폭력 범죄의 피해자가 법정에서 정의를 찾을 수 있도록 기회를 조금 더 열어 두었다. 그리고 강한 풀뿌리 지지단체들은 피해자가 가해자를 대면할 수 있도록 격려하였다. 그 결과, 피해자 대부분이 여전히 공적인 고소를 피하고는 있으나, 가해자는 더 이상 정의로부터 쉽게 벗어날 수는 없게 되었다. 여러 공개 재판에서, 권력을 가진 저명한 남성(성직자, 정치가, 스타 운동선수 등)들은 여성과 아이들에게 저지른 명백한 범죄에 대해 대답하도록 압박받았다. 이러한 재판은 일종의 정치극으로 기능했다. 비극은 재연되었고, 책임이라는 복잡한 도덕적 문제가 논쟁의 도마 위에 올랐다.

공개 재판에 직면하면서, 고소된 가해자들은 피해자의 신뢰성을 모욕하기 위하여 새로이 뭉쳤다. 아동 보호 활동가, 심리치료자, 그리고 피해자를 위해 증언하고 조력한 여러 사람들 또한 조직적인 공격의 대상이 되었다. 이와 같은 충돌은 아동 성 학대와 관련하여 특히 쓰라린 일이었다. 가장 힘없는 피해자였던 아이들은 학대자에게 의존하는 경우가 많았고, 정의에 다가서기 위한 기회는 아이들로부터 가장 멀리 떨어져 있었다. 이에 더하여, 지속적이고 반복적인 학대에 종속되었던 아이들은 기억 장해를 보일 경향이 높았고, 이는 이후에 자신의 이야기를 전할 때 요구되는 능력에 손상을 입혔다.[14] 많은 주에서 이러한 불의를 구제하기 위하여 아동 성 학대의 경우 공소 시효를 확장하였다. 기억 상실 이후 뒤늦게 학대를 회상한 성인 생존자들은 법정에서 증언하고 배상받을 기회를 갖게 되었다. 이러한 개혁은 법 안에 깃든 잠재적인 가능성을 두드러지게 확장시켰다.

이에 대응했던 가해자와 그 지지자들은 회복된 기억은 사실일 리 없다고 하면서 지연된 회상에 기반을 둔 고소는 기각되어야 한다고 주장했다. 오히려 이들은 이 기억이 새빨간 거짓말이며, 심리 치료자들이 꾸며 내고 강압적으로 설득한 나머지 속기 쉬운 사람들의 머리에 심어진 것이라고 주장하였다. 아동기 회상을 드러내기 위해 나선 생존자들은 비상한 최면 능력이 있는 악덕한 심리 치료사들의 볼모로 묘사되었다.[15]

몇 년 전에 이러한 주장이 처음 제기되었을 때, 나는 이것이 받아들이기 힘들 정도로 우스꽝스럽다고 여겼고, 그들이 얼마나 뻔뻔하게 편견에 빠져 있는지 금세 드러날 것이라고 생각했다. 여성과 아이들이 성폭력에 대해 거짓말을 잘하고, 환상에 잘 빠지며, 이야기를 꾸며 낸다는 뻔뻔스러운 생각을 부수고자 하였던 여성 운동은 이제 막 20년 간의 활동을 마치고 있던 중이었다. 만약 어떤 원칙이 세워졌더라면, 그것은 분명 피해자가 자신의 경험을 증언할 수 있다는 그런 내용이어야 했다. 그러나 또다시, 피해자들은 내면을 파악하기에는 너무나 약하고 바보 같다고 주장하는 저명한 권위자들이 나타났다. 이제 막 끝 마치지 않았던가? 또다시 이를 거쳐야 할 필요가 정말 있었을까?

대답은 〈그렇다〉였다. 대중 매체와 일부 학계에서는 허위 호소가 전염될 수 있다고 하면서 반향을 불러일으켰다. 〈마녀 사냥〉의 외침이 높아졌고, 무자비한 명예 훼손에 열중하면서 복수심에 불타는 어리석은 여성에 대한 이미지가 생겨났다. 아동기 학대에서 생존한 이들과 동료 치료자들이 벌인 〈회복 운동〉

은 특히 강렬한 적대감과 조롱을 일으키는 듯했다.[16] 언론은 피해자의 말을 듣기 지겨워하는 것 같았고, 부당하게 고소되었음을 주장하는 가해자의 편을 들기에 급급해 보였다. 법정도 피해자와 치료자의 신뢰성을 위협하였다. 심리 치료로 인해 오염되었을지 모른다는 이유로 부당하게 증언할 기회를 거부당한 여성들의 사례가 여럿이었다.[17] 아버지를 근친 강간으로 고소한 한 여성의 사례에서, 배심원은 죄과를 판별하지 못했으나 아버지는 명예 훼손으로 배상을 받았다. 아버지는 고소한 딸에게 손해 배상의 책임을 묻지는 않았다. 배심원들은 오히려 딸의 〈치료자〉에게 학대받았다는 딸의 믿음을 부채질하고 기억을 유발해 낸 책임이 있다고 보았다. 이 젊은 여성은 치료자를 방어하는 증언에서, 기억에 대한 책임은 자신에게 있다고 주장하였다. 증인석에서 그녀는 진술하였다. 「아버지는 핵심을 파악하지 못하는 것 같습니다……. 아버지가 나를 학대했다고 말한 사람은 바로 접니다.」[18] 배심원은 그녀의 증언을 무시하였다. 피해자는 또다시 투명 인간이 되어 버렸다.

이 재판은 생존자의 말에 귀 기울이는 일에는 일종의 위험 감수가 따를 수 있다는 점을 심리 치료자들에게 알렸다. 나의 생각에, 심리 치료에 대한 공격의 기저에 놓인 것은 증언에 잠재된 힘에 대한 인식이다. 상담실은 기억에 헌신하는 영예로운 공간이다. 이 공간 내에서 생존자는 자신의 이야기를 알고 전할 자유를 얻는다. 과거 학대에 관한 가장 사적이고 조심스러운 자기 개방도 결과적으로 공적 개방의 가능성을 증가시킨다. 그리고 공적 개방은 가해자가 방지하려고 무릅쓰는 무엇이다. 더 공공연한 정치적 범죄와 마찬가지로, 가해자들은 자신의 학대가 확실하게 가려지고, 인정되지 않으며, 망각되도록 집요하게 싸울 것이다.

외상의 변증법은 어김없이 재현되고 있다. 기억해야 한다. 역사는 이를 늘 반복하였고, 외상 생존자들에게 귀를 기울였던 이들은 항상 도전 속에 놓여 있었다. 이번이라고 마지막이 되지는 않을 것이다. 여성과 아이들, 그리고 억압된 이들을 지지하는 풀뿌리 집단이 오래도록 견뎌 왔듯이, 지난 몇 년 동안 많은 임상가는 괴롭힘과 위협의 오래된 전략에 맞서는 방법을 배워야만 했다. 우리는 방관자로서, 피해자가 매일매일 모으는 용기의 작은 일부를 찾아내기 위해 우리의 내면을 들여다보아야 했다.

어떤 공격은 터무니없었다. 꽤나 악질적인 것도 있었다. 두려웠지만, 이러한 공격은 치유하는 관계가 지닌 힘에 대한 암묵적 찬사로서, 생존자가 진실을 말할 수 있는 보호된 공간을 꾸리는 우리의 일이 해방 활동이라고 말한다. 그 안식처의 울타리 내에서도, 증인이 되고자 하는 일은 결속의 활동이라고 말한다. 이것은 또한 피해자와 가해자의 충돌에서 도덕적인 중립이란 선택 사항이 아님을 말한다. 그 모든 방관자와 마찬가지로, 치료자 또한 어느 편을 선택해야 한다. 피해자와 함께 서고자 하는 이들은 불가피하게 가면을 벗은 가해자의 광포에 대면해야 할 것이다. 우리들 대부분에게 이보다 더한 영광은 없을 것이다.

1997년 2월,
주디스 루이스 허먼

감사의 말

이 책은 여성 운동으로부터 은혜를 입고 있다. 남성과 여성의 건강한 발달과 이상 심리학의 기본 개념을 개혁하는 과제를 수행하는 여성주의 모임이 이 책의 지적인 원동력이 되었다. 진 베이커 밀러와 스톤 센터의 동료들, 그리고 나의 어머니 헬렌 블록 루이스는 이 거대한 과제 안에 서 있는 나를 안내하였다. 이 책을 탄생시킨 매일의 실전 경험은 20년 전, 매사추세츠주 솜머빌에서 형성된 여성 정신 건강 모임Women's Mental Health Collective과 함께 시작하였다. 이 모임은 여성의 생각에 이름을 붙이고 여성의 생각이 인정받는 보호 공간으로, 내게는 여전히 지적인 고향과 같은 곳이다. 이 모임의 한 구성원인 에밀리 샤초는 나의 가장 가까운 협력자이자 동료이다.

7년 전 내게는 케임브리지 병원에서 메리 하비와 만날 수 있는 행운이 있었다. 우리의 협력으로 외상 생존자들을 위한 정신과 서비스인 〈폭력 피해자 프로그램〉이 탄생할 수 있었다.

메리는 현재 이 프로그램의 책임자이다. 그녀의 광대하고 명료한 지성으로 나의 생각이 지속하여 확장할 수 있었다. 보스턴 지역 강간 위기 센터Boston Area Rape Crisis Center의 재닛 야센은 나와 에밀리가 근친 강간 생존자 집단을 다루던 초기에 지도를 맡아 주었다. 에밀리, 메리와 재닛은 내가 늘 여성의 현실에 발을 디딜 수 있도록 최선을 다해 주었다.

지난 7년 동안 또한 내게는 두 명의 남성, 베셀 반 데어 콜크와 크리스토퍼 페리와 가까이 일할 수 있다는 자부심이 있었다. 그들은 모두 하버드 의과 대학 정신과 동료들이다. 베셀과 나는 외상에 관한 강의를 맡았고, 함께 글을 쓰고 연구하였다. 그는 또한 난민과 참전 군인, 범죄 피해자와 함께하는 연구자들과 임상가들의 비공식적인 세미나인 보스턴 외상 연구 집단 Boston Area Trauma Study Group의 출발에 큰 도움이 되었다. 그의 생각에 깃든 창조성은 늘 나에게 영감을 주었다. 젠더 문제에 관한 우리의 관점은 생생한 논쟁으로 이어질 때도 있었는데, 둘 다 동의만큼이나 논쟁을 즐겼기 때문에 우리의 협력은 늘 유쾌한 일이었다.

크리스토퍼 페리는 연구자로서의 그의 관대함과 통합 능력을 통해 나에게 영감을 주었다. 성격 장애를 지닌 개인들을 위한 장기 추적 연구의 책임자였던 그는 아동기 외상의 중요성에 대해 회의적이었다. 그런데도 외상 가설이 엄격하게 검증될 수 있도록 모든 자원을 활용하고자 하였다. 만족스러울 것 같지 않은 동료 사이로 시작하였지만, 우리는 예상치 못한 방법으로 서로 영향을 주고받으면서 함께 성장하였다. 우리의 협력을 바탕 삼아 나의 생각은 더욱 깊어지고 풍부해졌다.

함께 경험을 나눠 준 많은 학생과 동료들, 환자들과 연구 참여자들에게 나는 큰 빚을 졌다. 이 책을 위한 인터뷰에 기꺼이 응해 준 사람들에게 감사한다. 비밀 보장의 문제로 이름을 밝힐 수 없는 사람들이 대부분이지만, 외상 생존자인 소하일라 압두알리, 사라 부엘, 샤론 시몬과 켄 스미스, 자기방어 지도자인 멜리사 솔트, 치료자인 테런스 킨, 셜리 무어, 허버트 스피겔, 제시카 울프, 그리고 팻 지글러에게 감사를 전한다.

이 책을 위한 개념 형성 작업은 존 사이먼 구겐하임 기념 재단의 도움을 받아 래드클리프 대학의 메리 잉그래햄 번팅 연구소에서 연구원으로 일하는 동안 이루어졌다. 베셀 반 데어 콜크, 수전 섹터, 베넷 사이먼은 초반 작업에 중요한 피드백을 주었다. 에밀리 샤초와 산드라 버틀러는 모든 원고를 충실하게 읽어 주었다. 이들의 논평은 책의 질을 향상시키는 데 커다란 보탬이 되었다. 책을 만들 때는 편집자로서 균형과 능력을 갖춘 조앤 밀러와 버지니아 라플랑과 일할 수 있는 행운을 갖게 되었다. 조앤은 시작부터 지켜봐 주면서 집필의 진행을 부드럽게 관리해 주었다. 버지니아는 책이 자리를 잡고, 책을 완성하기 위해서 해야 할 일들을 즉각 알고 있었다.

무엇보다 가족의 도움이 컸다. 나의 남편인 제리 번트는 내가 첫 번째 책을 쓰는 과정에 함께했기 때문에, 이 책을 시작했을 때 자신에게 어떤 일이 일어날지 알고 있었을 것이다. 남편은 자신의 예술적인 관점에 헌신하고 있었으므로, 또한 나의 관점을 존중해 주었다. 어쩌면 나보다도 더. 그의 도덕적이고 지적인 지지는 무한하였고, 그의 유머는 우리 모두에게 돌파구가 되었다.

너무나 많은 축복에도 불구하고 이루어지지 않은 소망이 한 가지 있다. 나는 꼭 어머니에게 이 책을 보여 드리고 싶었다. 어머니의 심리학적 통찰력, 지적 대담성과 통합 능력, 괴로워하고 억압받은 이들을 위한 어머니의 깊은 동정, 어머니의 정당한 분노, 그리고 어머니의 정치적 관점을 나는 상속받았다. 이 책을 어머니에게 바친다.

추천의 말

외상 후 스트레스 장애는 충격적 경험을 한 사람들이 보이는 다양한 심리적, 신체적 증상들의 총체이다. 전쟁, 국가 폭력, 강간, 사고 등의 재난을 경험한 사람들은 자꾸만 과거의 경험이 생생하게 떠오르고 공포와 슬픔에 빠져 정상적인 삶을 살수 없게 된다. 최근 사회적으로 외상 후 스트레스 장애에 대한 관심이 증가하고 있다. 이는 문명의 발달과 함께 충격적인 사건과 사고들이 빈번해지고 있기 때문이다. 그러나 일반인들은 외상 후 스트레스 장애에 대해 잘 알지 못한다. 이러한 점에서 주디스 루이스 허먼의 『트라우마』는 일반인에게 외상 후 스트레스 장애를 이해시키는 데 많은 도움이 될 것으로 생각한다. 또한 심리 건강 전문가들에게도 새로운 시각을 제공해 주고 있다.

저자는 성폭력, 그리고 가정 폭력 피해자와 20여 년간 함께한 임상 작업과 연구를 통해 이 책을 내놓았다. 그리고 참전 군인과 국가 폭력에 의한 피해자들과 함께한 경험을 담고 있다. 기존의 책들과 달리 임상적인 측면과 사회적인 측면을 통합하려고 하였다. 여성 운동적인 관점에서 성폭력과 가정 폭력을, 인권 운동적인 차원에서 국가 폭력이나 전쟁 피해자들을 다루고 있다. 이 책은 풍부한 임상 경험을 토대로 외상 생존자들의 증언을 많이 실어 독자들의 이해를 돕고 있다. 생존자의 안전을 확립하고, 기억으로 통합하여 이것을 일상과 연결할 때 심리적 외상이 회복된다고 하였다. 또한 새로운 진단 기준을 제시하였고, 다양한 치료 기법을 나열하였다. 또한 이 책은 외상후 스트레스 장애가 만연한 한국 사회에 새로운 시각을 제공해 준다. 한국 전쟁, 고문이나 국가 폭력에 의한 억압 등 정치적인 이유에 의한 심리적 외상, 가정 폭력이나 성폭력에 의한 심리적 외상 등을 현재 한국 사회에서는 깊이 있게 다루지 못하는 실정이다. 대구 지하철 사고 등과 같은 대형 사고나 홍수 등에 의한 자연재해가 자주 일어나지만 이들이 겪는 심리적 외상에 대해서는 별로 관심이 없다.

우리는 심리적 외상을 준 사건이나 사고를 기억의 해법이 아니라 망각의 해법으로 풀려고 한다. 사건이 일어난 당시에만 관심을 두다가 시간이 지나면 사건을 빨리 잊고 새로운 출발을 하자는 것이다. 그러나 그것을 잊는다고 해서 잊히는 것이 아니다. 그것을 철저히 기억해서 다시는 그런 일이 없도록 하는 기억의 해법이 제대로 된 해법이다. 그래야만 부서진 신뢰가 회복되고 현실을 받아들이게 된다. 또한 외상으로 파괴되었던 인간 공동체의 의미를 되살리게 된다. 모쪼록 이 책이 심리적 외상에 대한 관심을 높이는 계기가 되기를, 좀 더 많은 사람이 국가 폭력과 가정 폭력, 그리고 성폭력의 피해자들을 새로운 시각에서 바라보고 그들의 아픔을 달래 주기를 바란다.

오수성

전남대학교 심리학과 명예 교수

옮긴이의 말

『트라우마』는 피해자의 역사를 재건한다. 더 정확하게 말하자면, 생존자가 재건한 그들의 역사를 되짚어 간다. 인간 내면에 숨겨진 악에 대면해야 했던 사람들은 살아남았고, 그 무지막지한 파괴와 단절 속에서도 인간 내면의 선함, 즉 인간과 인간이 다시 연결될 수 있다는 신념을 바탕으로 삶의 힘을 되찾았다. 이 책은 그 과정을 증언하며, 그 과정에서 사람이 무엇을 할 수 있는가를 이야기한다.

『트라우마』가 발표되고 10년도 넘는 시간이 흘렀다. 무수한 세월들 가운데 수많은 악이 발생하였고, 그 악은 〈사건〉이 되어 대중의 흥미를 사로잡고 정치적 담론들을 활발히 쏟아냈다. 그러나 가해자들은 악에서 헤어나지 못한 채 세상을 잿빛으로 만들어 갔고, 대중에게 〈사건〉은 망각되기 너무나 쉬웠다. 심지어 피해자를 지지한다는 거대한 담론들조차 악에 의해 침범당한 개인의 삶에는 귀를 기울이지 않았고, 생존자의 힘을 회복시키는 치유가 우선이라는 기본 원칙을 망각하였다. 한때 트라우마라는 용어는 그 이름을 획득하기 위해 분투했던 수많은 생존자와 임상가들의 뜻과는 단절되어 자기 연민이 강한 〈지식인〉들에게서 오용되기도 하였다.

다행히도 한국 사회에서 인간 사이의 연결 가능성에 대한 굳은 신념으로 피해자 인권에 대한 활동이 꾸준히, 묵묵히 버텨 오고 있으며, 근래에는 정신 건강 전문가들 사이에서도 인권을 밑바탕 삼아 폭력 피해자를 위한 서비스를 위해 고심하는 사람들이 많아지고 있다. 이 책은 활동가에게는 생존자의 심리에 대한 더욱 깊은 이해를 제공하고, 전문가들에게는 관점의 변화와 함께 마음이 아픈 사람들을 진심으로 이해하고자 했던 처음의 다짐을 재확인시켜 줄 수 있으리라고 생각한다. 또한 생존자에게도 어떤 의미가 될 수 있는 책이라 생각한다.

1부는 심리적 외상 연구의 역사를 추적하고 외상이 파괴한 인간의 심리에 대해 설명하며, 외상 후유증을 개념화한 역사를 비판하고 새로운 개념화를 시도한다. 허먼은 19세기 세속적 민주주의 설립과 히스테리아, 반전 의식과 전쟁 신경증, 그리고 여성주의와 신체적 성적 학대 후유증에 관하여 광범위한 사회적, 심리학적 자료를 바탕으로 풀어낸다. 그리고 외상 후 증상으로서 과각성, 침투, 억제를 생존자들의 다양한 사례를 바탕으로 설명하고, 외상 후 스트레스 장애의 지속 기제를 밝힌다. 특히 관계의 단절과 힘의 상실을 외상 경험의 핵심으로 파악하는 허먼의 통찰력은 인간이 가한 폭력을 경험한 사람이 보이는 고통을 심도 있게 이해할 수 있게 하며 또한 정확한 치료로 연결될 수 있게 하는 튼튼한 이론적 관점을 제공한다. 더불어 피해자가 신경증적인 수준의 외상 후 증상뿐만 아니라 정신증적 증상과 성격 장애를 보일 수 있는 원인을 설명하고, 정신 역동적 해석 또한 풀어내어, 후유증을 단지 증상으로 보는 것이 아니라 외상과 증상의 연결 고리를 되찾아줌으로써 피해자의 심리에 대한 진심 어린 이해와 피해자의 심리를 파악하는 날카로운 전문가적 관점을 제공한다.

2부는 다양한 치료 사례를 통하여 치료적 관계와 치료 과정, 그리고 집단 치료에 대해서 말한다. 허먼의 치료 단계가 탄탄한 것은 그 안에 인간 내면에 남아 있는 힘을 긍정하고 인간의 연결이 결국 치유의 관건이라는 인간관과 세계관이 깃들어 있기 때문이다. 또한 허먼의 치료적 관점은 현재 한국 사회에서 피해자를 위한 지원 체계의 문제점을 해결해 갈 수 있는 안내가 될 수 있을 것이다. 허먼은 난파당한 것과 마찬가지인 피해자에게 제1순위의 지원에 해당되는 것이 바로 안전감의 회복이라고 지적한다. 그것은 물질적인 측면과 심리적인 측면 모두에 해당되며, 결국 환자 스스로 자기 삶을 통제할 수 있는 힘을 회복시켜 주는 데 그 목표가 있다. 다음으로 외상 후 증상을 치료하기 위한 외상 재구성의 단계를 제안하며, 애도의 중요성을 짚어 낸다. 애도를 통하여 생존자는 회복의 〈책임〉이 자신에게 있음을 수용하고, 내면의 사랑하는 능력을 발견하여 마침내 완전한 힘의 회복에 이른다. 마지막 단계로 허먼은 연결의 복구를 제안한다. 생존자는 개인의 삶에서 사랑하는 사람들과 연결되고, 또한 다른 생존자들과 연결되고 생존자 임무를 완수하면서 사회적인 연결을 완성한다. 이로써 생존자는 개인의 건강을 회복하고, 〈복수〉가 아닌 〈정의 추구〉로 사회의 건강을 회복시킬 수 있다.

자신이 경험한 폭력이 부당하다는 사실조차 인식할 수 없을 만큼 오래된 폭력의 피해자였던 한 여성을 만난 적이 있었다. 그녀는 부당함을 인식하고 도움을 요청하기로 결심하면서, 내게 〈나를 믿어 주었기에〉라는 말을 했었다. 그 후 그녀는, 자기 아픔에 대하여 자기보다 더 서럽게 울어 주었던 한 활동가를 기억하면서 〈이제는 다른 삶을 살고 싶다〉는 결심을 할 수 있었다고 말했다. 『트라우마』는 그러한 경험에 대한 역사적 배경과 지적인 설명을 제공하였고, 과거에도, 지금 이 순간에도, 그리고 미래에도 삶의 힘과 희망이 될 그 연결에의 의지를 긍정하고 회복의 힘에 대해 증언하고 있다.

주

1. 망각된 역사

1   L. Eitinger, "The Concentration Camp Syndrome and Its Late Sequelae", in *Survivors, Victims and Perpetrators, ed.* J. E. Dimsdale (New York: Hemisphere, 1980), 127-62.

2   목격자가 희생자에게 책임을 돌리는 경향에 대해서는 M. J. Lerner, *The Belief in a Just World* (New York: Plenum, 1980) 참조.

3   H. Ellenberger, *The Discovery of the Unconscious* (New York: Basic Books, 1970), 142.

4   M. Micale, "Hysteria and Its Historiography: A Review of Past and Present Writings", *History of Science* 27 (1989): 223-67, 319-51. 319페이지에서 인용.

5   샤르코가 미친 영향에 관한 더 자세한 논의에 대해서는 Ellenberger, *Discovery of the Unconscious*; G. F. Drinka, *The Birth of Neurosis: Myth Malady and the Victorians* (New York: Simon & Schuster, 1984); E. Showalter, *The Female Malady: Women, Madness, and English Culture, 1830-1980* (New York: Pantheon, 1985); J. Goldstein, *Console and Classify: The French Psychiatric Profession in the Nineteenth Century* (New York: Cambridge University Press, 1987) 참조.

6   지크문트 프로이트, 『예술, 문학, 정신분석』, 정장진 옮김(파주: 열린책들, 2020).

7 C. Goetz, ed. and trans., *Charcot the Clinician: The Tuesday Lessons. Excerpts from Nine Case Presentations on General Neurology Delivered at the Salpêtrière Hospital in 1887-88* (New York: Raven Press, 1987), 104-5.

8 두 사람의 라이벌 관계는 평생의 적개심으로 퇴보하였다. 두 사람 모두 자신이 최초의 발견자이며 상대방의 작업은 자신의 작업을 모방한 것이라고 주장하였다. Perry and J. R. Laurence, "Mental Processing Outside of Awareness: The Contributions of Freud and Janet", in *The Unconscious Reconsidered*, ed. K. S. Bowers and D. Meichenbaum (New York: Wiley, 1984) 참조.

9 P. Janet, *L'automatisme psychologique: essai de psychologie expérimentale sur les formes inférieures de l'activité humaine* (Paris: Felix Alcan, 1889; Paris: Société Pierre Janet/Payot, 1973)

10 J. Breuer and S. Freud, "Studies on Hysteria", [1893-95] in *Standard Edition*, vol. 2, trans. J. Strachey (London: Hogarth Press, 1955)

11 앞의 책, 13.

12 엘런버거에 따르면, 자네는 *subconscious*라는 용어를 사용한 최초의 인물이었다. Ellenberger, *Discovery of the Unconscious*, 413, n. 82.

13 Breuer & Freud, *Studies on Hysteria*.

14 앞의 책, 30.

15 P. Janet, "Etude sur un cas d'aboulie et d'idées fixes", *Revue Philosophique* 31(1891) trans. and cited in Ellenber, *Discovery of the Unconscious*, 365-66.

16 Breuer and Freud, *Studies on Hysteria*, 7.

17 앞의 책, 259-60.

18 S. Freud, "The Aetiology of Hysteria", [1896] in *Standard Edition* vol. 3, trans J. Strachey (London: Horgarth Press, 1962), 203.

19 M. Bonaparte, A. Freud, And E. Kris, eds., *The Origins of Psychoanalysis: Letters to Wilhelm Fliess, Drafts and Notes by Sigmund Freud* (New York: Basic Books, 1954), 215-16.

20 S. Freud, *Dora: An Analysis of a Case of Hysteria*, ed. P. Rieff (New York:

Collier, 1963), 13. 도라의 사례에 대한 페미니즘적 시각에서의 비판은 H. B. Lewis, *Psychic War in Men and Women* (New York: New York University Press, 1976); C. Bernheimer, and C. Kahane, eds., In *Dora's Case: Freud-Hysteria-Feminism* (New York: Columbia University Press, 1985).

21 F. Deutsch, "A Footnote to Freud's' Fragment of an Analysis of a Case of Hysteria'" *Psychoanalytic Quarterly* 26 (1957): 159-67.

22 S. Freud, "An Autobiographical Study", [1925] in *Standard Edition*, vol. 20, trans, J. Strachey (London: Horgarth Press, 1959), 34.

23 P. K. Bidelman, *Pariahs Stand Up! The Founding of the Liberal Feminist Movement in France, 1858-1889* (Westport, CT: Greenwood Press, 1982), 17페이지에서 인용.

24 J. M. Charcot and P. Richer, *Les démoniaques dans l'art* [1881]: (Paris: Macula, 1984).

25 Goldstein, *Console and Classify*, 372페이지에서 인용.

26 W. James, "Review of Janet's essays, "L'état mental des hystériques' and 'L' amnésie Continue'", *Psychological Review* 1 (1894): 195.

27 Glodstein, *Console and Classify*, 375페이지에서 인용.

28 G. Tourette, "Jean-Martin Charcot", *Nouvelle Iconographie de la Salp'etrière* 6 (1893): 241-50.

29 E. Jones, *The Life and Work of Sigmund Freud* (New York: Basic Books, 1953); M. Rosenbaum, "Anna O (Berta Pappenheim): Her History", in *Anna O: Fourteen Contemporary Reinterpretations*, ed. M. Rosenbaum, and M. Muroff (New York: Free Press, 1984), 1-25.

30 Bonaparte et al., eds. *Origins of Psychoanalysis*, 134.

31 Freud, 1896년 5월 4일 빌헬름 플리스에게 보낸 편지. Masson, *Assault on Truth*, 10페이지에서 인용.

32 프로이트의 여성 심리학에 대한 여성주의적 비판은 방대하게 이루어졌다. 두 개의 고전적인 예시로는 "The Flight from Womanhood: The Masculinity Complex in Women as viewed by Men and by Women," *International Journal of*

Psycho-Analysis 7 (1926) 324-39, 그리고 K. Millet, *Sexual Politics* (New York: Doubleday, 1969).

33 M. Kaplan, "Anna and Bertha Pappenheim: An Historical perspective", in Rosenbaum and Muroff, *Anna O*, 107페이지에서 인용.

34 M. Rosenbaum, "Anna O (Bertha Pappenheim): Her History", in Rosenbaum and Muroff, *Anna O*. 22페이지에서 인용.

35 Kaplan, "Anna O and Bertha Pappenheim", 114페이지에서 인용.

36 Showalter, *The Female Malady*, 168-70.

37 C. S. Myers, *Shell Shock in France* (Cambridge: Cambridge University Press, 1940).

38 A. Leri, *Shell Shock: Commotional and Emotional Aspects* (London: University of London Press, 1919), 118.

39 Showalter, *The Female Malady*, 177.

40 P. Fussell, ed., *Siegfried Sassoon's Long Journey: Selections from the Sherston Memoirs* (New York: Oxford University Press, 1983), xiv.

41 R. Graves, *Goodbye to All That* [1929] (New York: Doubleday, 1957), 263.

42 Fussell, *Sassoon's Long Journey*, 141.

43 A. Kardiner, *My Analysis with Freud* (New York: Norton, 1977), 52.

44 앞의 책, 110-11.

45 A. Kardiner, and H. Spiegel, *War, Stress, and Neurotic Illness* (rev. ed. The Traumatic Neuroses of War) (New York: Hoeber, 1947), 1.

46 앞의 책, 406.

47 J. W. Appel and G. W. Beebe, "Preventive Psychiatry; An Epidemiological Approach", *Journal of the American Medical Association* 131 (1946), 1468-71, 1470페이지에서 인용.

48 R. R. Grinker and J. Spiegel, *Men Under Stress* (Philadelphia; Blakeston, 1945).

49 Grinker and Spiegel, *Men Under Stress*; Kardiner and Spiegel, *War, Stress*.

50 Kardiner and Spiegel, *War, Stress*, 365.

51 Grinker and Spiegel, *Men Under Stress*, 371.

52 J. Ellis, *The Sharp End of War: The Fighting Man in World War II* (London: David and Charles, 1980).

53 R. J. Lifton, *Home from the War: Vietnam Veterans: Neither Victims nor Executioners* (New York: Simon & Schuster, 1973), 31.

54 "Interview with Chaim Shatan", *McGill News*, Montreal, Quebec, February, 1983.

55 M. Norman, *These Good Men: Friendships Forged Ffrom War* (New York: Crown, 1989), 139, 141.

56 A. Egendorf et al., *Legacies of Vietnam*, vols. 1–5 (Washington, D. C.: U. S. Government Printing Office, 1981).

57 American Psychiatric Association, *Dignostic and Statistical Manual of Mental Disorders*, 3rd ed. (DSM-III) (Washington, D. C.: American Psychiatric Association, 1980).

58 B. Friedan, *The Feminine Mystique* (New York: Dell, 1963).

59 K. Amatniek (Sarachild), "Consciousness-Raising", in *New York Redstockings: Notes from the Second Year, 1968* (자비 출판). 이 시기에 전개된 여성 운동의 기원들에 대한 역사를 살펴보려면 S. Evans, *Personal Politics* (New York, Vintage, 1980).

60 J. Tepperman, "Going Through Changes", in *Sisterhood Is Powerful*, ed. R. Morgan (New York: Random House, 1970), 507–8.

61 K. Sarachild, "Consciousness-Raising: A Radical Weapon", in *Feminist Revolution*, ed. K. Sarachild (New York: Random House, 1978), 145. (Orig. ed. *New York Redstockings*, 1975.)

62 D. E. H. Russell, *Sexual Exploitation: Rape, Child Sexual Abuse, and Sexual Harassment* (Beverly Hills, CA; Sage, 1984).

63 S. Brownmiller, *Against Our Will: Men, Women, and Rape* (New York: Simon & Schuster, 1975).

64 앞의 책, 14-15.

65 A. W. Burgess and L. L. Holmstrom, "Rape Trauma Syndrome", *American Journal of Psychiatry* 131 (1974): 981-86.

66 매 맞는 여성을 위한 운동의 역사를 알아보기 위해서는 Schechter, *Women and Male Violence: The Visions and Struggles of the Battered Women's Movement* (Boston: South End Press, 1982).

67 L. Walker, *The Battered Woman* (New York: Harper & Row, 1979).

68 J. L. Herman and L. Hirschman, "Father-Daughter Incest", *Signs: Journal of Women in Culture and Society* 2 (1977): 735-56.

69 V. Woolf, *Three Guineas* [1938] (New York: Harcourt, Brace, Jovanovich, 1966), 147.

2. 공포

1 American Psychiatric Association, *Diagnostic and Statistical Manual of Psychiatric Disorders*, vol. 3(DSM-III) (Washington., D.C.: American Psychiatric Association, 1980), 236.

2 N. C. Andreasen, "Posttraumatic Stress Disorder", in *Comprehensive Textbook of Psychiatry*, 4th ed., ed. H. I. Kaplan and B. J. Sadock (Baltimore: Williams & Wilkins, 1985), 918-24.

3 B. L. Green, J. D. Lindy, M. C. Grace et al., "Buffalo Creek Survivors in the Second Decade: Stability of Stress Symptoms", *American Journal of Orthopsychiatry* 60 (1990): 43-54.

4 B. Green, J. D. Lindy, M. C. Grace, "Posttraumatic Stress Disorder: Toward DSM-IV", *Journal of Nervous and Mental Disease* 173 (1985): 406-11.

5 P. Janet, *L'Automatisme Psychologique* (Paris: Felix Alcan, 1889), 457. 자네의 심리적 외상 연구에 대한 리뷰와 요약에 관해서는 B. A. van der Kolk & O. van

der Hart, "Perre Janet and the Breakdown of Adaptation in Psychological Trauma", *American Journal of Psychiatry* 146 (1989): 1530-40 참조.

6   A. Kardiner and H. Spiegel, *War, Stress, and Neurotic Illness* (rev. ed. The Traumatic Neuroses of War) (New York: Hoeber, 1947), 186.

7   R. Graves, *Goodbye to All That* [1929] (New York: Doubleday, 1957), 257.

8   Kardiner and Spiegel, *War, Stress,* 13.

9   R. Grinker and J. P. Spiegel, *Men Under Stress* (Philadelphia: Blakeston, 1945), 219-20.

10   L. C. Kolb, "A Neuropsychological Hypothesis Explaining Post-Traumatic Stress Disorder", *American Journal of Psychiatry* 144 (1987): 989-95.

11   R. Pitman, Biological Findings in PTSD: Implications for DSM-IV Classification (미출간 원고, Veterans Administration Center, Manchester, NH, 1990), 16.

12   M. E. McFall, M. M. Murburg, D. K. Roszell et al. "Psychophysiologic and Neuroendocrine Findings in Posttraumatic Stress Order: A Review of Theory and Research", *Journal of Anxiety Disorders* 3 (1989): 243-57.

13   S. Freud, "Beyond the Pleasure Pinciple", in *Standard Edition*, vol. 18 (London: Hogarth Press 1955): 7-64, 13페이지에서 인용.

14   Kardiner and Spiegel, *War, Stress,* 201.

15   P. Janet, *Psychological Healing* [1919] vol. 1, trans. E. Paul and C. Paul (New York: Macmillan, 1925), 661-63.

16   D. Lessing, "My Father", in *A Small Personal Voice* (New York: Random House, 1975), 87.

17   T. O'Brien, "How to Tell a True War Story", in *The Things They Carried* (Boston: Houghton Mifflin, 1990), 89.

18   L. Terr, "What Happens to Early Memories of Trauma? A Study of Twenty Children Under Age Five at the Time of Cocumented Traumatic Events", *Journal of the American Academy of Child and Adolescent Psychiatry* 27 (1988): 96-104.

19 B. A. van der Kolk, "The Trauma Spectrum: The Interaction of Biological and Social Events in the Genesis of the Trauma Response", *Journal of Traumatic Stress* 1(1988): 273-90.

20 L. Terr, *Too Scared to Cry* (New York: HarperCollins 1990), 238, 239, 247.

21 1991년 4월 2일, S. 압두알리와의 인터뷰.

22 1991년 5월 7일, S. 시몬과의 인터뷰.

23 1991년 7월 14일, K. 스미스와의 인터뷰.

24 Janet, *Psychological Healing*, 603.

25 M. Horowitz, *Stress Response Syndromes* (Northvale, NJ: Jason Aronson, 1986), 93-94.

26 P. Russell, "Trauma, Repetition and Affect" (Paper Presented at Psychiatry Grand Rounds, Cambridge Hospital, Cambridge, MA, 5 Semtember 1990).

27 New York Radical Feminist Speakout on Rape, 1971, S. Brownmiller, *Against Our Will: Men, Women, and Rape* (New York: Simon & Schuster, 1975), 358페이지에서 인용.

28 P. Bart and P. O'Brien, *Stopping Rape: Successful Survival Strategies* (New York: Pergamon, 1985), 47페이지에서 인용.

29 R. Warshaw, *I Never Called it Rape* (New York: Harper & Row, 1988), 56페이지에서 인용.

30 N. Frankel and L. Smith, *Patton's Best* (New York: Hawthorne Books, 1978), 89페이지에서 인용.

31 D. Spiegel, "Hypnosis, Dissociation, and Trauma", in *Repression and Dissociation: Implications for Personality Theory, Psychopathology, and Health*, ed. J. L. Singer (Chicago: University of Chicago Press, 1990), 121-42.

32 H. Hilgard, *Divided Consciousness: Multiple Controls in Human Thought and Action* (New York: John Wiley, 1977).

33 D. Spiegel, E. J. Fischolz, H. Spiegel et al., "Dissociation, Hypnotizblility, and Trauma" (미국 정신의학회 연례 회의에서 발표된 논문, San Francisco, May

1989), 2.

34   Grinker and Spiegel, *Men Under Stress*.

35   J. J. Card, *Lives After Vietnam: The Personal Impact of Military Service* (Lexington, MA: D. C. Heath, 1983).

36   R. A. Kulka, W. E. Schlenger, J. A. Fairbank et al., *Trauma and the Vietnam War Generation* (New York: Basic Books, 1984).

37   P. Janet, *L'Etat mental des hystériques* (Paris: Felix Alcan, 1911).

38   Kardiner and Spiegel, *War, Stress*, 128, case 28.

39   1991년 K. 스미스와의 인터뷰.

40   Grinker and Spiegel, *Men Under Stress*.

41   L. C. Terr, "Chowchilla Revisited: The Effects of Psychic Trauma Four Years After a School-Bus Kidnapping", *American Journal of Psychiatry* 140 (1983): 1543-50.

42   D. G. Kilpatrick, L. J. Veronen, and P. A. Resick, "The Aftermath of Rape: Recent Empirical Findings", *American Journal of Orthopsychiatry* 49 (1979): 658-69.

43   J. V. Becker, L. J. Skinner, G. G. Abel et al., "The Effects of Sexual Assault on Rape and Attempted Rape Victims", *Victimology* 7 (1982): 106-13.

44   C. C. Nadelson, M. T. Notman, H. Jacson et al., "A Follow-up Study of Rape Victims", *American Journal of Psychiatry* 139 (1982): 1266-70.

45   H. M. van der Ploerd and W. C. Kleijin, "Being Held Hostage in the Netherlands: A Study of Long-Term Aftereffects", *Journal of Traumatic Stress* 2 (1989): 153-70.

46   Kardiner and Spiegel, *War, Stress*, case 40, 381-89.

47   C. Van Dyke, N. J. Zilberg, J. A. McKinnon, "PTSD: A 30-year Delay in a WW II Combat Veteran", *American Journal of Psychiatry* 142 (1985): 1070-73.

48   V. Woolf, *Mrs. Dalloway* [1925] (New York: Harvest, 1975), 132-33.

49 Lessing, *Small Personal Voice*, 86.

50 D. G. Kilpatick, C. L. Best, L. J. Veronen et al., "Mental Health Correlates of Criminal Victimization: A Random Community Survey", *Journal of Consulting and Clinical Psychology* 53 (1985): 866-73.

51 D. A. Pollock, M. S. Rhodes. C. A. Boyle et al., "Estimating the Number of Suicides Among Vietnam Veterans", *American Journal of Psychiatry* 147 (1990): 772-76.

52 H. Hendin and A. P. Haas, "Suicide and Guilt as Manifestations of PTSD in Vietnam Combat Veterans", *American Journal of Psychiatry* 148 (1991): 586-91.

3. 단절

1 M. Horowitz, *Stress Response Syndromes* (Northvale, NJ: Jason Aronson, 1986).

2 A. Sebold, "Speaking of the Unspeakable", *Psychiatric Times* (January 1990): 34.

3 V. Woolf, *Mrs. Dallaway* [1925] (New York: Harvest, 1975), 134-36.

4 T. O'Brien, "How to Tell a True War Story". in *The Things They Carried* (Boston; Uoughton Mifflin, 1990), 88.

5 R. J. Lifton, "The Concept of the Survivor", in *Survivors, Victims, and Perpetrators*: *Essays on the Nazi Holocaust*, ed. J. E. Dimsdale (New York: Hemisphere, 1980), 113-26.

6 R. J. Lifton, *Death in Life*: *Survivors of Hiroshima* (New York: Simon & Schuster, 1967);, J. L. Titchener and F. T. Kapp, "Family and Character Change at Buffalo Creek", *American Journal of Psychiatry* 133 (1976): 295-301; K. T. Ericson, *Everything in Its Path*: *Destruction of Community in the Buffalo Creek Flood* (New York: Simon & Schuster, 1976).

7 R. S. Laufer, E. Brett, and M. S. Gallops, "Symptom Patterns Associated with Post- Traumatic Stress Disorder among Vietnam Veterans Exposed to War Trauma", *American Journal of Psychiatry* 142 (1985): 1304-11.

8 Breslau and Davis, "Post-Traumatic Stress Disorder."

9 Lifton, "Concept of the Survivor"; R. J. Lifton, *Home from the War: Vietnam Veterans: Neither Victims nor Executioners* (New York: Simon & Schuster, 1973).

10 M. Norman, *These Good Men: Friendships Forged From War* (New York: Crown, 1989), 24.

11 A. Kardiner and H. Spiegel, *War, Stress, and Neurotic Illness* (rev. ed. The Traumatic Neuroses of War) (New York: Hoeber, 1947), 128.

12 앞의 책, 129.

13 J. H. Shore, E. L. Tatum, and W. M. Vollmer, Psychiatric Reactions to Disaster: The Mount St. Helens Experience", *American Journal of Psychiatry* 143 (1986): 590-96.

14 R. A. Kulka, W. E, Schlenger, J. A. Fairbank et al., National Vietnam Veteran Readjustment Study (NVVRS): Executive Summary (Research Triangle Park, NC. Research Triangle Institute, 1988).

15 Terence Keane, Ph. D., Director, Behavioral Science Division, National Center for PTSD, Boston VA Hospital, Boston, MA. National Vietnam Veterans Readjustment Study(NVVRS)에서 PTSD의 평생 유병률에 관한 자료는 충분히 분석되지 않았다.

16 L. Terr, *Too Cared to Cry* (New York: HarperCollins, 1990).

17 A. W. Burgess and L. L. Holmstrom, "Rape Trauma Syndrome", *American Journal of Psychiatry* 131 (1974): 981-86.

18 N. Breslau, G. C. Davis, P. Andreski et al. "Traumatic Events and Posttraumatic Stress Disorder in an Urban Population of Young Adults", *Archives of General Psychiatry* 48 (1991): 216-22.

19 H. Hendin and A. P. Haas, *Wounds of War: The Psychological Aftermath of Combat in Vietnam* (New York: Basic Books, 1984).

20 R. Grinker and J. Spiegel, *Men Under Stress* (Philadelphia: Blakston, 1945).

21 E. E. Werner, "High Risk Children in Young Adulthood: A Longitudinal

Study from Birth to 32 Years", *American Journal of Orthopsychiatry* 59 (1989): 72-81.

22 R. Flannery, "From Victim to Survivor: A Stress-Management Approach in the Treatment of Learned Helplessness", in *Psychological Trauma*, ed. B. A. van der Kolk (Washington, D. C.: American Psychiatric Press, 1987), 217-32.

23 A. Holen, *A Long-Term Outcome Study of Survivors from Disaster* (Oslo, Norway: University of Oslo Press, 1990).

24 Hendin and Haas, *Wounds of War*, 214.

25 P. Bart and P. O'Brien, *Stopping Rape: Successful Survival Strategies* (New York: Pergamon, 1985).

26 1988년 클라이드와의 인터뷰.

27 Green et al. "Buffalo Creek Survivors."

28 A. W. Burgess and L. L. Holmstrom, "Adaptive Strategies and Recovery from Rape", *American Journal of Psychiatry* 136 (1979): 1278-82.

29 D. E. H. Russell, *Sexual Exploitation* (Beverly Hills, CA: Sage, 1984).

30 1990년 5월 14일 H. 스피겔과의 인터뷰.

31 New York Radical Feminist Speakout on Rape, 1971. S. Brownmiller, *Against Our Will: Men, Women, and Rape* (New York: Simon & Schuster, 1975), 364페이지에서 인용.

32 Burgess and Holmstrom, "Adaptive Strategies" and recovery from rape.

33 D. G. Kilpatrick, L. J. Veronen, and C. L. Best, "Factors Predicting Psychological Distress Among Rape Victims", in *Figley, Trauma and Its Wake*.

34 Norman, *These Good Men*, 5.

35 Card, *Lives After Vietnam*.

36 T. M. Keane, S. W. Owen, G. A. Charoya et al., "Social Support in Vietnam Veterans with PTSD: A Comparative Analysis", *Journal of Consulting and Clinical Psychology* 53 (1985): 95-102.

37   S. Haley, "The Vietnam Veteran and His Pre-School Child: Child-Rearing as Delayed Stress in Combat Veterans", *Journal of Contemporary Psychotherapy* 41 (1983): 114-21.

38   T. S. Foley, "Family Response to Rape and Sexual Assault", in *Rape and Sexual Assault: A Research Handbook*, ed. A. Burgess, 159-188; C. Erickson, "Rape and the Family", in *Treating Stress in Families*, ed. C. Figley (New York: Brunner/Mazel, 1990), 257-89.

39   비디오테이프 "If I can survive this"(Cambridge, MA, Boston Area Rape Crisis Center, 1985)에서 인용.

40   C. C. Nadelson, M. T. Norman, H. Zackson et al., "A Follow-up Study of Rape Victims", *American Journal of Psychiatry* 139 (1982): 1266-70; J. V. Becker, L. J. Skiner, G. G. Abel et al., "Time-Limited Therapy with Sexually Dysfunctional Sexually Assaulted Women", *Journal of Social Work and Human Sexuality* 3 (1984): 97-115.

41   Warshaw, *I Never Called It Rape*, 76페이지에서 인용.

42   O'Brien, *The Things They Carried*, 163.

43   Grinker and Spiegel, *Men Under Stress*; A. Schuetz, "The Homecomer", *American Journal of Sociology* 50 (1944-45): 369-76; Lifton, *Home from the War*; C. Figley and S. Levantman, eds., *Strangers at Home: Vietnam Veterans Since the War* (New York: Paeger, 1980).

44   M. P. Koss, "Hidden Rape: Sexual Aggression and Victimization in a National Sample of Students of Higher Education", in *Rape and Sexual Assault*, vol. 2, ed. A. W. Burgess (New York: Garland, 1987), 3-26. 이 연구에서, 강간에 관한 법적 정의에 부합하는 성 행동을 강요당한 여성들 중에서 이 경험을 〈명백한 강간〉이라고 말한 사람은 오직 27퍼센트뿐이었다.

45   정의에 관한 논쟁은 강간에 관한 많은 연구의 제목에서부터 반영되고 있다. 예를 들어, S. Estrich, *Real Rape* (Cambridge: Harvard University Press, 1987); Koss, Hidden Rape; 그리고 Warshaw, *I Never Called It Rape*.

46   Estrich, Real Rape; c. MacKinnon, "Feminism, Marxism, Method and the State: Toward Feminist Jurisprudence", *Signs: Journal of Women in Culture and*

Society 8 (1983): 635-58.

47 New York Radical Feminists Speakout on Rape, 1971, Connell and Wilson, *Rape: The First Sourcebook for Women*, 51페이지에서 인용.

48 Boston Area Rape Crisis Center, "If I can survive this" Videotape, 1985.

49 Hendin and Hass, *Wounds of War*, 44-45.

50 Bart and O'Brien, *Stopping Rape: A Survival Manual for Women* (New York: Farrar, Straus & Giroux, 1974).

51 Nadelson et al., "Study of Rape Victims."

52 Grinker and Spiegel, *Men Under Stress*; Fingley and Levantman, *Strangers At Home*.

53 O'Brien, *The Things They Carried*, 76.

54 Lifton, *Home from the War*; Figley and Leventman, *Strangers At Home*.

55 1991년 K. 스미스와의 인터뷰.

56 MacKinnon, *Feminism, Marxism, Method*, 651.

57 Estrich, *Real Rape*; MacKinnon, *Feminism, Marxism, Method*.

58 MacKinnon, *Feminism, Marxism, Method*; Estrich, *Real Rape*; Brownmiller, *Against Our Will*; Bart and O'Brien, *Stopping Rape*; Connell and Wilson, eds., *Rape: The First Sourcebook For Women* (New York: New American Library, 1974)

59 Estrich, *Real Rape*, 3.

4. 속박

1 G. L. Borovsky and D. J. Brand, "Personality Organization and Psychological Functioning of the Nuremberg War Criminals", in *Survivors, Victims and Perpetrators: Essays on the Nazi Holocaust*, ed. J. E. Dimsdale (New York: Hemisphere, 1980), 359-403; J. Steiner, "The SS Yesterday and Today: A Sociopsychological View", in *Dimsdale, Survivors, Victims, and Perpetrators*, 405-56; J. L. Herman, "Considering Sex Offenders: A Model of Addiction", *Signs*:

Journal of Women in Culture and Society 13 (1988): 695-724.

2 H. Arendt, *Eichmann in Jerusalem: A Report on the Banality of Evil*, 2nd ed. (New York: Penguin Books, 1964), 276.

3 G. Orwell, *1984* (New York: New American Library, Signet Classic Edition, 1949), 210.

4 Amnesty International, *Report on Torture* (New York: Farrar, Straus & Giroux, 1973). 이 보고서는 미국 전쟁 포로들의 세뇌 경험이 미친 영향력에 관하여 연구했던 Alfred Biderman의 작업을 주로 인용한다. A. D. Biderman, "Communist Attempts to Elicit False Confessions from Air Force Prisoners of War", *Bulletin of New York Academy of Medicine* 33(1957): 616-25 참조. 또한 I. E. Farber, H, F. Harlow, and L. J. West, "Brainwashing, Conditioning and DDD (Debility, Dependency, and Dread)", *Sociometry* 23(1957): 120-47페이지를 보라.

5 K. Barry, "Did I Ever Really have a Chance: Patriarchal Judgment of Patricia Harst", *Chrysalis* 1 (1977): 7-17; K. Barry, C. Bunch, and S. Castley, eds., *Networking Against Female Sexual Slavery* (New York: United Nations, International Women's Tribune Centre, 1984).

6 L. Walker, *The Battered Woman* (New York: Harper & Row, 1979), 76.

7 I. Ratushinskaya, *Grey is the Color of Hope* (New York: Vintage, 1989), 260.

8 D. E. H. Russell, *Rape in Marriage* (New York: Macmillan, 1982), 123.

9 P. C. Hearst and a. Moscow, *Every Secret Thing* (New York: Doubleday, 1982), 85.

10 J. E. Dimsdale, "The Coping Behavior of Nazi Concentration Camp Survivors", in *Dimsdale, Survivors, Victims, Perpetrators*, 163-74.

11 N. Sharansky, *Fear No Evil*, trans. S. Hoffman (New York: Random House, 1988), 339.

12 Walker, *The Battered Woman*.

13 L. Kelly, "How Women Define Their Experiences of Violence", in K. Yllo and M. Bograd, *Feminist Perspectives on Wife Abuse* (Beverly Hills, CA: Sage, 1988), 114-32. 127페이지에서 인용.

14 R. E. Dobash and R. Dobash, *Violence Against Wives: A Case Against the Patriarchy* (New York: Free Press, 1979), 84.

15 L. Lovelace and M. Mcgrady, *Ordeal* (Secaucus, NJ: Citadel, 1980), 30.

16 Hearst and Moscow, *Every Secret Thing*, 178-79.

17 Sharansky, *Fear No Evil*, 46.

18 M. Symonds, "Victim Responses to Terror: Understanding and Treatment", in *Victims of Terrorism*, ed. F. M. Ochberg and D. A. Soskis (Boulder, CO: Westview, 1982), 95-103; T. Strentz, "The Stockholm Syndrome: Law Enforcement Policy and Hostage Behavor", in *Ochberg and Soskis, Victims of Terrorism*, 149-63.

19 D. A. Halperin, "Group Processes in Cult Affiliation and Recruitment", in *Psychodynamic Perspectives on Religion*, Sect, and Cult, ed. D. A. Halperin (Boston: John Wright, 1983).

20 Walker, *The Battered Woman*.

21 L. H. Bowker, M. Arbitel, and J. R. McFerron, "On the Relationship Between Wife- Beating and Child Abuse", in Yllo and Bograd, eds., *Feminist Perspectives*, 158-74.

22 E. Wiesel, *Night*, trans. S. Rodway (New York: Hill and Wang, 1960), 61.

23 H. Krystal, "Trauma and Affects", *Psychoanalytic Study of the Child* 33 (1978): 81- 116.

24 Lovelace and McGrady, *Ordeal*, 70.

25 J. Timerman, *Prisoner Without a Name: Cell Without a Number*, trans. T. Talbot (New York: Vintage, 1988), 34-35.

26 Primo Levi, *Survival in Auschwitz: The Nazi Assault on Humanity*, [1958] trans. Stuart Woolf (New York: Collier, 1961); Wiesel, *Night*; Krystal, "Trauma and Affects."

27 Hearst and Moscow, *Every Secret Thing*, 75-76.

28 E. Hilberman, "The Wife-Beater's Wife Reconsidered", *American Journal*

of Psychiatry 137 (1980): 1336–47, 1341페이지에서 인용.

29   K. D. Hoppe, "Resomatization of Affects in Survivors of Persecution", *International Journal of Psycho-analysis* 49 (1968): 324–26; H. Krystal and W. Niederland, "Clinical Observations on the Survivor Syndrome", in *Massive Psychic Trauma*, ed. H. Krystal (New York: International University Press, 1968), 327–48; W. De Loos, "Psychosomatic Manifestations of Chronic PTSD", in *Posttraumatic Stress Disorder: Etiology, Phenomenology, and Treatment*, ed. M. E. Wolf and A. D. Mosnaim (Wahington, D. C.: American Psychiatric Press, 1990), 94–105.

30   J. Kroll, M. Habenicht, T. Mackenzie et al., "Depression and Posttraumatic Stress Disorder in Southeast Asian Refugees", *American Journal of Psychiatry* 146 (1989): 1592–97.

31   W. W. Eaton, J. J. Sigal, and M. Weinfeld, "Impairment in Holocaust Survivors After 33 Years: Data from an Unbiased Community Sample", *American Journal of Psychiatry* 139 (1982): 773–77.

32   Orwell, *1984*, 176–77.

33   A. Partnoy, *The Little School: Tales of Disappearance and Survival in Argentina* (San Francisco: Cleis Press, 1986), 49.

34   앞의 책, 71.

35   D. E. H. Russell, *Lives of Courage: Women for a New South Africa* (New York: Basic Books, 1989), 40–41.

36   Levi, *Survival in Auschwitz*, 106–7.

37   C. C. Tennant, K. J. Goulston, and O. F. Dent, "The Psychological Effects of Being a Prisoner of War: Forty Years after Release", *American Journal of Psychiatry* 143 (1986): 618–22; Kluznik et al., "U. S. Prisoners of War."

38   Krystal, Massive Psychic Trauma; J. D. Kinzie, R. H. Fredrikson, R. Ben et al., "PTSD Among Survivors of Cambodian Concentration Camps", *American Journal of Psychiatry* 141 (1984): 645–50.

39   R. Jaffe, "Dissociative Phenomena in Former Concentration Camp Inmates," *International Journal of Psycho-Analysis* 49 (1968): 310–12.

40   L. Weschler, "The Great Exception: Part I; Liberty", *New Yorker*, 3 April 1989, 43-85, 81-82페이지에서 인용.

41   R. Flannery and M. Harvey, "Psychological Trauma and Learned Helplessness: Seligman's Paradigm Reconsidered", *Psychotherapy* 28 (1991): 374-78.

42   Weschler, "The Great Exception", 82.

43   E. Luchterland, "Social Behaivior of Concentration Camp Prisoners: Continuities and Discontinuities with Pre-and Post-Camp Life", in *Dimsdale, Survivors, Victims, and Perpetrators*, 259-82. 생존 단위로서 짝에 대한 발견은 J. Dimsdale, "The Coping Behavior of nazi Concentration Camp Survivors", in *Dimsdale, Survivors, Victims, and Perpetrators*, 163-74, 또한 Levi, *Survival in Auschwitz*, Wiesel, Night 참조.

44   Symonds, "Victim Pesponses", 99.

45   R. J. Lifton, "Cults: Religious Totalism and Civil Liberties", R. J. Lifton, *The Future of Immortality and Other Essays for a Nuclear Age* (New York: Basic Books, 1987), 209-19.

46   Lovelace and McGrady, *Ordeal*, 134.

47   Timerman, *Prisoner Without a Name*, 141.

48   W. G. Niederland, "Clinical Observations on the 'Survivor Sydrome'", *International Journal of Psycho-Analysis* 49 (1968): 313-15.

49   Wiesel, *Night*, 43-44.

50   Niederland, "The Survivor Syndrome", 313.

51   J. Segal, E. J. Hunter, and Z. Segal, "Universal Consequences of Captivity: Stress Reactions Among Divergent Populations of Prisoners of War and their Families", *International Journal of Social Science* 28 (1976): 593-609.

52   J. J. Gayford, "Wife-Battering; A Preliminary Survey of 100 Cases", *British Medical Journal* 1 (1975): 194-97.

53   Levi, *Survival in Auschwitz*, 49.

5. 아동 학대

1　M. Bonaparte, A. Freud, and E. Kris, eds, *The Origins of Psychoanalysis. Letters to Wilhelm Fliess, Drafts and Notes: 1887-1902*, trans. E. Mosbacher and J. Strachey (New York: Basic Books, 1954) 187-88.

2　S. Fraser, *My Father's House: A Memoir of Incest and of Healing* (New York: Harper & Row, 1987), 223-23.

3　1986년 카렌과의 인터뷰.

4　1986년 타니와의 인터뷰.

5　1988년 진저와의 인터뷰.

6　1986년 아치볼드와의 인터뷰.

7　1986년 메도와의 인터뷰.

8　R. Kluft, "Childhood Multiple Personality Disorder: Predictors, Clinical Findings, and Treatment Results", in *Childhood Antecedents of Multiple Personality Disorder*, ed. R. Kluft (Washington, D. C.: American Psychiatric Press, 1985), 167-96.

9　C. Ounsted, "Biographical Science: An Essay on Developmental Medicine", in *Psychiatric Aspects of Medical Practice*, ed. B. Mandelborte and M. C. Gelder (London: Staples Press, 1972).

10　1986년 타니와의 인터뷰.

11　J. L. Herman, J. C. Perry, and B. A. van der Kolk, "Childhood Trauma in Borderline personality Disorder", *American Journal of Psychiatry* 146 (1989): 490-95; B. Sanders, G. McRoberts, and C. Tollefson, "Childhood Stress and Dissociation in College Populatin", *Dissociation* 2 (1989): 17-23; J. A. Chu and D. L. Dill, "Dissociative Symptoms in Relation to Childhood Trauma in Psychologically Disturbed Adolescents", *American Journal of Psychiatry* 148 (1991): 50-54.

12　1986년 사라 제인과의 인터뷰.

13　1986년 나딘과의 인터뷰.

14 Kluft, Childhood Antecedents; E. Bliss, *Multiple Personality, Allied Disorders, and Hypnosis* (New York: Oxford University Press, 1986); F. Putnam, *Diagnosis and Treatment of Multiple Personality Disorder* (New York: Guilford Press, 1989).

15 Fraser, *My father's House*, 220-21.

16 1986년 코니와의 인터뷰.

17 L. Terr, *Too Scared to Cry* (New York: Harper & Low, 1990), K. A. Dodge, J. E. Bates, and G. S. Petit, "Mechanisms in the Cycle of Violence", *Science* 250 (1990): 1678-83.

18 A. W. Burgess, C. R. Hartman, M. P. McCausland et al., "Response Patterns in Children and Adolescents Exploited Through Sex Rings and Pornography", *American Journal of Psychiatry* 141 (1984): 656-62.

19 1986년 나딘과의 인터뷰.

20 J. L. Herman, *Father-Daughter Incest* (Cambridge, MA: Harvard University Press, 1981). L. Shengold, Soul *Murder: The Effects of Childhood Abuse and Deprivation* (New Haven: Yale University Press, 1989).

21 1982년 요한나와의 인터뷰.

22 E. Hill, *The Family Secret: A Personal Account of Incest* (Santa Barbara, Ca: Capra Press, 1985), 11.

23 앞의 책.

24 S. Ferenczi, "Confusion of Tongues Between Adults and the Child: The Language of Tenderness and of Passion", [1932] in *Final Contributions to the Problems and Methods of Psychoanalysis* (New York: Basic Books, 1955), 155-67.

25 Shengold, *Soul Murder*, 26.

26 P. P. Rieker and E. Carmen (Hilberman), "The Victim-to-Patient Process: The Disconfirmation and Transformation of Abuse", *American Journal of Orthopsychiatry* 56 (1986): 360-70.

27 R. Loewenstein, "Somatoform Disorders in Victims of Incest and

Childhood Abuse", in *Incest-Related Syndromes of Adult Psychopathology*, ed. R. Kluft (Washington, D. C.: American Psychiatric Press, 1990), 75-112; M. A. Demitrack, F. W. Putnam, T. D. Brewerton et al., "Relation of Clinical Variables to Dissociative Phenomena in Eating Disorders", *American Journal of Psychiatry* 147 (1990): 1184-88.

28 1986년 메도와의 인터뷰.

29 A. Browne and D. Finkelhor, "Impact of Child Sexual Abuse: A Review of the Research", *Psychological Bulletin* 99 (1986): 66-77.

30 G. Adler, *Borderline Psychopathology and its Treatment* (New York: Jason Aronson, 1985).

31 Hill, *The Family Secret*, 229.

32 B. A. van der Kolk, J. C. Perry, and J. L. Herman, "Childhood Origins of Self- Destructive Behavior", *American Journal of Psychiatry* 148 (1991): 1665-71.

33 1986년 사라 제인과의 인터뷰. Mary de Young, "Self-Injurious Behavior in Incest Victims: A Reseach Note", *Child Welfare* 61 (1982); 577-84; E. Leibenluft, D. L. Gardner, and R. W. cowdry, "The Inner Experience of the Borderline Self Mutilator", *Journal of Personality Disorder* 1 (1987): 317-24 참조.

34 R. Rhodes, *A Hole in the World: An American Boyhood* (New York; Simon & Schuster, 1990), 267.

35 D. E. H. Russell, *The Secret Trauma* (New York: Basic Books, 1986).

36 1987년 조니와의 인터뷰.

37 1987년 조와의 인터뷰.

38 1988년 진저와의 인터뷰.

39 1986년 타니와의 인터뷰.

40 Herman et al., "Childhood Trauma."

41 G. R. Brown and B. Anderson, "Psychiatric Morbidity in Adult Inpatients with Childhood Histories of Sexual and Physical Abuse", *American Journal of Psychiatry* 148 (1991): 55-61.

42   E. H. Carmen, P. P. Rieker, and t. Mills, "Victims of Violence and Psychiatric Illness", *American Journal of Psychiatry* 141 (1984): 378-83.

43   V. E. Pollack, J. Briere, and L. Schneider et al., "Childhood Antecedents of Antisocial Behavior: Parental Alcoholism and Physical Abusiveness", *American Journal of Psychiatry* 147 (1990): 1290-93.

44   Burgess et al., "Risponse Patterns in Children."

45   1986년 제시와의 인터뷰.

46   J. Kaufman and E. Ziegler, "Do Abused Children Become Abusive Parents?", *American Journal of Orthopsychiatry* 57 (1987): 186-92.

47   P. M. Coons, "Children of Parents with Multiple Personality Disorder", in *Childhood Antecedents*, ed. R. P. Kluft, 151-66, 161페이지에서 인용.

48   Fraser, *My Father's House*, 211-12.

6. 새로운 진단 기준

1   A. D. Biderman and H. Zimmer, eds., *The Manipulation of Human Behavior* (New York: John Wiley, 1961), 1-18.

2   P. Hearst and A. Moscow, *Every Secret Thing* (New York: Doubleday, 1982).

3   L. Dawidowicz, *The War Against the Jews* (London: Weidenfeld and Nicolson, 1975).

4   Biderman and Zimmer, *Manipulation of Human Behavior*; F. Ochberg and D. A. Soskis, *Victims of Terrorism* (Boulder, CO: Westview, 1982).

5   G. T. Hotaling and D. G. Sugarman, "An Analysis of Risk Markers in Husband-to-Wife Violence: The Current State of Knowledge", *Violence and Victims* 1 (1986): 120.

6   J. E. Snell, R. J. Rosenwald, and A. Robey, "The Wife-Beater's Wife", *Archives of General Psychiatry* 11 (1964): 107-12.

7   D. Kurz and E. Stark, "Not-So-Benign Neglect: The Medical Response to Battering", in K. Yllo and M. Bograd, *Feminist Perspectives on Wife Abuse* (Beverly

Hills, CA: Sage, 1988), 249-68.

8   피학성의 개념을 잘못 적용하는 데 대한 비판적 개관에 대해서는 P. J. Caplan, *The Myth of Women's Machoism* (New York: Dutton, 1985) 참조. 최근에, 카플란은 〈자기 패배적〉성격 장애에 관한 비판문을 썼다(미출간 원고. Department of Applied Psychology, Ontario Institute for Studies in Education, 1989).

9   Meeting of the Ad Hoc Committee of the Board of Trustee and Assembly of District Braches of the American Psychiatric Association to Review the Draft of DSM-III-R, Washington, D. C., 4 December 1985.

10   D. Goldman, "New Psychiatric Syndromes Spur Protest", *New York Times*, 19 November 1985, C9; "Battling over Masochism", *Time*, 2 December, 1985, 76; "Ideas and Trends: Psychiatrists versus Feminists", *New York Times*, 6 July 1986, C5.

11   L. C. Kolb, 편집자에게 보낸 편지, *American Journal of Psychiatry* 146 (1989): 811-12.

12   H. Krystal, ed., *Massive Psychic Trauma* (New York: International Universities Press, 1968), 221.

13   J. Kroll, M. Habenicht, T. Mackenzie et al., "Depression and Posttraumatic Stress Disorder in Southeast Asian Refugees", *American Journal of Psychiatry* 146 (1989): 1592-97.

14   M. Horowitz, *Stress Response Syndromes* (Northvale, NJ: Jason Aronson, 1986), 49.

15   D. Brown and E. Fromm, *Hypnotherapy and Hypnoanalysis* (Hillsdale, NJ: Lawrence Erlbaum, 1986).

16   L. C. Terr, "Childhood Traumas: An Outline and Overview", *American Journal of Psychiatry* 148 (1991): 10-20.

17   J. Goodwin, "Applying to Adult Incest Victims What We Have Learned from Victimized Children", in *Incest-Related Syndromes of Adult Psychopathology*, ed. R. Kluft (Washington, D. C.: American Psychiatric Press, 1990), 55-74.

18   J. L. Herman, D. E. H. Russell, and K. Trocki, "Long-Term Effects of

Incestuous Abuse in Childhood", *American Journal of Psychiatry* 143 (1986): 1293-96.

19 N. Draijer, The Role of Sexual and Physical Abuse in the Etiology of Women's Mental Disorders: The Dutch Survey on Sexual Abuse of Girls by Family Members (미출간 원고, University of Amsterdam, 1989).

20 A. Jacobson and B. Rchardson, "Assault Experiences of 100 Psychiatric Inpatients: Evidence of the Need for Routine Inquiry", *American Journal of Psychiatry* 144 (1987): 908-13; J. B. Bryer, B. A. Nelson, J. B. Miller, and P. A. Krol, "Childhood Sexual and Physical Abuse as Factors in Adult Psychiatric Illness", *American Journal of Psychiatry* 144 (1989): 755-58; J. Briere and M. Runtz, "Post Sexual Abuse Trauma: Data and Implications for Clinical Practice", *Journal of Interpersonal Violence* 2 (1987): 367-79.

21 J. Briere and L. Y. Zaidi, "Sexual Abuse Histories and Sequelae in Female Psychiatric Emergency Room patients", *American Journal of Psychiatry* 146 (1989): 1602-06.

22 Bryer et al., "Childhood Sexual and Physical Abuse."

23 J. Briere, "Long-Term Clinical Correlates of Childhood Sexual Victimization", *Annals of the New York Academy of Sciences* 528 (1988): 327-34.

24 D. Gelinas, "The Persistent Negative Effects of Incest", *Psychiatry* 46 (1983): 312-32.

25 American Psychiatric Association, *Diagnostics and Statistical Manual of Mental Disorders*, 3rd ed. (DSM-III) (Washington, D. C.: American Psychiatric Press, 1980), 241.

26 A Lazarus, 편집자에게 보낸 편지, *American Journal of Psychiatry* 147 (1990): 1390.

27 I. Yalom, *Love's Executioner and Other Tales of Psychotherapy* (New York: Basic Books, 1989).

28 H. Ornstein, "Briquet's Syndrome in Association with Depression and Panic: A Reconceptualization of Briquet's Syndrome", *American Journal of*

Psychiatry 146 (1989): 334-38; B. Liskow, E. Othmer, E. C. Penick et al., "Is Briquet's Syndrome a Heterogeneous Disorder?", *American Journal of Psychiatry* 143 (1986): 626-30.

29   F. W. Putnam, J. J. Guroff, E. K. Silberman et al., "The Clinical Phenomenology of Multiple Personality Disorder: Review of 100 Recent Cases", *Journal of Clinical Psychiatry* 47 (1984): 69-87.

30   J. L. Herman, J. C. Perry, and B. van der Kolk, "Childhood Trauma in Borderline Personality Disorder", *American Journal of Psychiatry* 146 (1989): 490-95.

31   E. L. Bliss, "Hysteria and Hypnosis", *Journal of Nervous and Mental Disease* 172 (1984): 203-06; T. E. Othmer and C. DeSouza, "A Screening Test for Somatization Disorder (Hysteria)", *American Journal of Psychiatry* 142 (1985): 1146-49.

32   F. T. Melges and M. S. Swartz, "Oscillations of Attachment in Borderline Personality Disorder", *American Journal of Psychiatry* 146 (1989): 1115-20.

33   M. Zanarini, J. Gunderson, F. Frankenburg et al., "Discriminating Borderline Personality Disorder from Other Axis II Disorders", *American Journal of Psychiatry* 147 (1990): 161-67.

34   J. Gunderson, *Borderline Personality Disorder* (Washington, D. C.: American Psychiatric Press, 1984), 4.

35   G. Adler, *Borderline Psychopathology and Its Treatment* (New York: Jason Aronson, 1985), 4.

36   R. P. Kluft, "Incest and Subsequent Revictimization: The Case of Therapist Patient Sexual Exploitation, with a Description of the Sitting Duck Syndrome", in *Incest- Related Syndromes of Adult Psychopathology*, ed. R. P. Kluft (Washington, D. C.: American Psychiatric Press, 1990), 263-88. E. L. Bliss, *Multiple Personality, Allied Disorders, and Hypnosis* (New York: Oxford University Press, 1986); Putnam, *Diagnosis and Treatment*.

37   E. L. Bliss, Multiple Personality, *Allied Disorders, and Hypnosis* (New York: Oxford University Press, 1986); Putnam, *Diagnosis and Treatment*.

38 O. Kernberg, "Borderline Personality Organization", *Journal of the American Psychoanalytic Association* 15 (1967): 641-85.

39 Herman et al., "Childhood Trauma."

40 Briere and Zaidi, "Sexual Abuse Histories"; M. C. Zanarini, J. G. Gunderson, M. F. Marno et al., "Childhood Experiences of Borderline Patients", *Comprehensive Psychiatry* 30 (1989): 18-25; D. Westen, P. Ludolph, B. Misle et al., "Physical and Sexual Abuse in Adolescent Girls with Borderline Personality Disorder", *American Journal of Orthopsychiatry* 60 (1990): 55-66; S. N. Ogata, K. R. Silk, S. Goodrich et al., "Childhood Sexual and Physical Abuse in Adult Patients with Borderline Personality Disorder", *American Journal of Psychiatry* (1990) 1008-13; G. R. Brown and B. Anderson, "Psychiatric Morbidity in Adult Inpatients with Childhood Histories of Sexual and Physical Abuse", *American Journal of Psychiatry* 148 (1991): 55-61.

41 F. M. Mai and H. Merskey, "Briquet's Treatise on Hysteria: Synopsis and Commentary", *Archives of General Psychiatry* 37 (1980): 1401-05, 1402페이지에서 인용.

42 J. Morrison, "Childhood Sexual Histories of Women with Somatization Disorder", *American Journal of Psychiatry* 146 (1989): 239-41.

43 1989년 바버라와의 개인적 대화.

44 1986년 타니와의 인터뷰.

45 1981년 호프와의 개인적 대화. 호프가 쓴 「나의 가족을 위한 시」 중에서.

7. 치유 관계

1 1986년 타니와의 인터뷰.

2 A. Kardiner and A. Spiegel, *War, Stress, and Neurotic Illness* (rev. Ed. *The Traumatic Neuroses of War*) (New York: Hoeber, 1947), 361-62.

3 M. Symonds, "Victim Resposes to Terror: Understanding and Treatment", in *Victims of Terrorism*, ed. F. Ochberg and D. Soskis (Boulder, CO: Westview, 1982) 95-103.

4 E. Stark and a. Flitcraft, "Personal Power and Institutional Victimization: Treating the Dual Trauma of Woman Battering", in *Post-Traumatic Therapy and Victims of Violence*, ed. F. Ochberg (New York: Brunner/Mazel, 1988), 115-51, 140-41페이지에서 인용.

5 R. A. Kulka, W. E. Schlenger, J. A. Fairbank et al., *Trauma and the Vietnam War Generation* (New York: Brunner/Mazel, 1990)

6 Y. Danieli, "Psychotherapists' Participation in the Conspiracy of Silence about the Holocaust", *Psychoanalytic Psychology* 1 (1984): 23-42, 36페이지에서 인용.

7 Kardiner and Spiegel, *War, Stress,, and Neurotic Illness*. 390.

8 O. Kernberg, Severe Personality Disorders: *Psychotherapeutic Strategies* (New Haven: Yale University Press, 1984), 119.

9 앞의 책, 114.

10 E. Lister, "Forced Silence: A Neglected Dimension of Trauma", *American Journal of Psychiatry* 139 (1982): 872-76.

11 R. J. Waldinger and J. G. Gunderson, *Effective Psychotherapy with Borderline Patients: Case Studies* (Washington, D. C.: American Psychiatric Press, 1987), 마사의 사례, 34-35.

12 T. O'Brien, *The Things They Carried* (Boston: Houghton Mifflin, 1990), 227-28.

13 J. A. Chu, "Ten Traps for Therapists in the Treatment of Trauma Survivors", *Dissociation* 1 (1988): 24-32.

14 H. Hendin and A. P. Haas, *Wounds of War: The Psychological Aftermath of Combat in Vietnam* (New York, Basic Books, 1984).

15 D. S. Rose, "'Worse than Death': Psychodynamics of Rape Victims and the Need for Psychotherapy", *American Journal of Psychiatry* 143 (1986): 817-24.

16 O. Kernberg, M. A. Selzer, H. Koenigsberg, A. C. Carr et al., *Psychodynamic Psychotherapy of Borderline Patients* (New York: Basic Books, 1989), 75.

17 E. Tanay, "Psychotherapy with Survivors of Nazi Persecution", in *Massive Psychic Trauma*, ed. H. Krystal (New York: International Universities Press, 1986), 225.

18 F. Putnam, *Diagnosis and Treatment of Multiple Personality Disorder* (New York: Guilford Press, 1989), 178-79.

19 Waldinger and Gunderson, *Effective Psychotherapy*, 제니퍼의 사례, 128.

20 Putnam, *Multiple Personality Disorder*.

21 I. L. McCann and L. A. Pearlman, "Vicarious Traumatization: A Framework for Understanding the Psychological Effects of Working with Victims", *Journal of Traumatic Stress* 3 (1990): 131-50.

22 Danieli, "Psychotherapists' Participation in Conspiracy of Silence."

23 Y. Fischman, "Interesting with Trauma: Clinician's Responses to Treating Psychological Aftereffects of Political Repression", *American Journal of Orthopsychiatry* 61 (1991): 179-85.

24 Putnam, *Multiple Personality Disorder*.

25 krystal, *Massive psychic Trauma*, 142.

26 J. T. Maltsberger and D. H. Buie, "Countertransference Hate in the Treatment of Suicidal Patients", *Archives of General Psychiatry* 30 (1974): 625-33, 627페이지에서 인용.

27 L. Shengold, *Soul Murder: The Effects of Childhood Abuse and Deprivation* (New Haven: Yale University Press, 1989), 290.

28 Danieli, "Psychotherapists 'Participation in Conspiracy of Silence."

29 R. Mollica, "The Trauma Story: Psychiatric Care of Refugee Survivors of Violence and Torture", in *Post-Traumatic Therapy and Victims of Violence*, Ed. F. Ochberg (New York: Brunner/Mazel, 1988), 295-314, 300페이지에서 인용.

30 S. Haley, "When the Patient Reports Atrocities, Special Treatment Considerations of the Vietnam Veteran", *Archives of General Psychiatry* 30 (1974): 191-96, 194페이지에서 인용.

31   R. S. Shrum, The Psychotherapy of Adult Woman with Incest Histories: Therapists' Affective Response (Ph. D. Diss., University of Massachusetts, 1989).

32   Krystal, *Massive Psychic Trauma*, 140-41.

33   Danieli, "Psychotherapists 'Participation in Conspiracy of Silence."

34   E. Bliss, *Multiple Personality, Allied Disorders, and Hypnosis* (New York: Oxford University Press, 1986), 213.

35   J. Goodwin, At the Acropolis: A Disturbance of Memory in a Context of Theoretical Debate (미출간 원고. Department of Psychiatry, Medical College of Wisconsin, Milwaukee, 1989).

36   H. Searles, "The Countertransference with the Borderline Patient", in *Essential Papers on Borderline Disorders: One Hundred Years at the Border*, ed. M. Stone (New York: New York University Press, 1986), 498-526.

37   Waldinger and Gunderson, *Effective Psychotherapy*, 제니퍼의 사례, 114.

38   Kernberg et al., *Psychodynamic Psychotherapy*, 103.

39   1987년 멜리사와의 인터뷰.

40   1991년 1월 11일, J. 울프와 T. 킨의 인터뷰.

41   J. Chu, "Ten Traps for Therapists."

42   1986년 P. 지글러와의 인터뷰. P. Ziegler, The Recipe for Surviving the First Year with a Borderline Patient (미출간 원고. Department of Psychiatry, Cambridge Hospital, Cambridge, MA, 1985)도 참조.

43   Ann, 편집자에게 보낸 편지, *American Journal of Psychiatry* 147 (1990): 1391.

44   Danieli, "Psychotherapists' Participation in Conspiracy of Silence."

45   Goodwin, *At the Acropolis*.

46   D. R. Jones, "Secondary Disaster Victims: The Emotional Effects of Recovering and Identifying Human Remains", *American Journal of Psychiatry* 142 (1985): 303-07.

47 Erikson, *Childhood and Society*, 169.

8. 안전

1 O. van der Hart, P. Brown, and B. A. van der Kolk, "Pierre Janet's Treatment of Post-Traumatic Stress", *Journal of Traumatic Stress* 2 (1989): 379-95; R. M. Scurfield, "Post- Trauma Stress Assessment and Treatment: Overview and Formulations", in C. R. Figley, *Trauma and Its Wake*, vol. 1 (New York: Brunner/Mazel, 1985), 219-56; F. Putnam, *Diagnosis and Treatment of Multiple Personality Disorder* (New York: Guilford Press, 1989).

2 D. P. Brown and E. Fromm, *Hypnotherapy and Hypnoanalysis* (Hillsdale, NJ: Lawrence Erlbaum, 1986); E. R. Parson, "Post-Traumatic Self Disorders: Theoretical and Practical Considerations in Psychotherapy of Vietnam War Veterans", in *Human Adaptation to Extreme Stress*, ed. J. P. Wilson, Z. Harel, and B. Kahana (New York: Plenum, 1988), 245-83); Putnam, *Multiple Personality Disorder*.

3 S. Sgroi, "Stages of Recovery for Adult Survivors of Child Sexual Abuse", in *Vulnerable Populations*, vol. 2, ed. S. Sgroi (Lexington, MA: D. C. Heath, 1989), 11-130.

4 L. S. Schwartz, "A Biopsychosocial Treatment Approach to PTSD", *Journal of Traumatic Stress* 3 (1990): 221-38.

5 Putnam, *Multiple Personality Disorder*.

6 R. P. Kluft, "The Natural History of Multiple Personality Disorder", *in Childhood Antecedents of Multiple Personality Disorder*, ed. R. P. Kluft (Washington, D. C.: American Psychiatric Press, 1984), 197-238.

7 A. Holen, *A Long-Term Outcome Study of Survivors from a Disaster* (Oslo, Norway: University of Oslo Press, 1990); idem, "Surviving a Man-Made Disaster: Five-Year Follow Up of an Oil-Rig Collapse" (1988년 3월 보스턴 지역 트라우마 연구 집단에 제출된 논문).

8 근친 강간의 영향력에 대한 초기의 개념화 논의를 보기 위해서는 J. Herman, *Father-Daughter Incest* (Cambridge: Harvard University Press, 1981).

9   I. Agger and S. B. Jensen, "Testimony as Ritual and Evidence in Psychotherapy for Political Refuges", *Journal of Traumatic Stress* 3 (1990): 115-30, 124페이지에서 인용.

10   T. Beneke, *Men on Rape* (New York: St. Martin's Press, 1982), 137.

11   J. Davidson, S. Roth, and E. Newman, "Fluoxetine in PTSD", *Journal of Traumatic Stress* 4 (1991): 419-24; P. J. Markovitz, J. R. Calabrese S. C. Schulze et al.; "Fluoxetine in the Treatment of Borderline and Schizotypal Personality Disorder", *American Journal of Psychiatry* 148 (1991): 1064-67; J. Shay, "Fluoxetine Reduces Explosiveness and Elevates Mood of Vietnam Combat Veterans with PTSD", *Journal of Traumatic Stress* 5 (1992), in press; B. A. van der Kolk, preliminary date, controlled study of fluoxetine in *PTSD* (Trauma Clinic, Massachusetts General Hospital, Boston, MA, 1991).

12   PTSD의 약물 치료에 대해 개관하려면 M. Firedman, "Biological Approaches to the Diagnosis and Treatment of PTSD", *Journal of Traumatic Stress* 4 (1991): 69-72; J. M. Silver, D. P. Sandberg, and R. E. Hales, "New Approaches in the Pharmacotherapy of Posttraumatic Stress Disorder", *Journal of Clinical Psychiatry* 51, supplement (1990): 33-38.

13   외상 사건에 대한 가족의 역할에 대해서 알아보려면 C. Figley, ed., *Treating Stress in Families* (New York: Brunner/Mazel, 1990).

14   J. Schorer, It Couldn't Happen to Me: One Woman's Story (Des Moines, IA: Des Moines Register reprint 1990), 6.

15   D. G. Kilpatrick, L. J. Veronen, and P. A. Resick, "The Aftermath of Rape: Recent Empirical Findings", *American Journal of Orthopsychiatry* 49 (1979): 658-69.

16   L. Ledray, The Impact of Rape and the Relative Efficacy of Guide-to-Goals and Supportive Counseling as Treatment Models for Rape Victims (Ph. D. Diss., University of Minnesota, Minneapolis, 1984).

17   M. P. Koss and M. R. Harvey, *The Rape Victim: Clinical and Community Interventions* (Beverly Hills, CA: Sage, 1991).

18   G. L. Belenky, S. Noy, and Z. Solomon, "Battle Factors, Morale,

Leadership, Cohesion, Combat Effectiveness, and Psychiatric Casualties", in *Contemporary Studies in Combat Psychiatry*, ed. G. L. Belenky (Westport, CT: Greenwood press, 1987).

19 D. Rose, "'Worse than Death': Psychodynamics of Rape Victims and the Need for Psychotherapy", *American Journal of Psychiatry* 143 (1986): 817-24; Z. Solomon, The Never-Ending Battle (미출간 원고, Mental Health Department, Israeli Defense Forces, 1990).

20 J. Gunderson, *Borderline Personality Disorder* (Washington, D. C.: American Psychiatric Press, 1984), 54.

21 S. Schechter, Guidelines for Mental Health Practitioners in *Domestic Violence Cases* (Washington, D. C.: National Coalition Against Domestic Violence, 1987).

22 이러한 프로그램의 원형에 대해서는 D. Adams, "Treatment Models of Men Who Batter", in K. Yllo and M. Bograd, *Feminist Perspectives on Wife Abuse* (Beverly Hills, CA: Sage, 1988), 176-99페이지를 보라.

23 E. Schatzow and J. Herman, "Breaking Secrecy: Adult Survivors Disclose to Their Families", *Psychiatric Clinics of North America* 12 (1989): 337-49.

9. 기억과 애도

1 R. Mollica, "The Trauma Story: The Psychiatric Care of Refugee Survivors of Violence and Torture", in *Post-Traumatic Therapy and Victims of Violence*, ed. F. Ochberg (New York: Brunner/Mazel, 1988), 295-314.

2 F. Snider, Presentation at Boston Area Trauma Study Group (1986).

3 F. Freud, "Remembering, Repeating, and Working-Through (Further Recommendations on the Technique of Psycho-Analysis, II" [1914]) in *Standard Edition*, vol. 12, trans. J. Strachey (London: Hogarth Press, 1958), 145-56. 또한 이 논문에서 프로이트는 이후 〈쾌락 원칙을 넘어서〉에서 자세하게 다룬 반복-강박 개념에 대해 처음으로 언급하고 있다.

4 Y. Danieli, "Treating Survivors and Children of Survivors of the Nazi

Holocaust", in *Post-Traumatic Therapy*, ed. F. Ochberg, 278-94, 286페이지에서 인용.

5 1991년 1월 J. 울프와 T. 킨과의 인터뷰.

6 L. McCann and L. Pearlman, *Psychological Trauma and the Adult Survivor: Theory, Therapy, and Transformation* (New York: Brunner/Mazel, 1990).

7 Breuer and Freud, "Studies on Hysteria", [1893-95] in *Standard Edition*, vol. 2, trans. J. Strachey (London: Hogarth Press, 1955), 6.

8 이처럼 현재와 과거를 동시에 다루는 작업은 V. Rozynko and H. E. Dondershine, "Trauma Focus Group Therapy for Vietnam Veterans with PTSD", *Psychotherapy* 28 (1991): 157-61에 잘 기술되어 있다.

9 이 용어는 R. Janoff-Bulman, "The Aftermath of Victimization: Rebuilding Shattered Assumptions" in *Trauma and Its Wake*, ed. C. Figley (New York: Brunner/Mazel, 1985), 135페이지에서 나온다.

10 1986년 카렌과의 인터뷰.

11 O. van der Hart, P. Brown, and B. van der Kolk, "Pierre Janet's Treatment of Post- Traumatic Stress", *Journal of Traumatic Stress* 2 (1989): 379-96.

12 S. Hill and J. M. Goodwin, Freud's Notes on a Seventeenth Century Case of Demonic Possession: Understanding the Uses of Exorcism (미출간 원고, Department of psychiatry, Medical College of Wisconsin, Milwaukee, 1991).

13 I. Agger and S. B. Jensen, "Testimony as Ritual and Evidence in Psychotherapy for Political Refugees", *Journal of Traumatic Stress* 3 (1990): 115-30.

14 Mollica, "The Trauma Story", 312페이지에서 인용.

15 T. M. Keane, J. A. Fairbank, J. M. Caddell et al., "Implosive(Flooding) Therapy Reduces Symptoms of PTSD in Vietnam Combat Veterans", *Behavior Therapy* 20 (1989): 245-60.

16 A. J. Cienfuegos and C. Monelli, "The Testimony of Political Repression as a Therapeutic Instrument", *American Journal of Orthopsychiatry* 53 (1983): 43-51, 50페이지에서 인용.

17 Agger and Jensen, "Testimony as Ritual."

18 Cienfuegos and Monelli, "Testimony of Political Repression."

19 T. Keane, presentation at Harvard Medical School Conference on Psychological Trauma, Boston MA, June 1990.

20 Keane의 작업은 최근 참전 군인을 위한 유사한 치료 프로그램에서 확인되었다. P. A. Boudeyns, L. Hyer, M. Woods et al., "PTSD Among Vietnam Veterans: An Early Look at Treatment Outcome Using Direct Therapeutic Exposure", *Journal of Traumatic Stress* 3 (1990): 359-68.

21 W. Owen, 1918년 2월 어머니에게 보낸 편지. P. Fussell, *The Great War and Modern Memory* (London: Oxford University Press, 1975), 327페이지에서 인용.

22 S. Freud, "The Aetiology of Hysteria" [1896] in *Standard Edition*, vol. 3, trans. J. Strachey (London: Hogarth Press, 1962), 191-221, 205페이지에서 인용.

23 1991년 S. 시모네와의 인터뷰.

24 D. Brown and E. Fromm, *Hypnotherapy and Hypnoanalysis* (Hillsdale NJ: Lawrence Erlbaum, 1986).

25 1990년 11월 16일 S. 무어와의 인터뷰.

26 R. Kluft, Course on Treatment of Multiple Personality Disorder, Annual Meeting of the American Psychiatric Association, San Francisco, CA, May 1989.

27 A. Shalev, T. Gali, S. Schreiber, and R. Halamish, Levels of Trauma: A Multidimensional Approach to the Psychotherapy of PTSD (미출간 원고, Center for Traumatic Stress, Hadassah Hospital, Jerusalem, Israel, 1991).

28 R. F. Mollica, G. Wyshak, J. Lavelle et al., "Assessing Symptom Change in Southeast Asian Refugee Survivors of Mass Violence and Torture", *American Journal of Psychiatry* 147 (1990): 83-88.

29 애도의 역동에 대해서는 B. Raphael, *The Anatomy of Bereavement* (New York: Basic Books, 1984); C. M. Parkes, Bereavement: Studies of Grief in Adult Life (London: Tavistock, 1986) 참조.

30 Danieli, "Treating Survivors", 1972.

31 1972년 클라우디아와의 인터뷰.

32 R. S. Laufer, E. Brett, and M. S. Gallops, "Symptom Patterns Associated with Post-Traumatic Stress Disorder Among Vietnam Veterans Exposed to War Trauma", *American Journal of Psychiatry* 142 (1985): 1304-11.

33 무기력한 분노에서 올바른 분노로의 전환에 대한 이 개념은 나의 어머니가 가르쳐 주었다. H. B. Lewis, *Shame and Guilt in Neurosis* (New York: International Universities Press, 1971); H. B. Lewis, "Shame: The Sleeper' in Psychopathology", in H. B. Lewis, *The Role of Shame in Symptom Formation* (Hillsdale NJ: Lawrence Erlbaum, 1987), 1-28.

34 L. Shengold, *Soul Murder: The Effects of Childhood Abuse and Deprivation* (New Haven, Yale University Press, 1

35 Danieli, "Treating Survivors."

36 1991년 S. 압두알리와의 인터뷰. 테런스 킨은 외상 이야기에 대한 지루함은 완결의 신호라고 보았다(인터뷰, 1991).

10. 연결의 복구

1 M. H. Stone, "Individual Psychotherapy with Victims of Incest", *Psychiatric Clinics of North America* 12 (1989): 237-56, 251-52페이지에서 인용.

2 E. Bass and L. Davis, *The Courage to Heal: A Guide for Women Survivors of Child Sexual Abuse* (New York: Harper & Row, 1988), 163.

3 1990년 12월 7일 M. 솔트와의 인터뷰, Model Mugging of Boston.

4 1990년 M. 솔트와의 인터뷰.

5 J. Goodwin, "Group Psychotherapy for Victims of Incest", *Psychiatric Clinics of North America* 12 (1989): 279-93, 289페이지에서 인용.

6 M. Horowitz, *Stress Response Syndromes* (Northvale, NJ: Jason Aronson, 1986), 136.

7 R. J. Lifton, *Home from the War: Vietnam Veterans: Neither Victims nor Executioners* (New York: Simon & Schuster, 1973), 287.

8 E. Schatzow and J. Herman, "Breaking Secrecy: Adult Survivors Disclose to Their Families", *Psychiatric Clinics of North America* 12 (1989): 337–49, 348페이지에서 인용.

9 G. NiCarthy, *Getting Free: A Handbook for Women in Abusive Relationships* (Seattle, WA: Seal Press, 1982), 238.

10 Saphyre, Bass and Davis, *The Courage to Heal*, 264페이지에서 인용.

11 Bass and Davis, *The Courage to Heal*, 166.

12 L. Lovelace and M. McGrady, *Ordeal* (Secaucus, NJ: Citadel, 1980), 253.

13 Susan, in the Elizabeth Stone House Newsletter (Boston, MA, 1990).

14 NiCarthy, *Getting Free*, 254.

15 J. V. Becker, L. J. Skiner, G. G. Abel et al., "Time-Limited Therapy with Sexually Dysfunctional Sexually Assaulted Women", *Journal of Social Work and Human Sexuality* 3 (1984): 97–115.

16 L. Davis, *The Courage to Heal Workbook: For Women and Men Survivors of Child Sexual Abuse* (New York: Harper & Row, 1990), 441.

17 M. Norman, *These Good Men: Friendships Forged from War* (New York: Crown, 1990), 301–02.

18 N. Sharansky, *Fear No Evil*, trans. Stefani Hoffman (New York: Random House, 1988), 360.

19 E. M. D., 개인적 대화, 1984.

20 1991년 S. 부엘과의 인터뷰.

21 1991년 K. 스미스와의 인터뷰.

22 H. Arendt, *Eichmann in Jerusalem: A Report on the Banality of Evil*, 2nd ed. (New York: Penguin Books, 1964), 261.

23 1991년 S. 시몬과의 인터뷰.

24 1991년 5월 21일 S. 부엘과의 인터뷰.

25 1989년 마시와의 인터뷰.

26 E. Kahana, B. Kahana, Z. Harel et al., "Coping with Extreme Trauma", in *Human Adaptation to Extreme Stress: From the Holocaust to Vietnam*, ed. J. Wilson, Z. Harel, and B. Kahana (New York: Plenum, 1988), 55-80; W. Op den velde, P. R. Falger, H. de Groen et al., "Current Psychiatric Complaints of Dutch Resistance Veterans from World War II: A Feasibility Study", *Journal of Traumatic Stress* 3 (1990): 351-58.

27 1986년 베스와의 인터뷰.

28 R. Rhodes, *A Hole in the World: An American Boyhood* (New York: Simon & Schuster, 1990), 269.

29 M. R. Harvey, An Ecological View of Psychological Trauma (미출간 원고, Cambridge Hospital, Cambridge, MA, 1990).

30 S. Fraser, *My Father's House: A Memoir of Incest and Healing* (New York: Harper & Row, 1987), 253.

11. 공통성

1 P. Levi, *Survival in Auschuwitz: The Nazi Assault on Humanity*, trans. Stuart Woolf (New York: Collier, 1961), 145.

2 I. D. Yalom, *The Theory and Practice of Group Psychotherapy*, 3rd ed. (New York: Basic Books, 1985).

3 M. Harvey, "Group Treatment for Survivors", in M. Koss and M. Harvey, *The Rape Victim: Clinical and Community Interventions* (Beverly Hills, CA: Sage, 1991), 205-44.

4 1991년 K. 스미스와의 인터뷰.

5 1984년 집단 상담 추후 회기 질문지.

6 Yalom, *Group Psychotherapy*, 45.

7 1986년 집단 상담 추후 회기 질문지.

8 1991년 K. 스미스와의 인터뷰.

9 L. H. Bowker, "The Effect of Methodology on Subjective Estimates of the

Differential Effectiveness of Personal Strategies and Help Sources Used by Battered Women", in G. H. Hotaling, D. Finkelhor, J. T. Kirkpatrick et al., *Coping with Family Violence: Research and Policy Perspectives* (Beverly Hills, CA: Sage, 1988), 80-92.

10 J. I. Walker and J. L. Nash, "Group Therapy in the Treatment of Vietnam Combat Veterans", *International Journal of Group Therapy* 31 (1981): 379-89.

11 Y. Danieli, "Treating Survivors and Children of Survivors of the Nazi Holocaust", in F. Ochberg, *Post-Traumatic Therapy and Victims of Violence* (New York: Brunner/Mazel, 1988), 278-94.

12 R. Mollica, presentation to Boston Area Trauma Study Group, 1988.

13 J. Yassen and L. Glass, "Sexual Assault Survivor Groups", *Social Work* 37 (1984): 252-57.

14 A. Shalev, Debriefing Following Traumatic Exposure (미출간 원고, Center for Traumatic Stress, Hadassah University Hospital, Jerusalem, Israel, 1991).

15 C. Dunning, presentation to Boston Area Trauma Study Group. 1991.

16 1981년 집단 상담 추후 회기 질문지.

17 M. Bean, "Alcoholics Anonymous", *Psychiatric Annals* 5 (1975): 5-64.

18 R. Flannery, "From Victim to Survivor: A Stress-Management Approach in the Treatment of Learned Helplessness", in van der Kolk, *Psychological Trauma*, 217-32.

19 E. R. Parson, "The Unconscious History of Vietnam in the Group: An Innovative Multiphasic Model for Working through Authority Transferences in Guilt-Driven Veterans", *International Journal of Group Psychotherapy* 38 (1988): 275-301, 285페이지에서 인용.

20 J. L. Herman and E. Schatzow, "Time-Limited Group Therapy for Women with a History of Incest", *International Journal of Group Psychotherapy* 34 (1984): 605-16.

21 V. Rozynko and H. E. Dondershine, "Trauma Focus Group Therapy for Vietnam Veterans with PTSD", *Psychotherapy* 28 (1991): 151-61; Walker and

Nash "Treatment of Vietnam Combat Veterans."

22   나이 많은 남성 정신의학자와 젊은 여성 심리학자가 진행했던 여성 근친 강간 생존자 집단 상담에 관한 설명에 대해서는 R. Ganzarain and B.Buchele, *Prisoners of Incest: A Perspective from Psychoanalysis and Groups* (Madison CT: International Universities Press, 1988) 참조.

23   Yalom, *Group Psychotherapy*; J. P. Wilson, Trauma, Transformation and Healing: An Integrative Approach to Theory, Research, and *Post-Traumatic Therapy* (New York: Brunner/Mazel, 1990).

24   상상의 선물에 관한 아이디어는 이스라엘의 심리학자인 Orit Nave가 주었다.

25   Survivor group farewell ceremony, Somerville, MA, 1984.

26   Y. Fisherman and J. Ross, Group Treatment of Exiled Survivors of Torture", *American Journal of Orthopsychiatry* 60 (1990): 135-42.

27   Danieli, "Treating Survivors."

28   1988년 집단 상담 추후 회기 질문지.

29   R. M. Scurfield, S. K. Kenderdine, and R. J. Pllanrd, "Inpatient Treatment for War- Related Post-Traumatic Stress Disorder: Initial Findings on a Longer-Term OUtcome Study", *Journal of Traumatic Stress* 3 (1990): 185-202.

30   P. M. Coons and K. Bradly, "Group Psychotherapy with Multiple Personality Patients", *Journal of Nervous and Mental Disease* 173 (1985): 515-21.

31   J. V. Becker, L. J. Skinner, G. G. Abel, and J. Cichon, "Time-Limited Therapy with Sexually Dysfunctional Sexually Assaulted Women", *Journal of Social Work and Human Sexuality* 3 (1984): 97-115, 98페이지에서 인용.

32   1990년 M. 솔트와의 인터뷰.

33   S. Fraser, *My Father's House: A Memoir of Incest and Healing* (New York: Harper & Row, 1987), 253.

34   대인 관계 심리 치료 집단의 기본 모형에 관한 더 깊은 설명을 위해서는 Yalom, *The Theory and Practice of Group Psychotherapy*.

35   R. Rhodes, *A Hole in the World: An American Boyhood* (New York; Simon

& Schuster, 1990), 15.

맺음말

1 Y. Danieli, N. S. Rodley, and L. Weisaeth, *International Response to Traumatic Stress* (Amityville, NY, Baywood, 1996).

2 M. C. Bassiouni and M. McCormick, Sexual Violence: An Invisible Weapon of War in the Former Yugoslavia (Chicago, IL, De Paul University International Human Rights Law Institute, 1996).

3 National Victim Center, Crime and Victimization in America: Statistical Overview (Arlington, VA, 1993).

4 M. D. De Bellis, G. P. Chrousos, L. D. Dorn, L. Burke, K. Helmers, M. A. Kling, P.

5 M. J. Friedman, D. S. Charney, and A. Y. Deutch, *Neurobiological and Clinical Consequences of Stress*: *From Normal Adaptation to Post-Traumatic Stress Disorder* (Hagerstown, MD, Lippincott-Raven, 1995). B. A. van der Kolk, "The Body Keeps the Score: Approaches to the Psychobiology of Posttraumatic Stress Disorder", In B. A. van der Kolk, A. C. MacFarlane, and L. Weisaeth (Eds.), *Traumatic Stress*: *The Effects of Overwhelming Experience on Mind, Body, and Society* (NY, Guilford, 1996), 214-241.

6 J. D. Bremner, J. H. Krystal, S. M. Southwick and D. S. Charney, "Functional Neuroanatomical Correlates of the Effects of Stress on Memory", *Journal of Traumatic Stress* 8 (1995): 527-554. J. D. Bremner, P. Randall, T. M. Scott, R. A. Bronen, J. P. Seibyl, S. M. Southwick, R. C. Delaney, G. McCarthy, D. S. Charney and R. B. Innis. "MRI-Based Measures of Hippocampal Volume in Patients with Posttraumatic Stress Disorder", *American Journal of Psychiatry* (1995) 152: 973-981. L. J. Metzger, S. P. Orr, N. B. Lasko, and R. K. Pitman, "Reduced P3S in Survivors of Childhood Sexual Abuse with Posttraumatic Stress Disorder", Poster Presentation at the Annual Meeting of the International Society for Traumatic Stress Studies, San Francisco, CA, November 11, 1996.

7 E. Cardena and D. Spiegel, "Dissociative Reactions to the Bay Area

Earthquake", *American Journal of Psychiatry* 150(1993): 474–478. C. Coopman, C. Classen and D. Spiegel, "Predictors of Posttraumatic Stress Symptoms Among Survivors of the Oakland/Berkeley, California, Firestorm", *American Journal of Psychiatry* 151(1994): 888–894. C. R. Marmar, D. S. Weiss, W. D. Schlenger, J. A. Rairbank, K. Jordan, R. A. Kulka, and R. L. H ough: "Peritraumatic Dissociation and Posttraumatic Stress in Male Vietnam Theater Veterans", *American Journal of Psychiatry* 151 (1994): 902–907.

8 B. A. van der Kolk, D. Pelcovitz, S. Roth, F. S. Mandel, and J. L. Herman, "Dissociation, Somatization and Affect Dysregulation: The Complexity of Adaptation to Trauma", *American Journal of Psychiatry* 153(Festschrift Supplement, 1996): 83–93.

9 J. H. Krystal, L. P. Karper, J. P. Seibyl, G. K. Freeman, R. Delaney, J. D. Bremner, G. R. Heninger, M. B. Bowers, and D. S. Charney, "Sub anesthetic Effects of the Noncompetitive NMDA Antagonist, Ketamine, in Human: Psychotomimetic, Perceptual, Cognitive and Neuroendocrine Responses", *Archives of General Psychiatry* 51 (1994): 199–213.

10 S. L. Rauch, B. A. van der Kolk, R. E. Fisler, N. M. Alert, S. P. Orr, C. R. Savage, A. J. Fischman, M. A. Jenike, and R. K. Pitman, "A Symptom Provocation Study of Posttraumatic Stress Disorder Using Positron Emission Tomography and Script-Driven Imagery", *Archives of General Psychiatry* 53 (1996): 380–387.

11 J. L. Carbonell and C. Figley, "A Six-Month Study of Four Innovative Treatment Methods for Traumatic Stress", Poster Presentation at the Annual Meeting of the International Society for Traumatic Stress Studies, San Francisco, CA, November 12, 1996.

F. Shapiro, "Eye Movement Desensitization and Reprocessing (EMDR): Evaluation of Controlled PTSD Research", Journal of Behavior Therapy and Experimental Psychiatry (in press).

12 T. Rosenberg, *The Haunted Land: Facing Europe's Ghosts After Communism* (New York, Random House, 1995).

13 P. Parker, A. D. Smith, Twilight-Los Angeles, 1992, *On the Road: A Search for American Character* (New York: Doubleday Anchor, 1994). 178.

14 American Psychiatric Association, "Statement on Memories of Sexual Abuse", Washington, D. C., 1993. L. M. Williams, "Recall of Childhood Trauma: A Prospective Study of Women's Memories of Child Sexual Abuse", *Journal of Consulting and Clinical Psychology* 62 (1994): 1167-1176. L. M. Williams, "Recovered Memories of Abuse in Women with Documented Child Sexual Victimization Histories", *Journal of Traumatic Stress* 8 (1995): 649-674. J. J. Freyd, Betrayal Trauma: The Logic of Forgetting Childhood Abuse (Cambridge, MA, Harvard University Press, 1996).

15 K. S. Pope and L. S. Brown, Recovered Memories of Abuse: Assessment, Therapy, Forensics (Washington, D. C., American Psychological Association, 1996).

16 J. L. Herman and M. R. Harvey, "The False Memory Debate: Social Science or Social Backlash?", *Harvard Mental Health Letter* 9 (1993).

17 C. E. Tracy, J. C. Morrison, M. A. McLaughlin, R. M. Bratspies, and D. W. Ford: Brief of the International Society for Traumatic Stress Studies and The Family Violence and Sexual Assault Institute as Amici Curiae in Support of the State. New Hampshire Supreme Court No. 95-429, NH v. Hungerford, NH v. Morahan, July 1996. L. H. Schafran, Y. Wu, J. Goldscheid, C. E. Tracy, L. J. Wharton and S. Frietsche. Reply Brief for Amici Curiae International Society for Traumatic Stress Studies, Family Violence and Sexual Assault Institute, Support Center for Child Advocates, Pennsylvania Coalition Against Rape, Pennsylvania Coalition Against Domestic Violence, Women Organized Against Rape, National Association of Social Workers, Pennsylvania National Organization for Women, Northwest Women's Law Center, NOW Legal Defense & Education Fund, and Women's Law Project, in Support of Appellant. *Supreme Court of Pennsylvania*, No. 55, Dalrymple v. Brown, 1996.

18 H. Ramona, K. Butler, "Clashing Memories, Mixed Messages", *Los Angeles Times Magazine*, June 26, 1994, 35페이지에서 인용.

찾아보기

지은이 **주디스 루이스 허먼**Judith Lewis Herman 외상 후 스트레스 장애와 근친 성폭력의 이해와 치료에 초점을 맞춘 연구 및 교육에 공헌하고 있는 정신과 의사. 하버드 의과 대학 정신의학과 교수이자, 케임브리지 병원 〈폭력 피해자 프로그램The Victims of Violence Program〉의 교육 이사를 맡고 있다. 또한 매사추세츠주 솜버빌에서 형성된 여성 정신 건강 모임Women's Mental Health Collective의 창립 멤버이다. 1996년 국제 외상 스트레스 연구 협회에서 평생 공로상을, 2000년 미국 의학 여성 협회에서 여성 과학상을 수상하였다. 2003년 미국 정신의학 협회의 저명한 임상의로 임명되었다. 1997년에 발표한 『트라우마』는 트라우마와 그 피해자들을 이해하는 데 기여한 것으로 가장 잘 알려졌으며 『뉴욕 타임스』로부터 〈프로이트 이후 출간된 가장 중요한 정신의학서 중 하나〉라는 평가를 받았다. 허먼은 이 책을 통해 사람들이 트라우마에 대해 생각하고 이해하는 방식을 근본적으로 변화시켰다. 트라우마는 되돌릴 수 없는 일이며 보상이나 복수로 완전히 충족될 수는 없다. 그러나 가해자에게 범죄의 책임을 묻는 것은 개인적 안녕뿐만 아니라 더 큰 사회의 건강을 위해서 중요한 일이라는 것을 강조한다.

옮긴이 **최현정** 임상심리학자. 서울대학교 심리학과를 졸업하고 동 대학원에서 석사 및 박사 학위를 받았으며, 서울대학교병원 정신건강의학과에서 임상심리 전문가 수련을 마쳤다. 국가 폭력, 성폭력, 조직적 성 착취 체계에서 벗어나 삶을 회복하려는 사람들과 함께 일했으며 이와 관련된 글을 쓰거나 연구를 했다. 현재 충북대학교 심리학과 교수로 재직 중이며, 트라우마 생존자를 지원하는 트라우마 치유 센터 〈사람마음〉의 초대 이사장으로 활동하고 있다. 지은 책으로 『조용한 마음의 혁명: 심리학으로 본 한국사회 마음의 건강』, 옮긴 책으로 『성격장애 로샤평가』, 『긍정심리치료』, 『내러티브 노출치료』, 『DBT, 학교에 가다』 등이 있다.

트라우마 가정 폭력에서 정치적 테러까지

지은이 주디스 루이스 허먼 **옮긴이** 최현정

발행인 홍예빈·홍유진 **발행처** 사람의집(열린책들) **주소** 경기도 파주시 문발로 253 파주출판도시

대표전화 031-955-4000 **팩스** 031-955-4004

홈페이지 www.openbooks.co.kr **email** webmaster@openbooks.co.kr

Copyright (C) 주식회사 열린책들, 2012, 2022, Printed in Korea.

ISBN 978-89-329-2268-3 03180 **발행일** 2012년 12월 5일 초판 1쇄 2021년 3월 25일 초판 15쇄

2022년 6월 30일 신판 1쇄 2024년 3월 30일 신판 5쇄